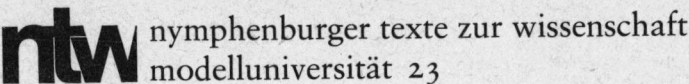

nymphenburger texte zur wissenschaft
modelluniversität 23

Redaktion Hans A. Neunzig

Der Spanische Bürgerkrieg in der internationalen Politik (1936–1939)

13 Aufsätze

HERAUSGEBER WOLFGANG SCHIEDER
UND CHRISTOF DIPPER

Nymphenburger Verlagshandlung

© 1976 Nymphenburger Verlagshandlung GmbH, München
Signet ntw: Holger Matthies
Satz und Druck: Passavia Druckerei AG Passau
ISBN 3-485-03223-9. Printed in Germany

Inhalt

III. England und Frankreich

WOLFGANG SCHIEDER / CHRISTOF DIPPER

Einleitung*

Der Spanische Bürgerkrieg war in seinem Ursprung ein innerspanischer Konflikt. Er wurde am 17. Juli 1936 durch einen Putsch spanischer Offiziere ausgelöst. Dieser stand durchaus in der nationalgeschichtlichen Tradition des *pronunciamiento*, in welcher der Ablauf gewaltsamer Regierungswechsel genau formalisiert war.[1] Daß die auf raschen Erfolg angelegte Militärrevolte zu einem Bürgerkrieg führte, der fast drei Jahre (vom 17. Juli 1936 bis 28. März 1939) dauerte und etwa 500000 Menschen das Leben kostete[2], kann jedoch nicht allein aus der innerspanischen Situation erklärt werden. Die militärische Entfaltung und der Verlauf des spanischen Kriegs wurden vielmehr entscheidend dadurch bestimmt, daß sich die internen Bürgerkriegsfronten nach außen verlängerten. Der Spanische Bürgerkrieg trug den Keim zu einem internationalen Krieg in sich, und er wurde im Vorfeld des Zweiten Weltkriegs weitgehend an Stelle eines allgemeinen europäischen Kriegs geführt. Insofern ist er, trotz der umgekehrten Frontstellung, durchaus mit dem Vietnamkrieg in den 60er und beginnenden 70er Jahren zu vergleichen. In beiden Fällen fand ein regulärer Krieg statt, der, weil er un-

---

* Die englischsprachigen Texte werden im vorliegenden Band in der Originalsprache wiedergegeben. Die Herausgeber folgen damit einem Wunsch des Verlages, der, auch im Hinblick auf ein vergleichbares Verfahren in der Reihe »Wege der Forschung« der Wissenschaftlichen Buchgesellschaft, ohne weiteres zu vertreten ist. Das Übergewicht der englischen und amerikanischen Forschungen zum Spanischen Bürgerkrieg tritt auf diese Weise im übrigen schon optisch in Erscheinung. Der Beitrag von Alberto Aquarone wurde dagegen aus dem italienischen Original übersetzt, da in diesem Falle entsprechende Sprachkenntnisse auch bei den wissenschaftlich Interessierten nicht unbedingt vorauszusetzen sind. Der im Original französische Beitrag von Pierre Broué und Emile Témime wurde der vorliegenden deutschen Übersetzung des Suhrkamp-Verlages entnommen.

Aus technischen Gründen leider notwendige Kürzungen in den Beiträgen von Abendroth, Aquarone und Broué/Témime ändern nichts an der inhaltlichen Substanz. Sie sind durch eckige Klammern kenntlich gemacht. Die Bibliographie erfaßt die bis zum Herbst 1975 erschienene Literatur.

erklärt blieb, die Fiktion eines Bürgerkrieges bestehen ließ. In Spanien wie in Vietnam ging es um die Durchsetzung von Großmachtinteressen, wobei zu beachten ist, daß sich der siegreiche Franco der Bevormundung seiner Helfershelfer in Deutschland und Italien am Ende ebenso entzog, wie die Sieger in Hanoi heute offensichtlich ihre chinesischen und russischen Hintermänner zu düpieren suchen. Damals wie heute schließlich kam es zu einer ideologischen Polarisierung der internationalen politischen Diskussion, infolge derer jede öffentliche Stellungnahme unweigerlich zu einer Parteinahme für oder wider ein politisches System führte. Von der gelenkten Publizistik der Sowjetunion einerseits sowie Deutschlands und Italiens andererseits konnte der Spanische Bürgerkrieg daher nach außen hin als Vehikel der ideologischen Propaganda benutzt werden. In den westlichen Demokratien setzte er in einer Weise konträre politische Leidenschaften frei, wie dies zuvor allenfalls die französische Dreyfus-Affäre getan hatte.[3] Schriftsteller von Rang, wie zum Beispiel Heinrich und Thomas Mann, Albert Camus, Arthur Koestler, Georges Bernanos, George Orwell, André Malraux und Ernest Hemingway, nahmen sich intensiv der Verteidigung der spanischen Republik an.[4] Rückblickend konnte man daher nicht zu Unrecht von einem »Krieg der Poeten« sprechen.[5] Viele von ihnen, man denke nur an Orwell oder Malraux[6], engagierten sich nicht nur mit der Feder, sondern nahmen in Spanien selber die Waffe in die Hand. Sie gehörten zu den rund 59000 Freiwilligen aus vorwiegend europäischen, aber auch aus überseeischen Ländern (Mexiko, USA), die sich von der Kommunistischen Internationale für die ›Internationalen Brigaden‹ anwerben ließen.[7] Anders als während des Vietnamkriegs erstarrte nämlich der antifaschistische Enthusiasmus der europäisch-amerikanischen Linken im Spanischen Bürgerkrieg nicht in Demonstrationsritualen, sondern wurde vielmehr auch in militärische Dienstleistung umgesetzt.[8] Um so schmerzhafter war allerdings auch für viele antifaschistische Spanienkämpfer die Erfahrung, in Spanien für einseitige politische Interessen Moskaus geopfert worden zu sein.

Infolge der Internationalisierung des spanischen Konflikts traten die innerspanischen Probleme, die zur Auslösung des Putschs führten und auch nach dem Eingreifen der ausländischen Staaten das politische Verhalten der spanischen Bürgerkriegsparteien vorwiegend bestimmten, außerhalb Spaniens stark in den Hintergrund. Es ist daher nicht verwunderlich, daß sich die historische Forschung über den Spanischen Bürgerkrieg bisher in erster Linie mit dessen internationalen Aspekten befaßte. Der vorliegende Band soll in den Stand dieser wissenschaftlichen Diskussion einführen und die wichtigsten Texte dazu bereitstellen. Für das Verständnis der zum Teil stark kontroversen Forschungslage ist es aber unerläßlich, einige Hinweise auf die *soziale und politische Konstellation* in Spanien vorauszuschicken, aus welcher der Putsch vom 17. Juli 1936 hervorging.

Die Diskussion über den Spanischen Bürgerkrieg wurde lange Zeit von zwei Verschwörungstheorien beherrscht, die in gleichsam spiegelbildlicher Verkehrung entweder eine faschistische Anzettelung oder eine kommunistische Bedrohung Spaniens als primäre Kriegsursache angaben.[9] Dabei wurde der faschistischen Falange-Partei bzw. der Kommunistischen Partei Spaniens für die Zeit vor dem Bürgerkrieg jeweils ein innenpolitisches Gewicht zugemessen, das beide Gruppen nicht im entferntesten besessen haben. Weder der organisierte Faschismus noch der organisierte Kommunismus hatten bis 1936 in der spanischen Republik nennenswerten Einfluß.[10] Die politische Krisenlage dieser Zeit wurde durch sehr viel ältere soziale Konflikte und politische Gegensätze bestimmt. Im Grunde waren in Spanien die internen Bürgerkriegsfronten, ohne daß es freilich zu einem offenen Ausbruch kommen mußte, seit der Jahrhundertwende latent vorhanden. Die Niederlage Spaniens gegen die USA im Kolonialkrieg von 1898 hatte in dieser Zeit zum Zusammenbruch des konstitutionellen Verfassungssystems geführt. Der Weg zu einem parlamentarischen Regierungssystem auf demokratischer Grundlage wurde damit ebenso verbaut wie der zu bürgerlicher Reform und gesellschaftlicher Modernisierung. Spanien blieb ein rückständiges Land, das von extremen sozialen Gegensätzen und regionalem Partikularismus geprägt war.

Die Regierungen der Republik standen seit 1931 vor dem Problem, daß der Großgrundbesitz in Spanien die dominierende wirtschaftliche Kraft war.[11] Zwar waren in Spanien zwischen 1837 und 1844 die feudalen Eigentumsrechte aufgehoben worden, doch wechselten damals nur die Besitzer, die Eigentumsverhältnisse änderten sich nicht. Mit dem Aufkommen eines agrarkapitalistisch orientierten Großgrundbesitzertums, das überwiegend bürgerlicher Herkunft war, verschärften sich die sozialen Gegensätze auf dem Lande. Besonders in Kastilien, Andalusien und Estremadura bildete sich ein landloses Proletariat heraus, das wegen der ausbleibenden Industrialisierung an das Land gefesselt blieb, obwohl es dort keine ausreichenden Arbeits- und Ernährungsmöglichkeiten hatte. Die überfällige Landreform konnte von den ersten Regierungen der Republik nur unter großen Schwierigkeiten in Gang gebracht werden. Ende 1933 waren erst ca. 89000 ha umverteilt. Die Regierung der Rechten widerrief 1934 auch diese bescheidenen Reformansätze. Als Reaktion darauf kam es auf dem Lande zu einer zunehmenden Radikalisierung.

Diese gipfelte in illegalen Landbesetzungen, die eine geordnete Wiederaufnahme der Reform unmöglich machten. An der Agrarfrage entschied
sich schließlich 1936 in starkem Maße das Schicksal der Republik.[12]

Neben den Großgrundbesitzern galt die katholische Kirche als
mächtigste wirtschaftliche Institution des Landes.[13] Zwar hatte sie im
Zuge der *desamortización* zwischen 1837 und 1844 nahezu ihren gesamten Landbesitz verloren. Dafür konnte sie aber später namhafte Be-
teiligungen im Industrie-, Handels- und Banksektor erwerben. Der aus-
geprägten regionalen Differenziertheit des Landes und den großen
sozialen Unterschieden innerhalb des Klerus entsprach es, daß die Kirche
1931 in mehrere Gruppen gespalten war. Eine katholische Volkspartei,
die ›Acción Popular‹, schloß sich 1933 unter der Führung von Gil Robles
mit anderen politischen Gruppen zu der Blockpartei des CEDA zusammen, die bis 1936 die stärkste Parlamentsfraktion bildete. Diese Partei
war in sich jedoch so wenig einheitlich, daß sie schließlich sowohl auf der
Linken wie auf der Rechten suspekt erschien.

Das spanische Bürgertum hatte gegenüber den beharrenden Kräften
von Großgrundbesitz und Kirche einen schweren Stand.[14] Im Baskenland
und in Katalonien gab es zwar eine moderne industrielle Bourgeoisie, die
in den Städten auch einen sozialen Unterbau aus altem und neuem
Mittelstand hatte. Das politische Verhalten dieser bürgerlichen Schichten war jedoch ausgesprochen autonomistisch geprägt. Es gab in Spanien
bis 1936 praktisch keine bürgerliche Partei auf gesamtstaatlicher
Ebene.

Ähnliches gilt für die Arbeiterschaft. Diese war am Vorabend des
Bürgerkriegs ideologisch und regional eher noch stärker zersplittert als
die bürgerlichen Schichten.[15] Sieht man von den kommunistischen Split-
tergruppen ab – neben der Kommunistischen Partei Spaniens vor allem
der ›Partido Obrero de Unificación Marxista‹ (POUM) –, war die politische Arbeiterbewegung in zwei große Blöcke aufgespalten, die in sich
wiederum sehr heterogen zusammengesetzt waren. Auf der einen Seite
standen die Sozialisten, die seit den 20er Jahren zwischen politischer Zusammenarbeit mit dem bürgerlichen Republikanismus und radikaler
Kampfansage an die parlamentarische Demokratie hin und her schwank-
ten. Die mit ihnen konkurrierenden Anarchisten verharrten in einem
radikalen Absentismus, der in den katalonischen Industriegebieten stark
separatistisch gefärbt war und bei den Landarbeitern der Latifundien-
gebiete Andalusiens Züge eines »modernen Chiliasmus« aufwies.[16] Besonders typisch war für den spanischen Anarchismus die syndikalistische
Organisationsstruktur. Das Vorbild der anarchistischen ›Confederación
Nacional del Trabajo‹ (C. N. T.) bewirkte, daß auch bei den Sozialisten

die gewerkschaftliche ›Unión General de Trabajadores‹ (U.G.T.) eindeutig den Vorrang vor der Partei hatte. Die spanische Arbeiterbewegung hatte aufgrund all dieser Faktoren in politischer Hinsicht einen eigentümlich ambivalenten Charakter. Die innenpolitische Krise der 30er Jahre wurde hiervon ganz wesentlich beeinflußt.

Dem anarcho-syndikalistischen Traditionsüberhang stand in Spanien ein konventioneller politischer Militarismus gegenüber. Die Armee hatte in Spanien im 19. Jahrhundert ursprünglich die Rolle einer Modernisierungselite gespielt.[17] Ende des 19. Jahrhunderts war sie jedoch allmählich zu einer beharrenden Kraft geworden, da sie den gesellschaftlichen Wandel nicht mitvollzog, von dem Spanien mit Beginn der Industrialisierung erfaßt wurde. Anfang der 20er Jahre stand die Armee mit ihrem unverhältnismäßig aufgeblähten Offizierskorps fest auf der Seite der fortschrittsfeindlichen Kräfte von Großgrundbesitz und katholischer Kirche. Gestützt auf diese gesellschaftlichen Gruppen nutzte der General Miguel Primo de Rivera 1923 eine innen- und kolonialpolitische Doppelkrise zur Errichtung einer Militärdiktatur, die bis 1930 Bestand hatte.[18] Erstmals in der neueren Geschichte Spaniens beschränkte sich das Militär damit nicht auf die Manipulation eines politischen Führungswechsels, sondern übernahm selbst die Führung der Politik. Das Vorbild dieser Militärdiktatur inspirierte 1936 die putschenden Generale. Schon 1932 machte der General Sanjurjo einen vergeblichen Putschversuch, um das 1930 gescheiterte Militärregime wiederherzustellen.

Die Ausrufung der Republik am 14. April 1931 führte zu einer überstürzten sozialen Reformpolitik, vor allem im agrarischen Bereich und in dem bisher ganz von der Kirche beherrschten Bildungssektor. Die tragenden politischen Kräfte der Republik, die verschiedenen republikanischen Gruppen des Bürgertums einerseits und die Sozialisten andererseits, waren jedoch viel zu schwach, um die längst überfällige Reformpolitik in dieser übereilten Form durchzusetzen. Sie blieben vor allem auf die Unterstützung der Anarchisten angewiesen, die die Republik nur von Fall zu Fall, so bei den Wahlen von 1931 und 1936, nicht aber bei denen von 1933, unterstützten. 1933 siegte denn auch die national-konservative und katholische Rechte (CEDA).[19] Im übrigen nutzten die Anarchisten nach 1931 die neuen demokratischen Freiheiten zu einer Welle von Gewaltaktionen gegen Kirchen und Klöster, zu kompromißlosen Dauerstreiks und sogar zu lokalen Aufständen. Der revolutionäre Aktionismus trieb auch einen Teil der Sozialisten, vor allem die von Francisco Largo Caballero geführte U.G.T., zu einem intransigenten Radikalismus, der im asturischen Bergarbeiteraufstand vom Oktober 1934 gipfelte. Es besteht kein Zweifel, daß damit auf der konservativen und der katholischen

Rechten die republikfeindliche Stimmung geschaffen wurde, die in der Armee den Entschluß zum Staatsstreich reifen ließ.[20] Nicht Kommunismus oder Faschismus waren die entscheidenden Triebkräfte der zum Bürgerkrieg führenden spanischen Krise der 30er Jahre, sondern Anarchismus und politischer Militarismus in ihrer jeweils spezifisch spanischen Ausprägung.

Gleichwohl war es keineswegs nur eine Erfindung der deutschen oder italienischen Propaganda, wenn im Verlauf des Bürgerkriegs von einer kommunistischen Bedrohung Spaniens gesprochen wurde. Erst recht nicht war der gegenteilige Vorwurf von der Hand zu weisen, daß Spanien unter faschistischen Einfluß zu geraten drohte. Beides war jedoch eine Folge der ausländischen Einmischung in den Bürgerkrieg, nicht Ursache für dessen Ausbruch. Erst die deutsche und die italienische Einflußnahme auf das Franco-Regime machte die Vision eines faschistischen Spaniens möglich, das in innerspanischer Perspektive außerhalb des Bereichs des Möglichen gelegen hatte. Und erst die sowjetrussische Unterstützung der Republik ließ die zuvor unbedeutenden spanischen Kommunisten zur bestimmenden politischen Kraft in der Volksfront-Regierung werden.

Zeitpunkt, Zielsetzung und Umfang der ausländischen Interventionen im Spanischen Bürgerkrieg sind in der wissenschaftlichen Diskussion – und erst recht außerhalb dieser – heftig umstritten. Sehr unterschiedlich wird nach wie vor auch das Verhalten der westlichen Demokratien im spanischen Konflikt beurteilt. Der Versuch einer historiographischen Bestandsaufnahme über die Forschungen zum Spanischen Bürgerkrieg muß daher weitgehend zu einer Aufzeichnung kontroverser Standpunkte und unterschiedlicher Interpretationsmuster führen.

Eine Ausnahme ist lediglich bei der Frage der *italienischen Kriegsbeteiligung* zu machen. Hier ist noch nicht einmal so recht mit der grundlegenden Tatsachenermittlung begonnen worden. Dieser in Anbetracht der historischen Bedeutung des italienisch-faschistischen Engagements in Spanien immerhin überraschende Tatbestand ist zweifellos in erster Linie darauf zurückzuführen, daß die große Masse der einschlägigen italienischen Akten bis heute nahezu unzugänglich ist. Jedoch hätte auch schon das seit längerem verfügbare Material eine eingehendere Beschäftigung mit dem Thema zugelassen. Der in jeder Hinsicht unbefriedigende Forschungsstand dürfte sich zwar in absehbarer Zeit verbessern[21], einstweilen trägt von den bisher erschienenen Arbeiten jedoch einzig ein Aufsatz von Alberto Aquarone gewisse Gesichtspunkte zu einer umfassenderen Analyse der italienischen Spanienpolitik bei.[22] Aquarone analysiert vor allem die innerfaschistische Diskussion über die italieni-

sche Spanienhilfe und weist damit die Richtung für eine künftige eingehendere wissenschaftlichere Beschäftigung mit dem Thema. Wichtig ist
vor allem sein Hinweis auf die Koinzidenz von öffentlicher faschistischer
und vatikanischer Parteinahme für die Rebellen im Zeichen einer gemeinsamen antibolschewistischen Ideologie.[23] Renzo De Felice hat demgegenüber in einem grundsätzlichen Beitrag darauf insistiert, daß außenpolitische Entscheidungen ein Arcanum Mussolinis gewesen seien.[24]
Nach allem, was bisher bekannt ist, kann wohl auch kaum daran gezweifelt werden, daß sich die Höhe des militärischen Einsatzes der
Italiener im Spanischen Bürgerkrieg in erster Linie aus Mussolinis
diktatorialem Willen zu imperialistischer Herrschaft im Mittelmeer erklärte. Das Ziel des faschistischen Diktators war es, »Spanien in die Linie
der italienischen Mittelmeerpolitik einschwenken zu lassen«[25]. Die italienische Spanienpolitik ließe sich damit in die Strategie des *peso
determinante*, des ›ausschlaggebenden Gewichts‹, einordnen, die nach
Auffassung de Felices seit der Machtergreifung Hitlers die außenpolitische Generallinie Mussolinis bestimmte. Italien sollte danach im
Kräftespiel zwischen dem nationalsozialistischen Deutschland und den
Westmächten das Zünglein an der Waage bilden, um auf diesem Wege
seine imperialistischen Interessen im Mittelmeerraum durchzusetzen und
langfristig abzusichern.[26]

Die gegenseitige Abstimmung über ein gemeinsames Vorgehen im
Spanischen Bürgerkrieg führte nun aber am 1. November 1936 zur öffentlichen Proklamation der sogenannten ›Achse‹ zwischen Rom und Berlin,
durch die das faschistische Italien in zunehmend einseitiger Weise an das
nationalsozialistische Deutschland gebunden wurde. Es fragt sich daher,
ob die italienische Entscheidung, die spanischen Rebellen zu unterstützen, nicht eher unter dem Aspekt der deutsch-italienischen Annäherung gesehen werden muß. Jens Petersen hat in einer breit ange-
legten Darstellung in eindrucksvoller Weise die These vertreten, daß die
Allianz mit Deutschland für Mussolini seit Mitte der 20er Jahre ein politisches Fernziel gewesen sei.[27] Obwohl auch er nicht übersieht, daß der
Führer des italienischen Faschismus in den Jahren 1933/34 versuchte, den
»Moderator Europas« zu spielen, glaubt er Anfang 1936 in der italienischen Außenpolitik einen Wendepunkt erkennen zu können, von dem
an Mussolini zielbewußt eine »stetige Annäherung an das nationalsozialistische Deutschland«[28] betrieben habe. Daß der Spanische Bürgerkrieg die faschistische Allianz zwischen Deutschland und Italien be-
siegelte, kann nach dieser Interpretation nur als folgerichtig verstanden
werden. De Felice weist dagegen darauf hin, daß kurze Zeit nach Abschluß des Achsenbündnisses (am 2.1.1937) zwischen England und

Italien ein *gentlemen's agreement* zur Erhaltung des Status quo im Mittelmeer abgeschlossen worden sei. Er folgert daraus, daß auch die italienisch-deutsche Zusammenarbeit im Spanischen Bürgerkrieg nichts an der Linie von Mussolinis Schaukelpolitik geändert hätte. Beide Auffassungen schließen einander aus, jedoch ließe sich zwischen ihnen vermitteln, wenn die Achsenpolitik als integrierender Teil von Mussolinis Politik des ›ausschlaggebenden Gewichts‹ verstanden werden könnte. Die ›Achse‹ wäre dann als realer Ausdruck der Intention Mussolinis zu verstehen, Hitler an sich zu binden, ohne sich förmlich mit ihm zu verbünden. Sie hätte das faschistische Italien nicht einseitig von der Unterstützung des nationalsozialistischen Deutschland abhängig, sondern Mussolini gerade für Frankreich und England als Partner wieder begehrter machen sollen. Aufgrund des gegebenen Forschungsstandes lassen sich diese Überlegungen im Augenblick nicht weiter vertiefen. Erst die Einsichtnahme in die bisher verschlossenen italienischen Akten wird zeigen, ob sich unsere Hypothese halten läßt.

Es stellt sich dann allerdings auch die Frage, ob die Spanienpolitik des faschistischen Italiens ausschließlich Mussolinis außenpolitischem Kalkül entsprungen ist. So ist die These vertreten worden, daß Mussolinis Kriege in Abessinien und Spanien etwas mit dem Zwang zu staatlicher Wirtschaftsförderung auf dem Rüstungssektor zu tun gehabt hätten.[29] Wenn das auch zu vereinfacht dargestellt sein dürfte, so wird dadurch doch der Blick auf die innerpolitischen Umstände von Mussolinis Expansionspolitik gelenkt. Wichtiger als wirtschaftspolitische Faktoren dürfte dabei der akute Zwang zu einer innerfaschistischen Systemstabilisierung gewesen sein. Wie in Abessinien sah Mussolini auch in Spanien die Möglichkeit, ein Klima nationaler Mobilisierung zu schaffen und dadurch dem faschistischen Regime neuen Auftrieb zu geben.[30] Er machte trotz seines Beitritts zum Nichteinmischungs-Abkommen jedenfalls kaum ein Geheimnis daraus, daß die spanischen Rebellen weiterhin von Italien militärisch unterstützt wurden. Der interne Propagandaeffekt war ihm allem Anschein nach wichtiger als seine internationale Glaubwürdigkeit. Bezeichnenderweise wurden von ihm auch weniger reguläre Truppen als vielmehr Angehörige der faschistischen Miliz nach Spanien geschickt.[31] Sie erhielten ausdrücklich den Auftrag, durch herausragende militärische Aktionen die Leistungsfähigkeit des faschistischen Regimes vor aller Welt unter Beweis zu stellen. Die empfindliche Niederlage der Italiener bei Guadalajara im März 1937 wurde daher nicht nur als militärisches Versagen, sondern auch als Niederlage des Faschismus gewertet.[32] Diese wog um so schwerer, als Mussolini (worauf Aquarone hinweist) vor dem faschistischen Großrat *(Gran Consiglio)* eingestehen mußte, daß es den italienischen Spanienkämpfern bei Guadalajara gerade an ideologischer Motivierung gefehlt habe.

Auch diese Hinweise bedürfen noch eingehenderer Untersuchung. Es wäre jedenfalls, nicht zuletzt auch aus Gründen des Vergleichs mit der parallelen nationalsozialistischen Außenpolitik, zu wünschen, daß sie dazu anregten, die italienische Kriegsbeteiligung in Spanien auch unter inneritalienischen Gesichtspunkten zu analysieren. Wie die ungleich entwickeltere wissenschaftliche Diskussion über die deutsche Beteiligung am Spanischen Bürgerkrieg zeigt, kann auch der Beitrag des faschistischen Italiens zu diesem europäischen Konflikt historisch nur dann zureichend gewürdigt werden, wenn der Zusammenhang von Außenpolitik und gesellschaftlichem System beachtet wird.[33]

Während die wissenschaftliche Beschäftigung mit der italienischen Spanienpolitik zur Zeit des Bürgerkriegs noch in den Anfängen steht, gibt es zur *Spanienpolitik Deutschlands* eine breite, von erheblichen Kontroversen gekennzeichnete Debatte. Die für diesen Band ausgewählten Beiträge berücksichtigen die Spannweite der Forschungsmeinungen. Sie repräsentieren zugleich den letzten Stand der wissenschaftlichen Auseinandersetzung. Diese dreht sich im wesentlichen um zwei zentrale Problemkreise: Einerseits steht das Ausmaß der deutschen Intervention in Spanien zur Diskussion, zum anderen sind deren Motive und Ziele umstritten.

Solange der Bürgerkrieg andauerte, ließ Hitler – durchaus im Unterschied zu Mussolini – die deutsche Militärhilfe für die spanischen Rebellen strikt geheimhalten, um den europäischen Mächten keinen förmlichen Vorwand für eine Solidarisierung gegenüber dem Nationalsozialismus zu geben. Erst als er diese Entwicklung nicht mehr fürchtete, gab er im Frühjahr 1939 bei Gelegenheit einer Parade der heimkehrenden deutschen Soldaten den Weg frei für den Aufbau einer heroisierenden Spanienlegende, wie sie zum Beispiel in den populärwissenschaftlichen Spanienbüchern von Beumelburg und von Stackelberg aus dem Jahre 1939 zutage tritt.[34] Die deutsche Kriegsteilnahme, die man eben noch offiziell abgeleugnet hatte, diente den Propagandisten Hitlers jetzt zur wehrertüchtigenden Vorbereitung des nächsten Krieges. Im – freilich internen – Gespräch mit dem italienischen Außenminister Ciano stellte Hitler schließlich unumwunden fest, daß es »ohne die Hilfe der beiden Länder ... heute keinen Franco«[35] gäbe.

Aus Gründen der eigenen Selbstbestätigung suchten demgegenüber die siegreichen spanischen Nationalisten die deutsche und die italienische Unterstützung nach Möglichkeit abzuwerten. Das Eingreifen der faschistischen Mächte wird in der spanischen Historiographie auch heute noch auf einen späten Zeitpunkt verlegt oder als nicht kriegsentscheidend bezeichnet.[36] Die westliche Forschung ist dieser Interpretation nach Ende des Zweiten Weltkriegs zunächst weitgehend gefolgt. Kein anderer als Alan Bullock meinte 1952, daß »die deutsche Hilfe für Franco niemals sehr bedeutend« gewesen sei, »jedenfalls nicht so ausreichend, daß Franco ihr seinen Sieg verdankte«[37]. In der Bundesrepublik Deutschland wurde noch 1962 die Meinung vertreten, daß der Spanische Bürgerkrieg »in erster Linie eine Sache der Spanier« geblieben sei. »Mussolini und Hitler haben nicht den Sieg für Franco erkämpft, sondern jeweils, wenn die sowjetisch-französische Hilfe ein Übergewicht der Republikaner herbeiführte, das nationale Heer durch Legionärstruppen und Kriegsmaterial aufgewertet, so daß es wieder eine Offensive unternehmen konnte«[38]. Dieser Einschätzung lag nicht die von Kühne unterstellte Absicht zugrunde, »die Spuren faschistischer Verbrechen zu verwischen«[39], als vielmehr die in der Zeit des Kalten Kriegs in Westeuropa vorherrschende Tendenz, das Franco-Regime an den Westen zu binden. Je unabhängiger Franco von seinen faschistischen Geburtshelfern dargestellt werden konnte, desto leichter mußte es fallen, ihn in die antikommunistische Front des Westens einzubeziehen. Die westdeutsche Historiographie zum Spanischen Bürgerkrieg lag insofern auf der Linie der politischen Publizistik des Landes, deren unbedenkliche und einseitige historische Parteinahme für das Franco-Regime Rainer Wohlfeil in einer kritischen Analyse von Gedenkartikeln zum Ausbruch des Spanischen Bürgerkriegs, die in den Jahren 1956, 1961 und 1966 in der überregionalen Presse der Bundesrepublik erschienen sind, aufgezeigt hat.[40] Spätestens die Untersuchungen von Thomas und Jackson haben jedoch nachgewiesen, daß die deutsch-italienische Militär- und Truppenhilfe im Spanischen Bürgerkrieg kriegsentscheidend gewesen ist.[41] Insoweit besteht daher heute keine Meinungsverschiedenheit mehr mit den kommunistischen Historikern, die die kriegsentscheidende Bedeutung der faschistischen Waffenhilfe an Spanien, nicht zuletzt, um die Niederlage der Kommunistischen Internationale historisch zu erklären, seit jeher betont haben.[42]

Keine Übereinstimmung besteht dagegen unter den Historikern über die weitergehende Frage einer deutschen Mitwisserschaft an der spanischen Militärrevolte. Um internationale Hilfe für die bedrohte spanische Republik zu mobilisieren, wurde von der Komintern 1936 die Behauptung in die Welt gesetzt, daß der Aufstand der nationalistischen Offiziere zuvor in Berlin und Rom abgesprochen worden sei. Franco und Mola wurden schon im November dieses Jahres als »Agenten von Hitler und Mussolini« bezeichnet. Dimitrov behauptete ein Jahr nach Ausbruch des Kriegs sogar, »daß die rebellischen Generäle sich überhaupt nicht zu einem Krieg gegen die spanische Republik entschlossen hätten, wenn sie dazu von den faschistischen Staaten nicht inspiriert worden wären. In Wirklichkeit ist dieses blutige Komplott gegen das spanische Volk in Berlin und Rom vorbereitet und organisiert worden.«[43] Besonders wirkungsvoll wurde diese Behauptung in einer politischen Collage aus der Werkstatt des genialen kommunistischen Propagandisten Willi Münzenberg vertreten, die – nach Vorarbeiten von Arthur Koestler – von dem Tschechen Otto Katz zusammengestellt und Ende 1936 pseudonym veröffentlicht wurde.[44] Ähnlich wie mit dem bekannteren »Braunbuch über Reichstagsbrand und Hitler-Terror«[45] gelang es der Münzenberg-Equipe, auch mit dieser Broschüre einen fingierten Dokumentareffekt zu erzielen, obwohl sie allenfalls Beweise für die ungenierte Agitationsarbeit der Auslandsorganisation der NSDAP in Spanien, jedoch keinerlei Belege für eine militärische Konspiration Deutscher enthielt. Obwohl die Teiledition der amtlichen deutschen Akten nach dem Zweiten Weltkrieg keinerlei entsprechende Hinweise lieferte, hat sich die Legende von der deutschen Anstiftung des Spanischen Bürgerkriegs in den verschiedensten Varianten bis zum heutigen Tage gehalten.[46] Nachdem Manfred Merkes 1961 erstmals die Glaubwürdigkeit dieser Überlieferung an den Quellen überprüft hatte, hat er sie neuerdings endgültig in den Bereich der historischen Legenden verwiesen.[47] Hans-Henning Abendroth und der spanische Historiker Angel Viñas sind, aufbauend auf Merkes, zum gleichen Urteil gekommen.[48] Man kann daher heute mit Sicherheit ausschließen, daß es zwischen den militärischen Verschwörern in Spanien und deutschen Stellen vor dem Juli-Putsch von 1936 irgendwelche Absprachen über Hilfsleistungen gegeben hat. Die Rebellion kam für die Deutschen zu diesem Zeitpunkt ebenso überraschend wie für das übrige Ausland.

Auf einem anderen Blatt steht es, daß zuvor gelegentlich Verhandlungen über die Lieferung von Kriegsgerät stattgefunden haben. Soweit daran in Spanien hohe Militärs beteiligt waren, hatten diese aber einen durchaus offiziösen, von der politischen Führung der Republik gedeckten Charakter.[49] Im übrigen ist nur nachweisbar, daß die oppositionellen Karlisten vor dem Militärputsch aus Deutschland eine kleinere Menge von leichten Waffen erhalten haben.[50] So kann man allenfalls davon ausgehen, daß nach Ausbruch des Spanischen Bürgerkriegs in Deutschland bestimmte Gruppen des NS-Regimes, so die Auslandsorganisation der NSDAP, die militärische Abwehr unter Canaris und Görings Luftfahrtministerium, stärker als andere motiviert waren, sich in der spanischen

Angelegenheit zu engagieren. Auf diese These läuft die Argumentation von Gerhard L. Weinberg hinaus, der freilich die Rolle von Canaris stark überschätzt.[51] Feste Absprachen zwischen den spanischen Verschwörern und deutschen Stellen, zu denen auch eine Information über den bevorstehenden Putsch gehört hätte, gab es indessen nicht.

Die bisher vorliegenden Motivanalysen der nationalsozialistischen Spanienpolitik gehen im Ergebnis weit auseinander. Kaum ein Problem ist in der Bürgerkriegsforschung so umstritten wie die Frage nach den Ursachen und Zielen der deutschen Intervention. Der Dissens ist großenteils aus der mangelhaften Quellenlage erklärbar, welche die unterschiedlichsten Auslegungen zuläßt. Es kommt jedoch hinzu, daß der Veränderlichkeit der deutschen Kriegsziele fast durchweg nicht genügend Rechnung getragen wird. Was im Juli 1936 für die NS-Führung in Spanien zur Diskussion stand, hatte eine andere Dimension, als schon die Entscheidungen im Dezember 1936 sie hatten. Erst recht stand das deutsche Engagement in Spanien unter einer anderen Perspektive, als es im Frühjahr 1937 oder Anfang 1938 jeweils um die Weiterführung der Hilfe ging. Die deutschen Kriegsziele lagen nicht ein für allemal fest, sondern veränderten sich im Laufe des langen Kriegs. Alle Interpretationen, die davon ausgehen, daß die improvisierte Bayreuther Entscheidungsrunde in der Nacht vom 25. zum 26. Juli unter Hitlers Vorsitz schon die Weichen für den ganzen Krieg gestellt habe, sind daher problematisch. Dies gilt auch für Abendroth, dem sonst die bisher gründlichste Darstellung des deutschen Entscheidungsprozesses zu verdanken ist. Andererseits führt es auch nicht weiter, wenn man die Motive des deutschen Eingreifens in Spanien additiv aneinanderreiht, ohne sie historisch zu gewichten.[52] Sie müssen vielmehr sowohl in der historischen Reihenfolge ihrer Entstehung wie in der Rangfolge ihrer Bedeutung für die nationalsozialistische Außenpolitik gesehen werden.

Durchgängig nachweisbar ist in der deutschen Spanienpolitik im Grunde nur die antikommunistische Rechtfertigung. Die vorgebliche Bedrohung Spaniens durch den Kommunismus spielte schon bei der Bayreuther Beratung die entscheidende Rolle. Sie wurde im Verlauf des Kriegs immer wieder als zentrales Argument für die deutsche Unterstützung verwendet und diente auch noch zu deren nachträglicher Rechtfertigung. Jedoch kann damit allein weder der deutsche Entschluß zur Intervention noch deren Ausmaß und Dauer erklärt werden. Der Antikommunismus war eher nur die ideologische Überhöhung einer gesellschaftlichen Dynamik, in der auch in der Außenpolitik die unterschiedlichsten Interessen virulent werden konnten.[53] Diese müssen daher im einzelnen erläutert werden.

Gestützt auf die Aussage Görings, er habe für eine deutsche Intervention in Spanien plädiert, um der jungen Luftwaffe eine Möglichkeit zur praktischen Erprobung zu geben, ist das militärische Motiv des öfteren in den Vordergrund gestellt worden.[54] Merkes, Abendroth und Viñas vertreten demgegenüber zu Recht die Ansicht, daß die militärische Seite des deutschen Eingreifens in Spanien stark überschätzt worden sei. Allerdings kann nicht übersehen werden, daß die deutsche Wehrmachtsführung mit der unvorhergesehenen Fortdauer des Kriegs die Chance erkannte, Spanien als »militärisches Experimentierfeld« zu nutzen.[55]

Wichtiger als die militärtechnischen erwiesen sich für die NS-Führung im Verlauf des Kriegs die bündnispolitischen Aspekte des spanischen Kriegs. Auch hierbei muß allerdings zwischen primären und sekundären Absichten unterschieden werden. Daß es für Hitler schon der Zweck der einleitenden ›Operation Feuerzauber‹ gewesen sei, »seine bereits guten Beziehungen zu Mussolini zu konsolidieren«[56], ist schon deshalb unmöglich, weil die italienische Haltung gegenüber dem spanischen Militärputsch am 25. Juli 1936 noch gar nicht bekannt war. Erst die weitere Entwicklung des Bürgerkriegs erhöhte »sprungartig den Wärmegrad deutsch-italienischer Zusammenarbeit«[57]. In der bekannten Führerbesprechung vom 5. November 1937 sah Hitler dann das spanische Problem in der Tat vor allem unter dem Aspekt der Entbindung Italiens vom englischen Einfluß.[58]

Es fragt sich auch, inwieweit für die in Deutschland an der Spanienentscheidung Beteiligten die Befürchtung maßgebend gewesen ist, daß »Spanien ideologisch und materiell fest am französisch-russischen Block angeschlossen«[59] würde. Auf einer entsprechenden Erklärung Hitlers vom November 1936 bauen Abendroth und Viñas übereinstimmend ihre gesamte Argumentation auf.[60] Beide können sich allerdings nur auf den nachträglichen Bericht eines deutschen Diplomaten aus dem Jahre 1942 berufen, dessen Inhalt eindeutig im Widerspruch zu einer primären Quelle vom November 1936 steht.[61] Es muß daher offenbleiben, ob in der entscheidenden Nacht vom 25. zum 26. Juli 1936 tatsächlich schon so weitreichende strategische Bündnisüberlegungen angestellt wurden oder ob nicht vielmehr nur eine einmalige militärische Hilfsaktion zur Diskussion stand, deren Durchführung keiner langfristigen außenpolitischen Programmatik bedurfte. Erst der Fortgang des Kriegs machte aus der improvisierten Aktion eine außenpolitische Unternehmung größeren Stils.

Ein letzter Motivzusammenhang für die deutsche Intervention in Spanien ist im ökonomischen Bereich zu suchen. Es überrascht nicht, daß vor allem marxistisch-leninistische Historiker diesem Aspekt der deutschen Spanienpolitik besondere Aufmerksamkeit schenken. Anstoß dazu gibt die Theorie vom sogenannten ›staatsmonopolistischen Kapitalismus‹, nach welcher der Staatsapparat des ›Dritten Reichs‹ angeblich den Monopolen der Großindustrie untergeordnet gewesen sein soll.[62] Hitler soll danach »im Auftrag der reaktionärsten, chauvinistischsten und aggressivsten Kreise des Finanzkapitals«[63] in Spanien interveniert haben. Man bewegt sich damit weiterhin auf der politischen Linie der nachgerade obsoleten Faschismusformel der Kommunistischen Internationale vom Dezember 1933.[64] In Wirklichkeit erweisen die Quellen jedoch im Falle Spaniens ganz eindeutig den ›Primat der Politik‹. Die 1936 zur Abwicklung des deutsch-spanischen Handels ins Leben gerufenen Gesellschaften HISMA und ROWAK waren gerade nicht »Institutionen des staatsmonopolistischen Kapitalismus«[65], sondern Organe eines staatlichen, von der Industrie unabhängigen Wirtschaftsdirigismus. Die privaten Wirtschaftskontakte mit Spanien wurden von Göring als dem Bevollmächtigten für den Vierjahresplan zwangsweise ausgeschaltet. Von einem ›Primat der Industrie‹ konnte hier nicht die Rede sein.[66]

Richtig ist dagegen die Auffassung, daß die Frage der Erweiterung der Rohstoffbasis in Spanien für den deutschen Faschismus an erster Stelle gestanden habe, während es nur ein »untergeordnetes Nahziel« der Intervention gewesen sei, dem deutschen »Finanzkapital« dort »neue Profitquellen« zu erschließen.[67] Damit wird nicht nur die staatsmonopolistische Faschismustheorie ein wenig differenziert, sondern überhaupt der Kern des ökonomischen Interesses der Nationalsozialisten an Spanien getroffen.[68] Das rüstungswirtschaftliche Interesse an bestimmten spanischen Rohstoffen (besonders an Eisenerz und an Schwefelkies) stellte im Laufe der Intervention einen Zusammenhang zwischen »Spanischem Bürgerkrieg und Vierjahresplan« her.[69] Es muß die Aufgabe künftiger Forschungen sein, gerade diese Aspekte der deutschen Politik im Spanischen Bürgerkrieg weiter zu verfolgen. Ähnlich wie im Falle des faschistischen Italiens werden dabei auch die Fragen der gesellschaftlichen Dynamik des NS-Regimes stärker als bisher zur Sprache gebracht werden müssen. Dann dürfte sich zeigen, daß die deutsche Politik im Spanischen Bürgerkrieg weder nur ein Ausfluß von Hitlers totalitär verorteter außenpolitischen ›Programm‹, noch eine Funktion der Interessen des ›Finanzkapitals‹ war, sondern das durchaus vielschichtige Ergebnis komplizierter Entscheidungsprozesse.

Die *Rolle der Sowjetunion* im Spanischen Bürgerkrieg ist in der Forschung nicht minder umstritten als die des nationalsozialistischen Deutschlands. Und kontrovers sind auch ziemlich die gleichen Problemkreise: das Ausmaß des sowjetischen Engagements und die dieses erklärenden Motive Stalins. Ähnlich wie im Falle Deutschlands blieb den Zeitgenossen die Höhe des sowjetischen Einsatzes in Spanien weitgehend verborgen. Da für ihn kein Grund zum Feiern bestand, hielt Stalin (anders als Hitler) die sowjetische Hilfeleistung aber auch nach dem Ende des Kriegs geheim. Das hatte zur Folge, daß die sowjetische Militärhilfe für die Republik zu den fantasievollsten Spekulationen anregte. Einerseits wurde sie beliebig aufgebauscht, um damit die apologetische Kreuzzugsideologie des Franco-Regimes zu rechtfertigen.[70] Andererseits konnten enttäuschte republikanische Spanienkämpfer die Behauptung verbreiten, daß die Sowjetunion die Republik absichtlich nur gerade soweit unterstützt hätte, um Widerstand zu leisten, nicht aber um siegen zu können.[71] Einzelheiten über die sowjetische Militärhilfe für die spanische Republik waren lange Zeit in erster Linie nur den nachträglichen Enthüllungen kommunistischer Renegaten zu entnehmen.[72] Ferner berichteten darüber nichtkommunistische Antifaschisten, die in Spanien Einblick in den Mechanismus der sowjetischen Hilfeleistung erhalten hatten.[73] Längst konnte so zwar kein Zweifel daran bestehen, daß die Sowjetunion der spanischen Republik in beträchtlichem Umfang militärische Hilfe geleistet hat. David Cattell und Hugh Thomas haben auf der Basis dieses Materials plausible Darstellungen dieses Tatbestands gegeben.[74] In sowjetischen Darstellungen wurde der Anteil der UdSSR am Spanischen Bürgerkrieg zu Stalins Lebzeiten jedoch ausschließlich auf humanitäre und diplomatische Hilfsleistungen reduziert. Die russischen Offiziere, die in Spanien tätig gewesen waren und zum Teil im Zweiten Weltkrieg eine hervorragende militärische Karriere gemacht hatten, durften sich nicht äußern. Die politischen ›Berater‹ wurden nach ihrer Rückkehr aus Spanien großenteils liquidiert, so als ob niemand überleben durfte, »der von der politischen Intervention der Sowjetunion in Spanien hätte Zeugnis ablegen können«[75]. Auf diese Weise wurde der Eindruck aufrechterhalten, daß sich die Sowjetunion an den militärischen Auseinandersetzungen in Spanien überhaupt nicht beteiligt habe.[76] Eine ernsthafte wissenschaftliche Auseinandersetzung mit dem Thema war unter diesen Umständen von den sowjetischen Historikern nicht zu erwarten.

Es ist schwer zu sagen, was Stalin dazu bewog, auch nachträglich noch den Schleier des Geheimnisses über die sowjetische Spanienhilfe zu decken. Zu bedenken ist indessen, daß er nicht ohne weiteres offenlegen lassen konnte, das im Herbst 1936 vereinbarte Nichteinmischungsabkommen während des Bürgerkriegs laufend gebrochen zu haben. Nachdem er sich mit den Westmächten zu einer Koalition gegen die Achsenmächte zusammengefunden hatte, hätte das während des Zweiten Weltkriegs seine bündnispolitische Glaubwürdigkeit beeinträchtigen können.

In der Zeit des Kalten Kriegs war zu befürchten, daß das Eingeständnis sowjetischer Militärhilfe an die spanische Republik der Diskussion über die politischen Nebenwirkungen dieser Hilfeleistung neuen Auftrieb gegeben hätte. Was Franz Borkenau, Katia Landau, George Orwell, Robert Louzón und andere über die düstere Rolle politischer Kommissare aus der Sowjetunion bei der Verfolgung und Zerschlagung der POUM sowie anderer Linksgruppen geschrieben haben[77], hatte ebenso längst einen Schatten auf die sowjetische Spanienhilfe geworfen wie die Berichte von Araquistáin, Casado oder Gorkin über die rücksichtslosen Methoden kommunistischer Machteroberung im Heer und Staatsapparat[78]. Schon das bloße Eingeständnis einer Intervention in Spanien mußte daher so lange unerwünscht erscheinen, wie aus aktuellem Anlaß ähnliche Vorwürfe gegen das sowjetische Vorgehen in Osteuropa, vor allem in der tschechoslowakischen Republik, erhoben wurden. Erst mit dem Wandel der weltpolitischen Großwetterlage nach Stalins Tod scheint in der Sowjetunion Mitte der 50er Jahre die Beschäftigung mit dem Spanischen Bürgerkrieg freigegeben worden zu sein. 1955 war erstmals in einer wissenschaftlichen Darstellung zu lesen, daß die Sowjetunion das republikanische Spanien nach Abschluß des Nichteinmischungsabkommens nicht nur moralisch und diplomatisch, sondern auch militärisch unterstützt habe.[79] Im Zuge der fortschreitenden Entstalinisierung erfuhren der ehemalige sowjetische Generalkonsul in Barcelona, Antonov-Ovseenko, und der einstmals einflußreiche »Pravda«-Korrespondent, Kol'chov, eine posthume Rehabilitierung.[80] Eine Reihe von sowjetischen Kriegsteilnehmern konnte ihre Memoiren veröffentlichen.[81] Wichtig war auch die Veröffentlichung der Tagebücher des ehemaligen Londoner Sowjetbotschafters Majskij.[82] Ebenso wie die zahlreichen Memoiren bestätigte sie zumindest indirekt die bisherigen Forschungen westlicher Autoren, in denen die Tätigkeit der sowjetischen Militärberater in Spanien rekonstruiert worden war.[83] Auch wurden erstmals einige (freilich noch wenig zuverlässige) Angaben über die Gesamtzahl der sowjetischen Kriegsteilnehmer gemacht.[84] Schließlich wurde, wenn auch nur zögernd, in verschiedenen Veröffentlichungen der UdSSR Auskunft über den Umfang der sowjetischen Materiallieferungen an die spanische Republik gegeben.[85] Die detaillierten und immer noch bei weitem aufschlußreichsten Informationen des damaligen deutschen Militärattachés in Ankara, die D. C. Watt 1960 auswertete, stehen so nicht mehr alleine da[86], ihre Glaubwürdigkeit wird damit stark erhöht. Es wäre jedoch zu wünschen, daß die sowjetischen Archive im Hinblick darauf vollständig ausgewertet würden. Nachdem man einmal die Tatsache militärischer Hilfeleistung anerkannt hat, wäre es nur folgerichtig, auch deren

genauen Umfang zu ermitteln. Erst wenn hierzu wissenschaftlich ge-
sicherte Zahlen vorliegen, wird man die militärische Bedeutung der
russischen Spanienhilfe voll einschätzen können.

Wenn es schon große Mühe bereitet, auch nur annäherungsweise den
genauen Umfang der sowjetischen Militärhilfe für die spanische Republik zu bestimmen, so ist es angesichts der verschlossenen sowjetischen
Archive erst recht schwierig, die Motive von Stalins Spanienpolitik zu ermitteln. Die Meinungen gehen daher in der Wissenschaft weit auseinander. Vor vorschnellen Urteilen ist gerade in diesem Fall besonders zu
warnen. Sowjetrussische und andere mit diesen auf einer Linie liegende
Autoren machen es sich allerdings einfach. Für sie steht generell außer
Frage, daß sich Stalins Engagement in Spanien »aus der konsequenten
Friedenspolitik der Sowjetunion«[87] ergeben habe. Sie gehen davon aus,
daß die Sowjetunion die einzige Großmacht gewesen sei, welche die
spanische Republik in ihrem »gerechten Krieg der werktätigen Massen
Spaniens«[88] rückhaltlos unterstützt habe. Dem ist, entgegen mancher
historischer Darstellung vor allem spanischer Provenienz, insoweit recht
zu geben, als die sowjetische Hilfeleistung für die spanische Republik im
Ursprung tatsächlich nicht den faschistischen Interventionen in Spanien
gleichgesetzt werden kann. Die Unterstützung der legalen spanischen
Republik hatte an sich eine andere moralische Qualität als die deutsch-
spanische Hilfeleistung für die Rebellen. Die sowjetische Hilfe für die
Republik entwickelte sich jedoch sehr bald zu einer Art Sekundärinter-
vention, die in ihrer Auswirkung auf die innerspanischen Verhältnisse die
der faschistischen Mächte bei weitem übertraf.

Nur mit Erstaunen kann man daher zur Kenntnis nehmen, welche
Folgerungen aus dem historischen Befund sowjetischer Hilfeleistungen
an Spanien heute in den sozialistischen Ländern gezogen werden. Die
einstmals so hartnäckig abgeleugnete Militärhilfe wird nun von den
Historikern des Sowjetblocks einseitig glorifiziert. Das von den Historikern aufbereitete Material wird dabei in dreifacher Hinsicht verwertet.
Ähnlich wie die Pariser Kommune von 1870 gilt der Spanische Bürgerkrieg heute in den sozialistischen Ländern *erstens* als historischer Beweis
für die Wirksamkeit proletarischer Solidarität im internationalen Maßstab. Anläßlich des fünfzigjährigen Jubiläums der bolschewistischen
Oktoberrevolution erinnerte kein Geringerer als Leonid Breschnew an
die »ruhmvolle Geschichte der Kampfgemeinschaft mit dem revolutionären Spanien«[89]. Der Sinn dieser und zahlreicher ähnlicher Erklärungen liegt offenbar darin, an einem historischen Beispiel die
führende Rolle der Sowjetunion in der internationalen revolutionären
Solidaritätsbewegung zu demonstrieren.

Zweitens bietet die Beschäftigung mit den Internationalen Brigaden Gelegenheit, ein »grandioses Bild des weltumspannenden proletarischen Internationalismus in Aktion«[90] zu entwerfen, in dem nicht nur die Sowjetunion, sondern auch andere Völker einen aktiven Part gespielt haben. Die Historiker der sozialistischen Staaten wetteifern geradezu miteinander, ihren jeweiligen nationalen Anteil an der Solidaritätsbewegung für die spanische Republik herauszuarbeiten. Besonders aktiv sind hierbei Historiker der DDR, was zweifellos damit zusammenhängt, daß es dieser im Unterschied zu allen anderen Ländern des Sowjetblocks an einer eigenstaatlichen militärischen Tradition des Antifaschismus mangelt. Der Spanische Bürgerkrieg wird in der DDR als eine Art Ersatzmythos zur historischen Legitimierung der sozialistischen deutschen Republik herangezogen. In den »Streitkräften des ersten deutschen Arbeiter- und Bauernstaates« soll das »Vermächtnis« der deutschen Interbrigadisten aus dem Spanischen Bürgerkrieg aufgehoben sein.[91] Die deutschen Spanienkämpfer gegen Franco werden demgemäß zugleich als »proletarische Internationalisten« und als »echte deutsche Patrioten«[92] gefeiert. Zu ihren Ehren wurde ein regelrechter Veteranenkult entfaltet, an dessen literarischer Gestalt die Historiker vorrangig beteiligt wurden.[93]

Drittens war das Eingeständnis der sowjetischen Militärhilfe an die spanische Republik für die Historiker der sozialistischen Länder mit einer Umdeutung des Bürgerkriegs in einen ›national-revolutionären Krieg‹ verbunden. Man geht davon aus, daß »der bewaffnete Kampf gegen die Verschwörer-Generale durch die militärische Intervention der faschistischen Staaten zu einem Unabhängigkeitskrieg, zu einem national-revolutionären Befreiungskrieg«[94] wurde. Die Kennzeichnung des spanischen Kriegs als ›Bürgerkrieg‹ wird daher im Unterschied zum westlichen Sprachgebrauch konsequent vermieden. Krieg, nicht Bürgerkrieg habe in Spanien stattgefunden. Der Kampf der spanischen Republik gegen die faschistischen Interventionsmächte wird als historisches Beispiel einer nationalen Befreiungsbewegung interpretiert. Die sowjetische Militärhilfe erscheint unter diesem Aspekt nicht lediglich als technische Operation, sondern in ideologischer Überhöhung als Solidaritätsleistung weltgeschichtlichen Ausmaßes. Ausdrücklich wird die Hilfe der Sowjetarmee für die spanische Republik mit der Hilfe verglichen, die sie danach »vielen Völkern Europas« bei der »Befreiung vom faschistischen Joch«[95] erwiesen habe.

Westliche Autoren schätzen demgegenüber die Rolle der Sowjetunion im Spanischen Bürgerkrieg wesentlich nüchterner ein. Zwar besteht Übereinstimmung darüber, daß Stalins ursprüngliches Interesse an

Spanien nicht offensiv-strategischer Art war.[96] Andererseits entsprang es aber auch nicht etwa »einer altruistischen Gesinnung, sondern einem Bedürfnis nach Sicherheit«[97]. Die sowjetische Spanienpolitik muß im Zusammenhang mit der kollektiven Sicherheitspolitik gesehen werden, die Stalin nach der Machtergreifung Hitlers eingeleitet hatte und deren beredter Anwalt vor dem Forum des Völkerbundes Außenminister Litvinov war.[98] Auch die Volksfrontstrategie gehört bekanntlich in diesen Zusammenhang. Erstes konkretes Ergebnis dieser Politik war der französisch-russische Beistandspakt vom 2. Mai 1935. Ihr weiterer Erfolg mußte Stalin durch den spanischen Putsch gefährdet erscheinen. Folgerichtig schloß er sich in den ersten Monaten des Bürgerkriegs aufs Engste der französischen Politik an. Ohne Vorbehalt trat er am 23. August 1936 dem Nichteinmischungsabkommen bei und befolgte auch sonst gegenüber Spanien zunächst eine Politik strikter Neutralität.

In dem sogenannten Ultimatum vom 7. Oktober 1936 drohte die Sowjetunion damit, sich von den Verpflichtungen des Nichteinmischungsabkommens loszusagen, falls andere Staaten nicht damit aufhörten, die Rebellion zu unterstützen.[99] Dieser Schritt war das sichtbare Zeichen für einen fundamentalen Sinneswandel. Er war das Signal für die sowjetische Militärhilfe an die Republik, die vom Oktober 1936 bis März 1938 andauerte.[100] Was Stalin zu diesem Kurswechsel veranlaßt hat, ist bis heute nicht endgültig auszumachen. Vieles spricht jedoch für die These, daß er durch die Stärkung des republikanischen Widerstandswillens Frankreich und vielleicht auch Großbritannien zu einer handgreiflichen Unterstützung der Republik ermuntern wollte.[101] Jedenfalls ist auffällig, daß in der Spanienpropaganda der Komintern ausdrücklich immer nur von der Verteidigung der Demokratie, nicht aber von der des Sozialismus die Rede war.

Diese Rechnung ist nicht aufgegangen. Da Stalin die Republik dennoch weiter unterstützte, müssen sich, was in der Forschung bisher nur ungenügend beachtet wurde, seine Kriegsziele im Laufe des Kriegs gewandelt haben. Einmal stieg das republikanische Spanien, zu dem vor 1936 so gut wie überhaupt keine Handelsbeziehungen bestanden, zum zweitbesten Kunden der Sowjetunion auf. Die Republik bezahlte, indem sie den größten Teil ihrer Goldreserven an die Sowjetunion auslieferte. Es besteht daher kein Zweifel, daß »die Materiallieferung auch rein geschäftliche Aspekte«[102] hatte. Als militärisches Versuchsfeld hatte Spanien für die Sowjetunion sicherlich eine weitaus geringere Bedeutung als für Deutschland oder auch für Italien. Der Aufstieg zahlreicher russischer Spanienkämpfer in der militärischen Hierarchie der Roten Armee während des Zweiten Weltkriegs spricht jedoch dafür, daß die spanischen Fronterfahrungen ein nicht unwichtiger Nebenaspekt der sowjetischen Militärhilfe wurden.[103] Schließlich könnte Stalin im Zuge der Ausweitung des spanischen Kriegs auch erkannt haben, daß Hitler sich hier zeitweise von seinen östlichen Expansionsplänen ablenken ließ.[104] Ob er darüber hinaus auch schon die Möglichkeiten eines modus vivendi mit Hitler testen wollte, ist einstweilen nicht zu klären. Ebenso bleibt unklar, weshalb Stalin seine Unterstützung 1938 so gut wie einstellte oder doch zumindest stark reduzierte. Der italienische U-Boot-Krieg im Mittelmeer kann dafür nicht die Ursache gewesen sein. Auch hier muß eine grundsätzliche politische Entscheidung gefallen sein.

Letzten Endes bleiben also die Motive der sowjetischen Spanienpolitik weitgehend ungeklärt. Es ist deutlich, daß zweimal ein Kurswechsel vorgenommen wurde, jedoch kennen wir nicht die Gründe dafür. Allerdings ist festzuhalten, daß für Stalin in der Spanienpolitik nicht so sehr die uneigennützige internationale Solidarität, als vielmehr das nationale Eigeninteresse der Sowjetunion die Richtschnur seines Handelns war.

Angesichts des Dunkels, in dem die russischen Aktionen und ihre Motive auch heute noch liegen, ist es nicht erstaunlich, daß die Zeitgenossen hinsichtlich Stalins Politik noch in weit größerem Ausmaß auf Spekulationen angewiesen waren. Für die – angenommenen – russischen Interessen wirkte es sich dabei besonders verhängnisvoll aus, daß die entscheidende politische Macht im Kräftespiel Europas, Großbritannien, in Spanien gänzlich andere Absichten verfolgte als Stalin.

Im Unterschied zu den bisher vorgestellten Staaten gibt es in der Forschung über die Ziele der *englischen Politik* im Spanischen Bürgerkrieg keinerlei Unklarheiten, denn die Regierung hat sie selbst mehrfach herausgestellt. Es lassen sich drei größere Komplexe unterscheiden:

1. die Begrenzung des innerspanischen Konflikts, um zu verhindern, daß sich in seiner Folge ein allgemeiner Krieg entwickelt;
2. die Erhaltung der politischen und territorialen Integrität des Landes, weil dies das beste Mittel zur Sicherung der englischen Mittelmeerinteressen schien, und
3. die Aufrechterhaltung der sehr erheblichen wirtschaftlichen Bindungen zwischen beiden Staaten.

Alle diese Motive schlossen in englischen Augen von Anfang an eine Intervention in Spanien nicht nur aus, sondern machten die englische Regierung neben Frankreich auch zum entschiedensten Befürworter einer Strategie des *containment*. Als solche paßt die britische Spanienpolitik (was bei der auf Deutschland fixierten Debatte oft übersehen wird) nahtlos in die Appeasementpolitik der 30er Jahre, auf deren weitere Erörterung hier verzichtet werden muß.[105] An drei Beispielen lassen sich die englischen Absichten verdeutlichen, doch soll zunächst ein Blick auf die innenpolitische Lage Großbritanniens geworfen werden.

Die Spanienpolitik der Nationalen Regierung war im Parlament keineswegs so umstritten, wie dies in der Literatur gelegentlich behauptet wird.[106] Während die Konservativen aus grundsätzlichen, aber auch aus wirtschaftspolitischen Überlegungen insgesamt – von prominenten Ausnahmen wie der Herzogin von Atholl[107] oder (ab 1938) Churchill[108] abgesehen – nahezu geschlossen der Politik der Regierung folgten, aktualisierte der Spanische Bürgerkrieg die schon jahrzehntealte Spaltung innerhalb der Labourparty und der Gewerkschaften aufs neue. Zum persönlichen Mißtrauen führender Linkspolitiker gegenüber den demokratischen Überzeugungen der spanischen Sozialisten und zum traditionellen Antikommunismus, der durch die offene Unterstützung der spanischen Republik durch die Kommunisten und die ›Independent Labourparty‹ noch verstärkt wurde, trat das Dilemma, zwischen Intervention und Neutralität, d.h. zwischen Wiederbewaffnung und Pazifismus, wählen zu müssen. In dieser emotionsgeladenen Debatte entschieden sich die Labour- und Gewerkschaftsführer mehrheitlich gegen eine Intervention und wehrten erfolgreich die mehrfachen Versuche der Basis ab, eine grundsätzliche Änderung ihrer Haltung herbeizuführen. Trotz aller späteren Vorstöße im Parlament, deren steter Anlaß die offenkundige Benachteiligung der republikanischen Regierung durch die Neutralitätspolitik war, hatte Lord Halifax recht, als er im Mai 1938 im Oberhaus der Opposition zurief, daß sie anstelle der gegenwärtigen Regierung auch keine andere Politik betreiben würde.

Da die Haltung Englands im Spanischen Bürgerkrieg wie überhaupt die Appeasementpolitik lange Zeit innenpolitisch vergleichsweise wenig kontrovers war, mit Sicherheit jedenfalls von allen möglichen Reaktionen das größte Maß an Zustimmung erfuhr[109], interessiert hier vorrangig die außenpolitische Absicherung des englischen Vorgehens. Die Auseinandersetzung mit den Interventionsmächten spielte sich naturgemäß vorwiegend im Nichtinterventionskomitee ab, das am 9. September 1936 in London erstmals zusammentrat. Seine Geschichte ist noch nicht geschrieben worden. Die seit längerer Zeit zugänglichen Akten wurden jedoch neben Merkes auch von Niedhart eingehend herangezogen, da sich das englisch-russische Verhältnis von 1936 bis 1938 paradigmatisch an den bisweilen heftigen Diskussionen innerhalb dieses Komitees herauspräparieren läßt.[110]

Als gesichert kann demnach gelten, daß die russische Absicht, im Rahmen der kollektiven Sicherheitspolitik die Westmächte zur Zusammenarbeit gegen Deutschland und Italien zu veranlassen[111], auf den entschiedenen Widerstand Großbritanniens traf. Im Foreign Office faßte man diese Politik als einen Versuch auf, mit Hilfe des Kooperationsangebots die kommunistische Weltrevolution herbeizuführen, und fühlte sich hierin durch die verschiedenen Initiativen der Komintern, namentlich die militärischen Aktionen der Internationalen Brigaden, und durch das rasche Vordringen der anfangs bedeutungslosen Kommunistischen Partei Spaniens bestätigt. Nach dem am 7. Oktober 1936 im Nichtinterventionskomitee ultimativ angekündigten Kurswechsel Stalins wurde entgegen der Ausgangslage nunmehr die Sowjetunion selbst zum Hauptangeklagten. Aus englischer Sicht wirkte nicht die deutsche und italienische, wohl aber die russische Spanienpolitik aggressiv[112], weil sie aus dem Nichtinterventionskomitee entgegen seinem Auftrag ein Beschlußgremium mit Sanktionsvollmacht machen wollte. Maijski erlitt eine diplomatische Niederlage nach der anderen und war bald gänzlich isoliert. Stalin änderte daraufhin 1938 seine Politik und gab den Versuch auf, einen Angriff auf die Sowjetunion mit Hilfe der kollektiven Sicherheitspolitik zu verhindern.[113] Niedharts These[114] ist zuzustimmen, daß die englische Politik nicht durch eine planmäßige Rußlandfeindlichkeit geprägt war, die jenes Land der Aggression durch Deutschland und Japan preisgeben wollte, auch wenn der Londoner Sowjetbotschafter diese Version nicht ohne Erfolg verbreitet hat.[115] Der Spanische Bürgerkrieg hat aber die englisch-russischen Beziehungen entscheidend verschlechtert und damit indirekt zum Nichtangriffspakt Stalins mit Hitler im Sommer 1939 geführt.

Die Wahrung der territorialen Integrität Spaniens war ein Ziel, das vor allem in der Auseinandersetzung mit Italien durchgesetzt werden mußte, da dieses Land in Spanien neben ideologischen und wirtschaftlichen auch strategische Interessen verfolgte. Auch dieses Thema hat noch keine detaillierte Behandlung erfahren[116], so daß hier die Problematik nur angedeutet werden kann. Da London vor allem im Vergleich zu Berlin in dieser Hinsicht nicht viel anzubieten hatte und Mussolini und Ciano sich nicht festlegen lassen wollten, kam es trotz des *gentlemen's agreement* vom Januar 1937, trotz der Anerkennung der italienischen Souveränität über Abessinien durch Großbritannien und trotz des ›Oster-Abkommens‹ von 1938 zu keinem dauerhaften Erfolg der englischen Politik[117]; wenn am Ende Chamberlains Ziel, die italienischen Truppen aus Spanien und insbesondere von den Balearen zurückzuziehen, erreicht wurde, so war dies nicht der englischen Politik, sondern vielmehr der politischen Taktik Francos zuzuschreiben. Ebensowenig brachte die Seekontrolle, bei der man den Bock zum Gärtner machte, Ergebnisse im Sinne Londons; die von Eden auf der Konferenz von Nyon durchgesetzte Bekämpfung ›unbekannter‹ U-Boote beendete lediglich die Piraterie an Spaniens Ostküste.[118] Die zentrale Rolle, die Rom in der Politik Chamberlains einnahm, führte dazu, daß hierbei die Problematik der Appeasementpolitik zum ersten Mal zutage trat. Edens Rücktritt am 20. Februar 1938 signalisierte, daß das Foreign Office abweichende Vorstellungen von einer englisch-italienischen Zusammenarbeit hinsichtlich Spaniens hatte.[119]

Der dritte, wirtschaftspolitische Motivationskomplex der britischen Führung war in großen Zügen ebenfalls bereits den Zeitgenossen bekannt.[120] Der Stand unserer Kenntnisse hat sich seither nur unwesentlich verbessert, er ist in jüngster Zeit von Kleine-Ahlbrandt zusammenfassend behandelt worden.[121] Die englisch-spanischen Wirtschaftsbeziehungen waren für beide Partner bedeutsam. Die Hälfte der spanischen Exporte ging nach England, ein Fünftel seiner Importe bezog Spanien von dort. Außerdem war in erheblichem Umfang britisches Kapital in Spanien investiert. Der Zufall wollte es, daß Spanien durch den Aufstand Francos wirtschaftlich zweigeteilt wurde und daß sich die britischen Investitionen vorwiegend im Gebiet der Madrider Regierung befanden[122], während die Agrarprodukte und Rohstoffe aus der Franco-Zone kamen. Vor die Wahl gestellt, entschied sich die englische Regierung für die Sicherung des Außenhandels, weil dieser englische (besonders walisische) Arbeitsplätze sichern half[123], die Aufrüstung ermöglichte und weil Franco außerordentlich rasch international kreditfähig wurde.[124] Diese Entscheidung brachte es mit sich, daß Großbritannien in Spanien mit Deutschland bzw. dessen Monopolunternehmen HISMA/ROWAK zusammenstieß, das ähnliche Interessen verfolgte, dabei aber über den Vorteil verfügte, die von Franco dringend gewünschten militärischen Aufrüstungsgegenstände liefern zu können.[125] England geriet dadurch in Schwierigkeiten, besonders als im Sommer 1937 mit dem Fall des Baskenlandes die letzten republikanischen Bergwerke in die Hände der Nationalisten fielen. Die in englischem Besitz befindliche ›Rio Tinto Mining Co.‹ war in ihrer Unternehmenspolitik bereits seit August 1936 durch strenge Auflagen Francos gebunden. Ohne daß genaue Zahlen vorliegen (die bisher bekannten Statistiken trennen nicht zwischen den Gebieten der Zentralregierung und denjenigen Francos) wird doch deutlich, daß die Eisenerz-Importe nach einer kurzen Steigerung 1937 im folgenden Jahr erheblich zurückgingen und daß die Bezüge agrarischer Produkte drastisch fielen. Überdies verteuerte Francos Devisenpolitik diese Waren ganz erheblich. Nunmehr zeigte sich, daß die strikte Nicht-interventionspolitik Großbritannien erpreßbar machte[126], da Franco die Zusage von Wirtschaftsgarantien von der diplomatischen Anerkennung durch London abhängig machen konnte. Am 8. November 1937 kündigte Eden den Austausch von Handelsvertretern an, was allen Dementis zum Trotz eine de facto-Anerkennung bedeutete. Andere Staaten folgten rasch diesem Beispiel, nur Frankreich nicht. Die Zahlen belegen, daß dieser Schritt, der zu Hause von der Linken heftig kritisiert wurde, Großbritannien nicht sogleich aller Schwierigkeiten enthob.[127]

So erhebt sich am Ende die Frage, ob die englische Spanienpolitik erfolgreich war. Man wird dies wohl mit einer gewissen Einschränkung bejahen können, da intensive englisch-spanische Wirtschaftsbeziehungen im beiderseitigen Interesse lagen[128] und da selbst Deutschland nicht glaubte, auf Dauer den englischen Rivalen niederhalten zu können[129]. Nach dem schweren Einbruch der Jahre 1937/38 haben sich die englischen Warenbezüge bis Kriegsende wieder stabilisiert.[130] Auch diplomatisch trug die englische Politik Früchte. Großbritannien betrachtete es als einen Erfolg, daß sich Spanien in der Sudetenkrise im Spätsommer 1938 neutral verhielt[131] und »das deutsch-spanische Verhältnis auf einen bisher noch nicht erreichten Tiefpunkt«[132] absank. Andererseits ist es Großbritannien mit Sicherheit nicht gelungen, die an sich vorhandenen Möglichkeiten voll auszuschöpfen – auch nicht nach dem Ende des Spanischen Bürgerkriegs. Dies lag nicht so sehr an der durch den Grundsatz der Nichtintervention verursachten beiderseitigen politischen Zurückhaltung als vielmehr an internen Schwierigkeiten innerhalb der Regierung, wo sich trotz seiner Kaltstellung der ausgesprochen Franco-feindliche Sir Robert Vansittart zeitweilig gegen Lord Halifax durchsetzen konnte[133], sowie an den zahlreichen Ungeschicklichkeiten des ersten englischen Botschafters, Sir Maurice Peterson[134]. Es hat den Anschein, daß erst die durch den Ausbruch des Zweiten Weltkriegs verursachte Abschnürung Spaniens von Deutschland die Engländer verlorenes Terrain hat aufholen lassen, denn es kam erst im März 1940 zu einem Handelsvertrag, nach dessen Abschluß das Foreign Office sogleich einen Wechsel auf dem Posten des Botschafters vornahm.

Eine letzte Überlegung soll der Frage gelten, auf welche Weise sich die englischen Wirtschaftsinteressen gegenüber dem auf größere Zurückhaltung gegenüber Franco bedachten Außenministerium durchgesetzt haben. Die bisherige Literatur geht nicht über die allgemeine Aussage hinaus, daß in der Zwischenkriegszeit das Foreign Office dem Schatzkanzleramt in außenpolitischen Entscheidungen zeitweilig unterlegen sei.[135] Zu untersuchen wäre aber neben den Versuchen einer Beein-

flussung durch die meinungsbildende Presse[136] vor allem das Zusammenspiel zwischen *City* und ihr nahestehenden Kreisen innerhalb der Regierung, wie dies jüngst beispielhaft für die deshalb fehlgeschlagene Ruhr-
besetzung Poincarés geschehen ist.[137] Auch den Privatinitiativen
einzelner Firmen müßte nachgegangen werden sowie der Tätigkeit der
Handelskammern, bezüglich derer bislang nur die vom ehemaligen Chef
der britischen Handelskammer in Madrid, Arthur Loveday, unter-
nommene Propagandatätigkeit zugunsten Francos bekannt ist. Damit
wäre nicht nur ein wesentliches Problem des Spanischen Bürgerkriegs
aufgehellt, sondern es wären zugleich auch neue Erkenntnisse für die
immer noch in den Anfängen steckende Forschung über die Rolle von
Interessengruppen im *decision-making-process* zu erwarten.

Der Politik der *Vereinigten Staaten* im Spanischen Bürgerkrieg wurde im
vorliegenden Band kein eigener Abschnitt gewidmet, da hier die
Forschungslage trotz weithin zugänglicher Archive und einiger Spezial-
arbeiten unbefriedigend ist. Sei es, daß das Thema als überwiegend
ideologischer Konflikt[138] aufgefaßt oder daß hier, wie auch in anderen
Zusammenhängen, von der These des amerikanischen Isolationismus
ausgegangen wird[139], in beiden Fällen bleiben wesentliche Faktoren der
amerikanischen Außenpolitik ausgeklammert. Den ›Revisionisten‹
innerhalb der amerikanischen Historiker gebührt das Verdienst, als erste
auf die Bedeutung ökonomischer Aspekte in der US-Außenpolitik hingewiesen zu haben. Unter diesem Vorzeichen sollte auch das spanisch-
amerikanische Verhältnis zwischen 1936 und 1939 betrachtet werden,
auf dessen Problematik hier nur hingewiesen werden kann.
  Angesichts der enormen Exportabhängigkeit der amerikanischen
Wirtschaft auch in den 30er Jahren zielte die Roosevelt-Administration
zur Überwindung der Weltwirtschaftskrise nicht nur auf eine binnen-
wirtschaftliche Konjunkturbelebung, sondern auch auf die Erschließung
bzw. Rückgewinnung von Absatzmärkten im Ausland. Es ist hierzu kein
Widerspruch, wenn die amerikanische Diplomatie im gleichen Zeitraum
im Zeichen der Neutralitätsgesetzgebung stand, da die Neutralität keine
außenwirtschaftliche Enthaltsamkeit einschloß[140], auch wenn dies einer
breiten Öffentlichkeit weithin verborgen geblieben ist. Man wird daher
von einem in der Literatur bisher nahezu ignorierten beträchtlichen wirtschaftlichen Interesse der USA an Spanien ausgehen müssen, wo
immerhin 80 Mill. Dollar investiert waren[141] und wo amerikanische
Lieferungen in der spanischen Importstatistik den ersten Platz ein-
nahmen; umgekehrt waren die Vereinigten Staaten auch als Ausfuhrland
für Spanien von großer Bedeutung.

Diplomatisch betrieben die USA eine Politik des ›als ob‹, d.h. sie wandten, ohne dem Nichtinterventionsabkommen je beizutreten, eine strenge Neutralitätspolitik an[142], die anfangs als ›moralisches Embargo‹, seit der Unterzeichnung der ›Spanish Embargo Act‹ am 8. Januar 1937 als ›legales Embargo‹ deklariert wurde. Verschiedene Versuche im Kongreß und der Administration, diese Politik zugunsten einer Unterstützung der Madrider Zentralregierung zu ändern, schlugen fehl, wobei ungeklärt ist, ob dies aus Rücksicht gegenüber wichtigen Wählergruppen wie zum Beispiel den Katholiken[143] oder Partnerstaaten – vor allem in Lateinamerika[144] – geschah, oder um die wirtschaftlichen Interessen der großen Konzerne, besonders ›General Motors‹, ITT, ›Ford‹, ›Texaco‹ und ›Firestone‹, nicht zu gefährden, die in der Anfangszeit mit beiden Teilen Spaniens, später vor allem mit den Nationalisten gute Geschäfte machten[145]. Faktisch lief die amerikanische Außenpolitik auf »eine Art *Cash and Carry-Neutralität*«[146] hinaus, die Franco als den wirtschaftlich Stärkeren eindeutig bevorzugte, diesen damit aber auch von seinen faschistischen Partnern unabhängiger machen sollte.[147] Die diplomatischen Vertreter des State Department in Madrid, Bowers, und in Paris, Bullitt, haben sich solche Überlegungen jedoch nicht zu eigen gemacht und für eine entschiedene Unterstützung der Republik plädiert.[148] Sie fanden aber in Washington keinerlei Gehör, da nicht einmal die mit den ›Realisten‹ im Streit liegende appeasementfeindliche ›messianische‹ Schule des State Department eine Interventionspolitik in Spanien befürwortete.[149] In noch stärkerem Maße als für Großbritannien ist daher für die USA ein mehrschichtiges Verhältnis zu Spanien kennzeichnend: Während einerseits ca. 3000 Amerikaner als Interbrigadisten auf seiten der Republik kämpften und die Öffentlichkeit überwiegend gegen Franco eingestellt war[150], befand sich Roosevelts Neutralitätspolitik, wie beispielsweise das Wahlergebnis vom November 1936 zeigt, in Übereinstimmung mit der Mehrheit der Bevölkerung. Die diplomatische Anerkennung Francos am 1. April 1939 war der logische Schlußstrich dieser Politik.

Während im Falle Großbritanniens weite Bereiche der Spanienpolitik bekannt sind, im Rahmen der Appeasementdebatte jedoch kontrovers beurteilt werden, und während im Falle der USA noch nicht einmal die Tatsachenermittlung abgeschlossen ist, macht man bei der Betrachtung des *französisch-spanischen Verhältnisses* die erstaunliche Beobachtung, daß hier im wesentlichen zwei gänzlich verschiedene Interpretationsrichtungen nebeneinander herlaufen, ohne im allgemeinen voneinander Kenntnis zu nehmen. Da die für die Volksfrontperiode wichtigsten

Archive 1940 zerstört worden sind[151], hängt eine endgültige Klärung kaum von weiteren Aktenfunden ab, sondern von einer sinnvollen Integration der unterschiedlichen Schemata.

Seit jeher ist bekannt, daß sich die englische Regierung von Anfang an gegen jegliche Intervention in Spanien stellte, während der damalige französische Ministerpräsident Blum am 20. Juli 1936 bereit war, dem spanischen Hilfeersuchen zu entsprechen, das Kabinett aber am 25. Juli erstmals und endgültig am 8. August eine andere Politik beschloß. Die wissenschaftliche Debatte drehte sich daher fast ausnahmslos um das Problem, welche Faktoren Blum zu dieser radikalen Änderung seiner Politik veranlaßt haben, d. h. um die wenigen Tage zwischen dem Ausbruch des Spanischen Bürgerkriegs und der ersten Woche im August 1936. Kaum jemand ging je der Frage nach, warum Blum trotz des offensichtlichen Scheiterns seiner Nichtinterventionspolitik auch später die spanische Republik nicht offen unterstützte. Praktisch unbekannt ist schließlich der Umfang des im Rahmen der streng geheim gebliebenen Politik der *non-intervention relâchée* nach Spanien gelangten Kriegsmaterials französischer oder anderer Herkunft.[152]

Bei der Untersuchung der Motive von Blums Wendung zogen bislang die Diplomatiehistoriker das größere Interesse auf sich. Ihre Quellenbasis besteht in Memoiren, Presseanalysen und – in diesem Falle – in den seit langem veröffentlichten Akten des State Department; erst seit 1966 liegt der entsprechende französische Aktenband vor, während 1970 die Archive des Foreign Office und des englischen Kabinetts für die Zeit bis 1940 zugänglich gemacht worden sind. Diese Quellenlage und die Tatsache, daß Blum am 23./24. Juli selbst in London war und unter Umgehung seines Außenministers seinen Admiralstabschef Darlan am 5. August zu dessen englischem Kollegen geschickt hat, um auf diesem ungewöhnlichen Wege die Engländer doch noch für eine gemeinsame Aktion zugunsten der Madrider Regierung zu gewinnen, haben zu der verbreiteten These geführt, die Volksfront-Regierung sei durch die englische Drohung, die in Locarno gegebene Beistandsverpflichtung zu widerrufen, zur Aufgabe ihres ursprünglichen Zieles gezwungen worden.

Den Weg dieser sehr verbreiteten *left-wing interpretation*, die von französischen Sozialisten und linken Radikalsozialisten in Umlauf gesetzt worden ist, die aber vor allem deshalb viele Anhänger gefunden hat, weil sie auch in den für seriöser erachteten Berichten der Pariser und Madrider US-Botschafter auftaucht und wegen der verschlossenen Archive lange Zeit nicht widerlegt werden konnte, hat vor einiger Zeit David Carlton verfolgt und ihr zugleich den Boden entzogen[153]. Bis dahin haben sich die außenpolitischen Untersuchungen vor allem um das Auf-

finden von Beweismaterial für englische Pressionen bemüht. So sieht –
um nur einige Beispiele zu nennen – Furnia, der eine Geschichte der
englisch-französischen Beziehungen anhand der amerikanischen Akten
zu schreiben versuchte, in einem angeblichen Telefonat des französischen Botschafters in London mit seiner Regierung vom 22. Juli die
entscheidende Weitergabe englischen Drucks[154], während Gallagher die
fehlgeschlagene Mission Darlans, von der er nicht einmal das Protokoll
kennt, dafür verantwortlich macht[155] und Dreifort in einer von London
erst nachträglich autorisierten Demarche des englischen Botschafters
bei Außenminister Delbos am 7. August, also knapp zwei Wochen nach
der ersten französischen Kabinettsentscheidung, den Beweis für Edens
Pression erblickt[156].

Allerdings hatte bereits 1962 Geoffrey Warner das bis dahin vorgelegte
Material geprüft und war dabei zu dem Schluß gekommen, daß
besondere englische Pressionen keineswegs nötig waren, um Blum zu
einer Abkehr von seinem ursprünglichen Entschluß zu veranlassen;
vielmehr habe bloße englische Zurückhaltung angesichts der Absicht
des französischen Ministerpräsidenten, eng mit London zusammenzuarbeiten, und angesichts der innerfranzösischen Opposition dazu
durchaus genügt.[157] Auch der Herausgeber der französischen Akten,
Pierre Renouvin, hält englischen Druck für unwahrscheinlich, jedenfalls
nicht für entscheidend; er weist gleichzeitig auf widersprüchliche und
ungenaue Aussagen Blums und seines seinerzeitigen Kabinettschefs
Blumel im Jahre 1947 hin, ganz abgesehen davon, daß Renouvin Blums
Entscheidung vom 20. Juli für übereilt und seine Hoffnung, daß die
Materiallieferungen geheim blieben, für naiv hält.[158]

Damit steht die Forschung erst recht vor der Frage, welches die ausschlaggebenden Motive Blums und seiner Regierung gewesen sind. Hier
kann nur der Blick auf die innerpolitische Szene weiterhelfen. In der Tat
behandeln viele Darstellungen zur französischen Parteien- und Gewerk-
schaftsgeschichte die Auseinandersetzung um die Spanienpolitik der
Regierung Blum und gelangen dabei teilweise zu Erkenntnissen, die die
damaligen Vorgänge durchaus plausibel machen. So nimmt Gombin eine
Verquickung von innen- und außenpolitischen Argumenten vor und
führt unter ersteren den Widerstand zahlreicher prominenter Politiker
und die anders urteilende Kabinettsmehrheit an, denen beiden Blum
nachgegeben habe, weil dies seiner Parole vom »exercice de pouvoir« und
seiner psychischen Verfassung entsprochen habe; wichtig erscheint auch
der Hinweis, daß das Volksfront-Programm vordringlichere Punkte als
die Außenpolitik enthalten hatte, die man der Spanienfrage nicht einfach
habe opfern wollen.[159] Zu ähnlichen Ergebnissen gelangte Greene, der

ebenfalls englischen Druck für wahrscheinlich, nicht jedoch für relevant hält; entscheidend sei vielmehr die innere Spaltung der SFIO in radikale Pazifisten unter Generalsekretär Faure, in Interventionisten um die Parteizeitschrift »Bataille socialiste« und in die Anhänger Blums gewesen.[160] Seine gründliche Analyse der zahlreichen Presseorgane sozialistischer Unterbezirke in der Frage des Spanischen Bürgerkriegs zeigt überdies, daß nahezu alle Föderationen außer den in den Pyrenäen gelegenen tendenziell gegen eine Intervention waren.[161] – Die Untersuchungen zur radikalsozialistischen Partei gehen von deren notorischen internen Differenzen aus, die angesichts der wichtigen Rolle dieser Partei jedes Kabinett bedrohten, an dem sie beteiligt war. Nach Nordmann brachen bei den Radikalsozialisten infolge des Spanischen Bürgerkriegs die Flügelkämpfe zwischen den Anhängern Herriots, Daladiers und den ›Jungtürken‹ wieder auf; der kaltgestellte Kammerpräsident Herriot habe zusammen mit Staatsminister Chautemps seinen Einfluß zurückzuerlangen versucht, indem er gegen die Intervention in Spanien opponierte.[162] Ähnliches deutet Larmour an.[163] Herriot selbst äußerte sich zu diesem Problem nicht, betonte jedoch in seinen Memoiren seine entschiedene Gegnerschaft zur Außenpolitik Blums, der er eine enge französisch-russische Zusammenarbeit vorgezogen hätte.[164] Sein Biograph Soulié schweigt ebenfalls zu diesem Thema, unterstreicht aber seinen großen politischen Einfluß auf entscheidende radikalsozialistische Kabinettsmitglieder.[165] Die in der diplomatiegeschichtlichen Literatur anzutreffenden Berichte von Herriots Schlüsselrolle bei der Entscheidung für die Nichtintervention erscheinen dadurch zwar glaubhaft, die in ihnen suggerierte pro-englische Haltung Herriots wäre demzufolge allerdings zu überprüfen. – In der Kommunistischen Partei Frankreichs hat, der Darstellung Fauvets zufolge, Thorez zunächst spontan gegen die Intervention argumentiert; er folgte dann aber der anderslautenden Komintern-Entscheidung und wurde schließlich zum vehementen Befürworter einer aktiven Intervention, der schließlich sogar den zögernden Stalin überzeugt haben soll.[166] Die scharfe Kritik am Volksfront-Partner SFIO wäre also primär außenpolitischen Differenzen zuzuschreiben. Demgegenüber macht Annie Kriegel dafür innenpolitische Motive verantwortlich, die nicht zuletzt in der persönlichen Gegnerschaft der KPF zu Léon Blum gelegen haben.[167] Immerhin war nach außen Spanien das weithin sichtbarste Zeichen des beginnenden Zerfalls der Volksfront, und Blum hat im November 1936 an Moskau die Bitte übermittelt, auf die französischen Kommunisten mäßigend einzuwirken[168]. – Auch die CGT war über die Spanienfrage innerlich entzweit: Während ihr Chef Jouhaux mit Teilen der Zentrale, vor allem aber die stark kommunistisch unterwanderte Basis für eine Intervention eintraten, opponierten die wichtige Lehrergewerkschaft und das ›Comité de Vigilance des Intellectuels antifascistes‹ gegen einen solchen Schritt.[169]

Der mehrfache Hinweis auf interne Differenzen führt schließlich zu einer durchgängigen innenpolitischen Konstellation während der Dritten Republik hin: Das Land war seit jeher in zwei außerordentlich stabile Blöcke gespalten, die *parti du Mouvement* und die *parti de l'Ordre établi*.[170] Der Spanische Bürgerkrieg hat die Gegensätze beider Blöcke um so deutlicher aufleben lassen, als die *parti de l'Ordre établi* sich durch den Wahlerfolg der Volksfront und die Mai- und Junistreiks mit ihren gewaltigen sozialen Folgen bedroht sah und Francos Anliegen als verwandt mit den eigenen empfand. Die *parti du Mouvement* glaubte ihrerseits an eine Neuauflage des Staatsstreichs Napoleons III. oder des ›Boulangisme‹. Blum erklärte zwar erst 1942, er habe seinen Interventionsbeschluß wegen eines drohenden innerfranzösischen Bürgerkriegs, mit dessen Entfesselung Mauriac offen gedroht hatte[171], umgestoßen[172], während er vordem nur von der andernfalls drohenden Kriegsgefahr in Europa gesprochen und damit der pazifistischen Stimmung innerhalb seiner Partei Rechnung getragen hatte[173]. Im Ergebnis haben diese starken Spannungen aber nicht nur die Regierung in ihrer Bewegungsfähigkeit eingeschränkt, sie haben auch die Achsenmächte überzeugt, daß Frankreich den politischen Zielen Deutschlands und Italiens nicht widerstehen könne[174].

Damit ist künftigen Untersuchungen des französisch-spanischen Verhältnisses der Weg gezeigt. Ausgehend von den Erkenntnissen Warners und Carltons wäre eine Gesamtanalyse der Lage Frankreichs anzustreben, welche die innen- und außen-, wirtschafts[175]- und militärpolitischen Zusammenhänge miteinander verknüpft.[176] Sie könnte auch erklären, warum Blum den gegen seine innere Überzeugung gefaßten Nichtinterventionsbeschluß angesichts des offenbaren Scheiterns dieser Politik später nicht widerrufen hat, weshalb aber gleichzeitig die Hilfeleistung im Geheimen bis weit ins Jahr 1938 funktionieren konnte. Damit wäre ein wichtiger Beitrag sowohl für die Erforschung des Spanischen Bürgerkriegs wie für die der französischen Dritten Republik geleistet, die bislang meist beziehungslos nebeneinander untersucht werden.

Anmerkungen

1 Zur Tradition des *pronunciamiento* vgl. Christiansen, Eric: *The Origins of Military Power in Spain 1800–1854*. Oxford 1967, S. 131 ff., S. 145 ff., und Payne, Stanley G.: *Politics and the Military in Modern Spain*. Stanford 1967, S. 14 ff.

2 Diese Zahl nach Thomas, Hugh: *The Spanish Civil War*. Harmondsworth 1971, S. 789 f.

3 Vgl. zu Frankreich: Pike, David Wingeate: *Conjecture, Propaganda Deceit and the Spanish Civil War*. California Institute of International Studies 1968; zu England: Watkins, K. W.: *Britain divided. The Effect of the Spanish Civil War on British Political Opinion*. London 1963; zu den USA: Guttman, A.: *The Wound in the Heart. America and the Spanish Civil War*. New York 1962.

4 Vgl. dazu die eindringliche Darstellung von Garosci, Aldo: *Gli intellettuali e la guerra di Spagna*. Torino 1959.

5 Ford, Hugh D.: *A Poet's War. British Poets and the Spanish Civil War*. Chapel Hill N.C. 1965.

6 Vgl. Orwell, George: *Homage to Catalonia*. London 1938; Malraux, André: *L'Espoir*. Paris 1937.

7 Zu den Internationalen Brigaden gibt es eine umfangreiche Literatur. Wissenschaftliche Bedeutung haben davon vor allem: Brome, Vincent: *The International Brigades. Spain 1936–1939*. London 1965; Kozlowski, Eugeniusz, Techniczek, Maciej: *Vojna hispanska, 1936–1939. Chronologia wydarzen i bibliografia*. Warschau 1964; und besonders: Castells, Andreu: *Las Brigadas Internacionales de la guerra de España*. Barcelona 1974. Die Zahl der Freiwilligen nach Castells: a.a.O. S. 383. Zusammenfassend in diesem Band S. 233 Broué, P., und Témime, E.

8 Die sogenannte Neue Linke in Deutschland entdeckt dafür jetzt mit einiger Verspätung den Spanischen Bürgerkrieg als historischen Bezugspunkt. Vgl. Berneri, Camillo: *Klassenkrieg in Spanien. Gegen Faschismus und bürgerliche Republik*. Berlin 1975; Prudhommeaux, A. u. D.: *Bewaffnung des Volkes. Aufbau, Organisierung und Kämpfe der Volksmiliz im Spanischen Bürgerkrieg*. Berlin 1974; Gerlach, Erich, Souchy, Augustin: *Die soziale Revolution in Spanien. Kollektivierung der Industrie und Landwirtschaft in Spanien 1936–1939. Dokumente und Selbstdarstellungen der Arbeiter und Bauern*. Berlin 1974. Trotzki, Leo: *Revolution und Bürgerkrieg in Spanien 1931–1939. Bd. 1, 1936–1939*. Frankfurt 1975.

9 Beispiele dafür bieten jeweils Bolloten, Burnett: *The Grand Camouflage. The Communist Conspiracy in the Spanish Civil War*. New York 1961, und Spielhagen, Franz (d.i. Katz, Otto): *Spione und Verschwörer in Spanien. Nach offiziellen nationalsozialistischen Dokumenten*. Paris 1936. Vgl. im übrigen Schieder, Wolfgang: »Spanischer Bürgerkrieg«. In: *Sowjetsystem und Demokratische Gesellschaft*. Bd. 6. (Freiburg 1972). Sp. 81 f., Sp. 85 ff.

10 Vgl. Cattell, David T.: *Communism and the Spanish Civil War*. Berkeley/Los Angeles 1955, S. 19–34, und Nellesen, Bernd (Hg.): *José Antonio Primo de Rivera, der Troubadour der spanischen Falange*. Stuttgart 1965, S. 17 f., sowie Payne, Stanley G.: *Falange. A History of Spanish Fascism*. Stanford 1961, S. 101, 115.

11 Vgl. zum folgenden Malefakis, Edward E.: *Agrarian Reform and Revolution in Spain. Origins of the Civil War.* New Haven/London 1970; Thomas, H.: a.a.O. S. 76–79; Robinson, Richard A. H.: *The Origins of Franco's Spain. The Right, the Republic and Revolution, 1931–1936.* Newton Abbot 1970, S. 57–67, S. 85–89.

12 Dennoch muß der These von Malefakis, E.: a.a.O. S. 6, widersprochen werden, daß die unterbliebene Landreform die Hauptursache des Bürgerkriegs gewesen sei. Eher war das Gegenteil der Fall, da sich die Grundbesitzer schon wegen der bescheidenen Reformansätze gegen die Republik stellten.

13 Vgl. dazu besonders Brenan, Gerald: *The Spanish Labyrinth.* 2. Aufl. London/New York 1950, S. 37–57. (In der Literatur wird allerdings oft übersehen, daß sich Brenan 1950 von vielen seiner früheren Aussagen über die katholische Kirche distanzierte. Vgl. ebenda, S. VII f.). Ferner: Sanchez, José M.: *Reform and Reaction. The Politico-Religious Background of the Spanish Civil War.* Chapel Hill 1964. Scharfsinnige Beobachtungen dazu auch bei Borkenau, Franz: *The Spanish Cockpit.* London 1937.

14 Vgl. zum folgenden vor allem Carr, Raymond: *Spain 1808–1939.* Oxford 1966, S. 431–439; Malefakis, E.: »The Parties of the Left and the Second Republic«. In: Carr, Raymond (Hg.): *The Republic and the Civil War in Spain.* London 1971, S. 16–45; Brenan, G.: a.a.O. S. 229–264; Sedwick, Frank: *The Tragedy of Manuel Azaña and the Fate of the Spanish Republic.* Ohio State University Press 1963.

15 Aus der Literatur zum Anarchismus und Sozialismus in Spanien ist neben der in Anm. 14 genannten Literatur vor allem zu nennen: Peirats, José: *La CNT en la revolución española.* 3 Bde., Toulouse 1951–1953; Rama, Carlos M.: *La crisis española del siglo XX.* 2. Aufl. Mexiko/Buenos Aires 1962; Lorenzo, César N.: *Les anarchistes espagnols et le pouvoir, 1868–1969.* Paris 1969; Oberländer, Erwin (Hg.): *Der Anarchismus.* Olten/Freiburg 1972.

16 Hobsbawm, Eric: *Sozialrebellen. Archaische Sozialbewegungen im 19. und 20. Jahrhundert.* Neuwied/Berlin 1962, S. 104–126.

17 Vgl. dazu und zum folgenden Payne, S.: *Politics,* a.a.O. S. 14 ff., und Christiansen, E.: a.a.O. S. 47 ff.

18 Vgl. Carr, R.: a.a.O. S. 187 ff.; Brenan, G.: a.a.O. S. 78 ff.

19 Jackson, Gabriel: *The Spanish Republic and the Civil War 1931–1939.* Princeton 1965, S. 98 ff.

20 So schon Nenni, Pietro: *Spagna.* Milano/Roma 1958, S. 51 ff.; übereinstimmend damit aus späterer Sicht Robinson, R.: a.a.O. S. 238 ff., und Jackson, G.: a.a.O. S. 218 ff.

21 Eine größere Monographie zur italienischen Politik im Spanischen Bürgerkrieg ist von John F. Coverdale zu erwarten. Vgl. bisher schon von diesem Autor: »I primi volontari italiani nell' esercito di Franco«. In: *Storia Contemporanea.* Bd. 2 (1971). S. 545 ff.; ders.: »The battle of Guadalajara, 8–22 March 1937.« In: *Journal of Contemp. History.* Bd. 9. (1974). S. 53 ff.

22 Vgl. in diesem Bande S. 191. Von der übrigen Literatur ist zu nennen: Vitorelli, Paolo: »Le relazioni diplomatiche fra Italia e Spagna«. In: *Il Ponte.* Bd. 6. (1950). S. 132–139; Anchieri, Ettore: »La guerra civile spagnola nei documenti tedeschi«. In: *Il Politico.* Bd. 17. (1952). S. 297 ff.; Askew, William C.: »Italian Intervention in Spain. The Agreement of March, 31, 1934, with the Spanish Monarchist Parties«. In: *Journal of Modern History.* Bd. 24. (1952). S. 181 ff.; Valiani, Leo: »L'intervento in Spagna«. In: *Dall'antifascismo*

alla Resistenza. Trent'anni di storia italiana. Roma/Torino 2. Aufl. 1975,
S. 213 ff.; Toscano, Mario: »L'asse Roma-Berlino, il patto anticomintern. La
guerra civile in Spagna, l'Anschluß, Monaco«. In: *La politica estera italiana
dal 1914 al 1943.* Torino 1963, S. 188 ff. Whealey, Robert H.: »Mussolinis
ideological diplomacy: An unpublished document«. In: *Journal of Modern
history.* Bd. 34. (1967). S. 432 ff.; Michaelis, Meir: »La prima missione del
principe d'Assia presso Mussolini (agosto '36)«. In: *Nuova Rivista Storica.*
Bd. 55. (1971). S. 377 ff. In der neuesten Darstellung von Lowe, C. J., Marzari,
F.: *Italian Foreign Policy 1870–1940.* London/Boston 1975, wird der
Spanische Bürgerkrieg einfach ausgelassen.

23 Weitere Belege aus der *Civiltà Cattolica* dazu schon in dem polemischen
   Buch von Deschner, Karlheinz: *Mit Gott und den Faschisten. Der Vatikan im
   Bunde mit Mussolini, Franco, Hitler und Pavelic.* Stuttgart 1965, S. 92.

24 De Felice, Renzo: »Beobachtungen zu Mussolinis Außenpolitik.« In: *Saeculum.*
   Bd. 24. (1973). S. 314 ff. Man darf gespannt sein, wie De Felice im
   nächsten Band seiner großen Mussolini-Biographie die faschistische
   Spanienpolitik im Bürgerkrieg darstellen wird. Der Band IV/1 der Biographie
   Mussolini il duce. Gli anni del consenso. Torino 1974, bricht kurz vor dem
   Ausbruch des Spanischen Bürgerkriegs ab.

25 So Botschafter v. Hassell am 18. 12. 1936 in einem Bericht aus Rom. Vgl.
   Akten zur deutschen Auswärtigen Politik 1918–1945. Serie D (1937–1945),
   Bd. III: *Deutschland und der Spanische Bürgerkrieg 1936–1939.* Baden-
   Baden 1951, S. 147 (fortan zitiert *Akten.* D, III).

26 Vgl. De Felice, R.: a. a. O. S. 324. Der Begriff *peso determinante* (»ausschlag-
   gebendes Gewicht«) stammt von Dino Grandi.

27 Petersen, Jens: *Hitler – Mussolini. Die Entstehung der Achse Berlin – Rom
   1933–1936.* Tübingen 1973.

28 Petersen, J.: a. a. O. S. 237, S. 465.

29 Catalano, Franco: *L'economia italiana di guerra. La politica economico-
   finanziaria del fascismo dalla guerra d'Etiopia alla caduta del regime,
   1935–1943.* Milano 1969, S. 7 f.

30 Für den Abessinienkrieg gibt diese Interpretation Rochat, Giorgio: *Militari e
   politici nella preparazione della campagna d'Etiopia. Studi e documenti
   1932–1936.* Milano 1971, S. 105.

31 Coverdale, J.: »Guadalajara«, a. a. O. S. 54, nennt auf der Basis der
   italienischen Akten die Zahl von 20 000 regulären Soldaten und 27 000 Angehörigen der *milizia volontaria.*

32 Vgl. Conforti, Olao: *La prima sconfitta del fascismo.* Milano 1967.

33 Dazu Petersen, Jens: »Gesellschaftssystem, Ideologie und Interesse in der
   Außenpolitik des faschistischen Italiens.« In: *Quellen und Forschungen aus
   italienischen Archiven und Bibliotheken.* Bd. 54. (1974). S. 428 ff., der freilich
   gerade den Faktor »Gesellschaftssystem« vernachlässigt.

34 Beumelburg, Werner: *Kampf um Spanien. Die Geschichte der Legion
   Condor.* Bearbeitet im Auftrag des Reichsluftfahrtsministeriums. Berlin
   1939; v. Stackelberg, Karl Georg: *Legion Condor. Deutsche Freiwillige in
   Spanien.* Berlin 1939.

35 *Akten.* D, XI, 1, S. 182.

36 Vgl. dazu Wohlfeil, Rainer in diesem Bande (S. 62).

37 Bullock, Alan: *Hitler.* London 1952. (Deutsch: *Hitler. Eine Studie über
   Tyrannei.* Düsseldorf 1953, 4. Neuausgabe 1967, S. 220 f.)

38 Dahms, Hellmuth-Günther: *Der Spanische Bürgerkrieg 1936–1939.* Tübingen 1962, S. 296 f.; ähnlich auch schon van den Berg, Hans Joachim: *Deutschland und der Spanische Bürgerkrieg 1936–1939.* Diss. phil. Würzburg 1953 (masch.).

39 Kühne, Horst: »Ziele und Ausmaß der militärischen Intervention des deutschen Faschismus in Spanien (1936–1939).« In: *Zeitschrift für Militärgeschichte.* Bd. 8. (1969). S. 276; in diesem Bande S. 132.

40 Wohlfeil, Rainer: »Der Spanische Bürgerkrieg 1936–1939. Zur Deutung und Nachwirkung.« In: *Vierteljahrshefte für Zeitgeschichte.* Bd. 16. (1968). S. 117 f.

41 Vgl. Thomas, H.: a. a. O. S. 765 ff.; Jackson, G.: a. a. O. S. 494 ff. Zu einem ähnlichen Gesamturteil kommen neuerdings auch Merkes, Manfred: *Die deutsche Politik im Spanischen Bürgerkrieg 1936–1939.* Bonn 1969, S. 364, und Abendroth, Hans-Henning: *Hitler in der spanischen Arena.* Paderborn 1973, S. 323.

42 Vgl. z. B. *Der Freiheitskampf des spanischen Volkes und die internationale Solidarität. Dokumente und Bilder zum national-revolutionären Krieg des spanischen Volkes 1936–1939.* Berlin 1966.

43 *Freiheitskampf,* a. a. O. S. 101, S. 204.

44 Spielhagen, F.: a. a. O., ähnlich auch das *Schwarz-Rot-Buch. Dokumente über den Hitlerimperialismus.* Hrsg. von der Gruppe DAS, Deutsche Anarcho-Syndikalisten. Barcelona 1937.

45 *Braunbuch über Reichstagsbrand und Hitler-Terror.* Basel 1936. Vgl. auch Gross, Babette: *Willi Münzenberg. Eine politische Biographie.* Stuttgart 1967, S. 257 ff.

46 Vgl. z. B. Souchy, Augustin: *Nacht über Spanien.* Darmstadt 1953, S. 77; Craig, Gordon F., Gilbert, Felix: *The Diplomats, 1919–1939.* Princeton 1953, S. 428 f.; van der Esch, Patricia: *Prelude to War. The International Repercussions of the Spanish Civil War (1936–1939).* The Hague 1951, S. 25; Einhorn, Marion: *Die ökonomischen Hintergründe der faschistischen deutschen Intervention in Spanien 1936–1939.* Berlin 1962, S. 46 ff.; Kühne, Horst: *Revolutionäre Militärpolitik 1936–1939. Militärpolitische Aspekte des national-revolutionären Krieges in Spanien.* Berlin 1969, S. 11 ff.; Dankelmann, O.: *Franco zwischen Hitler und den Westmächten.* Berlin 1970, S. 49 ff.

47 Merkes, M.: a. a. O. S. 40–50.

48 Abendroth, H.-H.: a. a. O. S. 20; Viñas, Angel: *La Alemania nazi y el 18 de Julio.* Madrid 1974, S. 257–267.

49 Vgl. Politisches Archiv Bonn, Ha. Pol. Abt. III, Spanien, Pak. 12, Bd. 1: Botschaft Madrid an AA, 2. 7. 1936 (Mitteilung darüber, daß Botschaft beim spanischen Generalstabschef Sánchez Ocaña wegen des Verkaufs von 2-cm-Flak durch die Firma Rheinmetall-Solothurn interveniert habe).

50 Vgl. zum Ganzen den Beitrag von Schieder, W., in diesem Bande (S. 162).

51 Weinberg, Gerhard L.: *The Foreign Policy of Hitler's Germany. Diplomatic Revolution in Europe 1933–1936.* Chicago/London 1970.

52 Dazu neigt Merkes, M.: a. a. O. S. 34–39.

53 Vgl. dazu den Beitrag von Schieder, W., in diesem Bande (S. 162).

54 Vgl. z. B. Broué, P., Témime, E.: *Revolution und Krieg in Spanien.* Frankfurt 1961, S. 394; Jäntsch, R.: »Spanien – Das militärische Versuchsfeld des faschistischen deutschen Imperialismus zur Vorbereitung des ∠weiten Weltkrieges.« In: *Interbrigadisten. Der Kampf deutscher Kommunisten und*

anderer Antifaschisten im national-revolutionären Krieg des spanischen Volkes 1936–1939. Berlin 1966, S. 258–266. Die Aussage Görings, in: Der Prozeß gegen die Hauptkriegsverbrecher vor dem Internationalen Militärgerichtshof, Bd. 9. Nürnberg 1947. S. 316 f.

55 Kühne, H.: »Ziele und Ausmaß der militärischen Intervention des deutschen Faschismus in Spanien (1936–1939).« A. a. O. S. 282.

56 So Whealey, R. H.: »Foreign Intervention in the Spanish Civil War«. A. a. O. S. 217; ähnlich Graml, H.: Europa zwischen den Kriegen. München 1969, S. 341, wo vom »Fang Mussolinis« die Rede ist.

57 Akten. D, III, S. 146 (Botschafter v. Hassell an AA, Rom, 18.12.1936).

58 Hoßbach, F.: Zwischen Wehrmacht und Hitler 1934–1938. Göttingen, 2. Aufl. 1965, S. 188.

59 Akten. D, III, S. 8 (Gesandtschaftsrat Schwendemann an AA, Madrid, 23.7.1936).

60 Abendroth, H.-H.: a. a. O. S. 31–36; Viñas, A.: a. a. O. S. 440–445.

61 Nach Abendroth, H.-H.: a. a. O. S. 8 u. S. 36, soll Hitler zu dem ersten deutschen Geschäftsträger bei Franco, Faupel, gesagt haben, er habe »ausschließlich das Ziel, daß nach Beendigung des Krieges die spanische Außenpolitik weder von Paris oder London noch von Moskau beeinflußt würde und daher in der bestimmt zu erwartenden endgültigen Auseinandersetzung über die Neuordnung Europas Spanien sich nicht im Lager der Feinde, sondern möglichst der Freunde Deutschlands befinde.« Vgl. auch Viñas, A.: a. a. O. S. 442, der im Unterschied zu Abendroth angibt, daß es sich bei dieser Quelle um eine nachträgliche Niederschrift des Diplomaten Hans Stiele vom 7.6.1942 handelt. In einem Aktenvermerk vom 27.11.1936 über eine Besprechung Faupels mit dem Leiter der handelspolitischen Abteilung im AA, Ritter, heißt es dagegen unmißverständlich: »General Faupel erklärte, er habe vom Führer den Auftrag erhalten, sich besonders um die Ausgestaltung der handelspolitischen Beziehungen Deutschlands zu Spanien zu kümmern und die augenblicklich für uns günstige Zeit auszunutzen, damit nicht in einem späteren Stadium das kapitalkräftige England uns den Markt wegnähme« (vgl. Akten. D, III, S. 123).

62 Zur Diskussion über die Anwendung dieser fragwürdigen Theorie auf das Herrschaftssystem des Nationalsozialismus vgl. Mason, Tim: »Der Primat der Politik – Politik und Wirtschaft im Nationalsozialismus.« In: Das Argument. Heft 41. (1966). S. 473–494; Czichon, Eberhard: »Der Primat der Industrie im Kartell der nationalsozialistischen Macht.« In: Das Argument. Heft 47. (1968). S. 168–192; Mason, Tim: »Primat der Industrie? – Eine Erwiderung.« Ebenda, S. 193–209; Eichholtz, Dietrich, Gossweiler, Kurt: »Noch einmal: Politik und Wirtschaft 1933–1945.« Ebenda, S. 210–227.

63 Kühne, H.: »Ziele und Ausmaß der militärischen Intervention des deutschen Faschismus in Spanien (1936–1939).« A. a. O. S. 278, in diesem Band S. 133; ähnlich Einhorn, M.: a. a. O. S. 115 f.

64 Der Faschismus in Deutschland. XIII. Plenum des EKKI. Dezember 1933. Moskau/Leningrad 1934, S. 277: »Der Faschismus ist die offene terroristische Diktatur der am meisten reaktionären, chauvinistischen und imperialistischen Elemente des Finanzkapitals.« Die Formel wurde im August 1935 von Georgÿ Dimitrov auf dem VII. Weltkongreß der Kommunistischen Internationale wiederholt. Vgl. Rundschau über Politik, Wirtschaft und Arbeiterbewegung. Nr. 39. (17.8.1935). S. 1826.

65 Einhorn, M.: a.a.O. S. 114.

66 Vgl. dazu den Beitrag von Schieder, W., in diesem Bande (S. 162).

67 Kühne, H.: a.a.O. S. 278, in diesem Band S. 134.

68 Vgl. so auch schon Harper, Glenn T.: *German Economic Policy in Spain During the Spanish Civil War, 1936–1939*. The Hague/Paris 1967, S. 18.

69 Vgl. den Beitrag von Schieder, W., in diesem Bande (S. 162).

70 Vgl. z.B. *La guerra de liberación nacionál*. Zaragoza 1961; Calvo-Serer, R.: »Die Literatur über den Spanischen Bürgerkrieg«. In: *Politische Ordnung und menschliche Existenz*. Festgabe für Eric Voegelin. München 1962. S. 71–104.

71 Vgl. z.B. Hernández, Jesús: *La grande trahison*. Paris 1954; Delgado, Enrique: *La vida secreta de la Komintern*. Madrid 1950; Araquistaín, Louis: *El comunismo y la guerra de España*. Carmaux 1939. Diese Auffassung teilt Bolloten, B.: a.a.O.

72 Vgl. vor allem Krivitzky, W. G.: *Ich war in Stalins Dienst!* Amsterdam 1940; Orlow, Alexander: *The Secret History of Stalin's Crimes*. London 1954; Regler, Gustav: *Das Ohr des Malchus. Eine Lebensgeschichte*. Köln/Berlin o.J. (1958); El Campesino (d.i. González, Valentin): *Die große Illusion*. Köln 1951 (angeblich handelt es sich bei dieser Ausgabe um eine Fälschung; siehe dazu ders., *Leben und Tod in der UdSSR (1939–1949)*. Hamburg 1975); Fischer, Louis: *Men and Politics. An Autobiography*. London/New York 1941.

73 Vgl. vor allem Nenni, P.: a.a.O., und Pacciardi, Randolfo: *Il battaglione Garibaldi*. Roma 1945.

74 Cattell, D.: *Communism and the Spanish Civil War*. Berkeley/Los Angeles 1957, S. 69–83; Thomas, H.: a.a.O. S. 376–391.

75 Broué, P., Témime, E.: a.a.O. S. 470.

76 Vgl. vor allem den Beitrag von Pankratowa, A. M., in: Potemkin, V. P. (Hrsg.): *Die Diplomatie in der Periode der Vorbereitung des Zweiten Weltkrieges (1919–1939)*. Moskau 1947, S. 660ff.; ähnlich auch schon Potemkin, V.P.: *Politika umirotvorenija agressorov i bórba Sovetskogo Sojuza za mir*. Moskau 1943.

77 Borkenau, F.: a.a.O.; Landau, Katia: *Le stalinisme en Espagne*. Paris 1938; Orwell, George: *Homage to Catalonia*. London 1938; Louzón, Robert: *La contra-revolucion en España*. Buenos Aires 1938.

78 Araquistáin, L.: a.a.O.; Casado (Lopez), Segismundo: *The Last Days of Madrid. The End of the Second Spanish Republic*. London 1939; (Gómez) Gorkin, Julian: *Caníbales políticos. Hitler y Stalin en España*. Mexico 1941.

79 Ivašin, I.F.: *Meždunarodnye otnošenija i vnešnjaja politika Sovetskogo Sojuza v 1935 do 1939 gg*. Moskau 1955, S. 19–25. Vgl. auch Cattell, David T.: *Soviet Diplomacy and the Spanish Civil War*. Berkeley/Los Angeles 1957, S. 175 f.

80 Vgl. Broué, P., Témime, E.: a.a.O. S. 470.

81 Smirnov, D.: *Ispanskij veter. Zapisi letčika*. Moskau 1963. *Pod znamenem Ispanskoj respubliki*. Moskau 1965 (darin u.a. Memoiren von N. N. Voronov, R. J. Malinovskij, K. A. Mereckov, N. Piterskij); Kuznecov, Nikolaj Gerasimovič: *Na dalekom meridiane. Vos pominanija nčastnika nacional'no-revoljucionnoj vojny v Ispanii*. Moskau 1966; Mereckow, Kirill A.: *Na službe naroda*. Moskau 1966. *Leningradzy v Ispanii, 1936–1939*. Leningrad 1967; Rodimcev, Alexsandr Sergeevič: *Pod nebom Ispanii*. Moskau

1968. Vgl. dazu Techniczek, Maciej: »Die deutsche antifaschistische Opposition und der Spanische Bürgerkrieg.« In: *Jahrbuch des Instituts für Deutsche Geschichte*. Bd. 3. (1974). S. 358 f.

82 Majskij, I. M.: *Ispanskij tetradi*. Moskau 1962. (Englische Ausgabe: Maisky, I.: *Spanish Notebooks*. London 1966).

83 Vgl. vor allem Broué, P., Témime, E.: a. a. O. S. 468–475; Thomas, H.: a. a. O. S. 388 ff.

84 Nach der *Istorija Velikoj otečestvennoj Vojny SSSR*. Moskau 1960. Bd. 1. S. 113, sollen 577 Sowjetbürger in Spanien gewesen sein. Vetrov, A. A.: »Bronevj ščit respublikanskoj Ispanii.« In: *Problemy ispanskoj istorii*. Moskau 1971, S. 311, nennt dagegen 2065 sowjetische Kriegsteilnehmer. Vgl. Techniczek, M.: a. a. O. S. 359.

85 Vgl. dazu Lukin, Pawel Nikolajewitsch: »Die Teilnahme der Sowjetunion am national-revolutionären Krieg des spanischen Volkes.« In: *Interbrigadisten*. A. a. O. S. 171, wo für die Zeit von Oktober 1936 bis September 1937 von 23 Waffentransporten aus der UdSSR für die spanische Republik die Rede ist. Ferner: Vetrov, A. A.: a. a. O. S. 289: »... die Sowjetunion lieferte dem republikanischen Spanien 806 Flugzeuge, 362 Panzerwagen T-26 und BT-5, über 100 gepanzerte Kraftfahrzeuge, 1155 Geschütze, 15 113 Maschinengewehre, 500000 Gewehre ... und vieles andere« (in deutscher Übersetzung zitiert bei Techniczek, M.: a. a. O. S. 358).

86 Watt, D. C.: »Soviet Military Aid to the Spanish Republic in the Civil War 1936–1938.« In: *The Slavonic and East European Review*. Bd. 38. (1960). S. 536–541, in diesem Bande S. 249.

87 Lukin, P. N.: a. a. O. S. 167.

88 Kühne, H.: *Revolutionäre Militärpolitik 1936–1939*. A. a. O. S. 51.

89 Breschnew, Leonid: *50 Jahre große Siege des Sozialismus. Rede auf der gemeinsamen Festsitzung des Plenums des Zentralkomitees der KPdSU, des Obersten Sowjets der UdSSR und des Obersten Sowjets der RSFSR, 3. November 1967*. Berlin 1967. S. 52. Vgl. auch Kühne, H.: a. a. O. S. 50–60.

90 Schreiner, Albert: »Bemerkungen zur marxistischen Historiographie der DDR über den national-revolutionären Freiheitskampf in Spanien 1936 bis 1939.« In: *Interbrigadisten*. A. a. O. S. 498.

91 So der damalige Verteidigungsminister der DDR, H. Hoffmann, in dem Sammelwerk *Pasaremos. Deutsche Antifaschisten im national-revolutionären Krieg des spanischen Volkes*. Berlin 1966. S. 19.

92 So Franz Dahlem in dem Werk *Brigada Internacional ist unser Ehrenname. Erlebnisse ehemaliger deutscher Spanienkämpfer*. Berlin 1974. Bd. 1, S. 5. Vgl. auch Kühne, H.: *Revolutionäre Militärpolitik 1936–1939*. A. a. O. S. 6: »Es entspricht dem Charakter der Streitkräfte des sozialistischen Staates deutscher Nation, daß die Tradition der Interbrigadisten in ihnen tief verwurzelt ist. Ihre Pflege wurde zum festen Bestandteil der politischen Arbeit. Sie dient der Erziehung siegesgewisser und standhafter, opferbereiter und disziplinierter, der Partei der Arbeiterklasse treu ergebener, eng mit den werktätigen Massen verbundener und von leidenschaftlichem Haß gegen den Klassenfeind beseelter Kämpfer; sie dient der Erziehung im Geiste des wahren Patriotismus und des sozialistischen Internationalismus.«

93 Vgl. die in den Anmerkungen 54, 91 und 92 genannten Sammelwerke *Interbrigadisten* (1966), *Pasaremos* (1966) und *Brigada Internacional* (1974).

94 Einhorn, M.: a. a. O. S. 94.

95 Lukin, P. N.: a. a. O. S. 173.

96 Vgl. Jackson, G.: a. a. O. S. 258; Whealey, R. H.: a. a. O. S. 215; Thomas, H.: a. a. O. S. 283 f.

97 Cattell, D. T.: *Soviet Diplomacy and the Spanish Civil War.* A. a. O. S. 37.

98 Vgl. Litvinov, Maxim: *Against Aggression.* London 1939; ders.: *Aufzeichnungen aus den Geheimen Tagebüchern.* München 1956.

99 Cattell, D. T.: a. a. O. S. 43 f.

100 Watt, D. C.: a. a. O. S. 540 f., in diesem Band S. 250 f.

101 Whealey, R.: a. a. O. S. 226; Cattell, D. T.: a. a. O. S. 34.

102 Broué, P., Témime, E.: a. a. O. S. 466.

103 Lukin, P. N.: a. a. O. S. 172.

104 Vgl. Cattell, D. T.: a. a. O. S. 35 f.

105 Vgl. aber als Ausnahme Hamilton, T. J.: *Appeasement's Child. The Franco Regime in Spain.* New York 1943. Einen Überblick über die neuere Appeasement-Literatur bietet Niedhart, Gottfried: »Friede als nationales Interesse: Großbritannien in der Vorgeschichte des Zweiten Weltkriegs.« In: *Neue Politische Literatur.* Bd. 17. (1972). S. 451–470.

106 Meist wird dabei die moderne Appeasement-Kritik zurückprojiziert. Vgl. etwa Watkins, K. W.: *Britain Divided.* A. a. O.

107 Atholl, Katherine Duchess of: *Searchlight on Spain.* London 1938.

108 Churchill, Winston: *Step by Step (1936–1939).* London 1939.

109 Parker, R. A. C.: *Das Zwanzigste Jahrhundert, I: 1918–1945.* Frankfurt 1967, S. 281 f.

110 Niedhart, Gottfried: *Großbritannien und die Sowjetunion, 1934–1939. Studien zur britischen Politik der Friedenssicherung zwischen den beiden Weltkriegen.* München 1972, S. 343 ff., in diesem Bande S. 275 ff.

111 Siehe dazu oben, S. 25.

112 Niedhart, G.: a. a. O. S. 352; hier S. 279 f.

113 Ebenda. S. 355; hier S. 284 f.

114 Zusammenfassend ebenda, S. 432 ff.

115 Maisky, Ivan: *Spanish Notebooks.* A. a. O. Ders.: *Memoiren eines sowjetischen Botschafters.* Berlin (-Ost) 1967. Vgl. auch ders.: *Wer half Hitler?* Moskau o. J. – Zur allgemeinen Abneigung des Foreign Office gegen den Kommunismus und zu der dort vertretenen Annahme, der Faschismus sei nur eine Spielart des Nationalismus, siehe Lammers, Donald: »Fascism, Communism, and the Foreign Office, 1937–39.« In: *Journal of Contemporary History.* Bd. 6. (1971). Heft 3. S. 66–86.

116 Zahlreiche Hinweise jedoch bei Kleine-Ahlbrandt, William L.: *The Policy of Simmering. A Study of British Policy during the Spanish Civil War 1936–1939.* Genève 1961, Den Haag 1962. Die italienische Sicht bei Siebert, Ferdinand: *Italiens Weg in den Zweiten Weltkrieg.* Frankfurt, Bonn 1962.

117 Anders urteilt Kleine-Ahlbrandt, W.: a. a. O. S. 142.

118 Dazu Cortada, James W.: »Ships, Diplomacy and the Spanish Civil War: Nyon Conference, September 1937.« In: *Il Politico.* Bd. 37. (1972). S. 673 bis 689.

119 Parker, R. A. C.: a. a. O. S. 289.

120 Eine Fülle von Angaben finden sich in den Bänden des *Survey of International Affairs,* vor allem Jg. 1937, Bd. 2, sowie in Wirtschaftszeitungen.

121 Kleine-Ahlbrandt, W.: a. a. O., Kap. 6: »Struggle for Spanish Resources«. Siehe auch Abendroth, H.-H.: a. a. O. S. 181 ff.

122 Ebenda, S. 366, Anm. 64.

123 Francis, Hywel: »Welsh Miners and the Spanish Civil War.« In: *Journal of Contemporary History*. Bd. 5. (1970). Heft 3, S. 177–191.

124 Vgl. dazu Edens Erklärung im Unterhaus am 1.11.1937: *Documents on International Affairs*. *1937*. London 1939, S. 68. Zur gesamten Problematik Hubbard, John R.: »How Franco Financed His War.« In: *Journal of Modern History*. Bd. 25. (1953). S. 390–406.

125 Die englische Regierung hatte am 19.8.1936 ein Embargo verkündet, das am 1.12.1936 noch verschärft wurde.

126 Hubbard, J. R.: a. a. O. S. 399 f.

127 Kleine-Ahlbrandt, W.: a. a. O. S. 95 ff.

128 Kleine-Ahlbrandt bejaht ohne Einschränkung: a. a. O. S. 101 f.

129 Siehe hierzu *Akten*. D, III, S. 391 (AA an Botschaft Salamanca, 16.10.1937).

130 Vgl. in diesem Band Schieder, W.: Tabelle 5, S. 181.

131 Kleine-Ahlbrandt, W.: a. a. O. S. 100.

132 Abendroth, H.-H.: a. a. O. S. 217.

133 Dazu Colvin, Ian: *Vansittart in Office*. London 1965.

134 Abendroth, H.-H.: a. a. O. S. 306 ff. Vgl. auch Peterson, Maurice: *Both Sides of the Curtain. An Autobiography*. London 1950.

135 Eine systematische Untersuchung dieses Vorgangs steht noch aus. Zum außerordentlich einflußreichen Unterstaatssekretär im Schatzkanzleramt, Sir Warren Fisher, siehe Watt, D. C.: *Personalties and Policies. Studies in the Formulation of British Foreign Policy in the Twentieth Century*. London 1965, S. 100 ff. Zum Durchsetzungsvermögen Chamberlains als Schatzkanzler gegenüber Eden vgl. Abendroth, H.-H.: a. a. O. S. 188 f.

136 »Times« und »Observer« waren von vornherein für Franco eingestellt. Liddell Hart berichtet über einen Versuch von Kreisen der *City*, die Berichterstattung über Franco-Spanien durch den ›Einkauf‹ von Journalisten positiv zu beeinflussen: *Lebenserinnerungen*. Düsseldorf 1966, S. 371 f.

137 Siehe hierzu Bariéty, Jacques: »Les réparations allemandes après la Première Guerre mondiale: objet ou prétexte à une politique rhénane de la France (1919–1924).« In: *Bulletin de la Société d'Histoire Moderne*. Bd. 72. (1973). Bes. S. 27 f. Rupieper, Hermann J.: »Industrie und Reparationen: Einige Aspekte des Reparationsproblems 1922–1924.« In: *Industrielles System und politische Entwicklung in der Weimarer Republik*. Hrsg. v. Hans Mommsen, Dietmar Petzina, Bernd Weisbrod. Düsseldorf 1974, S. 590 ff.

138 Guttmann, Allen: a. a. O.

139 Taylor, F. Jay: *The United States and the Spanish Civil War. 1936–1939*. New York 1956. Traina, Richard P.: *American Diplomacy and the Spanish Civil War*. Bloomington, London 1968. Offner, Arnold A.: *American Appeasement. United States Foreign Policy and Germany, 1933–1938*. Cambridge/Mass. 1969.

140 Siehe dazu die grundsätzlichen Bemerkungen bei Schröder, Hans-Jürgen: *Deutschland und die Vereinigten Staaten, 1933–1939. Wirtschaft und Politik in der Entwicklung des deutsch-amerikanischen Gegensatzes*. Wiesbaden 1970, S. 54 ff. Vgl. auch Williams, William A.: *Die Tragödie der amerikanischen Diplomatie*. Frankfurt 1973, S. 215 ff.

141 Traina, Richard P.: a. a. O. S. 62.

142 Das State Department entschuldigte sich bei der deutschen Regierung für Lieferungen amerikanischer Privatpersonen, die es noch – nicht habe ver-

hindern können. Dazu Offner, Arnold A.: a.a.O. S. 156f. Vgl. auch *Akten. D,III*, S. 177f. (Botschaft Washington an AA, 7.1.1937).

143 Valaik, J. David: »Catholics, Neutrality, and the Spanish Embargo, 1937–1939.« In: *Journal of American History*. Bd. 54. (1967). S. 73–85.

144 Diese Staaten sympathisierten vorwiegend mit Franco und dem national-sozialistischen Deutschland, waren aber ein wichtiger Markt der Vereinigten Staaten. Traina, Richard P.: a.a.O. S. 144ff. Schröder, Hans-Jürgen: »Die Vereinigten Staaten und die nationalsozialistische Handelspolitik gegenüber Lateinamerika 1937/38.« In: *Jahrbuch für Geschichte von Staat, Wirtschaft und Gesellschaft Lateinamerikas*. Bd. 7. (1970). S. 309–371.

145 ›Texaco‹ lieferte während des Kriegs 1,4 Millionen Tonnen Öl. Franco kaufte in den USA 12000 LKW (von den teureren Achsenmächten nur 3000), die Madrider Zentralregierung erwarb von ›General Motors‹ immerhin 3500 Stück; Traina, Richard P.: a.a.O. S. 166. 1936 hatten die amerikanischen Konzerne (besonders ITT) Roosevelt vergeblich darum ersucht, den US-Botschafter in Madrid zu belassen, weil sie von dessen Abreise nach Valencia eine Schädigung ihrer Geschäfte befürchteten; ebenda, S. 70f.

146 Williams, William A.: a.a.O. S. 217. Ähnlich Angermann, Erich: *Die Vereinigten Staaten von Amerika*. München, 3. Aufl. 1973, S. 184f.

147 Dies waren vor allem Gedankengänge, die in London und Paris angestellt wurden, von denen aber amerikanische Geschäftsleute am meisten profitiert haben. Traina, Richard P.: a.a.O. S. 169.

148 Vgl. dazu neben den jeweiligen diplomatischen Berichten in den *Foreign Relations of the United States. Diplomatic Papers*. Jg. 1936–1939. Washington 1954–56, die Memoiren von Bowers, Claude: *My Mission to Spain. Watching the Dress Rehearsal for World War II*. New York 1954. Ders.: *My Life*. New York 1962.

149 Traina, Richard P.: a.a.O. S. 125ff.

150 Eine Umfrage von ›Gallup‹ ermittelte im Januar 1937, daß 22% der Amerikaner für die Zentralregierung und 12% für Franco eintraten. Andere Umfragen vom Frühjahr 1937 brachten fast dieselben Ergebnisse. Erst in den letzten drei Kriegsmonaten erreichte eine der beiden Parteien die absolute Mehrheit: Anfang 1939 sympathisierten 51% der Amerikaner mit der Zentralregierung, aber nur 25% waren für den Widerruf des Embargos. Traina, Richard P.: a.a.O. S. 106f., S. 205.

151 Das Archiv des Quai d'Orsay teilweise; ganz zerstört sind die Archive der Radikalsozialisten und der SFIO sowie der CGT. Die Reste des Archivs der KPF sind unzugänglich.

152 Einige Hinweise bei Cot, Pierre: *Triumph of Treason*. Chicago, New York 1944, S. 353 (1937 sollen ca. 129 Flugzeuge geliefert worden sein; das Vichy-Regime konstruierte daraus später den Anklagepunkt, Cot habe als Luftfahrtminister die französische Luftverteidigung sabotiert). Ferner bei Moch, Jules: *Le Front populaire, grande espérance*. Paris 1971, S. 238f. Moch übernimmt jedoch die Zahlen von Hugh Thomas. Moch hat später als Minister für öffentliche Arbeiten im 2. Kabinett Blum zwei Husarenstückchen im französisch-spanischen Grenzgebiet durchgeführt: ebenda, S. 243. Für das reibungslose Funktionieren der *non-intervention relâchée* hat Gaston Cusin, ein hoher Zollbeamter, gesorgt. Im Luftfahrtministerium wurde Cot von Jean Moulin unterstützt. Beide waren nachher aktiv in der Résistance tätig. Siehe dazu auch die Diskussion, in der viele der damals aktiv Beteiligten das

Wort ergriffen haben, in: *Léon Blum. Chef de gouvernement 1936–1937.* Actes du Colloque. Paris 1967, S. 355 ff. Als erster hat David W. Pike systematisch südfranzösische Provinzialarchive benutzt und ist dabei auf interessantes Material zur französischen Militärhilfe gestoßen: *Conjecture, Propaganda, and Deceit and The Spanish Civil War. The International Crisis Over Spain, 1936–1939, as Seen in the French Press.* California Institute of International Studies 1968. Mit erheblicher Verspätung hat die französische Forschung das Buch zur Kenntnis genommen; es wurde soeben auch übersetzt: *Les Français et la guerre d'Espagne 1936–1939.* Paris 1975.

153 Carlton, David: »Eden, Blum, and the Origins of Non-Intervention.« In: *Journal of Contemporary History.* Bd. 6. (1971). Heft 3, S. 40–55; in diesem Bande S. 290–305.

154 Furnia, Arthur H.: *The Diplomacy of Appeasement. Anglo-French Relations and the Prelude to World War II, 1931–1938.* The University Press of Washington/D.C. 1960, S. 209 f. Das Argument ist bereits zeitgenössisch, es stammt von Jimenez de Asua, seinerzeit Vizepräsident der *Cortes*, der damals auf der Durchreise war und in Paris mit Blum konferiert hat. Seine Aussage von 1947 ist wieder abgedruckt in *Léon Blum. Chef de gouvernement:* a.a.O., S. 409 ff.

155 Gallagher, M.D.: »Léon Blum and the Spanish Civil War.« In: *Journal of Contemporary History.* Bd. 6. (1971). Heft 3, S. 56–64, bes. S. 61. Das Protokoll der Gespräche zwischen Darlan und Chatfield ist abgedruckt in *Documents diplomatiques français, 1932–1939.* 2ᵉ Série (1936–1939). Bd. 3, Paris 1966, S. 130–133. Carlton hat das englische Gegenstück gefunden; a.a.O. Anm. 16.

156 Dreifort, John E.: *Yvon Delbos at the Quai d'Orsay. French Foreign Policy during the Popular Front 1936–1938.* The University Press of Kansas 1973, S. 47 ff. Dreifort kennt Carlton nicht, der diese Annahme bereits 1971 widerlegt hatte. – Wenig erhellend sind auch die Erklärungen des seinerzeitigen Generalsekretärs im Quai d'Orsay, Alexis Saint-Léger Léger, die dieser 1951 in einem Interview abgegeben hat. Siehe dazu Cameron, Elizabeth R.: »Alexis Saint-Léger Léger.« In: *The Diplomats, 1919–1939.* A.a.O. S. 391. Die Historiker haben von dieser politisch wie literarisch gleichermaßen interessanten Persönlichkeit keine Notiz genommen, die im September 1975 gestorben ist. Einige Hinweise auf die wirklichen Motive des angeblichen Initiators der Nichtinterventionspolitik finden sich im Protokoll einer Sitzung des ›Conseil Supérieur de Défense nationale‹ am 16. März 1938, das bei Général Gamelin: *Servir.* Bd. 2. (1930–1939). Paris 1946, S. 322 ff., abgedruckt ist.

157 Warner, Geoffrey: »France and Non-Intervention in Spain, July–August 1936.« In: *International Affairs.* Bd. 38. (1962). S. 203–220, in diesem Bande S. 306–326, bes. S. 219 f. (hier S. 321 f.). Ähnlich Bowyer Bell, J.: »French Reaction to the Spanish Civil War, July–September, 1936.« In: *Power, Public Opinion, and Diplomacy.* Hrsg. von Lilian P. Wallace und William C. Askew. Durham/N.C. 1959, S. 267–296.

158 Renouvin, Pierre: »La politique extérieure du premier gouvernement Léon Blum.« In: *Léon Blum. Chef de gouvernement.* A.a.O. S. 339 ff.

159 Gombin, Richard: *Les socialistes et la guerre. La S.F.I.O. et la politique étrangère française entre les deux guerres mondiales.* Paris, Den Haag 1970, S. 216.

160 Greene, Nathanael: *Crisis and Decline. The French Socialist Party in the Popular Front Era*. Ithaca/N.Y. 1969, S. 89 f., S. 279 f.

161 »A Case in Point: The Response of the *Fédérations* to the Spanish Civil War.« Ebenda, S. 167 ff.

162 Nordmann, Jean-Thomas: *Histoire des radicaux, 1820–1973*. Paris 1974, S. 274 ff.

163 Larmour, Peter J.: *The French Radical Party in the 1930's*. Stanford/Calif. 1964, S. 207.

164 Herriot, Edouard: *Jadis*. Bd. 2: *D'une guerre à l'autre, 1914–1936*. Paris 1952, S. 644.

165 Soulié, Michel: *La vie politique d'Edouard Herriot*. Paris 1962, S. 481. Auf dem Parteikongreß von 1937 billigte Herriot in seiner Rede zur Außenpolitik Blums Nichtinterventionspolitik. Ebenda, S. 486.

166 Fauvet, Jacques: *Histoire du Parti Communiste Français*. Bd. 1: *De la guerre à la guerre, 1917–1939*. Paris 1964, S. 203 ff. Eine Rede des Generalsekretärs Maurice Thorez vom 6. 8. 1936, in der er die Nichtinterventionspolitik der Regierung kritisiert, ist abgedruckt bei Racine, Nicole, Bodin, Louis: *Le Parti Communiste Français pendant l'Entre-deux-guerres*. Paris 1972, S. 248–254.

167 Kriegel, Annie: »Léon Blum et le Parti communiste.« In: *Léon Blum. Chef de gouvernement*. A. a. O. S. 125–135, bes. S. 134 f.

168 Renouvin, Pierre: a. a. O. S. 353.

169 Lefranc, Georges: *Histoire du Front populaire (1934–1938)*. Paris 1965, S. 191 f.

170 Dies ist die These, die dem Buch von François Goguel: *La politique des partis sous la Troisième République*. Paris, 4. Auflage 1958, zugrundeliegt, bes. S. 17 ff., S. 433 ff. Dieses Buch ist ebenso unter dem unmittelbaren Eindruck der französischen Niederlage entstanden wie das Werk des 1944 von der Gestapo erschossenen Historikers Marc Bloch: *L'étrange défaite*. Paris 1957, das diese Idee gleichfalls zum Leitmotiv erhoben hat (bes. S. 205 ff.).

171 Mauriac, François: »L'Internationale de la haine.« In: *Le Figaro*. 25. 7. 1936. Der Artikel ist auszugsweise abgedruckt bei Lefranc, Georges: *L'expérience du Front populaire*. Paris 1972, S. 47 f.

172 Brief Léon Blums an Mme. Suzanne Blum, 9. 7. 1942; ebenda, S. 48 f. (gleichfalls auszugsweise abgedruckt).

173 Siehe dazu die entsprechenden Passagen in folgenden Reden Blums: Luna Park, 6. 9. 1936; *L'Oeuvre de Léon Blum*. Bd. 4/1: *1934–1937*. Paris 1964, S. 391. Nationalversammlung, 5. 12. 1936; ebenda, S. 399. Nationalversammlung, 15. 1. 1937; ebenda, S. 407. Parteitag der S.F.I.O. in Royan, 7. 6. 1938; ebenda, Bd. 4/2: *1937–1940*. Paris 1965, S. 145. Rede in Clermont-Ferrand, 2. 5. 1939; Lefranc, Georges: *L'expérience*. A. a. O. S. 86. 1945 nannte Blum die drohende Kriegsgefahr als ein Argument unter mehreren: Artikel in *Le Populaire*, 15. 10. 1945; *L'Oeuvre de Léon Blum*. A. a. O. Bd. 4/2. S. 417 f. In seiner Vernehmung 1947 erklärte er dann, die Kriegsgefahr sei zwar durch die französische Politik vermindert worden, sie habe aber erst nach dem Ausbruch des Bürgerkriegs gedroht, nämlich beim »Deutschland«-Zwischenfall im August 1936 und bei der im Januar 1937 angeblich bevorstehenden Landung deutscher Truppen in Marokko; ebenda, S. 373 ff. In beiden Fällen ging von deutscher Seite keine Kriegsgefahr aus. Interessanterweise hat auch der sozialistische Außenminister Belgiens, Spaak, seine Nichtinterventionspolitik mit den Argumenten der Kriegsgefahr für Europa und der inneren

Spaltung der Nation gerechtfertigt: Spaak, Paul-Henri: *Memoiren eines Europäers*. Hamburg 1969, S. 24, S. 26. Vgl. Kieft, David O.: *Belgium's Return to Neutrality*. Oxford 1972 S. 115. S. 186f.

174 Vgl. etwa das bekannte Hoßbach-Protokoll vom 10. 11. 1937, in dem Hitler als »Fall 2« die Lahmlegung der französischen Armee als Folge vermehrter innenpolitischer Spannungen annahm. Hitler würde sich dann jedoch sofort gegen die Tschechoslowakei, nicht aber gegen den Nachbarn im Westen gewandt haben, wie er ja auch im »Fall 3« – der Ablenkung Frankreichs durch einen Krieg mit einem dritten Staat – an der Westgrenze defensiv bleiben wollte. Hoßbach, Friedrich: a. a. O. S. 187f.

175 Hier wären auch firmengeschichtliche Forschungen einzubeziehen. Für ›Renault‹ liegt eine Arbeit vor, in ihr wird aber die spanische Niederlassung nur ganz am Rande erwähnt: Fridenson, Patrick: *Histoire des usines Renault*. Bd. 1: *Naissance de la grande entreprise, 1898–1939*. Paris 1972, S. 294. Im Herbst 1937 forderte die französische Handelskammer in San Sebastian die Regierung telegraphisch auf, dem Beispiel vieler anderer Länder zu folgen und Handelsbeziehungen mit Franco-Spanien aufzunehmen. Die Regierung hat dies abgelehnt. Siehe *Akten*. D, III, S. 438 (Botschaft Salamanca an AA, 27. 11. 1937).

176 Beispielhaft, aber von der fremdsprachigen Forschung fast unbeachtet ist der Aufsatz von Rudolf von Albertini: »Zur Beurteilung der Volksfront in Frankreich (1934–1938).« In: *Vierteljahrshefte für Zeitgeschichte*. Bd. 7. (1959). S. 130–162.

I.

Deutschland und Italien

RAINER WOHLFEIL

Der Spanische Bürgerkrieg 1936–1939

Zur Deutung und Nachwirkung[1]

Der Bürgerkrieg von 1936 bis 1939 in Spanien hat die europäische und amerikanische Öffentlichkeit im Zeitraum zwischen den Weltkriegen weit stärker als andere politische Ereignisse beschäftigt. Die kriegerische Auseinandersetzung veranlaßte sie darüber hinaus, sich in ungewöhnlich hohem Maße zu engagieren. Noch heute beeinflussen ideologische und politische Motive Darstellung, Deutung und Nachwirkung des Geschehens. Worin liegen die Gründe?

In einer Kette revolutionärer Krisen, die seit dem Beginn des 19. Jahrhunderts die Pyrenäische Halbinsel erschüttert haben, war der Spanische Bürgerkrieg das letzte Glied. Sie wurden ausgelöst durch das Versagen der absolutistischen Monarchie unter Karl IV. und Ferdinand VII. und eingeleitet durch den Unabhängigkeitskrieg von 1808 bis 1814. Er ließ Spanien, das im 18. Jahrhundert von Europa vergessen zu sein schien, wieder politisch interessant werden. Aber schon damals zeigte es sich, daß Spanien zwar zu Europa gehört, jedoch nicht mit mittel- oder auch nur westeuropäischen Maßstäben beurteilt werden kann. Die Verhältnisse auf der Iberischen Halbinsel sind komplizierter, manchmal sogar ganz anders als die einfachen Vorstellungen, auf Grund derer sie beurteilt wurden. Zu diesem Ergebnis gelangt der Historiker, wenn er sich mit den Vorgängen beschäftigt, die den stärksten Widerhall außerhalb Spaniens gefunden haben: Unabhängigkeitskrieg[2], liberales Zwischenspiel von 1820 bis 1823[3], erster Karlistenkrieg[4] und Bürgerkrieg von 1936 bis 1939[5].

Der Unabhängigkeitskrieg war kein Bürgerkrieg, sondern ein nationaler Abwehrkampf. Er brachte jedoch mit der Diskussion um die zukünftige politische Struktur das Ringen zwischen den weltanschaulich gebundenen Kräften des Fortschritts und der Beharrung mit sich, eröffnete also für Spanien eine besonders leidenschaftliche Auseinander-

Aus: *Vierteljahrshefte für Zeitgeschichte.* Bd. 16. (1968). S. 101–119. Mit freundlicher Genehmigung des Autors.

setzung um das Ideengut der Französischen Revolution.[6] In den *Cortes* von Cádiz errangen die Liberalen mit der Verfassung von 1812 einen ersten Sieg, aber es wurde ihr Verhängnis, daß sie keinen ausreichenden und vor allem anhaltenden Widerhall in der Masse des Volkes fanden und nicht die Fähigkeit besaßen, eine dauerhafte bürgerlich-liberale oder gar demokratische Staats- und Gesellschaftsordnung zu schaffen. Ihre Bestrebungen lösten auch keine eigentlich bürgerliche Revolution, sondern nur eine Folge von *Pronunciamientos*, Staatsstreichen und Bürgerkriegen aus.[7] Daß die Liberalen mit ihren vielfach divergierenden und in mannigfaltigen Beziehungen verschwommenen Vorstellungen nur unzureichend befähigt waren, staatlichen Aufgaben gerecht zu werden, offenbarte zuletzt ihr Versagen in der Zweiten Republik (1930–1936). Die spanischen Liberalen konnten nicht einmal Spaniens öffentliches und privates Leben in der Weise mit ihren Ideen durchsetzen, wie es dem Liberalismus in anderen Ländern gelang, weil sie – übrigens ebensowenig wie die Verteidiger der überlieferten Grundlagen des spanischen Lebens – zu keinem Ausgleich bereit waren. Diese Kompromißlosigkeit wird vielfach als ein Ausdruck des spanischen Charakters interpretiert.

Neben dem Gegensatz zwischen Liberalismus und Tradition bildeten sich die allgemein in Europa auftretenden, ebenso drohenden Frontstellungen – beispielsweise zwischen den Eigentümern der Produktionsmittel und der Arbeiterschaft. Allerdings einigten sich in Spanien die Arbeiter ebensowenig wie ihre Kontrahenten auf gemeinsame Ziele. Die sozialistischen Anhänger von Karl Marx und ihre Gewerkschaftsorganisation U.G.T. blieben in der Minderheit gegenüber den Jüngern Bakunins, den Anarchisten. Hier zeigt sich ein Hang zum Individualismus – der sich ebenso auch als Regionalismus oder gar Partikularismus manifestiert. Spannungen zwischen Zentralismus und Bestrebungen nach Autonomie, von Gegnern manchmal zu schnell als Separatismus abgetan, verquickten sich mit den ideologisch bedingten Fronten und verwirrten sie, wie die katalanische und baskische Selbständigkeitsbewegung zeigten. Die liberale, marxistische und anarchistische Ideologie, die mit außergewöhnlicher Härte aufeinanderprallten und zugleich den Traditionalismus zu überwinden suchten, waren nicht spanischen Ursprungs. Sie wurden aus Europa übernommen, dabei aber »so umgedeutet, daß man sie nur mit Mühe wiedererkennt«[8]. Dennoch wurden ihre Vertreter und Organisationen von den Traditionalisten nicht als Exponenten spanischen Lebens, sondern als vom Ausland gesteuerte Kräfte angesehen. Die Verfechter der Ideologien waren sich der geistigen Übernahme und Bindung ebenfalls bewußt. Sie scheuten trotz nationaler Grundhaltung nicht davor zurück, auf die Internationalität ihres Gedankengutes zurückzugreifen und ausländische Gesinnungsgenossen für innerspanische Auseinandersetzungen zu interessieren oder gar zu einer Intervention zu bewegen. Es gab jedoch stets Kreise, die jedwede fremde Einmischung schroff ablehnten, auch eine zugunsten der eigenen Sache.[9]

Die Serie der Bürgerkriege, die mit den Geschehnissen von 1820 bis 1823 begann[10], fand ihren ersten Höhepunkt im Karlistenkrieg von 1834 bis 1839. Europa nahm an ihm lebhaft Anteil, und beide Seiten fanden internationale Unterstützung. So ist auch der Bürgerkrieg von 1936 – jedenfalls im Hinblick auf die geistige, politische, personelle und materielle Anteilnahme Europas – keine Einzelerscheinung, sondern die letzte Wiederholung der mehrfach gespielten spanischen Tragödie. Allerdings dürfen zwischen zwei Bürgerkriegen, die einhundert Jahre voneinander trennen, nicht zu viele Analogien gesehen werden.[11]

Der erste Karlistenkrieg brachte das Problem der ausländischen Parteigängerschaft mit sich, führte jedoch keine internationale Krise herauf. Sie war ein wesentliches Kennzeichen des Bürgerkriegs von 1936 bis 1939. Aus einer innerpolitischen Auseinandersetzung der Spanier wurde ein internationaler Konflikt, der nur wegen der allgemeinen Furcht vor einem neuen Weltkrieg auf die Pyrenäische Halbinsel beschränkt blieb[12]. Die europäischen Mächte hatten den Aufstand der Militärs oder eine linksradikale Umwälzung weder vorbereitet, noch griffen sie aus eigenem Antrieb ein.[13] Müßig und wenig fruchtbar erscheint es, darüber zu streiten, welche der Bürgerkriegsparteien zuerst um ausländische Unterstützung nachgesucht hat. Historisch bedeutsam ist dagegen, daß beide Seiten unabhängig voneinander um Hilfe riefen. Bei der Interpretation und Beurteilung ihrer Unterstützung dürfen die beiden Interventionen jedoch nicht mit ein und demselben Maßstab gemessen werden. Im Jahre 1936 bedeutete Hilfe für die Republik ein Eingreifen zugunsten der legitimen Regierung, Einmischung zugunsten der Generale aber Parteinahme für Aufständische gegen die bisher und zunächst weiterhin anerkannte Staatsführung, was immer ihre Schwächen und radikalen Nebentriebe sein mochten. Auch Deutschland und Italien brachen die diplomatischen Beziehungen zur Republik erst am 18. November 1936 ab und erkannten in einem »eilfertigen Entschluß«[14] die ›Nationalregierung‹ unter General Franco an. In diesem Zusammenhang verfügte Hitler dann, daß die republikanische Seite als »die spanischen Bolschewisten« zu bezeichnen sei[15].

Im Gegensatz zur ideologisch gesteuerten, von propagandistischer Terminologie bestimmten öffentlichen Meinung in Deutschland und Italien erschien Spanien den demokratischen Staaten als eine bürgerlich-liberale Republik, die durch den Putsch reaktionärer Militärs in starke innenpolitische oder gar revolutionäre Schwierigkeiten geraten war. Die Staatsvorstellung ihrer Repräsentanten – Azaña, Giral – war bei aller Verhaftung im spanischen Geist die westeuropäische Demokratie, und in dieser Bindung wurde auch der letzte Ministerpräsident Negrín gesehen. Nach den revolutionären Wirren der ersten Monate schien sich die Volksfrontpolitik im demokratisch-parlamentarischen Rahmen abzuspielen, denn die Kommunisten hielten sich nicht nur taktisch geschickt zurück, sondern setzten sich auch demonstrativ für eine Allianz mit dem republikanischen Bürgertum ein. Daß sozialistische Regierungen keinen nationalen Untergang bedeuteten, hatten Frankreich und England bereits erlebt; warum sollte also die ›Regierung des Sieges‹ unter Largo Caballero, dem Führer der Sozialisten, den demokratisch gesinnten Europäern einen Schauder einjagen? Außerdem fehlten die politischen Lehrbeispiele aus der Zeit nach dem Zweiten Weltkrieg, wie die kommunistische Machtergreifung in der Tschechoslowakei von 1947/48. Eher bestimmte der Argwohn gegen Machtbestrebungen von Militärs und Putsche von Generalen zur Beseitigung einer demokratisch-parlamentarisch legitimierten Regierung die öffentliche Meinung. Infolgedessen wurde die Tatsache, daß die republikanischen Institutionen in Spanien versagt hatten, wohl registriert, aber in den Hintergrund verdrängt. Außerdem erschienen den demokratischen Westeuropäern wesentliche Teile der politischen Gruppen, die sich hinter die aufständischen Militärs stellten, suspekt: In der Kirche spanischer Prägung und im Carlismus sahen sie Kräfte, die dem Menschen das Recht der politischen Mitbestimmung und freien Selbstverantwortung mit Gewalt verwehrten.

Allgemein verband man einen derartigen totalitären Anspruch und geistige Unduldsamkeit mit dem Schlagwort ›Faschismus‹.[16] Es wird damit im westlichen, gewissermaßen engeren Sprachgebrauch eine national- und sozialrevolutionäre totalitäre Bewegung bezeichnet, die nicht nur gegen den marxistischen Sozialismus, Kommunismus und Bolschewismus, sondern auch gegen die eigenen liberalen und demokratischen Ideale, gegen das System des Parlamentarismus gerichtet war. Faschismus wurde auch mit körperlichem Terror identifiziert, jedoch scheint es angebracht, dem Begriff nicht schon jene Inhaltsfülle beizumessen, die sich mit ihm heute verbindet. Trotz Matteotti-Mord und SA-Terror hatten sich die Herrschaftssysteme in Italien und Deutschland noch nicht vollends in ihrer Überheblichkeit und Unmenschlichkeit demaskiert.

In gleicher Weise schockierend wie die brutalen Kampfmethoden nationalsozialistischer Organisationen und der Rassenwahn wirkten Bücherverbrennungen und die Deklassierung moderner Kunstwerke als ›Entartete Kunst‹. Daß zahlreiche Vertreter des deutschen Geisteslebens gezwungen waren, ihr Vaterland zu verlassen, ließ darüber hinaus offenkundig werden, wie stark die Existenz des unabhängigen und politisch freien Geistesschaffenden bedroht war. Bertolt Brecht, Ernst Bloch, Alfred Döblin, Lion Feuchtwanger, Alfred Kerr, Annette Kolb, Emil Ludwig, Heinrich und Klaus Mann, Robert Musil, Else Lasker-Schüler und Erich Maria Remarque, um nur die bekanntesten Deutschen zu nennen, hatten sich bereits auf dem Pariser ›Kongreß zur Verteidigung der Kultur‹ Ende Juni 1935 als Feinde des Faschismus bekannt. Die Intervention der beiden faschistischen Mächte in Spanien und die dort bereits vor dem Aufstand vertretene Ablehnung modernen Geisteslebens durch einen Teil der politischen Kräfte, die sich hinter den Militärputsch stellten, trugen wesentlich dazu bei, daß die ›Nationalen‹ mit dem Odium des Faschismus gebrandmarkt wurden. Diese Identifikation verschaffte der Republik die leidenschaftliche geistige Unterstützung und dem ›Alzamiento Nacional‹ die erbitterte Feindschaft durch Dichter und Künstler, Schriftsteller und Wissenschaftler wie Martin Andersen-Nexö, Georges Bernanos, Albert Camus, John Dos Passos, Theodore Dreiser, Albert Einstein, Edward Morgan Forster, Ernest Hemingway, Aldous Huxley, André Malraux, Thomas und Heinrich, Erika und Klaus Mann, Arthur Koestler, George Orwell, Pablo Picasso, Romain Rolland, Upton Sinclair und Herbert George Wells – ganz abgesehen von den damals wie heute eindeutig kommunistisch Orientierten.[17] Keinen Augenblick zögerten die politischen Antifaschisten, und unter ihnen besonders die Deutschen und Italiener, im Verbande der Internationalen Brigaden das verhaßte Regime der Heimat auf spanischem Boden zu bekämpfen, später sogar gegen die Söldner aus dem eigenen Vaterlande. Spanien sollte das Grab des internationalen Faschismus werden.[18]

Die marxistisch-kommunistische Propaganda verwandte den Begriff Faschismus in weiter gefaßter Auslegung. Indem er nationale Bewegungen einschloß und zugleich als ›Schmähwort‹ diente, konnte unter ihn auch der Aufstand der spanischen Generale subsumiert werden.[19] Diese Ausweitung wurde von vielen Zeitgenossen übernommen, der Historiker muß jedoch differenzieren. Er sollte nicht den Unterschied verwischen, der zwischen Militärs wie Sanjurjo, Mola, Franco oder Queipo de Llano einerseits und Parteiführern wie Mussolini oder Hitler andererseits bestand. Die spanischen Generale waren keine Faschisten im Sinne des engeren Sprachgebrauchs. In Italien und Deutschland hatten faschistische Parteien die Macht im Staate an sich gebracht, um ihn mit ideologisch gebundenen totalitären Regimen zu beherrschen und zu tyrannisieren. In Spanien eroberte sich Franco unter stark restaurativer Zielsetzung den Staat und schuf erst im Verlaufe des Bürgerkriegs aus den politischen Gruppen, die sich hinter die Militärs gestellt hatten, eine Einheitspartei.[20] Sie war nicht identisch mit der kleinen Falange Española, die sich dem ›Alzamiento Nacional‹ angeschlossen, zuvor aber auf den konservativ-nationalen Militärputsch kaum Einfluß ausgeübt hatte.[21] Er läßt sich daher auch aus diesem Grunde nicht als Werk des Faschismus einstufen. Wenn deutsche Diplomaten im Sommer und Herbst 1936 von faschistischen Aufständen sprachen[22], dann sind ihre Berichte vornehmlich als Beleg ideologischer Befangenheit oder Anpassung zu interpretieren. Begriffe wie Faschismus oder ebenso Rotspanien sollten daher als Bezeichnungen für die spanischen Bürgerkriegsparteien in den Sprachschatz des Historikers nur nach vorsichtiger Prüfung und vorangegangener Definition übernommen oder sogar besser vermieden werden. Breiten Eingang haben sie dagegen in die zeitgenössische Publizistik und in die literarischen Zeugnisse des Geschehens in Spanien von 1936 bis 1939 gefunden.

Es ist ein Kennzeichen des Spanischen Bürgerkriegs, daß durch ihn wohl stärker als durch jedes andere Geschehen im 20. Jahrhundert ein weltweites publizistisches Engagement ausgelöst wurde. Er regte sogar eine Literatur an, die größere Vitalität bewahrt hat als der Großteil dessen, was während und nach dem Zweiten Weltkrieg geschrieben wurde[23] – eine Literatur, die bis heute auch deshalb aktuell blieb, weil der Spanische Bürgerkrieg nach Auffassung vieler seiner literarischen Interpreten noch nicht beendet ist.[24]

In Spanien entzog sich allerdings die überwiegende Mehrheit der über die Grenzen des Landes hinaus bekannten Intellektuellen der ›Generation von 98‹ einem eindeutigen literarischen Bekenntnis.[25] Persönlichkeiten wie Azorín, Pío Baroja, Jacinto Benavente, Ramón Gómez de la Serna, Ramiro de Maeztu, Gregorio Marañón, Ramón Menéndez Pidal, José Ortega y Gasset, Ramón Pérez de Ayala und Miguel Unamuno traten nicht auf die Seite der Republik. Sie verpflichteten sich jedoch auch nicht in dem Maße dem ›Alzamiento Nacional‹ wie Antonio Machado oder der Dichter Miguel Hernández gegenüber der Republik.[26] Ihre Namen seien stellvertretend für viele andere einer jüngeren Generation angeführt, weil sie – wie Federico García Lorca – ihr Engagement mit dem Leben bezahlten. Aber auch aus ihren Reihen ging kein literarisches Werk von dauerhaftem Wert als bedeutender spanischer Beitrag zur Interpretation des Bürgerkriegs hervor.

In Frankreich spiegelte sich im subjektiven literarischen Bild der spanischen Ereignisse Europas geistige und ideologische Auseinandersetzung wider. Hier war eine Generation von Schriftstellern und Dichtern engagiert, der es nicht mehr um die Literatur als Ausdruck des persönlichen Bekenntnisses ging, sondern um die Analyse der politischen und vor allem sozialen Zustände. Deshalb finden sich in Frankreich Zeugnisse von der politischen Beobachtung bis zur persönlichen Teilnahme am Bürgerkrieg und darüber hinaus ein an den Ereignissen wachsendes politisches Verantwortungsbewußtsein der Intellektuellen, das dann während des Zweiten Weltkriegs, der Zeit der Résistance und nach dem Kriege zu vollem Ausdruck kam. Belege hierfür bieten Simone de Beauvoir[27] und Jean-Paul Sartre[28] als Exponenten eines Kreises junger linksstehender Schriftsteller, für deren weitere Entwicklung der Spanische Bürgerkrieg einen Anstoß bedeutete, ebenso wie Simone Weil[29], die aktiv am Kampfe teilnahm, und die Artikel von François Mauriac als Stellungnahmen zugunsten der Republik. Ihnen traten Paul Claudel mit seiner berühmten Ode »Aux Martyrs espagnols«, Pierre Héricourt[30] und andere Rechtsintellektuelle aus der ›Action Française‹ wie Charles Maurras entgegen.[31] Am eindringlichsten wurden Krieg und Terror von André Malraux[32] und Georges Bernanos[33] analysiert. Ihre Werke verdeutlichten zugleich die Haltung der französischen Intellektuellen gegenüber dem Problem des Totalitarismus. Der Spanische Bürgerkrieg ließ sie sich der Gefahr bewußt werden, die dem Individuum in der modernen Massengesellschaft drohen konnte.

Im literarischen Widerhall des Bürgerkriegs in England zeichnete sich unter den Intellektuellen eine Spaltung ab, wie sie wegen eines ausländischen Problems seit der Französischen Revolution nicht mehr vorgekommen war.[34] Allerdings gingen aus der Feder von Autoren, die mit Franco sympathisierten, keine Werke hervor, die heute noch beachtet werden.[35] Literarische oder gar dichterische Leistungen von Wert stammten fast ausschließlich von Männern der politischen Linken, wie George Orwell[36], Stephen Spender[37] und John Cornford[38]. Aus diesem Kreis schrieben etwa vierzig Engländer, von denen ungefähr ein Dutzend auf seiten der Republik kämpfte, Gedichte über den Bürgerkrieg.[39] Namhafte Romane über das spanische Geschehen sind dagegen in England nicht erschienen.[40]

In den Vereinigten Staaten von Nordamerika waren Sympathie und Parteinahme für die Republik Ausdruck und Folge der liberalen Tradition.[41] In ihrer großen Mehrheit vereinfachten die Intellektuellen den Bürgerkrieg, in dem sie das spezifisch Spanische in der Tragödie auf der Pyrenäischen Halbinsel übersahen. Sie interpretierten ihn als Sinnbild der Auseinandersetzung der Zeit[42], als entscheidenden Beleg ihres optimistischen Glaubens an den Fortschritt, und strichen daher seine Bedeutung als Kampf um die Befreiung vom Faschismus heraus. Von einem Amerikaner stammt aber auch das Werk, in dem der »Bürgerkrieg der Federn«[43] seinen wohl weitest verbreiteten literarischen Ausdruck fand: »For Whom the Bell Tolls«[44]. Ernest Hemingway versuchte allerdings, den Bürgerkrieg mit spanischen Maßstäben zu messen und aus den spanischen Verhältnissen zu deuten, denn er konnte sich das Geschehen nicht als Schritt in den Klassenkampf vorstellen.[45] Seiner Interpretation, die das kämpferische und heroische, nicht so sehr das politische Wesen dieses Kriegs in den Vordergrund rückte, blieb daher Kritik nicht erspart.[46]

In Deutschland gab es eine derartige literarisch-geistige Auseinandersetzung bis zum Untergang des ›Dritten Reichs‹ nicht. Das Spanienbild, das die nationalsozialistische Propaganda und ihr verhaftete Schriftsteller, wie Werner Beumelburg und Karl Georg von Stackelberg, damals vermittelten[47], wirkt vielmehr sogar noch in der Bundesrepublik nach. Unmittelbaren Widerhall im antifaschistischen Sinn fand der Spanische Bürgerkrieg dagegen unter den deutschen Emigranten, und nicht minder stark war sein Nachhall in Mitteldeutschland nach 1945. Diese Literatur reicht von analysierenden, die geistige Motivation darstellenden Aufsätzen und Essays[48], informierenden Artikeln und Reportagen[49], die vor allem die große Lüge von der Nichteinmischung aufdecken sollten, über Gedichte, Kampflieder[50] und Schauspiele[51] bis zu Reden vor internationalen Kongressen[52]. Hierzu gehören auch die Tagebücher und autobiographischen Darstellungen von Willi Bredel[53], Alfred Kantorowicz[54], Gustav Regler[55] und Ludwig Renn[56]. Außerdem gibt es eine Anzahl von Erzählungen und Romanen, unter deren Verfassern Hermann Kesten[57] und Bodo Uhse[58] hervorzuheben sind. Während des Bürgerkriegs stellte Deutschland mit über zwei Dutzend Schriftstellern und Geistesschaffenden das größte Kontingent an Intellektuellen, das aktiv für die Republik kämpfte. Noch viel größer war die Zahl der Emigranten, die sich veranlaßt fühlten, das Vaterland zur Besinnung und zum Kampf gegen das nationalsozialistische Regime aufzurufen.[59] Diese Exilliteratur war vornehmlich auf Deutschland ausgerichtet, wie es Heinrich Mann ausdrücklich bekannte[60]. Sie scheint in der Bundesrepublik weithin unbekannt geblieben zu sein. Daß von ihren Autoren nicht nur die ›Vollblutkommunisten‹ in Mitteldeutschland ihre Heimat fanden, sondern daß auch Intellektuelle, die wie Bertolt Brecht oder Heinrich Mann einen ethisch-humanistischen Sozialismus verfochten, dorthin abgedrängt wurden, gehört zu den Folgen der tragischen Aufspaltung Deutschlands nach dem Zweiten Weltkrieg. Infolgedessen nimmt man dort die

Deutschen, die für die Republik eingetreten sind, für sich in Anspruch – sofern sie nicht mit dem Kommunismus gebrochen haben und totgeschwiegen werden[61]. Solche pauschale Einstufung aufzuheben ist auch eine Aufgabe des Historikers.

Der Spanische Bürgerkrieg endete militärisch am 1. April 1939 mit dem Sieg der ›Nationalen Erhebung‹.[62] Fünf Monate später begann der Zweite Weltkrieg. Die wissenschaftliche Beschäftigung mit dem Geschehen auf der Iberischen Halbinsel schob sich daher länger hinaus, als sein literarischer Widerhall zwischen 1936 und 1939 hätte erwarten lassen. Dementsprechend mußte sich die Geschichtswissenschaft mit einem historischen Vorgang auseinandersetzen, der bereits von einem subjektiven literarischen Bild überdeckt war – einem Bild, das weitgehend die Geschichtsvorstellungen geprägt hatte. Die Flut der Veröffentlichungen, die bis zur Stunde nicht wesentlich abgeebbt ist, läßt sich im negativen Sinne dadurch charakterisieren, daß ausländische Historiker keinen Zugang zu den wichtigen spanischen Archiven erhielten.

Auch in Spanien steht die streng wissenschaftliche Bearbeitung des Bürgerkriegs noch aus. Hier wird er als eine eigene Angelegenheit angesehen, was zur Folge hat, daß die gesamte Literatur einen unverkennbar nationalen, ja oft apologetischen Charakter trägt. Freilich läßt sich beobachten, daß man innerhalb dieses einmal festgesteckten Rahmens neuerdings bemüht ist, allzu extreme und emotional bedingte Stellungnahmen zu vermeiden. Die Forderung nach Objektivität wird immer häufiger laut.[63] Einen ersten, vorsichtigen Versuch, die Parteilichkeit in der Geschichtsschreibung zu überwinden, bietet Carlos Seco Serrano.[64] Der Bürgerkrieg wird darüber hinaus noch heute mit den Begriffen ›Kreuzzug‹, ›nationaler Befreiungskrieg‹ und ›europäischer Krieg‹ gekennzeichnet. Die These vom Kreuzzug deutet an, daß die Nationalen das christliche Abendland gegen die ›Barbarei aus dem Osten‹ verteidigt hätten.[65] Weitaus stärker verbreitet findet sich die Interpretation des Bürgerkriegs als eines nationalen Befreiungskampfes.[66] Sie besagt, daß die Kräfte, die sich hinter Franco stellten, um das Wesen und für das Fortbestehen des wahren Spaniens gekämpft haben. Die These, daß es sich um einen Krieg von europäischem Charakter gehandelt habe, ist als letzte entwickelt worden.[67] Ihr zufolge beteiligten sich nicht nur ausländische Mächte am militärischen Geschehen, sondern es zeichnete sich schon damals in Spanien die allgemeine Konfliktlage ab, die nach dem Zweiten Weltkrieg die Politik bestimmen sollte. In einem extremen Fall wurde der Bürgerkrieg sogar als Präludium zu einem dritten Weltkrieg gedeutet.[68] Indem darüber hinaus die Verteidiger der Republik als Vertreter kommunistischer und damit sowjetrussischer Interessen eingestuft werden, läßt sich der Begriff ›Bürgerkrieg‹ vermeiden – jener Terminus, dem das Odium des Brudermords anhaftet.

Die Fragestellung, inwieweit die deutsche und italienische Unterstützung zum Siege beigetragen haben, wird ebenfalls im nationalen Sinne behandelt.[69] Wenn eine Darstellung das Problem aufgreift, betont ihr Verfasser meist nachdrücklich, daß Italien und besonders Deutschland nur zögernd und darüber hinaus erst interveniert hätten, nachdem sich Mussolini und Hitler von den eindeutig antikommunistischen Absichten der Generale überzeugt hatten; zum direkten Eingreifen hätten sich beide Mächte sogar erst entschlossen, als bereits französische Waffenlieferungen und Soldatentransporte, sowjetrussische und Kominternhilfe angelaufen waren und damit die akute Gefahr eines kommunistischen Spaniens in nächste Nähe gerückt war.[70] Außerdem wird die deutsche und italienische Hilfe höchstens als wichtig, nicht aber als kriegsentscheidend gewertet.[71] Größere Bedeutung als der militärischen Intervention und materiellen Unterstützung weist die spanische Geschichtsschreibung dem Abbruch der diplomatischen Beziehungen seitens beider Mächte zur republikanischen Staatsgewalt und vor allem der völkerrechtlichen Anerkennung der ›Nationalregierung‹ am 18. November 1936 zu.[72]

Die Geschichtsschreibung in Spanien verfolgt also im großen und ganzen das Interpretationsschema, der Republik als Instrument ausländischer Interessen das ›Alzamiento Nacional‹ als einzigen Verfechter und Sachwalter der wahren Belange Spaniens entgegenzustellen, oder anders formuliert, der »Tendenz zur Internationalisierung der einen Seite steht die Nationalisierung der anderen Seite gegenüber«. Bezeichnend für diese politisch bedingte Deutung ist auch der Wandel in der Bewertung der ideologischen Grundlagen und Verbindungen. Ältere Darstellungen hatten betont, daß die politischen Sympathien des ›Dritten Reichs‹ für die ›Nationale Erhebung‹ und die Falange einen Interventionsgrund abgegeben hätten. Da eine derartige ideologische Affinität nicht mehr opportun ist, wird sie in neueren Darstellungen möglichst verharmlost.[73]

Wie in seinem Ablauf, so ist der Bürgerkrieg auch in seiner wissenschaftlichen Erforschung und Behandlung keine nationale Angelegenheit der Spanier geblieben. Ausländische Historiker haben sich nicht nur mit Problemen der Stellung und Anteilnahme ihres Landes zur kriegerischen Auseinandersetzung auf der Iberischen Halbinsel beschäftigt, sondern diese als Gesamtkomplex dargestellt und gedeutet.[74] Die gegenwärtig besten Werke stammen von Hugh Thomas und Gabriel Jackson.[75]

Bei einer Betrachtung der deutschen Historiographie ist davon auszugehen, daß der Intervention des ›Dritten Reichs‹ und insbesondere dem militärischen Einsatz deutscher Soldaten im Verbande der ›Legion Condor‹ zugunsten des ›Alzamiento Nacional‹ das Engagement von etwa 5000 deutschen Männern für die Republik gegenüberstand.[76] Die meisten der Überlebenden des letzteren Kreises befinden sich heute in Mitteldeutschland; nicht wenige nehmen dort wichtige Funktionen wahr. Von ihrer Seite wird kein Aufwand gescheut, um mit propagandistischen Mitteln, aber auch mit wissenschaftlichen Veröffentlichungen nachzuweisen, daß die Bundesrepublik die Tradition der Intervention in Spanien fortführe mit dem Ziel, »die Vorherrschaft über Westeuropa« zu erlangen, »die anderen Nato-Staaten in militärische Konflikte [zu] verwickeln und einen atomaren Weltkrieg [zu] provozieren«[77]. Der Historiker würde es sich zu leicht machen, wenn er wegen derartiger Thesen historische Untersuchungen mitteldeutscher Autoren von vornherein unberücksichtigt ließe. Er darf sich auch nicht dadurch abschrecken lassen, daß sich die kommunistischen Geschichtsschreiber als »ein Stück der Partei« betrachten und ihre Aufgabe darin sehen, »durch ihre Forschungsarbeit auf der Basis des Marxismus-Leninismus den Erkenntnisprozeß der Partei [zu] bereichern, aus ihrer Kenntnis und Analyse historischer Vorgänge der Partei [zu] helfen und das Gewonnene dem politischen Kampf nutzbar [zu] machen«[78]. Allerdings kann er nicht außer acht lassen, daß die mitteldeutsche Geschichtswissenschaft »zur Herausbildung eines sozialistischen Geschichtsbewußtseins beitragen und die patriotische Wehrbereitschaft der Werktätigen fördern«[79] soll. Solche Voraussetzungen und Forderungen bedeuten hinsichtlich des Geschehens von 1936 bis 1939, daß der »Erinnerung an die Ereignisse in Spanien und der Analyse ihrer Hintergründe ... stets das Anliegen zugrunde [liegt], ... die Erfahrungen der Geschichte nutzbar zu machen und wichtige Lehren für den heutigen Kampf ... um die Erhaltung des Friedens zu ziehen«[80].

Der Bürgerkrieg in Spanien soll also in Mitteldeutschland als historisches Beispiel zur Erläuterung von Grundfragen dienen, wie sie beispielsweise 1966 anläßlich einer wissenschaftlichen Konferenz über den ›Kampf deutscher Kommunisten und anderer Antifaschisten im national-revolutionären Krieg des spanischen Volkes 1936 bis 1939‹ aufgestellt wurden[81]:

»die Führung durch die marxistisch-leninistische Partei als wichtigste Quelle der Stärke einer Armee des Volkes,
– die Notwendigkeit der unerschütterlichen Einheit von Volk und Armee,

– die Bedeutung der UdSSR im Kampf der Völker für Frieden, nationale Unabhängigkeit, Demokratie und Sozialismus,

– den Zusammenhang von revolutionärem Patriotismus und proletarischem Internationalismus,

– die Waffenbrüderschaft als Verpflichtung und Quelle der Siegeszuversicht,

– die antinationale Rolle des westdeutschen Imperialismus und Militarismus als des Hauptzentrums der Kriegsgefahr in Europa,

– die Freund-Feind-Problematik,

– und die Dialektik des Kampfs um die Verhinderung eines Weltkriegs, der Erhöhung der Verteidigungsanstrengungen der DDR, des entschlossenen Zerschlagens aller Provokationen und der Bereitschaft, den Gegner im Falle einer Aggression auf seinem eigenen Territorium zu vernichten.«

Entsprechend diesem Auftragskatalog kann eine größere Anzahl der über fünfzig Beiträge ohne weiteres übergangen werden.[82] Andere lassen sich wegen ihres Materials oder diskutabler Thesen nicht übersehen.[83] Neben Einzelproblemen wie dem der Zerstörung Guernicas[84] werden vornehmlich drei Fragestellungen von der kommunistischen Geschichtsschreibung anders beantwortet als von der westdeutschen Historiographie.[85]

1. Während in der Bundesrepublik erschienene Darstellungen die Hypothese einer deutschen Mitwisserschaft oder gar Anteilnahme an Vorbereitung und Auslösung des Aufstands der spanischen Militärs widerlegen[86], halten die mitteldeutschen Historiker an ihr fest[87]. Auch in Westdeutschland wird sie vereinzelt weiterhin vorgetragen.[88] Angesichts solcher widersprüchlicher Thesen sollte einmal untersucht werden, ob und gegebenenfalls wie stark die Führer der ›Nationalen Erhebung‹ auch ohne vorherige Absprachen darauf zählen konnten und einkalkuliert haben, daß sie notfalls von Deutschland Hilfe erhalten würden – ›notfalls‹, weil sie damit rechneten, daß ihr Aufstand im ersten Anlauf zu vollem Erfolg führen würde. Sie läßt sich allerdings aus den bisher bekannten Materialien kaum beantworten, sondern setzt Zugang zu spanischen Archiven voraus.

2. Die kommunistischen Historiker werfen der Geschichtsschreibung in der Bundesrepublik vor, sie sei bestrebt, das Ausmaß der Intervention des ›Dritten Reichs‹ zu »verniedlichen«[89]. In Wirklichkeit habe die Unterstützung durch Deutschland und Italien Franco »eine meist erdrückende militärtechnische Kräfteüberlegenheit auf den Schlachtfeldern« gesichert.[90] Gemäß der Interpretation durch Dahms »war und blieb« hingegen der Spanische Bürgerkrieg »in erster Linie eine Sache der

Spanier. Mussolini und Hitler haben nicht den Sieg für Franco erkämpft, sondern jeweils, wenn die sowjetisch-französische Hilfe ein Übergewicht der Republikaner herbeiführte, das nationale Heer durch Legionärstruppen und Kriegsmaterial aufgewertet, so daß es wieder eine Offensive unternehmen konnte ...«[91] Beide Thesen entbehren nicht einseitiger Deutung. Nach Thomas' Auffassung war »mehr der Zeitpunkt der Hilfe als ihr jeweiliges Ausmaß« entscheidend: Fünfmal unterstützten ausländische Mächte eine der Bürgerkriegsparteien, wenn diese sich in einer kritischen Situation befand; die wichtigste Hilfeleistung erging im Herbst 1938 von seiten Deutschlands.[92]

3. Als Motive der deutschen Intervention sehen westdeutsche Historiker an, daß Hitler »den Anschluß der Madrider Volksfront an den französisch-sowjetischen Militärpakt, das heißt die Einkreisung durch potentielle Gegner verhindern« wollte und »wirtschaftliche Vorteile auf dem für die eigene Rüstung wegen seines Erzes hochinteressanten spanischen Rohstoffmarkt zu erlangen« suchte.[93] Dagegen stellen kommunistische Autoren eine ganze Liste von Gründen für das deutsche Eingreifen auf. Einerseits sei es ideologisch aus dem Bestreben zu erklären, in Verbindung »mit den reaktionärsten Kreisen anderer imperialistischer Mächte ... die spanische Volksbewegung im Blute zu erstikken«[94]. Andererseits sei es von rein materiellen Zielen bestimmt gewesen, wie »Ausbau der Ausgangspositionen für die Entfesselung eines Weltkriegs«, »Ausnutzung der Schlachtfelder Spaniens als Truppenübungsplatz der Wehrmacht« und – über die »Sicherung der spanischen Bodenschätze« hinaus – »Eroberung des spanischen Absatzmarkts und damit die Entscheidung des [internationalen wirtschaftlichen] Konkurrenzkampfs zugunsten der deutschen Industriellen«[95]. Auf eine Formel gebracht bezweckte also die deutsche Intervention, Spanien in möglichst hohem Maße dem politischen und wirtschaftlichen Einfluß und den strategischen Interessen des NS-Regimes zu unterwerfen. Doch nicht genug damit, es wird sogar die Behauptung aufgestellt, daß nicht Hitler und seine unmittelbare Umgebung für den Interventionsentschluß verantwortlich seien, sondern daß »die entscheidenden Kreise des deutschen Monopolkapitals die Richtung der Politik der Hitlerregierung gegenüber Franco-Spanien bestimmten und den ihnen völlig untergeordneten Staatsapparat zur Durchsetzung ihrer Ziele ausnutzten«[96].

Derartige Thesen verraten deutlich ihre ideologische Bindung und ihr politisches Ziel. Sie dienen ebenso der Propaganda wie jene Artikel im Zentralorgan der SED »Neues Deutschland«, in denen der 30. Jahrestag des Ausbruchs des Bürgerkriegs ihren Verfassern Anlaß bot, Parallelen und Analogien zwischen dem damaligen Geschehen in Spanien und dem

Krieg in Vietnam zu ziehen.[97] Diese Auswertung vergangener geschichtlicher Vorgänge für aktuelle politische Probleme kennzeichnet nicht nur das Wesen kommunistischer Geschichtsauffassung, sondern offenbart auch, daß sich bei dem Versuch einer historischen Durchdringung des Spanischen Bürgerkriegs und insbesondere seiner Bezüge zum ›Dritten Reich‹ zwischen der Historiographie in Mitteldeutschland und in der Bundesrepublik eine Kluft aufgetan hat, die durch eine wissenschaftliche Diskussion kaum noch überbrückbar zu sein scheint.

Die Geschichtsschreibung in der Bundesrepublik war lange durch eine gewisse Unsicherheit in der Darstellung und Deutung des Geschehens bestimmt. Sie ist bis zur Stunde nicht völlig überwunden. Hierbei wirkte jene Vorstellung vom Bürgerkrieg mit, die von der nationalsozialistischen Propaganda vermittelt wurde und als Tradition noch heute weitergegeben wird.[98] Diese Nachwirkung schlägt sich auch in dem Spanienbild nieder, in dem mit publizistischen Mitteln versucht wird, den Bürgerkrieg zu erfassen und zu interpretieren. Journalisten und Autoren, die sich aus vielschichtigen, nicht immer der Erkenntnis dienenden Motiven veranlaßt fühlen, über jene Vorgänge zu schreiben, tragen zu seiner Entzerrung wenig bei.

Presse, Rundfunk und Fernsehen wurden zu Darstellungen und Kommentaren, Analysen und Reflexionen vornehmlich durch die besonderen Jahrestage des Ausbruchs und der Beendigung des Bürgerkriegs angeregt.[99] In Wiedergabe, Beurteilung und Deutung der Ereignisse, ihrer Hintergründe und Folgen weichen die Verfasser stark voneinander ab. In der Presse steht einer Minderheit, die dem spanischen Staat unter General Franco und seiner Entstehung ablehnend begegnet[100], eine Mehrheit gegenüber, die ihn akzeptiert und in ihren Beiträgen von wohlwollender Haltung gegenüber dem seinerzeitigen Sieger ausgeht[101]. Während francofeindliche Beiträge an der These von der Beteiligung Italiens und Deutschlands bei der Vorbereitung des Aufstands festhalten und der ›Legion Condor‹ den Sieg zuschreiben[102], sehen manche der anderen Autoren das Geschehen von 1936 bis 1939 zu einseitig aus Blickwinkel und Interessenlage der Gegenwart. In Gedenkartikeln zum Ausbruch des Bürgerkriegs wird dieser nur noch am Rande erwähnt und dabei in vorsichtigen, geschickten Formulierungen zugunsten der damaligen Aufständischen Stellung genommen.[103] Allgemein tritt nicht nur die ›Nationale Erhebung‹ stärker als die Republik in den Vordergrund, sondern unterschwellig wird auch Voreingenommenheit gegen die Republik spürbar. Sie läßt sich besonders dort feststellen, wo die Erinnerung an die Vergangenheit als Mittel in der gegenwärtigen politischen Auseinandersetzung mit dem Kommunismus verwertet wird.[104] In diesem Zusammenhang wirken sich Analysen der Republik häufig zugunsten ihrer Feinde aus.[105] Zwangsläufig ergibt sich eine solche Folgerung jedoch nicht; und die These, daß das »Bürgerkriegs-Spanien ... auch schon Vorfeld für die Auseinandersetzung zwischen der freien Welt des demokratischen Gedankens und der geknebelten Welt der kommunistischen Herrschaft« war, ermöglicht dennoch einen beachtenswerten Beitrag zu dem Versuch, der Vergangenheit gerecht zu werden.[106]

Als allgemeine Tendenz läßt sich bei einem Vergleich der Presseveröffentlichungen zwischen 1956 und 1966 ein ansteigender ›Hang nach rechts‹ feststellen. Daß es auch Beiträge gibt, die völlig in dem Spanienbild nationalsozialistischer Ideologie verhaftet sind[107], kann nicht nur mit Verwundern, sondern muß mit Erschrecken vermerkt werden. Besonders bedenklich erscheint jedoch, wenn eine namhafte Wochenzeitung einen Artikel aufnimmt, in dem gegenüber Greuel und Terror der einen Bürgerkriegspartei das Verhalten der anderen als Vergeltung charakterisiert oder durch emotionale Ausdrucksweise das grauenhafte Ereignis eines Bruderkampfs zu Lasten der Republik interpretiert wird.[108] Voreingenommenheit oder ideologische Bindung haften also noch immer dem publizistischen Spanienbild an, und die Erweiterung des historischen Wissens trug keinesfalls zwangsläufig zur Objektivität bei der Behandlung des Stoffes bei[109] – ein betrüblicher Aspekt für den Historiker, durch den er sich aber nicht verdrießen lassen darf. Die intensive Befassung mit dem Spanischen Bürgerkrieg bleibt nicht zuletzt deshalb geboten, weil sie zur Erforschung der deutschen Geschichte beiträgt. Solide Diskussionsgrundlagen sind vorhanden.

Jede Diskussion sollte jedoch von einer Erkenntnis ausgehen, die vielleicht als Ergebnis der Betrachtungen festgehalten werden kann. Für gemeineuropäische Augen sind Ablauf und Verhältnisse der Geschichte Spaniens in den letzten 150 Jahren nicht leicht zu überschauen. Vereinfachende Sicht überaus komplizierter Vorgänge führte vielfach zu einem schiefen Spanienbild oder gar zu falschen Beurteilungen. Auch das schwierige Problem des Spanischen Bürgerkriegs wurde und wird noch im Grunde relativ einfach behandelt. Während seines Ablaufs sah Europa in den innerspanischen Auseinandersetzungen ein Spiegelbild seiner eigenen geistigen und politischen Kämpfe. Die Mächte und Kräfte, die nicht intervenierten, engagierten sich zumindest geistig. Dieses Engagement orientierte sich meist an den überlieferten europäischen Begriffen von links und rechts und überdeckte so das historische Geschehen mit Empfindungen. Es fand seinen wohl nachhaltigsten Ausdruck in jener weltweiten Literatur, die Westeuropa und Nordamerika zugunsten der Republik beeinflußte. Der breiten Öffentlichkeit in den Staaten, die

General Franco unterstützten, blieb sie lange unzugänglich, denn dort wurde die Meinung von der staatlich gelenkten Publizistik und Propaganda zugunsten der Aufständischen bestimmt. Diese Aufspaltung ist bis in die Gegenwart nicht überwunden, sondern schlägt sich sogar in der Historiographie nieder – ein Beispiel der Möglichkeiten und Grenzen in der Zeitgeschichte.

Anmerkungen

1 Die Ausführungen stellen das Ergebnis einer Seminarübung im Wintersemester 1966/67 zu dem Thema »Der Spanische Bürgerkrieg (1936–1939) als zeitgeschichtliches Problem« dar. Es wurde bereits als Vortrag an der Universität des Saarlandes (27.2.1967), an der Universität Freiburg (31.5.1967) und an der Schule für Innere Führung der Bundeswehr (27.9.1967) verwertet.

2 Wohlfeil, Rainer: *Spanien und die Deutsche Erhebung 1808–1814*. Wiesbaden 1965.

3 Wohlfeil, Rainer: »Das Spanienbild der süddeutschen Frühliberalen.« In: *Geschichtliche Landeskunde*. Bd. 5/I. (1968). S. 109–150 (= Festschrift Ludwig Petry, Teil 1).

4 Gollwitzer, Heinz: »Der erste Karlistenkrieg und das Problem der internationalen Parteigängerschaft.« In: *HZ* 176. (1953). S. 479–520.

5 Duran, Juan García: *1936–1939 Bibliography of the Spanish Civil War*. Montevideo 1964. Bron, Michał u.a.: *Wojna hiszpańska 1936–1939, Chronologia wydarzeń i bibliografia*. Warszawa 1964. »Auswahlbibliographie zur Vorbereitung des 30. Jahrestags des national–revolutionären Kriegs des spanischen Volks 1936–1939.« In: *Zeitschrift für Militärgeschichte*. Bd. 5. (1962). S. 240–243. *Cuadernos bibliográficos de la guerra de España 1936–1939*, editados por la cátedra de ›Historia Contemporánea de España‹ de la Universidad de Madrid. Madrid 1966 ff.

6 Carr, Raymond: *Spain 1808–1939*. Oxford 1966; Maiski, Iwan Michailowitsch: *Neuere Geschichte Spaniens 1808–1917*. Berlin-Ost 1961.

7 Christiansen, E.: *The Origins of Military Power in Spain 1800–1854*. London 1967; García-Llera, José Luis Comellas: *Los primeros pronunciamientos en España 1814–1820*. Madrid 1958; Kiernan, V.G.: *The Revolution of 1854 in Spanish History*. Oxford 1966.

8 Díez del Corral, Luis: *Doktrinärer Liberalismus*. Neuwied-Berlin 1964, S. 27. Es kann als bezeichnend angesehen werden, daß Ruggiero, Guido de: *Geschichte des Liberalismus in Europa*. München 1930, Neudruck Aalen 1964, auf den Liberalismus in Spanien gar nicht eingeht.

9 Suarez, Federico: *La intervención extranjera en los comienzos del régimen liberal español*. Madrid 1944; vgl. auch Thomas, Hugh: *Der Spanische Bürgerkrieg*. Berlin, 2. Aufl. 1964, S. 172 ff.

10 García-Llera, José Luis Comellas: *El trienio constitucional*. Madrid 1963.

11 Vgl. Gollwitzer: a.a.O. S. 480.

12 Thomas · a.a.O. S. 173 u. S. 467 ff.

13 Thomas: a.a.O. S. 171. Vgl. auch Anm. 86.

14 Dahms, Hellmuth Günther: *Der Spanische Bürgerkrieg 1936–1939*. Tübingen 1962, S. 146.

15 *Deutschland und der Spanische Bürgerkrieg 1936–1939*. Baden-Baden 1951, S. 119, Nr. 127, Aufzeichnung des Leiters der Presse-Abteilung vom 23. November 1936 = Akten zur deutschen auswärtigen Politik 1918–1945, Serie D (1937–1945), Bd. 3.

16 Nolte, Ernst: *Die faschistischen Bewegungen*. München 1966; ders.: *Der Faschismus in seiner Epoche*. München 1963, und ders. zuletzt: »Zeitgenössische Theorien über den Faschismus.« In: *Vierteljahrshefte für Zeitgeschichte*. Bd. 15. (1967). S. 247–268; Laqueur, Walter – Mosse, George L. (Hrsg.): *Internationaler Faschismus 1920–1945*. München 1966.

17 Kantorowicz, Alfred: *Spanisches Kriegstagebuch*. Köln 1966, S. 18–24, und ders.: »1936 Die spanische Tragödie 1966.« In: *Freiheit und Recht*. Bd. 12. (1966). Nr. 7, S. 25–28. Zur Gesamtproblematik vgl. auch Rühle, Jürgen: *Literatur und Revolution. Die Schriftsteller und der Kommunismus*. Köln-Berlin 1960.

18 *World Within World. The Autobiography of Stephen Spender*. London 1951, S. 187: »... within a few weeks Spain had become the symbol of hope to all anti-Fascists. It offered the twentieth century an 1848 ...«

19 Vgl. Seton-Watson, Hugh: »Faschismus – rechts und links.« In: *Internationaler Faschismus 1920–1945*. München 1966, S. 253.

20 Nellesen, Bernd: *Die verbotene Revolution. Aufstieg und Niedergang der Falange*. Hamburg 1963, bes. S. 139–162.

21 Nellesen: a.a.O. Vgl. auch Thomas, Hugh: »Der Held im leeren Raum. José Antonio und der spanische Faschismus.« In: *Internationaler Faschismus 1920–1945*. München 1966, S. 240–252.

22 *Deutschland und der Spanische Bürgerkrieg* ... A.a.O. (Vgl. Anm. 15). S. 8, Nr. 4, Gesandtschaftsrat Schwendemann an Auswärtiges Amt, Madrid, 23. Juli 1936; S. 21, Nr. 24 u.a. Stellen.

23 Garosci, Aldo: *Gli intelletuali e la guerra di Spagna*. Torino 1959, S. 4.

24 Guttmann, Allen: *The wound in the heart. America and the Spanish Civil War*. New York 1962, S. 212. Ford, Hugh D.: *A Poet's War. British Poets and the Spanish Civil War*. Philadelphia 1965, S. 5. Vgl. zum Folgenden auch Serer, Rafael Calvo: »Die Literatur über den spanischen Bürgerkrieg von 1936.« In: *Politische Ordnung und menschliche Existenz*. Festgabe für Eric Voegelin zum 60. Geburtstag, hg. von Alois Dempf u.a., München 1962, S. 71–104. Nach Calvo Serer, S. 75, werden in der Literatur über den Spanischen Bürgerkrieg »die großen Themen des 20. Jahrhunderts aufgeworfen: Der Wert der Freiheit und der Sinn der Demokratie; die Kritik am faschistischen und nationalsozialistischen Totalitarismus als Feinde der Freiheit und der Demokratie; die anarchistische Kritik an der kapitalistischen Gesellschaft und die Suche nach einem sozialistischen Humanismus; der Protest derer, die sich vom Kommunismus enttäuscht sehen; schließlich das Bemühen um Herstellung einer großen Gleichheit unter den sozialen Schichten durch Gewinnbeteiligung am nationalen Einkommen, die allen die Möglichkeit geben soll, an den Gütern der modernen Kultur und Zivilisation teilzuhaben.« Der Aufsatz stellt die »Vorbereitung zu einem demnächst erscheinenden Buch ›Der Spanische Bürgerkrieg in der Universalliteratur‹« dar (vgl. S. 72, Anm. 1).

25 Andrés, Ángel Antón: *Geschichte der spanischen Literatur. Vom 18. Jahrhundert bis zur Gegenwart.* München 1961, S. 222 für Pío Baroja. Marrero, Vincente: *La Guerra de España y el trust de cerebros.* Madrid 1961, S. 289 f. für Unamuno. Garosci: a. a. O. S. 349 f. für Ortega y Gasset. Garosci: a. a. O. S. 24 für Benavente. Marrero: a. a. O. S. 535 ff. und Herda, Wolfgang: »Die geistige Entwicklung von Ramiro de Maeztu.« In: *Spanische Forschungen der Görresgesellschaft.* Reihe 1, Bd. 18. (1961). S. 1–219 für Maeztu.

26 Machado, Antonio: *Obras completas.* Buenos Aires 1964, bes. S. 646, S. 665 f., S. 668, S. 687 und S. 690. Zardoya, Concha: *Miguel Hernández (1910–1942). Vida y obra – bibliografía – antología.* New York 1955, bes. S. 3 ff. Vgl. auch Krauss, Werner: »Spaniens Weg am Abgrund. Über die geistigen Grundlagen des modernen Spaniens.« In: *Gesammelte Aufsätze zur Literatur- und Sprachwissenschaft.* Frankfurt a. M. 1949, S. 298–320, und Niedermayer, Franz: *Spanische Literatur des 20. Jahrhunderts.* Bern-München 1964, bes. S. 77–81, sowie Andrés, Antón: a. a. O. S. 284 ff.

27 *La force de l'âge.* Paris 1960, bes. S. 285 u. S. 297.

28 *Le mur.* Paris 1939.

29 *La condition ouvrière.* Paris 1951, bes. S. 21.

30 *Pourquoi Franco vaincra.* (Vorwort von Charles Maurras), Paris 1936, und *Pourquoi Franco a vaincu.* (Vorwort von General Franco), Paris 1939.

31 Hierzu gehören auch die Bücher von Brasillach, Robert, und Massis, Henri: *Les cadets de l'Alcazar.* Paris 1936, und von Brasillach, Robert, und Bardèche, Maurice: *Histoire de la guerre d'Espagne.* Paris 1939; vgl. hierzu Serer, Calvo: a. a. O. S. 97 ff., und zur ›Action Française‹ allgemein Nolte: *Der Faschismus in seiner Epoche.* S. 61–190.

32 *L'espoir.* Paris 1937; vgl. dazu Picon, Gaëtan: *Malraux par lui-même.* Paris 1953.

33 *Les grands cimetières sous la lune.* Paris 1938.

34 Graves, Robert, und Hodge, Alan: *The long weekend 1918–1939.* London 1940, S. 337: »Never since the French Revolution had there been a question which so divided intelligent British opinion as this.« Vgl. auch Serer, Calvo: a. a. O. S. 90–93 u. S. 95 ff., sowie Watkins, K. W.: *Britain divided, the effect of the Spanish Civil War on british political opinion.* Edinburgh 1963.

35 Guttmann: a. a. O. S. 4, spricht von »the inferiority and the stereotyped simplicity of the Right's literature«; vgl. aber auch Serer, Calvo: a. a. O. S. 95 f.

36 Orwell, George: *Homage to Catalonia.* New York 1938. (Deutsch: *Mein Katalonien.* München 1964, sowie Bd. 774 der Fischer Bücherei, Frankfurt a. M. 1966).

37 Spender, Stephen: *Collected Poems 1928–1953.* London 1955, sowie *Forward from Liberalism.* London 1937, und *Poetry Since 1939.* London 1946. Vgl. auch Titel Anm. 18.

38 Stansky, Peter, and Abrahams, William: *Journey to the Frontier. Two Roads to the Spanish Civil War.* Boston 1966, S. 313 ff., S. 346 u. a. Stellen.

39 Ford: a. a. O. S. 98.

40 Ford: a. a. O. S. 22.

41 Guttmann, a. a. O. S. 3 f. Trilling, Lionel: *The Liberal Imagination.* New York 1951, S. IX f.

42 Ford: a. a. O. S. 21, Stansky: a. a. O. S. 313.

43 Formulierung von Salvador de Madariaga.

44 New York 1940. Weitere Publikationen: Reportage »The Spanish War«. In: *Fact.* Juli 1938. Kommentar zum Spanienfilm »The Spanish Earth«, Cleveland 1938. Schauspiel »The Fifth Column«, London 1938. *The Old Man at the Bridge.* 1938. »The Butterfly and the Tank.« In: *Esquire.* Dezember 1938. »The Denunciation.« In: *Esquire.* November 1938. »Night Before Battle.« In: *Esquire.* Februar 1939.

45 Sanders, David: »Hemingway's Spanish Civil War Experience.« In: *American Quarterly.* Heft 12. (1960). S. 133–143, hier S. 138.

46 Brüning, Eberhard: »The Spanish Civil War (1936–1939) and the American Novel.« In: *Zeitschrift für Anglistik und Amerikanistik.* 11. (1963). S. 42–55, bes. S. 48. Vgl. aber auch Guttmann: a.a.O. S. 167–175, Serer, Calvo: a.a.O. S. 75ff., Baker, Carlos Ed.: *Hemingway and his Critics.* New York 1961.

47 Beumelburg, Werner: *Kampf um Spanien. Die Geschichte der Legion Condor.* Bearbeitet im Auftrag des Reichsluftfahrtsministeriums. Oldenburg i.O. 1939; Stackelberg, Karl Georg von: *Legion Condor – Deutsche Freiwillige in Spanien. Berlin* 1939.

48 Mann, Thomas: »Spanien (1937).« In: *Altes und Neues.* Frankfurt a.M. 1953, S. 611–617; Mann, Heinrich: *Essays.* Berlin-Ost 1962, S. 164f. u. S. 171–177; weiteres Material in: Marquardt, Hans (Hrsg.): *Rote Zitadellen, der spanische Freiheitskampf 1936 bis 1939. Eine Anthologie.* Berlin-Ost 1961; Edgar Kirsch: »Der spanische Freiheitskampf (1936–1939) im Spiegel der antifaschistischen deutschen Literatur.« In: *Wissenschaftliche Zeitschrift der Martin-Luther-Universität Halle-Wittenberg.* Gesellschafts- und sprachwissenschaftliche Reihe, 4. (1954/55). S. 99–119; Helga Herting: »Die Widerspiegelung des Kampfes deutscher Interbrigadisten in der deutschen sozialistischen Literatur.« In: *Interbrigadisten.* (Vgl. Anm. 76). S. 439–447.

49 Hierzu sind die Arbeiten von Klaus und Erika Mann, Arthur Koestler, Egon Erwin Kisch u.a. zu zählen. Vgl. außerdem die Hinweise in: *Der Freiheitskampf des spanischen Volkes und die internationale Solidarität. Dokumente und Bilder zum national-revolutionären Krieg des spanischen Volkes 1936–1939.* Hrsg. vom Institut für Marxismus-Leninismus beim Zentralkomitee der SED, Berlin-Ost 1956; *Pasaremos. Deutsche Antifaschisten im nationalrevolutionären Krieg des spanischen Volkes.* Hrsg. von der Militärakademie ›Friedrich Engels‹, Fakultät für Gesellschaftswissenschaften, Berlin-Ost 1966 [weiterhin zitiert: *Pasaremos:* a.a.O.].

50 Brecht, Bertolt: »Mein Bruder war ein Flieger.« In: *Gesammelte Werke.* Bd. 9. Frankfurt/M. 1967, S. 647f.; Busch, Ernst: »Ballade der XI. Brigade.« In: *Pasaremos:* a.a.O. S. 237. Weinert, Erich, in: *Pasaremos:* a.a.O. S. 255.

51 Brecht, Bertolt: »Die Gewehre der Frau Carrar.« 1937. Veröff. in: *Ges. Werke.* Bd. 3. A.a.O. S. 1195–1228 mit S. Anmerkungen 3*.

52 Brecht, Bertolt: »Rede zum II. Internationalen Schriftstellerkongreß zur Verteidigung der Kultur.« Madrid 1937. Veröff. in: *Ges. Werke.* Bd. 18. A.a.O. S. 247–250; ebd. S. Anmerkungen 17* Hinweise auf weitere Reden und Beiträge.

53 *Begegnung am Ebro.* Berlin-Ost 1949. *Vom Ebro zur Wolga. Drei Begegnungen.* Berlin-Ost 1954.

54 *Spanisches Kriegstagebuch.* Berlin-Ost 1949, Neuauflage Köln 1966. Vgl. dazu »Anstelle eines Vorworts«, S. 7–16 der Neuausgabe.

55 *Das Ohr des Malchus, eine Lebensgeschichte.* Köln 1958.

56 *Der Spanische Krieg.* Berlin-Ost 1955. *Im spanischen Krieg.* Berlin-Ost 1963. Ludwig Renn = Arnold Friedrich Vieth von Golssenau; vgl. Rühle: a.a.O. S. 233–242.

57 *Die Kinder von Gernika.* Amsterdam 1939, auch rororo-Taschenbuch Bd. 142, Hamburg 1955, mit einem Vorwort von Thomas Mann.

58 *Leutnant Bertram.* Berlin-Ost 1947.

59 Vgl. Anm. 48–58, die das Material für die Berechnung ergaben.

60 Heinrich Mann: a.a.O. S. 164.

61 Vgl. Kirsch: *Der spanische Freiheitskampf.* A.a.O., mit *Pasaremos.* A.a.O., bezüglich Kantorowicz, Kesten und Regler; sowie Kantorowicz: a.a.O., »Anstelle eines Vorworts«, bes. S. 14 und das »Nachwort 1966«, S. 412ff. Zu Kesten vgl. auch Herting: a.a.O. S. 442.

62 Díaz-Plaja, Fernando (Hrsg.): *El siglo XX. La Guerra (1936–39).* Madrid 1963, S. 701f.

63 Vgl. dazu Serrano, Carlos Seco: *Fuentes y recursos del historiador de la guerra civil.* Barcelona 1966.

64 Serrano, Carlos Seco: *Historia de España.* Barcelona 1962. Vgl. Romero-Maura, Joaquín: »Spain: The Civil War and After.« In: *Journal of Contemporary History.* Bd. 2. (1967). S. 157–168, bes. S. 163.

65 Arrarás, Joaquín (Hrsg.): *Historia de la Cruzada Española.* 35 Bde, Madrid 1939–1943. Perrino, F.: »Bibliografía de la Cruzada Española 1936–1939.« In: *Boletín de la Dirección General de Archivos y Bibliotecas.* 1954.

66 Díaz de Villegas, José: *La Guerra de Liberación.* Barcelona 1957; García Valiño, Rafael: *Guerra de Liberación Española.* Madrid 1949.

67 Díaz de Villegas, José: *Nuestra guerra no fue, jamás, una guerra civil.* Madrid 1964; Universidad de Zaragoza (Hrsg.): *La Guerra de Liberacion nacional.* Zaragoza 1961.

68 García Arias, in: *La Guerra de Liberación nacional.* Zaragoza 1961.

69 Vgl. z.B. Aznar, Manuel: *Historia militar de la guerra de España.* 3 Bde. Madrid, 3. Aufl. 1958–1961, der der militärischen Intervention Deutschlands kaum drei Seiten widmet: Bd. 3, S. 376ff.

70 Gomá, José: *La guerra en el aire.* Barcelona 1958, S. 164; *La Guerra de Liberación nacional.* Zaragoza 1961, S. 428.

71 Madariaga, Salvador de: *Spanien, Wesen und Wandlung.* Stuttgart, 2. Aufl. 1955, S. 364f.; Serrano, Seco: a.a.O. S. 273.

72 Arteaga, Enrique Esperabé de: *España evitará la ruina de Europa.* Madrid 1954, S. 46.

73 Díaz de Villegas, José: *La Guerra de Liberación.* S. 70.

74 Exilspanische Literatur stand leider nicht zur Verfügung. Die wichtigsten neuesten Werke sind: Broué, Pierre – Témime, Emile: *La Révolution et la guerre d'Espagne.* Paris 1961; Dahms, Hellmuth Günther: *Der Spanische Bürgerkrieg 1936–1939.* Tübingen 1962; Puzzo, Dante A.: *Spain and the great powers 1936–1941.* New York 1962; Sánchez, José M.: *Reform and reaction. The politico-religious background of the Spanish Civil War.* Durham 1964; für ältere Literatur vgl. Anm. 5.

75 Thomas, Hugh: *The Spanish Civil War.* London 1961, 6. Aufl. 1964, Ausgabe Penguin 1965. (Deutsch: *Der Spanische Bürgerkrieg.* Berlin 1962, 2. Aufl. 1964). Jackson, Gabriel: *The Spanish Republic and the Civil War 1931–1939.* Princeton 1965.

76 Kühne, Horst: »Der Kampf deutscher Kommunisten und anderer Anti-

faschisten im national-revolutionären Krieg des spanischen Volkes.« In: *Interbrigadisten. Der Kampf deutscher Kommunisten und anderer Antifaschisten im national-revolutionären Krieg des spanischen Volkes 1936 bis 1939.* Hrsg. vom Lehrstuhl Geschichte der deutschen Arbeiterbewegung an der Fakultät für Gesellschaftswissenschaften der Militärakademie ›Friedrich Engels‹, Berlin-Ost 1966 [weiterhin zitiert: *Interbrigadisten*], S. 11–80, hier S. 13.

77 Kühne: a.a.O. S. 37, S. 75 u.a. Stellen. Vgl. auch *Pasaremos*. A.a.O. S. 5 ff. und S. 290.

78 Schreiner, Albert: »Bemerkungen zur marxistischen Historiographie der DDR über den national-revolutionären Freiheitskampf in Spanien 1936 bis 1939.« In: *Interbrigadisten*, S. 497–505, hier S. 502.

79 Waldemar Verner, zit. nach Kühne: a.a.O. S. 12.

80 Einhorn, Marion, in: *Zeitschrift für Geschichtswissenschaft*. Heft 10. (1962). S. 957–963 [Rezension zu Merkes; vgl. Anm. 85], hier S. 957.

81 *Interbrigadisten*, S. 12, aufgestellt von Horst Kühne.

82 Vgl. z.B.: Verner, Waldemar: »Die NVA – Hüterin der Tradition des bewaffneten Kampfes deutscher Antifaschisten in Spanien.« In: *Interbrigadisten*, S. 81–92; Dahlem, Franz: »Die Erfahrungen des Kampfes deutscher Interbrigadisten und die patriotische Erziehung der Jugend.« In: *Interbrigadisten*, S. 93–104.

83 Beispielhaft seien genannt: Reisberg, Arnold: »Die Bemühungen der Kommunistischen Internationale um die internationale Aktionseinheit zur Unterstützung des kämpfenden spanischen Volkes.« In: *Interbrigadisten*, S. 151–166; Krawezyk, Edward: »Die polnische Historiographie über den national-revolutionären Krieg des spanischen Volkes.« In: *Interbrigadisten*, S. 224–233.

84 Der tendenziösen Behandlung des Problems ›Guernica‹ durch kommunistische Historiker (vgl. z.B. Pritzke, Günter: »Die barbarischen faschistischen Terrorangriffe auf Madrid, Durango und Guernica – Ausdruck der Menschenfeindlichkeit des deutschen Imperialismus und Militarismus.« In: *Interbrigadisten*, S. 267–275, oder Einhorn, Marion: *Die ökonomischen Hintergründe der faschistischen deutschen Intervention in Spanien 1936 bis 1939*. Berlin-Ost 1962, S. 131) stehen ebenso einseitige Beiträge von westdeutschen Autoren gegenüber (vgl. Smeth, Maria de: »Vor 30 Jahren begann in Spanien der Bürgerkrieg.« In: *Soldat im Volk*. Jg. 1966, Nr. 9, S. 12, oder Studnitz, H.G. von: »Tödlicher Juli. Vor dreißig Jahren begann der Bürgerkrieg.« In: *Christ und Welt*. Ausgabe vom 8. Juli 1966, S. 28). Zur sachdienlichen Untersuchung kann nur der Fund neuen Materials beitragen. Hinweise gibt der Bericht des Kommandeurs der Pioniere VII, Oberst Meise, vom 21.3.1938 an das OKH über seine Reise nach Spanien vom 20.1. bis 28.2.1938. In: Dokumentenzentrale Militärgeschichtliches Forschungsamt Freiburg, Sign.: II H 3 (E). Meise stellte S. 3 fest: »*Einzelziele* scheinen von den Fliegern *nicht* genommen zu werden. Bei dem Rückzug in Asturien sollte durch Flieger die Brücke bei Goernica [!] zerstört werden, um den roten Rückzug zu verlegen. Die Brücke weist keinen Treffer eines Splitters auf und ist unversehrt. Dagegen liegt Goernica [!] in Schutt und Trümmern, ein Bild, schlimmer als die Alberich-Zerstörung beim Rückzug auf die Siegfriedfront 1917.« Der Pionieroffizier bemerkt hierzu nicht, daß es sich um Zerstörungen durch Sprengungen handelt, sondern scheint diese im Zusammenhang mit

dem Auftrag der Flieger gesehen zu haben. Damit muß als gesichert angesehen werden, daß die Stadt einen Bombenangriff erlebt hat (vgl. Dahms: a.a.O. S. 176), jedoch verstärken sich die Zweifel an der These, »daß die Deutschen den Ort bewußt mit der Absicht der Zerstörung bombten, um sozusagen klinisch die Wirkungen eines solchen Terrorangriffs zu studieren ...« (so Thomas: a.a.O. S. 327). Da im übrigen »der größte Teil ... der Akten der Legion Condor« bei einem Luftangriff auf Berlin am 3.2.1945 vernichtet wurde (s. Fernschreiben OKL Chef Genst. 8. Abteilung an Chef Genst. d. Lw. vom 8.2.1945, in: Dokumentenzentrale Militärgeschichtliches Forschungsamt Freiburg, Sign.: 8 A–2222, Teil 1, S. 209 und S. 212 ff.), kann jedoch kaum noch mit neuen Materialien gerechnet werden.

85 Neben der Monographie von Dahms (vgl. Anm. 14) ist hier vor allem die Dissertation von Manfred Merkes: *Die deutsche Politik gegenüber dem Spanischen Bürgerkrieg 1936–1939*. Bonn 1961 (= Bonner Historische Forschungen, Bd. 18) zu erwähnen.

86 Merkes: a.a.O. S. 14–17. Dahms S. 293.

87 Einhorn, Marion: *Die ökonomischen Hintergründe* ... A.a.O. S. 60, S. 81, S. 93 f., und zuletzt Teubner, Hans: »Das Heldentum eines Volkes.« In: *Neues Deutschland* vom 10. Juli 1966, S. 7. *Pasaremos:* S. 10.

88 Kirsch, Hans-Christian (Hrsg.): *Der Spanische Bürgerkrieg in Augenzeugenberichten*. Düsseldorf 1967, S. 11. Vgl. auch Anm. 102.

89 Kühne: a.a.O. S. 23.

90 Göpfert, Helmut: »Zur Kriegskunst der republikanischen Streitkräfte im national-revolutionären Krieg des spanischen Volkes.« In: *Interbrigadisten*, S. 184–193, hier S. 188. In diesem Zusammenhang sei auch auf die unterschiedlichen Auffassungen und Kontroversen über die Internationalen Brigaden und ihre Abhängigkeit vom Kommunismus hingewiesen. Sie finden sich in autobiographischen Darstellungen (vgl. Kantorowicz, Regler, Renn) ebenso wie in Monographien (vgl. Dahms: a.a.O. S. 132 ff. mit *Interbrigadisten*, S. 316–447, und Longo, Luigi: *Die internationalen Brigaden in Spanien*. Berlin-Ost 1958). Als neueste Darstellung Brome, Vincent: *The International Brigades, Spain 1936–1939*. London 1965. Vgl. auch Serer, Calvo: a.a.O. S. 79 ff.

91 Dahms: a.a.O. S. 296 f.

92 Thomas: a.a.O. S. 436 u. S. 467 f.

93 Merkes: a.a.O. S. 24 ff. Dahms S. 106 f.

94 Kühne: a.a.O. S. 25 f.

95 Einhorn: a.a.O. S. 122. Teubner: a.a.O. S. 7. *Pasaremos*, S. 6 ff. u. S. 12. Vgl. außerdem Lipták, Ján: »Zur militärischen Bedeutung des spanischen Krieges für das faschistische Deutschland.« In: *Interbrigadisten*, S. 251–257, und Jäntsch, Roland: »Spanien – das militärische Versuchsfeld des faschistischen deutschen Imperialismus zur Vorbereitung des zweiten Weltkrieges.« In: *Interbrigadisten*, S. 258–266.

96 Einhorn: a.a.O. S. 121; Kühne: a.a.O. S. 20, und Doehler, Edgar: »Zu zwei Veröffentlichungen reaktionärer westdeutscher Historiker über den spanischen Krieg.« In: *Interbrigadisten*, S. 310–315.

97 *Neues Deutschland*. Artikel in der Woche vom 10.–17. Juli 1966.

98 Dieterich, Anton: »Der Blutige Bruderkampf.« In: *Stuttgarter Zeitung* vom 15. Juli 1961, S. 3.

99 Aus dem Rundfunk- und Fernsehprogramm seien angeführt: Hessischer

Rundfunk, II. Programm, 15.7.1966, im Funk-Feuilleton: »Deutsche Schrift-steller im spanischen Bürgerkrieg. Dreißig Jahre nach dem 16. Juli 1936. Ein Rückblick von Hans-Albert Walter.« Norddeutscher Rundfunk, II. Pro-gramm, 15.7.1966: »Spanische Tragödie. Vor 30 Jahren begann der Bürger-krieg. Ein Bericht von Ludwig Schubert.« Die vom Bayerischen Rundfunk, I. Programm, für den 18.7.1966 angekündigte Sendung »Nach 30 Jahren. Der spanische Bürgerkrieg im Rückblick und Ausblick« wurde vom Pro-gramm abgesetzt.

100 Rabassaire, Henri: »Das Vorspiel des zweiten Weltkriegs.« In: *Deutsche Zeitung und Wirtschaftszeitung* vom 14. Juli 1956, S. 5; Blachstein, Peter: »Die Demokratie im Wartesaal. Eine spanische Analyse.« In: *Vorwärts* vom 20. Juli 1966, S. 3.

101 *Stuttgarter Zeitung* vom 15. Juli 1961, S. 3; *Die Welt* vom 17. Juli 1961, S. 3; *Christ und Welt* vom 14. Juli 1961, S. 5; *Deutsche Zeitung und Wirtschafts-zeitung* vom 18. Juli 1956, S. 17, 18. Juli 1961, S. 3; *Rheinischer Merkur* vom 21. Juli 1961, S. 5. Als symptomatisch für eine derartige Sicht in jüngster Zeit vgl. Held, Robert: »Wohin steuert Franco?« In: *Frankfurter Allgemeine* vom 1. Juli 1967 (D-Ausgabe), Beilage ›Bilder und Zeiten‹: »Der Aufstand vom 18. Juli 1936 war eine Rebellion der spanischen Rechten, die den verfassungs-widrigen Terror der extremen Linken nicht mehr mitansehen wollte.« Der Anteil der extremen Rechten an den Unruhen und Mordtaten wird über-gangen. Hierzu s. Thomas: a.a.O. S. 92 ff.

102 *Vorwärts* vom 20. Juli 1966, S. 3.

103 *Die Welt* vom 18. Juli 1966, S. 5.

104 *Frankfurter Allgemeine Zeitung* vom 18. Juli 1966, S. 2.

105 *Frankfurter Allgemeine Zeitung* vom 15. April und vom 22. April 1961, Bei-lage ›Ereignisse und Gestalten‹; *Deutsche Zeitung und Wirtschaftszeitung* vom 26./27. August 1961, S. 18f.

106 Dieterich, Anton, in: *Stuttgarter Zeitung* vom 15. Juli 1961, S. 3, und mit leichten Abänderungen in *Badische Zeitung* vom 15./16. Juli 1961, S. 3.

107 Wg.: »Wenn die Roten gesiegt hätten ... wären Spanien und ganz West-europa heute kommunistisch.« In: *Deutsche Soldaten-Zeitung und Natio-nalzeitung.* Jg. 11. Nr. 16 vom 4. August 1961, S. 8; vgl. weiterhin: *Deutsche National-Zeitung und Soldaten-Zeitung.* Nr. 31 vom 5. August 1966, S. 2, und *Soldat im Volk.* Jg. 1966. Nr. 9, S. 12.

108 Studnitz, H. G. von: »Tödlicher Juli. Vor dreißig Jahren begann der Bürger-krieg.« In: *Christ und Welt* vom 8. Juli 1966, S. 28.

109 Mangelnde Faktenkenntnis belegen z.B. *Deutsche Zeitung und Wirtschafts-zeitung* vom 14. Juli 1956, S. 5, und *Die Zeit* vom 19. Juli 1956, S. 2.

HANS-HENNING ABENDROTH

Hitlers Entscheidung

Spanien unterhielt im Sommer 1936 ein überwiegend schlecht ausge-
bildetes 115 000-Mann-Heer[1], über das der spanische Militärhistoriker
Manuel Aznar einmal geurteilt hat, es habe zwar viele Männer darin gegeben, die bereit waren, ihr Leben zu opfern; daß es im spanischen Heer
mit Ausnahme von der Afrikaarmee richtige Soldaten gegeben habe,
könne man aber ohne Übertreibung nicht behaupten[2]. Diese in Spanisch-
Marokko stationierte Afrikaarmee zählte am Anfang des Bürgerkriegs
33 299 Mann, von denen 17 729 Fremdenlegionäre und 15 570 Marok-
kaner waren.[3] Im Gegensatz zu den sich aus Militärdienstabsolventen zu-
sammensetzenden und fast zusammenhangslosen Truppen des spanischen Mutterlandes bestanden die marokkanischen Einheiten aus
kampferprobten, disziplinierten Berufssoldaten, die ihr ›Handwerk‹ verstanden.[4]

Es war deshalb kaum weiter verwunderlich, daß die Afrikaarmee in
den strategischen Planungen der verschworenen Generale eine zentrale
Rolle spielte. Ihr war die Aufgabe übertragen worden, als erste spanische
Truppe in Spanisch-Marokko loszuschlagen und dort für den Notfall
eine Operationsbasis zu schaffen. Daraufhin sollte etwa die Hälfte der
marokkanischen Einheiten mit der Unterstützung der spanischen Kriegsmarine, auf deren Hilfe man baute, nach den Südprovinzen des
spanischen Festlandes verlegt werden, um von dort aus vereint mit Teilen
der spanischen Südarmee auf Madrid – dem Ziel der ganzen Operation –
zu marschieren.[5]

Nachdem das Pronunziamiento am 17. Juli 1936 in Melilla begonnen
hatte, verliefen die ersten Operationen der Rebellen ganz nach Plan.

Aus: *Hitler in der spanischen Arena. Die deutsch-spanischen Beziehungen im
Spannungsfeld der europäischen Interessenpolitik vom Ausbruch des Bürger-
krieges bis zum Ausbruch des Weltkrieges, 1936–1939.* Paderborn 1973, S. 15–73
(= Sammlung Schöningh zur Geschichte und Gegenwart. Hrsg. von Kurt
Kluxen). Der stellenweise gekürzte Text wurde vom Verfasser durchgesehen. Mit
freundlicher Genehmigung des Verlages Ferdinand Schöningh, Paderborn.

Spanisch-Marokko geriet noch in der Nacht desselben Tages fest in ihre Hand[6], und am 18. Juli nachmittags verließ der Zerstörer ›Churruca‹ Ceuta mit den ersten Truppen der Afrikaarmee in Richtung Cádiz[7]. Etwa zur gleichen Zeit begann sich aber das Blatt schon zu wenden, als sich vor dem Hafen von Melilla die Mannschaft des Zerstörers ›Almirante Valdés‹ gegen ihre Offiziere erhob. Die Offiziere wurden festgenommen, und die Matrosen stellten sich auf die Seite der Republik. Diesem Beispiel folgte mit wenigen Ausnahmen die überwiegende Mehrzahl der spanischen Kriegsschiffe, sobald sie die Gewässer um Gibraltar erreicht hatten, wohin sie sich auf Befehl der spanischen Republik begeben hatten, um Spanisch-Marokko vom Mutterland zu isolieren.[8]

Die Herrschaft der spanischen Republik über die Meerenge von Gibraltar war gesichert, und damit war weit über die Hälfte der 50000 Soldaten des spanischen Heeres, auf die sich die Rebellen bei Beginn des Bürgerkriegs stützen konnten[9], zur Untätigkeit verurteilt und von dem Kriegsschauplatz auf der spanischen Halbinsel abgeschnitten, wo sich der Kampf notgedrungen entscheiden mußte. Die Lage der Verschworenen war verzweifelt[10], und ein republikanischer Minister hatte allen Grund zu frohlocken: »Ich verstehe nicht, was die Rebellen wollen. Sie sind Dummköpfe. Woher könnte Rettung für sie kommen? Wir haben die Städte mit der größeren politischen Bedeutung, die Industriezentren, das ganze Gold und Silber der Bank von Spanien, unerschöpfliche Menschenreserven und die Flotte in unserer Gewalt. Hören Sie? Wir haben die Flotte ...«[11]

Diese völlig unvorhergesehene Situation fand General Franco vor[12], als er am 19. Juli morgens um sieben Uhr mit einem in England gecharterten Flugzeug, dem ›Dragon Rapide‹, aus Las Palmas kommend in Tetuán landete, um sich planmäßig an die Spitze der Afrikaarmee zu stellen.[13] »Woher könnte Rettung für sie kommen?« Auf diese die Rebellen betreffende Frage des republikanischen Ministers mußte Franco nun auf dem schnellsten Wege eine Antwort finden. Der General faßte denn auch unverzüglich seinen ersten Entschluß, nämlich »daß Flugzeuge im Augenblick das einzige Transportmittel sind, um das Heer nach der Halbinsel zu befördern«[14]. Zwei Wasserflugzeuge und einige wenige veraltete Landflugzeuge – jedes mit Raum für sechs Mann – waren alles, was Franco in Marokko für dieses Unternehmen zur Verfügung hatte.[15] Diese Maschinen begannen sofort mit dem Truppentransport nach Sevilla[16], das der Rebellengeneral Queipo de Llano, gestützt auf eine Handvoll Soldaten und ein paar Falangisten, überrumpelt hatte, aber unmöglich ohne Truppenverstärkung halten konnte[17].

Mehr als rein defensive Erfolge konnten von den zahlenmäßig

kümmerlichen Truppentransporten auf dem Luftwege natürlich nicht erwartet werden, und Franco war sich schon unmittelbar nach seiner Ankunft in Marokko darüber im klaren, daß eine drastische Veränderung der ziemlich hoffnungslosen Lage der Rebellen nur von einer ausländischen Hilfe erwartet werden konnte. Um neun Uhr morgens, nach nur zweistündigem Aufenthalt in Tetuán, startete der ›Dragon Rapide‹ wieder mit dem Londoner Korrespondenten der monarchistischen Zeitung »*ABC*«, Luis Bolin, an Bord[18], der die ungeschminkte Bitte Francos nach Rom zu bringen hatte, »daß die Lage für ihn verloren sei, wenn er nicht sofort Flugzeuge geschickt bekäme. Er würde dann nach Afrika fliehen müssen.«[19] »In Spanien«, so gedachte Bolin die Italiener zu überzeugen, »kämpfen wir gegen den Kommunismus; ohne Flugzeuge sind wir verloren. Andere Länder – Rußland und Frankreich – werden die Republik damit versorgen. Wir haben selber kein Material. Italien ist eines der wenigen Länder in Europa, das uns mit dem versorgen kann, was uns fehlt. Sollten wir verlieren, dann wird sich der Kommunismus nach Südeuropa ausdehnen und auch in Italien siegen. Wir bitten um Ihre Hilfe, weil wir sie brauchen, aber die Schlacht, die wir kämpfen, ist auch Ihre.«[20] In seiner Tasche trug Bolin einen Briefbogen der Offiziersmesse des Tetuáner Flughafens, auf den Franco eilig geschrieben hatte: »Hiermit beauftrage ich Don Luis Antonio Bolin dringend in England, Deutschland oder Italien über den Kauf von Flugzeugen und Nachschub für die nichtmarxistische spanische Armee zu verhandeln. Tetuán, den 19. Juli 1936. Der Oberbefehlshaber Francisco Franco.«[21] Bolin hatte sich entschlossen, nach Rom zu fliegen, weil er italienisch sprach. Leute, die ihm helfen konnten, kannte er dort nicht, und so blieb ihm am 22. Juli zunächst nichts anderes übrig, als unverfroren von der Wache des Palazzo Venezia, der Residenz Mussolinis, eine Audienz mit dem Duce zu verlangen. Daß dieser fast lächerliche Kontaktversuch nicht von Erfolg gekrönt wurde, hat nicht einmal Bolin überrascht.[22]

Während Bolins Mission in Italien in erste Schwierigkeiten geriet, war Franco in Tetuán am Überlegen, wie er auch Hitler in den Kampf gegen die Republik hineinziehen könnte. Obwohl die spanische Zweite Republik außenpolitisch Anlehnung bei Frankreich[23] bzw. England[24] gesucht hatte, waren ihre Beziehungen zu Deutschland stets korrekt gewesen. So konnte der deutsche Botschafter in Madrid, Graf Welczeck, in seinem Jahresbericht über die deutsch-spanischen Beziehungen für das Jahr 1932 schreiben: »Die politischen Beziehungen zwischen Spanien und dem Reich waren im Berichtsjahr durchaus gut. Die ausgesprochen frankophile Einstellung verschiedener Kabinettsmitglieder, insbesondere des Ministerpräsidenten Azaña, enthält keine Spitze gegen uns.«[25] An dieser Konstellation änderte sich auch nach der Machtergreifung Hitlers nichts[26], und noch im April 1936 versprach der spanische Stellvertretende Staatspräsident Martínez Barrio dem deutschen Geschäftsträger in Madrid, Hans-Hermann Völckers, daß die Volksfrontregierung Spaniens Außenpolitik gegenüber Deutschland unverändert fortführen werde[27].

Die deutsch-spanischen Beziehungen in den Jahren vor dem Ausbruch des Spanischen Bürgerkriegs waren also völlig undramatisch verlaufen, und die Gelegenheit für einen engeren Anschluß an Deutschland – wie Hitler es sich in seinen Kampfjahren, »wenn auch nur im stillen«, vorgestellt hatte – war in keinem Augenblick dieses Zeitraums vorhanden gewesen.[28]

In Berlin ließ man Spanien deswegen aber keineswegs aus den Augen. Die Auslands-Organisation der NSDAP (AO) und der Deutsche Fichte-Bund versuchten durch eine intensive Propagandatätigkeit die Wirkung heftiger Angriffe der spanischen Linkspresse gegen das nationalsozialistische Deutschland in Schach zu halten und gleichzeitig Stimmung für Deutschland zu machen.[29] Seit 1935 wurden die Bemühungen dieser Organisationen noch durch die Übernahme der Meldungen des Deutschen Nachrichtenbüros (DNB) durch die spanische Nachrichtenagentur ›Fabra‹ unterstützt, was den Einfluß der bis dahin herrschenden französischen Agentur ›Havas‹ bis zu ca. 60% zurückdrängte und »sich pressepolitisch außerordentlich günstig bis in die marxistenfreundliche Presse hinein« auswirkte[30].

Außerdem versäumte Botschafter Welczeck keine Gelegenheit, um bei Führern spanischer Rechtsparteien schon vorhandene Sympathien für den Nationalsozialismus weiter zu stärken. Als Gil Robles, der Führer der katholischen ›Confederación Española de Derechas Autónomas‹ (CEDA) im September 1933 zwei bis drei Wochen zum Studium der ›Bewegung‹ in Deutschland verbringen wollte, empfahl Welczeck in Berlin sofort telegraphisch »weitgehende Unterstützung wichtigen Mannes ... der neuem Deutschland große starke Sympathien entgegenbringt und in späterem rechts orientiertem Spanien hervorragende Rolle spielen dürfte«[31]. Da das Auswärtige Amt wegen der Oppositionsstellung Gil Robles' in Spanien mit der Angelegenheit nicht direkt befaßt werden wollte, nahm sich auf Anregung des Auswärtigen Amtes Dr. Schmolz vom Reichspropagandaministerium des spanischen Politikers an.[32] Der Nürnberger Parteitag machte auf Gil Robles zwar einen großen Eindruck. Als Katholik fand er aber seine vorher schon gehabten Bedenken gegen die faschistischen Bewegungen nur bestätigt.[33]

Mehr Erfolg durfte von einem Deutschlandbesuch des spanischen

Faschistenführers José Antonio Primo de Rivera erwartet werden, den Welczeck noch stärker als Gil Robles empfehlen konnte: »Primo sieht schon heute in unserem Führer seinen Meister und er bemüht sich, das Gedankengut der N.S.D.A.P. auf die spanischen Verhältnisse zu übertragen.«[34] Nachdem sich Welczeck wiederholt um das Zustandekommen einer Deutschlandreise Primo de Riveras in Berlin bemüht hatte[35], lud das Auswärtige Amt in Zusammenarbeit mit der Parteileitung den spanischen Faschistenführer schließlich zu den Maifeierlichkeiten 1934 in Deutschland ein[36]. Für einen Augenblick sah es allerdings so aus, als sollte auch dieses Mal aus dem Besuch nichts werden, da sich Primo de Rivera wegen einer wichtigen Sitzung erst für den 1. Mai nachmittags in Berlin angekündigt hatte und die beteiligten Stellen in Berlin es unter diesen Umständen für zweckmäßiger hielten, die Einladung auf einen späteren Termin zu verschieben. Auf keinen Fall wollte man auf ein früheres Eintreffen Primo de Riveras drängen, weil dadurch der Eindruck erweckt werden konnte, als wolle man auf die Bemühungen einer im Zusammenhang mit dem Primo-Besuch in Berlin aufgetauchten Frau Päge eingehen, die – angeblich im Auftrage Primo de Riveras – vom Reichspropagandaministerium und anderen amtlichen und halbamtlichen Stellen eine halbe Million RM für den Ausbau eines Parteiorgans der spanischen Faschisten erwirken wollte, um sicherzustellen, »daß die Bewegung einen deutschfreundlichen Charakter nimmt bzw. beibehält«[37].

Durch die Vorverlegung des Ankunfttermins machte Primo de Rivera seinen Deutschlandaufenthalt aber doch noch möglich, während dem er auf seinen ausdrücklichen Wunsch hin auch mit Hitler zusammentraf[38]. Die Besprechung war kurz und hatte einen unpolitischen, rein protokollarischen Charakter.[39] Die Eindrücke, die Primo de Rivera in Deutschland gewonnen hatte, waren durchaus negativ. Er kehrte über die inneren Auseinandersetzungen in der NSDAP tief enttäuscht nach Spanien zurück.[40] Eine wohl kaum geringere Enttäuschung erwartete Frau Päge. Ihr Anliegen, auf das Primo de Rivera übrigens während seines Deutschlandaufenthalts nicht einging, wurde vom Reichspropagandaministerium im Einverständnis mit dem Auswärtigen Amt abgelehnt, und sie fand auch bei einem späteren Versuch im November 1934, 350000 RM für die klerikalen ›Sindicatos libres‹ aufzutreiben, in Berlin wenig Entgegenkommen.

Gegen derartige Geldzahlungen erhob das Auswärtige Amt zwar durchaus keine prinzipiellen Bedenken. Der Grund für die ablehnende Haltung war rein sachlicher Natur, denn man erwartete einfach nicht, »mit der angeforderten Summe einen wesentlichen Einfluß auf die spanische innenpolitische Entwicklung ausüben zu können. Sollte diese

Entwicklung zu einer Rechtsregierung führen, so sind die deutschen Beziehungen zu dieser Regierung gegeben, ohne daß sie durch derartige frühere Trinkgelder begründet werden müßten. Auch falls der sicherlich nur als Anzahlung gedachte angeforderte Betrag zur Verfügung stünde, dürfte er für näherliegende Zwecke besser zu verwenden sein.«[41]

Diese ablehnende Haltung der Wilhelmstraße gegenüber einer Einmischung in die spanischen innenpolitischen Verhältnisse hatte sich auch im Sommer 1936 noch nicht geändert, als wenige Wochen vor dem Ausbruch des Bürgerkriegs ein gewisser Walter Wagner im Auswärtigen Amt erschien und »eine höchst romantische Geschichte« erzählte, »derzufolge angeblich Wagners Schwiegervater, ein Herr Fehndrich, ... zusammen mit einem Spanier namens Torroba, hier in Verhandlungen stehe mit einem gewissen Herrn Feltjen [Veltjens], seines Zeichens Flugindustrieller. Verhandlungsgegenstand seien Waffen für die spanischen Faschisten, die mit einem deutschen U-Boot nach Spanien geschafft werden sollen. Angeblich soll der Ortsgruppenleiter in Barcelona den Plan gut geheißen haben.« Das Auswärtige Amt zeigte nicht die geringste Neigung, sich an Unternehmungen des als Waffenschieber bekannten Veltjens zu beteiligen, und man teilte den Herren deshalb mit, »daß seitens des Auswärtigen Amtes keinerlei Interesse bestünde«[42].

Ob dieses Waffengeschäft schließlich auch ohne das Auswärtige Amt zustandegekommen ist, bleibt natürlich eine ganz andere Frage. Daß es spanischen Verschwörern nicht unmöglich war, Waffen aus Deutschland zu beziehen, kann kaum bestritten werden, seit die offiziöse spanische Geschichtsschreibung gar keinen Hehl daraus macht, daß es der karlistischen Verschwörergruppe gelang, im Juni 1936, noch bevor sie sich der Verschwörung des Heeres anschloß, 150 schwere und 300 leichte Maschinengewehre in Deutschland einzukaufen und noch rechtzeitig vor dem Ausbruch des Aufstandes nach Spanien zu schaffen. Die Waffenkäufe tätigte der Karlist José Luis Oriol mit der Unterstützung des Leiters der in St. Jean-de-Luz residierenden karlistischen Militär-Junta, des Prinzen Francisco Javier de Borbón Parma[43]. Daß die Karlisten für ihre ohnehin recht aussichtslose Sache die Unterstützung irgendeiner offiziellen deutschen Stelle hatten, muß sehr bezweifelt werden. Demgegenüber wäre es aber wenigstens denkbar, daß die Waffenkäufer der spanischen Faschisten bei einer deutschen Parteistelle Unterstützung gefunden haben, zumal der Ortsgruppenleiter der AO in Barcelona die Herren empfohlen hatte. Der Beweis hierfür müßte allerdings erst erbracht werden. Bis auf den heutigen Tag fehlt es jedenfalls an eindeutigen dokumentarischen Zeugnissen dafür, daß deutsche offizielle Regierungs- oder Parteistellen Umsturzbestrebungen des spanischen Heeres, der spa-

81

nischen Faschisten oder der Karlisten vor dem Aufstand gegen die spanische Republik in irgendeiner Weise – sei es durch Waffenlieferungen oder Hilfeversprechen für die Zeit nach dem Ausbruch der Rebellion – Vorschub geleistet haben. Für das Auswärtige Amt läßt sich sogar mit Sicherheit sagen, daß es vor dem 17. Juli 1936 von einer Verschwörung des Heeres oder der Faschisten nicht mehr als das wußte, was ohnehin alle Spatzen in Madrid von den Dächern pfiffen.[44]

Dennoch ist selbst die seriöse Geschichtsschreibung bis in die jüngsten Veröffentlichungen hinein immer wieder der Versuchung erlegen gewesen, ganz offensichtlich während des Spanischen Bürgerkriegs zu Propagandazwecken an Redaktions- oder vielleicht sogar Kabinettstischen ausgeheckten Märchen über eine deutsche Unterstützung der spanischen Rebellen vor dem Ausbruch des Bürgerkriegs Glauben zu schenken.

Die Keimzelle der meisten Spekulationen war ein Besuch, den General Sanjurjo Deutschland im Februar 1936 abstattete, um den olympischen Winterspielen beizuwohnen. Sanjurjo, der sich als Verschwörer gegen die spanische Republik durch die Leitung des mißglückten Militärputsches von 1932 einen Namen gemacht hatte, soll bei dieser Gelegenheit nicht nur erste Kontakte zwischen Hitler und den Rebellen geknüpft, sondern sogar deutsche Versprechen für eine aktive Unterstützung der Putschisten vor und nach dem Ausbruch der Rebellion mit nach Portugal zurückgebracht haben. Über die Art der Abreden, die zu diesem Zeitpunkt getroffen sein sollen, gibt es die verschiedensten Versionen, von denen eine von dem spanischen republikanischen Außenminister der Bürgerkriegszeit, Alvarez del Vayo, in sein Buch »Freedom's Battle« aufgenommene, sich offensichtlich wegen der Autorität des Autors eines besonders zähen Lebens erfreut. »Der Bund zwischen dem Nationalsozialismus und dem spanischen Faschismus«, schreibt Alvarez del Vayo, »war schon vor den Wahlen besiegelt worden, und zwar seit dem 4. Februar, als General Sanjurjo und José Antonio Primo de Rivera, der Führer der Falange, unter dem Vorwand eines unschuldigen Wintersportaufenthaltes in Partenkirchen im Berliner Kaiserhof ankamen (einem Hotel, das für Gäste der Regierung reserviert war) ... General Sanjurjo brachte von dem erwähnten Berlinbesuch, der Anfang 1936 stattfand, das Versprechen der deutschen Machthaber zurück, daß den Rebellen die für den Truppentransport nach der Halbinsel nötigen Flugzeuge zur Verfügung gestellt werden würden, falls die spanische Flotte nicht genügend kollaborieren sollte.«[45]

Diese Version über Sanjurjos Aufenthalt in Deutschland ist z. B. fast wörtlich von P. M. A. van der Esch in »Prelude to War« und von D. A.

Puzzo in »Spain and the Great Powers 1936–1941« mit ausdrücklichem Bezug auf Alvarez del Vayos Buch übernommen worden. Esch schließt daraufhin: »Es besteht kein Zweifel daran, daß die Frage einer deutschen Hilfe ... schon fünf Monate vorher besprochen wurde.«[46] Puzzo glaubt nicht weniger sicher sagen zu können, daß »an einer deutschen Mithilfe bei der Rebellion der spanischen Generale nicht der geringste Zweifel besteht«[47].

Einmal ganz abgesehen davon, daß Primo de Rivera es bestritten hat, im Februar 1936 weder allein noch zusammen mit Sanjurjo in Berlin gewesen zu sein[48], kann an Alvarez del Vayos Behauptung folgendes kritisiert werden: Wenn Sanjurjo vor dem Beginn oder während der olympischen Winterspiele, die übrigens vom 6. bis zum 16. Februar 1936 dauerten, Gespräche mit deutschen amtlichen Stellen über eine Unterstützung spanischer Rebellen geführt hat, dann kann er es bestenfalls im Auftrage der Karlisten getan haben, die schon seit dem Sommer 1931 ständig mit der Ausarbeitung von Putschplänen, in denen Sanjurjo eine gewichtige Rolle spielen sollte, beschäftigt waren[49]. Es ist aber völlig absurd, anzunehmen, daß Sanjurjo sich schon Anfang Februar 1936 die Zurverfügungstellung von deutschen Flugzeugen für den Transport spanischer Truppen zum Mutterland hat zusichern lassen. Die Truppenverlagerung nach der Halbinsel ist nur mit der Zustimmung des spanischen Heeres denkbar, die Sanjurjo während seines Deutschlandaufenthalts sicher noch nicht haben konnte, da das Heer in diesem Augenblick noch gar nicht an einen Putsch dachte. Es gilt heute allgemein als unbestritten, daß Verschwörungspläne der spanischen Generale erstmals gegen Ende Februar, also nach den Wahlen, im Hause des Abgeordneten Delgado in Madrid bestimmte Gestalt annahmen.[50] Den Kontakt mit Sanjurjo, der schließlich zum obersten Leiter der Rebellion bestimmt wurde, nahmen die verschworenen Generale erst später auf.[51] Außerdem zeigt die offensichtlich erst nach dem Beginn der Kampfhandlungen improvisierte Kontaktaufnahme der Rebellen mit den deutlich unvorbereiteten Diktatoren Italiens und Deutschlands, daß die Putschisten mit dem Ausfall der spanischen Kriegsmarine nicht gerechnet und eine Luftbrücke bis dahin nicht in Erwägung gezogen hatten.[52]

Eine andere Quelle für im allgemeinen weniger kategorische Feststellungen über eine deutsche Unterstützung der spanischen Rebellen vor dem Ausbruch des Bürgerkriegs sind die Veröffentlichungen F. Spielhagens »Spione und Verschwörer in Spanien« (Paris 1936), E. Burn's (Übersetzer) »The Nazi Conspiracy in Spain« (London 1937) und O. K. Simons »Hitler en Espagne« (Paris 1938). Diese drei fast identischen und offensichtlich zu Propagandazwecken herausgegebenen

Bücher stützen sich auf Akten, die am dritten Tage der Rebellion in Barcelona von spanischer Miliz bei Haussuchungen in deutschen Privatwohnungen sowie vor allem in den Büros der Auslands-Organisation und der Deutschen Arbeitsfront (DAF) zutage gefördert wurden. In diesen Büchern wird ohne Beleg behauptet, daß ein Naziagent »A.E.« seit Mai 1936 Pistolen an spanische Faschisten und Traditionalisten verteilte. Ferner wird vermutet, daß deutsche ehemalige Offiziere Waffen unter dem Decknamen ›Kartoffeln‹ vertrieben. Eine umfangreiche Propaganda- und Spitzeltätigkeit insbesondere der Auslands-Organisation wurde aber z.T. belegt.

Einige Historiker glaubten angesichts der oben erwähnten Publikationen weder zu einem klaren Ja noch zu einem klaren Nein in bezug auf eine deutsche Unterstützung der spanischen Verschwörer vor dem 17. Juli 1936 berechtigt zu sein. Sie haben dieses Dilemma durch vieldeutige Formulierungen zu lösen versucht. So schreibt z.B. A.J. Toynbee: »Soweit man es durch den Schleier sehen konnte, mit dem alle ›totalitären‹ Mächte ihre Machenschaften im Ausland verhüllen, hatten das kommunistische Rußland sowie das nationalsozialistische Deutschland und faschistische Italien schon einige Jahre vor dem Ausbruch des Krieges in Spanien am 17. Juli 1936 eifrig im trüben der spanischen Politik gefischt.«[53] Nicht weniger unpräzise ist auch G.A. Craigs und F. Gilberts Formulierung: »In Spanien legten sie [AO-Agenten] schon vor dem Ausbruch des Bürgerkrieges das Fundament für die deutsche Unterstützung General Francos, was späterhin bewiesen wurde, als die regierungstreuen Behörden eine Razzia auf das Hauptquartier der AO in Barcelona machten und ihre Akten beschlagnahmten.«[54] Weniger vorsichtig kommt Esch zu dem völlig abwegigen Schluß, »daß Deutschland an der Revolte Francos schon seit 1930 als Komplize beteiligt war«[55]. Eschs Quelle, »The Nazi Conspiracy in Spain«, gibt keinen Anlaß zu dieser Behauptung.

Schließlich soll noch auf ein Dokument hingewiesen werden, demzufolge ein »spanischer General bestimmte Zusicherungen aus Deutschland erhielt, die hiesigen nationalen Kreise bei einem etwaigen ›Losschlagen‹ zu unterstützen«[56]. Das Dokument ist im »Schwarz-Rotbuch«, einem Propagandabuch der Deutschen Anarcho-Syndikalisten, als Faksimile produziert; es ist mit einem Stempel der DAF-Geschäftsstelle Madrid versehen und ist auf Vigo, den 17. Juni 1936 datiert.

Für den Wert dieses Dokuments ist es vielleicht bezeichnend, daß es – soweit es sich überblicken läßt – niemals zur Beweisführung von Absprachen zwischen den spanischen Rebellen und Deutschland vor dem 17. Juli 1936 herangezogen wurde. Selbst die ostdeutsche Geschichtsschreibung, die gewöhnlich alles nur greifbare Material kritiklos verwendet, um eine deutsche Mithilfe bei der spanischen Verschwörung zu konstruieren, hat es ungenutzt gelassen.[57]

Wenn es auch unmöglich sein wird, einwandfrei nachzuweisen, daß es sich bei diesem Dokument um eine Fälschung handelt, so kann aber doch der Einwand erhoben werden, daß die Entscheidung für eine deutsche Unterstützung der Rebellen tatsächlich erst nach dem Ausbruch des Bürgerkriegs getroffen werden mußte.[58] Ferner begannen die Generale die Rebellion in der festen Überzeugung, daß sie in höchstens fünf oder sechs Tagen vorüber sei[59] und daß die Republik keinen ernsten Widerstand leisten würde[60]. Es scheint aus dieser Perspektive recht unwahrscheinlich, daß die spanischen Generale vor dem 17. Juli 1936 ein deutsches Hilfeversprechen für die Zeit nach dem Ausbruch der Rebellion für nötig gefunden haben sollten. Vor dem Ablauf der fünf bzw. sechs Tage konnte mit einer effektiven Unterstützung aus Deutschland kaum gerechnet werden. Außerdem haben die spanischen Generale, als sie sich in den ersten Tagen des Bürgerkriegs in Berlin dringend um deutsche Waffenhilfe bemühten, niemals auf vor dem Bürgerkrieg getroffene Absprachen Bezug genommen.[61] Wie es um die Beziehungen der Generale zu Deutschland noch wenige Tage vor der Rebellion wirklich stand, verdeutlicht u. a. eine kleine Episode, die sich am 15. Juli 1936 vormittags zwischen General Orgaz, einem der führenden Generale der Verschwörung, und dem Bezirksleiter der Lufthansa auf den Kanarischen Inseln, Bertram, abspielte. Orgaz wollte ein Flugzeug für einen Flug zur Halbinsel zur Verfügung gestellt haben. Dabei gab er Erklärungen, »die auf eine politische Aktion schließen ließen«. Bertram verhielt sich gegenüber diesem Ansinnen völlig korrekt, indem er Orgaz erklärte: »Ich bedaure außerordentlich, Ihrem Wunsch nicht stattgeben zu können. Ich bin Gast des Landes und habe kein Recht, die Gastfreundschaft der mir Gastfreundschaft gewährenden Regierung durch politische Betätigung oder Unterstützung einer gegen diese Regierung gerichteten Aktion zu mißbrauchen. Im übrigen gehen meine Befugnisse als Bezirksleiter nicht so weit, über eine Maschine anders als für die Durchführung unseres T. O.-Dienstes zu disponieren.«[62]

Hätte Deutschland tatsächlich mit den Verschwörern unter einer Decke gesteckt, dann hätte Orgaz es sicherlich nicht nötig gehabt, eine derartige Absage einstecken zu müssen. Er hätte ja nur bei einer höheren deutschen Stelle, die mit den Verschwörern im Bunde war, die nötigen Hebel in Bewegung zu setzen brauchen. Orgaz tat aber nichts dergleichen. Ihm blieb ganz offensichtlich kein anderer Ausweg, als am 22. Juli 1936 Bertram und die Besatzung des Lufthansa-Flugzeugs ›Max von Müller‹ zu verhaften und sie unter dem Protest des Deutschen Konsulats in Las Palmas zu einem Flug nach Tetuán zu zwingen.[63]

Die gleichen deutlichen Züge einer Improvisation trugen auch Francos Bemühungen, mit Hitler in Kontakt zu kommen. Für die Entsendung einer Delegation zu Unterstützungsverhandlungen in Berlin fehlte es Franco offenbar vorerst an einem Flugzeug. Eine Maschine mit spanischen Hoheitszeichen wäre für diese Mission nicht brauchbar gewesen, da mit großer Wahrscheinlichkeit die Beschlagnahme des Flugzeugs in Frankreich zu erwarten gewesen wäre, wo Treibstoff aufgenommen werden mußte. Außerdem konnte Franco in diesem Augenblick kein spanisches Flugzeug entbehren. Die Rebellen wandten sich deshalb zunächst an das Deutsche Konsulat in Tetuán und bewegten den die Geschäfte führenden Kanzler Wegener am 22. Juli zur Weitergabe eines Telegramms an den deutschen Militärattaché für Frankreich, Spanien und Portugal. Es lautete: »Für Militärattaché General Kühlental. General Franco und Oberstleutnant Beigbeder begrüßen den Freund und Ritter General Kühlental, mitteilen ihm die neue nationale spanische Regierung und bitten ihn durch deutsche private Firmen Sendung von zehn Flugzeugen für Truppentransporte mit möglichst viel Plätzen. Transport auf dem Luftweg mit deutschem Personal bis irgendeinen Flugplatz Spanisch-Marokko. Kontrakt wird nachher unterzeichnet werden. Sehr dringend! Unter Wort General Franco und Spanien.«[64]

Als General Orgaz am 23. Juli morgens um 5 Uhr 30 mit dem auf den Kanarischen Inseln beschlagnahmten Lufthansa-Flugzeug D-APOK ›Max von Müller‹ in Tetuán eintraf[65], bot sich Franco unerwartet doch noch ein Transportmittel für die Entsendung von Unterhändlern nach Berlin, wovon sich der General offensichtlich mehr als von der telegraphischen Anfrage versprach. Das Flugzeug wurde in Tetuán sofort für einen Flug nach Deutschland weiterhin festgehalten, und während Bertram auf den Kanarischen Inseln vergebens auf die von General Orgaz versprochene sofortige Rückkehr der Maschine wartete[66], beorderte Franco den Fliegerkommandanten García de Cáceres und den Flugkapitän Francisco Arranz zu sich, um von ihnen den Namen eines Offiziers zu erfahren, der für Verhandlungen in Deutschland geeignet sei. Die Zahl der Flugzeuge, die Franco in Deutschland zu erwerben trachtete, war inzwischen schon auf zwanzig gestiegen, und außerdem wollte er nun noch Flugzeugabwehrmaschinengewehre haben. García de Cáceres bestimmte Arranz für die Mission[67], und zur Unterstützung seiner Bemühungen in Berlin stellten sich der Ortsgruppenleiter der AO in Tetuán, Langenheim, und der ebenfalls in Tetuán lebende Kaufmann und AO-Parteigenosse Bernhardt, der Franco schon vor der Rebellion persönlich gekannt hatte, zur Verfügung[68]. An Bord des von Flugkapitän Henke geflogenen Lufthansa-Flugzeugs ›Max von Müller‹ erreichten die Unterhändler Francos noch am Abend des 23. Juli Sevilla, wo vor dem Weiterflug nach Marseille frisch getankt und ein Schaden an der Maschine ausgebessert wurde.[69] Am 24. Juli – dem Tage, an dem Kanzler Wegener Franco in Tetuán einen schriftlichen Protest wegen der Beschlagnahme des Flugzeugs überreichte[70], landete D-APOK ›Max von Müller‹ wohlbehalten in Berlin-Tempelhof[71].

In Berlin hatte inzwischen das Auswärtige Amt über die Ereignisse in Spanien eine alarmierende Nachricht nach der anderen empfangen. Seit sich die spanische Regierung am 19. Juli 1936 dazu entschlossen hatte, zur Verteidigung der Republik die sozialistische, kommunistische und anarchistische Arbeiterschaft zu bewaffnen, war ihr vor allem in den Großstädten Madrid und Barcelona die Gewalt über die Straße völlig aus der Hand geglitten. Die bewaffneten Arbeitermassen, die sogenannte ›rote Miliz‹, gefielen sich in wahllosen Verhaftungen sowie wildem Rauben, Morden und Brennen, wovon auch deutsche Staatsangehörige und deutsches Eigentum nicht verschont blieben. Allein in Madrid waren bis zum 23. Juli neunundzwanzig Deutsche verhaftet worden, von denen nur gegen zwei Verdachtsmomente wegen unerlaubter politischer Tätigkeit vorlagen. Die Häuser deutscher Staatsangehöriger waren teilweise unter der Leitung eines deutschen Kommunisten durchsucht worden, und Rotgardisten hatten die Mitgliederliste der Deutschen Arbeitsfront in Madrid beschlagnahmt. Die Deutsche Botschaft und das Konsulat waren zwar zunächst nicht gefährdet. Da sich aber Botschaftsrat Schwendemann, der für den deutschen Geschäftsträger Völckers in Madrid die Geschäfte führte, auf die Botschaftswache nicht verlassen konnte, verstärkte er vorsichtshalber die Besetzung der Botschaft durch einige ehemalige deutsche Frontsoldaten. Für den Notfall standen der Botschaft auch Waffen zur Verfügung, und Schwendemann bemühte sich, die Warnung zu verbreiten, daß jeder Versuch, die Botschaft gewaltsam zu betreten, auf bewaffneten Widerstand treffen werde. Außerdem verproviantierte Schwendemann die Botschaft für den Fall, daß Lebensmittelknappheit einsetzen sollte, und er bereitete sie als Zufluchtstätte für Deutsche vor, die von der Arbeitermiliz, die seiner Meinung nach unter »Moskauer Befehl« stand, gefährdet werden sollten. Am 23. Juli hatten die ersten Deutschen schon in den Mauern der Botschaft Schutz gefunden, nachdem sie bedroht und sich durch Beschießung ihrer Häuser in Lebensgefahr befunden hatten. Bis zu ihrem Abtransport in die Heimat wurden in der folgenden Zeit zeitweilig über 700 Flüchtlinge auf dem Grundstück der Deutschen Botschaft in Madrid untergebracht.[72]

In dem Anarchistenzentrum Barcelona waren die Ausschreitungen gegen Reichsdeutsche noch über die Vorfälle in Madrid hinausgegangen. Den deutschen Optiker Hahner hatte man erschossen. Das Heim und Büro der DAF sowie das Büro der AO waren völlig ausgeräumt, und in der Deutschen Schule waren die Möbel teilweise zerschlagen und sämtliche Hitlerbilder zerstört worden[73]. In einem längeren Bericht teilte Köcher, der deutsche Generalkonsul in Barcelona, dem Auswärtigen Amt u. a. mit: »Den deutschen Kommunisten und Juden ist es aber leider nicht nur gelungen, ihre kommunistisch-katalonischen Brüder dazu zu bewegen, diese Haussuchungen und Zerstörungen mitzumachen, sondern sie haben sie auch dazu gebracht, daß in der Presse Artikel erscheinen, in denen erklärt wird, es wäre auf Grund des beschlagnahmten Materials im Gestapo-Büro (gemeint ist sicher das Parteibüro) Unterlagen dafür gefunden worden, daß die hiesigen Deutschen mit den spanischen Faschisten gemeinsame Sache gemacht hätten und daher mit schuld seien an dem Tode von vielen ihrer Brüder. Es wird direkt aufgefordert, die Deutschen nicht aus dem Land herauszulassen, man sollte sie festhalten. In der belebtesten Straße Barcelonas sollen Zettel verteilt worden sein, auf denen die Namen von vielen Deutschen stehen, die als Mitglieder der Partei bezeichnet werden und gegen die auch mit Gewalttätigkeiten vorgegangen werden soll.«[74] Nachdem Köcher die Lage in Barcelona schon am 22. Juli als »zweifellos ernst« bezeichnet und »mit Rücksicht auf Größe Deutscher Kolonie und vorhandener Interessen mindestens Bereitstellung Kriegsschiffs im Mittelmeer« gefordert hatte[75], drahtete er am 23. Juli an das Auswärtige Amt noch dringlicher: »Durch heutige Zeitungshetze, die Deutschen vorwirft, mit spanischen Faschisten konspiriert zu haben, ist für viele Deutsche Schlimmstes zu befürchten. Erbitte Entsendung Kriegsschiffe direkt Barcelona.«[76] Am selben 23. Juli bat dann auch das Deutsche Konsulat in Malaga das Auswärtige Amt um Schutz für die deutsche Kolonie[77], und aus Madrid ging die Hiobsbotschaft ein: »Über Lage Reichsdeutscher außerhalb Madrids hier infolge Unterbrechung Verbindung mit allen Konsulaten nichts bekannt. Schädigung von Leben und Eigentum jedoch zu befürchten.«[78]

Die Hilferufe aus Spanien ließen die maßgebenden Stellen in Berlin nicht ungerührt. Für den Oberbefehlshaber der Kriegsmarine, Erich Raeder, und auch für Reichsaußenminister Konstantin von Neurath war es eine Selbstverständlichkeit, deutsche Flottenteile zum Schutz der 12 000 bis 15 000 Spaniendeutschen einzusetzen. Hitler dagegen, den die Sorge um einen Zwischenfall quälte, willigte nur zögernd ein.[79] Am Nachmittag des 23. Juli gab Raeder dem Befehlshaber der Panzerschiffe, Konteradmiral Carls, den Befehl, mit den Panzerschiffen ›Deutschland‹

und ›Admiral Scheer‹ beschleunigt nach Spanien auszulaufen.[80] Die beiden Schiffe gingen am 24. Juli in See.[81] Am 27. Juli befanden sich auch der Kreuzer ›Köln‹ und die zweite Torpedobootflottille, die sich aus den Torpedobooten ›Seeadler‹, ›Leopard‹ und ›Albatros‹ zusammensetzte, auf dem Wege nach Spanien.[82] In den nun folgenden Wochen und Monaten sorgten deutsche Kriegsschiffe, deutsche Handelsschiffe und die Lufthansa in engster Zusammenarbeit mit den Vertretungen des Reiches in Spanien dafür, daß etwa 9000 bis 10000 Spaniendeutsche in Sicherheit gebracht wurden.[83]

Das deutsche Interesse an dem spanischen Konflikt erschöpfte sich aber nun keineswegs in Schutzmaßnahmen für die gefährdeten Spaniendeutschen. Die Kämpfe in Spanien warfen vor allem politische Probleme ersten Ranges auf. Schon am 20. Juli gab Schwendemann in einem seiner ersten Berichte über die Lage nach dem Ausbruch der Kampfhandlungen der Befürchtung Ausdruck, daß der spanischen Republik aus der Bildung der Arbeitermiliz eine Gefahr erwachsen könne, und er stellte sich die Frage, »ob republikanische Regierung, deren Parlamentsmehrheit schon bisher von äußerster Linker abhängt, sich gegen rote Flut wird halten können und nicht Anarchie oder rote Herrschaft ausbreche … Etwaiger Sieg Regierung gegen Militärputsch birgt Gefahr Herrschaft äußerster Linken in sich.«[84]

Mit solchen Gedankengängen mußten stärker als je zuvor Befürchtungen wachgerufen werden, die in deutschen diplomatischen Kreisen seit dem Sturz der Monarchie in Spanien wiederholt Gegenstand der Betrachtung gewesen waren. Unter dem Eindruck der spanischen Oktoberaufstände hatte Welczeck z. B. im November 1934 in einem langen Bericht, der auch von Hitler gelesen wurde, darauf hingewiesen, »daß die seit dem Fall der Monarchie von kommunistisch-anarchistischer Seite systematisch betriebene Bolschewisierung Spaniens eine europäische Gefahr darstellt, denn mit der Eroberung der Flankenstellung wäre eine wichtige Etappe auf dem Wege zur kommunistischen Weltrevolution erreicht und Zentral-Europa von zwei Seiten bedroht«[85]. Daß man in Berlin diese Gefahr auch im Sommer 1936 noch stark empfand, geht deutlich aus einem Gespräch zwischen v. Hassell, dem deutschen Botschafter in Rom, und dem italienischen Außenminister Ciano am 25. Juli 1936 hervor. Hassell benutzte die Gelegenheit, das spanische Problem anzuschneiden, »und brachte die Besorgnis seiner Regierung über einen möglichen Sieg der Kommunisten auf der Iberischen Halbinsel zum Ausdruck«[86].

Dieser für ihre Wünsche nicht ungünstigen Situation sahen sich Francos Unterhändler – Arranz, Langenheim und Bernhardt – gegenüber, als sie nach ihrer Ankunft in Berlin am 24. Juli zunächst dem Gauleiter und Chef der Auslands-Organisation Bohle ihr Anliegen vortrugen, der vorerst nur davon Kenntnis nahm.[87] Daraufhin begaben sich Bernhardt und Arranz noch am Abend desselben Tages zu dem Staatssekretär der Luftfahrt, General Milch, der sie an den Kriegsminister v. Blomberg verwies, von dem Milch am folgenden Tage hörte, »daß die beiden Herren durch Admiral Canaris an ihn herangetreten seien, er aber die Absicht habe, die Wünsche der Herren abzuweisen«[88]. Erfolgreicher war auch eine Anfrage Bohles am 25. Juli beim Leiter der Politischen Abteilung des Auswärtigen Amtes, Dieckhoff, nicht[89], der für den sich in Leinfelden an der Enz aufhaltenden Reichsaußenminister[90] die spanische Angelegenheit bearbeitete. Trotz aller Bedenken wegen eines möglichen kommunistischen Spanien war man im Auswärtigen Amt dennoch nicht bereit, sich durch ein aktives Eingreifen in den spanischen Konflikt außenpolitische Risiken aufzubürden. Dieckhoff schien der Gedanke, deutsche Flugzeuglieferungen an Franco könnten getarnt werden, praktisch undurchführbar, und er befürchtete vielmehr, daß Waffenlieferungen an die Rebellen sehr bald bekannt werden und daß es »besonders auch für die Lage der deutschen Kolonien in Spanien und für die Lage der deutschen Handels- und Kriegsschiffe dort ... außerordentlich nachteilige Folgen haben [würde], wenn jetzt bekannt würde, daß wir die Aufständischen beliefern«. Wie Dieckhoff schon am Tage zuvor die telegraphische Bitte Francos an General Kühlental um Flugzeuglieferungen abgelehnt hatte, so riet er auch jetzt Bohle dringend davon ab, Francos Boten mit parteiamtlichen Stellen zusammenzubringen und ihre Pläne irgendwie zu fördern.[91] Bohle versprach deshalb, sich auf die Entgegennahme eines von den Unterhändlern mitgebrachten Handschreibens Francos an Hitler sowie eines Empfehlungsschreibens der AO-Ortsgruppe Ceuta zu beschränken und den Brief an Hitler gegebenenfalls weiterzuleiten.[92] Daran anschließend fand eine längere Besprechung beim Stellvertreter des Führers, Rudolf Heß, statt, die »zur Folge hatte, daß sofort der Brief durch verschiedene Parteigenossen dem Führer überbracht werden sollte. Auf Anordnung des Stellvertreters des Führers wurden die Herren Langenheim und Bernhardt begleitet von den damals als Amtsleiter in der Auslandsorganisation der NSDAP tätigen Herren Burbach, Dr. Kraneck und Fischer, die aus ihrer Tätigkeit heraus in der Lage waren, eine Stellungnahme zu etwa auftretenden Fragen geben zu können.«[93]

Die Delegierten begaben sich daraufhin sofort nach Bayreuth, wo Hitler schon seit dem 19. Juli anläßlich der Wagner-Festspiele weilte und keine Aufführung versäumt hatte.[94] Als Hitler den Herren aus Berlin noch am Abend desselben Tages, des 25. Juli, im Anschluß an eine gegen

21 Uhr 50 geendete ›Siegfried‹-Vorstellung, Audienz gewährte[95], lag ein erster ausführlicher Bericht der Deutschen Botschaft in Madrid vom 23. Juli über die politisch-militärische Lage in Spanien bereits vor. Schwendemann wog darin die Siegeschancen der gegnerischen Parteien gegeneinander ab und kam zu dem Schluß: »Aufständische hatten öffentliche Gebäude, Kirchen, Kasernen usw. besetzt, die sie mit Gewehren und Maschinengewehren verteidigten. Regierung angriff mit leichter und mittlerer Artillerie und Flugzeugen, durch deren Einwirkung von Aufständischen besetzte Gebäude in wenigen Stunden unhaltbar wurden. Wenn Aufständische bisherige Kampftaktik fortsetzen, sind Regierung weitere Erfolge sicher. Falls Aufständische jedoch größere mit Nah- und Fernkampfmitteln und Flugzeugen ausgerüstete Armee auf Madrid in Bewegung zu setzen vermögen, würde sich Bild gründlich verändern … Rasche Entscheidung wohl nur möglich durch schnellen Vorstoß aus Norden, wo Aufständische in Segovia und Avila nur etwa 100 km von Madrid stehen. Ob sie hierfür nötige Kräfte besitzen, unklar. Wahrscheinlichkeit spricht für längere Dauer gegenwärtigen Bürgerkrieges mit entsprechenden schweren persönlichen und materiellen Verlusten.« Die Lage der Rebellen stellte sich Schwendemann also alles andere als rosig dar, und er glaubte offenbar aus diesem Grunde auf die Auswirkungen eines republikanischen Sieges auf die deutschen Interessen in Spanien hinweisen zu müssen: »Konsequenzen Regierungssieges wären innen- und außenpolitisch sehr bedenklich. Innenpolitisch würden sie marxistische Herrschaft in Spanien für längere Zeit sicherstellen mit Gefahr spanischen Sowjet-Regimes. Außenpolitisch würde Spanien ideologisch und materiell fest an französisch-russischen Block angeschlossen. Auswirkungen solcher Entwicklung auf deutsch-spanische Beziehungen und auf Deutschtum in Spanien schwerwiegend. Gegenteilige Entwicklung bei Sieg monarchistischer faschistischer Aufständischer.«[96]

Wie Langenheim und Bernhardt in ihrer Bayreuther Unterredung mit Hitler die Situation in Spanien darstellten und welchen Inhalt der bei dieser Gelegenheit überreichte Brief Francos an Hitler hatte[97], ist nicht überliefert worden. Es ist aber wohl anzunehmen, daß Franco die beiden Parteigenossen aus Tetuán – ähnlich wie den nach Italien entsandten Unterhändler – angewiesen hatte, Hitler über die verzweifelte militärische Lage der Rebellen reinen Wein einzuschenken. Franco mußte sich ja schließlich darüber im klaren sein, daß eine Intervention Hitlers in Spanien für Deutschland eine starke außenpolitische Belastung bedeuten würde, die Hitler sicherlich vermeiden würde, wenn er zu der Überzeugung käme, daß Franco auch ohne deutsche Hilfe siegen könne. Um Hitler in die spanische Arena zu locken, dürfte Franco es dann kaum ver-

säumt haben, dem deutschen Führer das rote Tuch eines kommunistischen Spanien vor die Augen zu halten, denn meinte es Hitler mit seinen
Proklamationen wirklich ernst, daß Deutschland das Bollwerk sei, das
den Westen vor der Ausbreitung des Bolschewismus von Sowjetrußland
aus schützen müsse, und daß Deutschland zur Abwehr des Bolschewismus »Propaganda mit Propaganda, Terror mit Terror und Gewalt mit
Gewalt bekämpfen« würde[98], dann mußte er ja mit Appellen an das gemeinsame antikommunistische Interesse am ehesten zu einer Intervention in Spanien zu bewegen sein. Die Argumente werden denen ge-
glichen haben, die Bolin in Italien benutzen wollte, nämlich daß der
Kampf gegen den Kommunismus auf Spaniens Boden auch Hitlers
Kampf sei und daß die Niederlage Francos die Gefahr einer Ausbreitung
des Kommunismus über Spaniens Grenzen hinaus bedeuten werde.[99]

Francos Kalküle gingen tatsächlich auf. Hitler sah im Gegensatz zu den
vorsichtigeren Beamten des Auswärtigen Amtes in einem kommunistischen Spanien eine Gefahr, für deren Abwendung es sich lohnte, außenpolitische Risiken auf sich zu nehmen. Noch in der Nacht vom 25. zum
26. Juli, unmittelbar anschließend an die Unterredung mit Langenheim
und Bernhardt, bat Hitler den Luftfahrtminister Göring und den Kriegsminister v. Blomberg zu sich[100], die sich beide wie Hitler anläßlich der
Wagner-Festspiele in Bayreuth befanden[101]. Zu dieser Besprechung
wurde auch ein in Bayreuth anwesender Admiral eingeladen.[102] Ob
dieser Admiral der Chef der Abwehr, Canaris, oder Konteradmiral
Lindau war, kann nicht eindeutig entschieden werden.[103] »Grundsätzlich
wurde in dieser Nacht die Unterstützung des Generalissimus zuge-
sagt.«[104] Zwanzig unbewaffnete Ju 52 Transportmaschinen sollten sofort
auf dem Luftwege von im Langstreckenflug geschulten Lufthansa-
kapitänen nach Sevilla überführt werden. Zum Schutze der Transportmaschinen sollten sechs bewaffnete Jagdflugzeuge He 51 und zwanzig
2-cm-Flak-Geschütze auf dem Seewege folgen.[105]

Hitler hat sich über die Tragweite seiner Entscheidung keine Illusionen
gemacht. »Der Entschluß ist ihm nicht leicht gefallen, weil er mit
Schwierigkeiten politischer Art seitens des Ostens und Westens rechnete.
Es lag im deutschen Interesse, solche Schwierigkeiten zu vermeiden.«[106]
Aber Hitler war nicht nur bereit, diese Schwierigkeiten in Kauf zu
nehmen. Einer der Delegierten Francos, Johannes Bernhardt, der dem
Kanzler in den Stunden der Bayreuther Entscheidung gegenübergesessen
hatte und somit Zeuge der Haltung des Führers gewesen war, hat nur
wenig später, Anfang September 1936, in bezug auf den Krieg in Spanien
geschrieben: »Entgegen der Ansicht der Italiener, es handele sich dieses
Mal lediglich um eine etwas schwierige Regierungsumbildung, vertrat

man deutscherseits sofort richtig die Auffassung, es handele sich um einen langen harten Kampf um eine Weltanschauung. Infolgedessen waren die Vorbereitungen gründlich getroffen worden (Ersatzteile, Werkstattbetriebe, Verbindungswesen usw.).«[107] Im Hinblick auf die am 23. Juli in Berlin empfangene Nachricht über eine umfangreiche militärische Unterstützung der spanischen Republik durch Frankreich[108] und den am 25. Juli im Auswärtigen Amt aufgenommenen Schwendemann-bericht, der mit einem harten langen Bürgerkrieg rechnete, war diese deutsche Anschauung kaum verwunderlich.[109] Auch wußte man in Deutschland zur Zeit der Entscheidung bereits, daß der größte Teil des spanischen Mutterlandes im Besitz der spanischen Republik war.[110] Hitler hatte schon allein aus dieser Perspektive keinen Anlaß, Francos militärische Lage etwa zu überschätzen, sondern er entschloß sich vielmehr zur Unterstützung der Rebellen, »weil er fürchtete, daß Spanien an die Kommunisten verlorengehen würde, falls er nicht eingriff«[111]. In einem Gespräch am 6. August 1936 mit Sir Robert Vansittart, dem englischen Ständigen Unterstaatssekretär für Auswärtige Angelegenheiten, vertrat Hitler sogar die Meinung, »ein vorläufiger Sieg der [spanischen] Linken sei wahrscheinlicher als ein Sieg ihrer Gegner«[112]. Diese geradezu pessimistische Einschätzung der Erfolgschancen Francos seitens Hitlers geht auch deutlich aus einer Ansprache des Kanzlers am 6. Juni 1939 an die aus Spanien zurückkehrende Legion Condor hervor, in der er selber darüber berichtete, wie sich ihm die Lage Spaniens zur Zeit der deutschen Interventionsentscheidung darstellte und warum er den Entschluß faßte, Franco zu unterstützen: »Im Sommer 1936 schien Spanien verloren zu sein. Internationale Kräfte schürten das Feuer einer Revolution, die bestimmt war, nicht nur Spanien, sondern Europa in Schutt und Asche zu legen. Auch die christlichen Demokratien ließen es sich nicht nehmen, zu dem Zweck Waffen, Brennstoff und sogenannte Freiwillige zu liefern. Ein furchtbar drohendes Schicksal erhob sich über unserem Kontinent. Die ältesten Kulturländer Europas schienen gefährdet. Aus Spanien selbst mußten zehntausende Deutsche fliehen. Ihr Hab und Gut fiel der Zerstörung anheim. Viele wurden ermordet. Was sich die Deutschen dort in einem mühsamen langen redlichen Lebenskampf als Grundlage ihrer Existenz aufgebaut hatten, wurde in wenigen Wochen zerstört und vernichtet. Deutsche Kriegsschiffe, die ich auf die Hilferufe unserer Volksgenossen hin sofort nach Spanien sandte, versuchten zu helfen, indem sie wenigstens – so gut es ging – den Schutz von Leib und Leben übernahmen und den Abtransport unserer Volksgenossen nach der Heimat ermöglichten. Da erhob sich immer klarer in diesem Lande ein Mann, der berufen zu sein schien, nach dem Befehl des eigenen

Gewissens für sein Volk zu handeln. Franco begann sein Ringen um die Rettung Spaniens. Ihm trat gegenüber eine aus aller Welt gespeiste Verschwörung. Im Juli 1936 hatte ich mich nun kurz entschlossen, die Bitte um Hilfe, die dieser Mann an mich richtete, zu erfüllen und ihm in eben dem Ausmaß und so lange zu helfen, als die übrige Welt den inneren Feinden Spaniens ihre Unterstützung geben würde. Damit begann das nationalsozialistische Deutschland, am Kampf für die Wiederaufrichtung eines nationalen und unabhängigen Spaniens unter der Führung dieses Mannes aktiv teilzunehmen. Ich habe dies befohlen in der Erkenntnis, damit nicht nur Europa, sondern auch unser eigenes Vaterland vor einer späteren ähnlichen Katastrophe bewahren zu können.«[113]

Wenn Hitler die Legion-Condor-Rede auch vor der Öffentlichkeit hielt, so liegt doch ohne weiteres kein Grund zu der Annahme vor, er habe in ihr seine wahren Motive einfach ideologisch verbrämt. Daß die Gefahr einer Ausbreitung des Kommunismus sein eigentliches Motiv war, in Spanien einzugreifen, hat Hitler auch bei anderen Gelegenheiten mit einiger Konstanz nicht nur vor der Öffentlichkeit[114] oder im Gespräch mit ausländischen Staatsmännern[115], sondern auch im engsten Kreise seiner Mitarbeiter wiederholt. Am Tage nachdem die Unterstützung für Franco entschieden worden war, erklärte er Ribbentrop, »daß Deutschland ein kommunistisches Spanien unter keinen Umständen dulden dürfe. Er habe als Nationalsozialist die Pflicht, alles dagegen zu tun ... ›Gelingt es wirklich, ein kommunistisches Spanien zu schaffen, so ist bei der derzeitigen Lage in Frankreich die Bolschewisierung auch dieses Landes nur eine Frage kurzer Zeit und dann kann Deutschland »einpacken«. Eingekeilt zwischen dem gewaltigen Sowjetblock im Osten und einem starken kommunistischen französisch-spanischen Block im Westen könnten wir kaum noch etwas ausrichten, falls es Moskau gefällt, gegen Deutschland vorzugehen.‹«[116] Fliegergeneral Koller wußte 1948 vor dem Nürnberger Gerichtshof ähnlich zu berichten: »Der Grund für den Einsatz unserer Truppen in Spanien war damals ausschließlich ideologischer Natur. Es bestand die Gefahr, daß außer dem großen kommunistischen Block im Osten auch ein kommunistisches Bollwerk am westlichen Ende Europas geschaffen würde, und das waren die Motive, welche Hitler und Mussolini dazu veranlaßten, Spanien zu helfen.«[117] Generalfeldmarschall Milch sagte vor dem selben Gerichtshof aus: »Ich interpretierte es immer so, daß dies ein ideologischer Kampf zwischen den Nationalsozialisten oder Faschisten gegen die Russen, die Kommunisten war, und Hitler äußerte bei vielen Gelegenheiten, er müsse Franco unterstützen, weil er im Mittelmeer keinen kommunistischen Staat haben wolle.«[118] Bei einem Tischgespräch im Führerhauptquartier brachte Hitler einmal zum Ausdruck: »Wenn nicht die Gefahr bestanden hätte, daß der Bolschewismus auf Europa übergreift, hätte ich der Revolution in Spanien keinen Einhalt getan.«[119]

Wie sehr Hitlers Äußerungen über seine Interventionsmotive mit politischen Erwägungen harmonieren, die ihn im Sommer 1936 beschäftigten, zeigt eine Denkschrift über die Aufgaben eines Vierjahresplanes, die Hitler etwa im August 1936 unter dem unmittelbaren Eindruck der Ereignisse in Spanien auf dem Obersalzberg in nur drei Exemplaren für seine intimsten Mitarbeiter anfertigte.[120] »Seit dem Ausbruch der französischen Revolution«, so schrieb Hitler einleitend, »treibt die Welt in immer schärferem Tempo in eine neue Auseinandersetzung, deren extremste Lösung Bolschewismus heißt, deren Inhalt und Ziel aber nur die Beseitigung und Ersetzung der bislang führenden Gesellschaftsschichten der Menschheit durch das international verbreitete Judentum ist. Kein Staat wird sich dieser geschichtlichen Auseinandersetzung entziehen oder auch nur fernhalten können. *Seit sich der Marxismus durch seinen Sieg in Rußland eines der größten Reiche der Welt als Ausgangsbasis für seine weiteren Operationen geschaffen hat, ist diese Frage zu einer bedrohlichen geworden. Einer in sich selbst weltanschaulich zerrissenen demokratischen Welt tritt ein geschlossener autoritär weltanschaulich fundierter Angriffswille gegenüber.* Die militärischen Machtmittel dieses Angriffswillen steigern sich dabei in rapider Schnelligkeit von Jahr zu Jahr ... Deutschland wird wie immer als Brennpunkt der abendländischen Welt gegenüber den bolschewistischen Angriffen anzusehen sein. Ich fasse dies nicht als eine erfreuliche Mission auf, sondern als eine leider durch unsere unglückliche Lage in Europa bedingte Erschwerung und Belastung unseres völkischen Lebens. Wir können uns aber diesem Schicksal nicht entziehen. Unsere politische Lage ergibt sich aus folgendem: Europa hat zur Zeit nur zwei dem Bolschewismus gegenüber als standfest anzusehende Staaten: Deutschland und Italien. Die anderen Länder sind entweder durch ihre demokratische Lebensform zersetzt, marxistisch infiziert und damit in absehbarer Zeit selbst dem Zusammenbruch verfallen oder von autoritären Regierungen beherrscht, deren einzige Stärke die militärischen Machtmittel sind ... Es ist nicht der Zweck dieser Denkschrift, die Zeit zu prophezeien, in der die unhaltbare Lage in Europa zur offenen Krise werden wird. Ich möchte nur in diesen Zeilen meine Überzeugung niederlegen, daß diese Krise nicht ausbleiben wird und daß Deutschland die Pflicht besitzt, seine eigene Existenz dieser Katastrophe gegenüber mit allen Mitteln zu sichern und sich vor ihr zu schützen und daß sich aus diesem Zwang eine Reihe von Folgerungen ergeben, die die wichtigsten

Aufgaben betreffen, die unserem Volk jemals gestellt worden sind. *Denn ein Sieg des Bolschewismus über Deutschland würde nicht zu einem Versailler Vertrag führen, sondern zu einer endgültigen Vernichtung, ja Ausrottung des deutschen Volkes.«* Hitlers einleitende Erwägungen gipfelten schließlich in dem Entschluß: *»Gegenüber der Notwendigkeit der Abwehr dieser [bolschewistischen] Gefahr haben alle anderen Erwägungen als gänzlich belanglos in den Hintergrund zu treten!«*[121]

Hitlers Spanienpolitik war das Ergebnis einer strikten Anwendung dieses Grundsatzes auf die deutsche Außenpolitik. In Spanien drohte sich ein kommunistischer Staat zu etablieren; folglich hatten alle anderen Erwägungen, die gegen einen Einsatz deutscher Kräfte auf diesem Schauplatz sprachen, in den Hintergrund zu treten. Realpolitische Einwände gegen eine deutsche Intervention in Spanien z.B., die Ribbentrop Hitlers Argumenten in Bayreuth entgegengehalten haben will, wurden von Hitler mit der Bemerkung zurückgewiesen: »Es handele sich hier um eine ganz grundsätzliche Frage, in der rein realaußenpolitisches Denken nicht genüge. Seit Auftauchen der großen sozialen Frage unseres Jahrhunderts müsse man die Tagespolitik diesem grundsätzlichen Problem unterordnen, sonst werde man eines Tages mit der Außenpolitik doch noch in eine Sackgasse geraten.«[122]

War Hitlers Intervention in Spanien nun wirklich eine rein defensive Maßnahme gegen die Gefahr einer Umklammerung Deutschlands durch den Kommunismus, wie es die zu diesem Problem vorliegenden Zeugnisse darstellen, und führte Hitler in der Denkschrift über die Aufgaben eines Vierjahresplanes einzig die Furcht vor dem »Angriffswillen« des Bolschewismus die Feder, als er in ihr die Aufgabe stellte: »1. Die deutsche Armee muß in 4 Jahren einsatzfähig sein. 2. Die deutsche Wirtschaft muß in 4 Jahren kriegsfähig sein«[123]? Hatte Hitler die gewaltsame Eroberung eines Lebensraumes für das deutsche Volk im Osten Europas, die er in seinen programmatischen ›Kampfzeit‹-Schriften »Mein Kampf« und »Hitlers zweites Buch« »unverrückbar« als das Ziel der nationalsozialistischen Außenpolitik bezeichnet hatte, aufgegeben? War Hitler zur Vernunft gekommen, seit er selbst als Reichskanzler am 3. Februar 1933 in einer Ansprache vor den Befehlshabern des Heeres und der Marine die »Eroberung neuen Lebensraumes im Osten und dessen rücksichtslose Germanisierung« erwogen hatte?[124]

Sieht man sich einmal die außenpolitische Lage Deutschlands im Sommer 1936 an, dann will es zunächst durchaus plausibel scheinen, daß Hitlers Handeln zu diesem Zeitpunkt ausschließlich von defensiven Erwägungen bestimmt war. Im Januar 1936 wurden die Wehrausgaben Rußlands für das laufende Jahr auf 14,8 Milliarden Rubel festgesetzt.

Damit waren die Rüstungsausgaben dieses Landes im Verhältnis zum Vorjahre, als der russische Haushaltsplan 6,5 Milliarden Rubel für Rüstungszwecke veranschlagt hatte, um mehr als das Doppelte gestiegen![125] Einen Monat später, im Februar, war in Spanien eine Volksfrontregierung an die Macht gekommen. Am Ende desselben Monats wurde der französisch-russische Bündnisvertrag ratifiziert. Seit Juni regierte auch in Frankreich eine Volksfrontregierung. Am 17. Juli brach dann der Bürgerkrieg in Spanien aus, und damit war die Gefahr akut geworden, daß nach einem Siege der Republik in Spanien nicht nur dieses Land, sondern auch Volksfrontfrankreich kommunistisch würden. Als deutscher Regierungschef brauchte man sich nun nicht notwendigerweise mit Plänen für einen Angriffskrieg gegen Rußland herumzutragen, um angesichts einer solchen Entwicklung eine Intervention in Spanien zugunsten antikommunistischer Elemente für nötig zu halten. Stimmte das aber für Hitler oder handelte es sich bei den Darstellungen seines Interventionsmotivs etwa um eine typisch hitlerische Halbwahrheit? Den Schlüssel für die Lösung dieses Problems bietet die Denkschrift über die Aufgaben eines Vierjahresplanes an. Nachdem Hitler einleitend den defensiven Charakter seines Handelns ausschweifend beteuert hatte, erklärte er unter Punkt 6 ganz beiläufig: »Die endgültige Lösung der Lebensmittel- und Rohstoffbeschaffung liegt in einer Erweiterung des Lebensraumes bzw. der Rohstoff- und Ernährungsbasis unseres Volkes. Es ist die Aufgabe der politischen Führung, diese Frage dereinst zu lösen.«[126] An dieser Stelle offenbart Hitler, daß er dem Expansionsgedanken seiner ›Kampfzeit‹ bis zum Sommer 1936 treu geblieben war. Hinter der defensiven Fassade verbarg sich also der Aggressor, denn darüber war sich Hitler völlig im klaren, daß »Bodenerwerb ... immer mit Machteinsatz verbunden«[127] ist.

Kreisten Hitlers Gedanken somit nach wie vor um die Lösung des deutschen Raumproblems, dann konnte er auch nicht darum herumkommen, bei außenpolitischen Entschlüssen – wie der Intervention in Spanien – sich jedesmal die Frage nach ihrem Nutzen für einen Angriffskrieg gegen Rußland zu stellen. Schließlich war für Hitler Außenpolitik ja nichts anderes als »die Kunst, einem Volke den jeweils notwendigen Lebensraum in Größe und Güte zu sichern«[128]. Daß Hitlers Entscheidung, Franco zu unterstützen, tatsächlich ihre Wurzeln in diesen Grundvorstellungen seines außenpolitischen Denkens hatte, geht mit unmißverständlicher Deutlichkeit aus einer Bemerkung hervor, die der Reichskanzler im November 1936 zu dem gerade ernannten deutschen Geschäftsträger in Spanien, Faupel, machte: »Er habe [mit der Intervention in Spanien] ausschließlich das Ziel, daß nach Beendigung des

Krieges die spanische Außenpolitik weder von Paris oder London noch von Moskau beeinflußt würde und daher in der bestimmt zu erwartenden endgültigen Auseinandersetzung über die Neuordnung Europas Spanien sich nicht im Lager der Feinde, sondern möglichst der Freunde Deutschlands befinde.«[128a] Zieht man diese Äußerung Hitlers in Betracht, dann wird die Risikofreudigkeit und Ausdauer erst richtig verständlich, mit der er sich fast drei Jahre lang oft gegen den Willen des Auswärtigen Amtes, des Heeres und der Marine für die Sache Francos eingesetzt hat.[129] Schließlich konnte der deutsche Kanzler nur von einem Siege Francos erwarten, daß Spanien »in der bestimmt zu erwartenden endgültigen Auseinandersetzung über die Neuordnung Europas« nicht auf der Seite der Gegner des Reiches stehen würde, und vor allem bot doch ausschließlich ein weißes Spanien eine Garantie für die Verhütung eines starken kommunistischen spanisch-französischen Blocks, der Deutschland ohne Zweifel in den Rücken fallen würde, wagte es einen Angriffskrieg gegen Rußland. Das eigentliche Ziel der national-sozialistischen Bewegung, die Lösung des Raumproblems, stand auf dem Spiel. Angesichts einer solchen Möglichkeit brauchte Hitler nicht lange zu überlegen. Er konnte seinen Entschluß, Franco zu helfen, in wenigen Stunden im Anschluß an eine Theatervorstellung in Bayreuth treffen.

Es soll nun nicht bestritten werden, daß auch andere Vorteile – wenn auch nicht unbedingt in jener entscheidenden Sitzung vom 25. zum 26. Juli in Bayreuth, so doch aber in den unmittelbar daran anschließenden Tagen – von einem Sieg Francos erhofft wurden. Schon am 29. Juli 1936, am Tage nach seiner Rückkehr aus Deutschland, hatte Langenheim sicherlich nicht aus eigener Initiative »unsere deutsche Auffassung über künftige kommerzielle, kulturelle und militärische Beziehungen mit Spanien« bei Franco zur Sprache gebracht[130]. Wäre es aber in Bayreuth im wesentlichen um Profite für Deutschland auf wirtschaftlichem, kulturellem und militärischem Gebiet gegangen, dann hätte doch wohl der Gedanke nahegelegen, Francos Notlage sofort zu einer schriftlichen Festlegung der künftigen deutsch-spanischen Beziehungen auszunutzen, zumal man über die politische Orientierung Francos, der sich keineswegs als Faschist empfehlen konnte, sicherlich nicht viel mehr wußte, als daß er ein Antikommunist war. Die Hilfeleistung Deutschlands wurde aber ohne jede bindende Zusage Francos entschieden und durchgeführt, und man war in Deutschland mit der vagen Erklärung Francos vorläufig völlig zufrieden, daß sich die deutsche Auffassung über die künftigen deutschen Beziehungen zu Spanien mit seinen Wünschen und Absichten decke.[131] Der Gedanke an die Möglichkeit eines engeren Anschlusses Spaniens an Deutschland mag geholfen haben, Hitler eine Unterstützung

Francos schmackhafter zu machen. Ob er aber das Risiko eines Eingriffs in Spanien auf sich genommen hätte, wenn ihm eine Niederlage Francos nicht gleichbedeutend mit einem Sieg des Kommunismus in diesem Lande gewesen wäre, darf mit einiger Berechtigung bezweifelt werden, zumal Neurath einmal im Dezember 1936 in einem Telegramm an Hassell erklärt hat: »Deutschland hat im spanischen Konflikt vorwiegend das negative Ziel, die Iberische Halbinsel nicht unter bolschewistische Herrschaft verbunden mit Ansteckungsgefahr im übrigen Westeuropa gelangen zu lassen.«[132]

Keinen Einfluß auf den Interventionsentschluß hat etwa die Erwägung gehabt, den spanischen Kriegsschauplatz zur Erprobung deutschen Kriegsgeräts zu benutzen. Göring hat zwar vor dem Nürnberger Militärgerichtshof gesagt, er habe Hitler lebhaft gedrängt, Franco unter allen Umständen zu unterstützen: »Einmal, um der Ausweitung des Kommunismus an dieser Stelle entgegenzutreten, zum zweiten aber, um meine junge Luftwaffe bei dieser Gelegenheit in diesem oder jenem technischen Punkte zu erproben«[133]. Dennoch kann bezweifelt werden, daß Göring solche Gedanken schon in der Bayreuther Besprechung hegte, denn bei den ersten nach Spanien gesandten Maschinen handelte es sich um Flugzeuge älteren Typs, die keiner Erprobung mehr bedurften.[134] Außerdem beschränkte sich die erste deutsche Hilfsaktion auf den Transport der Afrikaarmee zum Mutterland, wobei kaum viele Erfahrungen gesammelt werden konnten. Die Piloten der sechs Jagdflugzeuge, welche für den Schutz der Transportmaschinen nach Spanien geschickt wurden, hatten ausdrücklich Befehl, den Kampf zu meiden, solange keine akute Gefahr für die Transportmaschinen bestand.[135] Es hätte wenig Sinn gehabt, einen solchen Befehl zu erteilen, wenn das Motiv der Entsendung der Jagdmaschinen ihre Erprobung gewesen wäre, denn man mußte ja so damit rechnen, daß sie möglicherweise nie zum Einsatz kommen würden. Generalfeldmarschall Milch bestätigt das: »Zu Anfang handelte es sich lediglich um die Transportaufgabe, die durch wenige Jagd-Flugzeuge vom Typ Heinkel-51 und einige Flak-Batterien geschützt werden sollte. Von einer Waffenerprobung wurde damals weder gesprochen, noch wurde an sie gedacht.«[136]

Görings Nürnberger Aussage betreffs der Erprobung der Luftwaffe gilt also offensichtlich nur für die Zeit, als der Kampfeinsatz der deutschen Truppen in Spanien freigegeben worden war[137], und als auf Wunsch der deutschen Besatzungen Flugzeuge neueren Typs eingesetzt wurden, weil die überlegenen feindlichen Kampfflugzeuge hohe Verluste verursacht hatten[138]. Aber selbst dann hat die Erprobung deutschen Kriegsmaterials als Motiv für die deutsche Intervention nie mehr als eine untergeordnete

Rolle gespielt, was sich besonders deutlich im April 1938 zeigte, als der Spanische Bürgerkrieg in seine letzte Phase gekommen zu sein schien und Hitler daher in der Überzeugung, daß die deutschen Truppen in Spanien doch nichts mehr lernen könnten, ihren baldigen Abzug wünschte[139]. Als sich die militärische Lage der Nationalspanier späterhin wieder verschlechterte[140], bestand Hitler »mit Rücksicht auf schwerwiegende politische Gründe« aber keineswegs auf der Heimkehr der deutschen Soldaten[141], und das, obwohl er die in Spanien stationierten deutschen Luftstreitkräfte gerne zum Neuaufbau der Luftwaffe in Österreich eingesetzt hätte[142].

Weder in Bayreuth noch später zu irgendeinem Zeitpunkt während des Bürgerkriegs hat man sich in Deutschland mit Gedanken über territoriale Ansprüche an Spanien als Entgelt für die Unterstützung Francos abgegeben. Der Grund hierfür lag in der Überzeugung der deutschen Regierung, »daß das Eingehen auf solche territorialen Wünsche gleichbedeutend mit dem Todesstoß für die neue Regierung [Francos] sein würde«[143].

Dennoch hat es sich die antifaschistische Propaganda natürlich nicht entgehen lassen, die wildesten Gerüchte über Gebietsabtretungen Francos an Deutschland in die Welt zu setzen. So bemühte sich z. B. der Marine- und Luftfahrtminister der spanischen Republik, Indalecio Prieto, im September 1936 um die Verbreitung der Behauptung, daß zwischen Franco, Deutschland, Italien und Portugal ein Abkommen bestehe, das nach einem Siege Francos die Abtretung der Kanarischen Inseln an Deutschland und der Balearischen Inseln an Italien in Aussicht nehme. Außerdem solle Deutschland die sich in portugiesischem Besitz befindlichen Azoren erhalten, wofür Portugal mit der spanischen Provinz Galizien entschädigt werden solle.[144] Eine andere Version über den Vertrag erwähnt zwar die Abtretung der Azoren nicht. Es ist aber die Rede davon, daß Deutschland die Einrichtung von Marine- und Flugzeugbasen auf den portugiesischen Bissagos-Inseln eingeräumt wurde.[145] Daß solche Gerüchte über territoriale Abtretungen Francos an Deutschland selbst von Staatsmännern in hohen Ämtern geglaubt wurden, demonstrierte der französische Außenminister Delbos, als er dem amerikanischen Chargé d'Affaires in Paris, Wilson, am 6. August erklärte, »er habe nicht den geringsten Zweifel daran, daß sowohl die deutsche als auch die italienische Regierung mit den Rebellen Abmachungen getroffen hätten, welche diesen Regierungen – im Falle eines Erfolges der letzteren – Basen in Spanisch-Marokko und auf den spanischen Inseln geben würden, ›wodurch unsere Verbindungen mit Nordafrika durchschnitten würden‹«[146].

Dem Auswärtigen Amt wurde bei der Entscheidung für eine Intervention in Spanien kein Mitspracherecht eingeräumt. Es wurde vielmehr von der Nachricht überrascht, daß Deutschland Franco militärische Hilfe leisten werde.[147] Das mag einerseits daran gelegen haben, daß sich Neurath am entscheidenden Abend des 25. Juli nicht wie Blomberg und Göring in Bayreuth aufhielt[148] und daß Hitler wegen der Eiligkeit der Sache den Entschluß nicht bis zu einer Stellungnahme des Außenministers aufschieben wollte. Zum anderen dürfte aber auch Hitlers Abneigung gegen die Wilhelmstraße eine Rolle gespielt haben. In seinen Augen war das Auswärtige Amt »ein wahrer Schuttplatz der Intelligenz«[149]. Die deutsche Diplomatie schien ihm weltfremd[150], schlafmützig, zu bürokratisch und altmodisch in ihrer Methodik. Hitlers ideale Vorstellung von der Arbeitsweise des auswärtigen Dienstes glich mehr der eines Spionagerings, dem zur Erreichung seiner Ziele keine Methode zu schmutzig sein konnte. Neurath traute er Bauernschläue, aber keine Ideen zu.[151] Von ihm dürfte Hitler betreffs der spanischen Angelegenheit wohl die ärgerliche Quintessenz aller Diplomatenberichte des Jahres 1933/34 erwartet haben, nämlich daß Deutschland nichts tun dürfe.[152] Außerdem ging es bei dem spanischen Unternehmen im wesentlichen um Abwehrmaßnahmen gegen den Bolschewismus. Es handelte sich also um ein Gebiet, auf dem sich Hitler am ehesten berufen fühlen mußte, seine Entscheidung ohne vorhergehende Beratung mit seinem Außenminister zu treffen.

[. . .]

Dennoch scheinen Hitler die Argumente des Auswärtigen Amtes, des Heeres und der Marine nicht völlig gleichgültig gelassen zu haben. Jedenfalls bemühte sich die deutsche Regierung von jetzt ab deutlich, das Risiko einer Ausweitung des spanischen Kriegs so klein wie möglich zu halten, indem sie eine neutrale Fassade zur Schau stellte, solange das keine Einschränkung der Unterstützung Francos implizierte. Dieses Bemühen kam vor allem dadurch zum Ausdruck, daß Deutschland am 24. August – demselben Tage, an dem Hitler Franco weitgehendste Unterstützung gewährte – der französischen Waffenembargoerklärung zwecks der Nichteinmischung in die innerspanischen Verhältnisse beitrat.[153] Dagegen wurde aber ein Vorschlag des Auswärtigen Amtes abgelehnt, eine Überbelastung der deutschen Außenpolitik durch die Einstellung der Lieferungen an Franco zu vermeiden, bis ein anderer Staat das Embargo durchbrochen hatte.[154]

Ein weiteres bedeutendes Ergebnis des Hitlerentschlusses vom 24. August war es, daß Deutschland jetzt im Hinblick auf sein größeres Engagement in Spanien eine engere Fühlungnahme mit Italien anstrebte.[155] Dort war es Luis Bolin inzwischen mit der Hilfe des spanischen Ex-Königs Alfons XIII. am 22. Juli gelungen, persönlichen Kontakt mit Außenminister Ciano herzustellen, der sich gleich für eine Unterstützung Francos einsetzte, ohne allerdings Mussolini sofort mitreißen zu können. Etwa zur Zeit des Bayreuther Entschlusses, jedoch unabhängig davon, entschied sich aber auch Mussolini schließlich dafür, Francos Hilfegesuch positiv zu beantworten, denn wie in Berlin so wog auch in Rom die Furcht vor einem kommunistischen Spanien schwerer als die Besorgnis vor möglichen internationalen Komplikationen, die sich ja leicht aus einer Intervention ergeben konnten.[156] »Die Lage [in Spanien]«, berichtete Botschaftsrat v. Plessen am 14. August 1936 aus Rom an das Auswärtige Amt, »wird hier deswegen so ernst beurteilt, weil man einen etwaigen Sieg der Regierung in Spanien als gleichbedeutend mit dem Sieg des Kommunismus betrachtet, eine Entwicklung, die in Italien schon aus weltanschaulichen Gründen verabscheut wird, die aber auch aus politischen Gründen gerade Italien im höchsten Grade unerwünscht scheint, da sie schließlich nach italienischer Ansicht zu einer Stärkung der Stellung Frankreichs und Rußlands im Mittelmeer auf Kosten Italiens führen würde. Zudem fürchtet man, daß der Bolschewismus, wenn er einmal in Spanien Fuß gefaßt hätte, sich auch über dessen Grenzen hinaus ausdehnen könnte.«[157] Italiens Sympathien für Franco basierten jedoch keineswegs ausschließlich auf defensiven Erwägungen. Der Duce hatte vielmehr eine feste Vorstellung von dem Preis, den Franco dereinst für Italiens Hilfe zahlen sollte. Als Hans Frank, Minister ohne Geschäftsbereich im Kabinett Hitler, Mussolini am 23. September 1936 in Rom einen Besuch abstattete, erklärte ihm der Duce: »Nach einem Sieg werden wir nichts von Spanien verlangen, was seine geographische Lage im Mittelmeer verändern könnte, wir werden nur verlangen, daß es keine Politik betreibt, die Italiens Interessen zuwiderläuft.«[158] Mit anderen Worten: Italiens Bestreben war darauf gerichtet, »Spanien in die Linie der italienischen Mittelmeerpolitik einschwenken zu lassen, mindestens aber eine politische Kooperation zwischen Spanien einerseits, Frankreich oder (bzw.: und) England andererseits zu verhindern«[159]. Die Italiener unterstützten Franco also nicht zuletzt in der Hoffnung auf eine erhebliche Stärkung ihrer Position im ›Mare nostro‹ auf Kosten der Franzosen und Engländer.

Durch den Absturz von zwei für Franco bestimmten italienischen Flugzeugen auf französischem Gebiet in Nordafrika war die spanische Aktion Mussolinis bereits am 30. Juli 1936 kein Geheimnis mehr[160], und es war wahrscheinlich dieses Ereignis, das die Reichsregierung dazu ermutigte, Canaris am 4. August nach Bozen zu schicken, um mit dem

Chef der italienischen Abwehr, General Roatta, über eine deutsch-italienische Kooperation bei der Benzinversorgung der deutschen Freiwilligen, dem Nachrichtenaustausch über Spanien und der Zwischenlandung von deutschen Spanienflugzeugen in Italien zu verhandeln. Roatta war nicht nur willig, sondern Deutschland erfuhr nun auch erstmals direkt, »daß Italien inoffiziell die Franco-Regierung unterstütze«[161].

In Berlin ließ man jedoch die Zusammenarbeit mit Italien nicht auf dieser Ebene stehen. »Zur Zeit sind wir diejenigen«, so klagte man Mitte August im OKM, »die den Haß Spaniens und der Welt auf uns ziehen und andere ernten die politischen Früchte (Italien!), falls Franco siegt, bzw. sind nicht so belastet wie wir, falls die Regierung siegt.« Im Falle eines weiteren deutschen Engagements in Spanien müßten deshalb folgende Fragen geklärt werden: »Wie weit will sich Italien engagieren?« und »Wie weit kann und wird Italien uns im Konflikt- oder Spannungsfall beistehen?«[162] Fragen dieser Art werden es gewesen sein, die den Entschluß in Berlin reifen ließen, Canaris noch einmal nach Italien zu schicken, und in dieser zweiten Unterredung am 27. August wurde nun das ganze Problemspektrum der Intervention in Spanien mit Roatta erörtert. Abgesehen von einer Serie von Absprachen für die technische Durchführung der Aktion, wie Brennstoffversorgung, Schutz der Sonderdampfer, Regelung der Unterstellungsverhältnisse, etc., einigte man sich vor allem darüber, daß die italienischen und deutschen Lieferungen möglichst in gleichen Teilen erfolgen und in Devisen oder Erzeugnissen bezahlt werden sowie politische Gegendienste von Franco nicht verlangt werden sollten. Ferner wollte man weiterhin daran festhalten, eine Teilnahme an den Kriegshandlungen zu unterlassen und diesen Entschluß nur im gegenseitigen Einvernehmen ändern. Es war dieser letzte Punkt, den Ciano am folgenden Tage gegenüber Canaris beanstandete. Er habe gehört, sagte der Außenminister, »daß die mit General Franco arbeitenden deutschen Fliegeroffiziere Befehl erhalten hätten, sich von Kriegshandlungen fernzuhalten und sich nur auf die Pflege, Haltung und Zuteilung des Materials zu beschränken, und die spanischen Flugzeugführer auszubilden. Graf Ciano wies darauf hin, daß im Gegensatz zu dieser engen Bindung der Deutschen die italienischen Flieger vollkommene Freiheit besitzen würden, an Kriegshandlungen teilzunehmen, und bat, dem deutschen Personal die gleiche Handlungsfreiheit zuzubilligen.«[163] Damit stieß Ciano in ein Horn, in das v. Scheele schon seit geraumer Zeit geblasen hatte. Der Führer der deutschen Freiwilligen in Spanien hatte auf eine aktive Kampfbeteiligung gedrängt, nachdem sich herausgestellt hatte, daß spanische Besatzungen die inzwischen montierten He 51 sowie die für Bombenflüge umgerüsteten Ju 52 nicht bewältigen konnten. Binnen kurzer Zeit waren zwei He 51 zu Bruch gefahren worden, und außerdem waren die Bombenflüge mit den Ju 52 ergebnislos geblieben. v. Scheele schien es deshalb das Vernünftigste, die deutschen Flugzeuge auch mit deutschen Besatzungen fliegen zu lassen[164], zumal er den Einsatz seines Personals außenpolitisch für nicht gefährlicher hielt als den Einsatz des Materials[165]. Ob es die Vorstellungen Cianos oder die v. Scheeles waren, die Hitler schließlich umstimmten, kann nicht mehr entschieden werden. Am 28. August entschloß sich der Führer jedenfalls dazu, das Kampfbeteiligungsverbot aufzuheben.[166]

Im September und Oktober 1936 erreichten die deutschen Verbände in Spanien schon eine beträchtliche Stärke. Eine kleine deutsche Marinekommission, bestehend aus drei Offizieren, einigen Spezialisten, Unteroffiziersanwärtern, half beim Aufbau des Artillerie-, Minen- und Funkwesens der nationalspanischen Marine. Die Zahl der Jagdflugzeuge stieg auf 14, und außerdem kamen aus Deutschland eine schwere Flakbatterie, sechs Nahaufklärer, zwei Sturzbomber und zwei Seeflugzeuge an. Bei den letzteren handelte es sich um eine He 59 und He 60, die als Aufklärer für den Schutz der Sonderdampfer eingesetzt wurden und gegebenenfalls auch republikanische Kriegs- und Transportschiffe angreifen sollten.[167] Schließlich standen dann auch noch diejenigen Ju 52 für Bombenflüge zur Verfügung, die bis zum Abschluß der Verlagerung der Afrikaarmee im Oktober geholfen hatten, in 868 Flügen 13962 Soldaten und 500 t Material über die Straße von Gibraltar zu fliegen.[168] Im Oktober landeten die ersten Einheiten des deutschen Heeres in Spanien, die sich zur Tarnung ›Imker‹ nannten. Sie bestanden aus einer Panzerabteilung zu zwei Kompanien, einer Transportkompanie, einer kleinen Zahl Panzerabwehrgeschütze und einer Nachrichtenkompanie. Die Panzergruppe mit dem Decknamen ›Drohne‹ hatte die Aufgabe, Francos Panzertruppen auszubilden und selbst Kampferfahrungen zu sammeln. Zum Befehlshaber der deutschen Bodentruppen in Spanien wurde Oberstleutnant v. Funck ernannt. Er hatte dieses Amt bis zum Ende des Bürgerkrieges inne.[169] Führer der gesamten deutschen Truppen in Spanien und gleichzeitig bevollmächtigter Vertreter der Wehrmacht beim Stabe Francos war seit dem 6. September 1936 der Oberstleutnant i. G. Walter Warlimont, der sich in Spanien unter dem Decknamen Guido Waltersdorff aufhielt. Warlimonts Ernennung war ein Ergebnis der zweiten Italienreise Canaris' gewesen, und neben seiner Funktion als Führer des ›Unternehmens Guido‹ – so nannten sich die in Spanien eingesetzten Kräfte seit Warlimonts Ankunft –, hatte er das spanische Oberkommando zu beraten, deutsche wehrpolitische Interessen zu vertreten und mit seinem italienischen Kollegen zusammenzuarbeiten. Vor allem gehörte es aber zu seinem Aufgabenbereich, alle Möglichkeiten zur Unterstützung der Nationalisten durch die deutsche Wehrmacht zu prüfen[170], und so war es Warlimont gewesen, der Blomberg gleich mit seinem ersten Bericht vom 12. September 1936 von der Notwendigkeit des Einsatzes deutscher Panzereinheiten in Spanien überzeugt hatte. »Alle Faktoren«, so hatte Warlimont argumentiert, »die zur Bewertung der militärischen Lage herbeigezogen werden können, lassen einen weißen Erfolg in absehbarer Zeit erwarten ... Die Zeit arbeitet aber zumindest nicht zugunsten der weißen Bewegung. Politisch ist es nicht ohne Bedeutung, daß sie schnell zum Ziele kommt, um mitreißend zu wirken. Militärisch sind Überraschungen zu befürchten – darin teile ich durchaus die Meinung des General Franco –, die sich aus verstärkter materieller Hilfe des Auslandes für Rot ergeben könnten. Außenpolitisch ist es auch für uns meines Erachtens wesentlich, wenn die weiße Bewegung möglichst schnell ihr Ziel erreicht und damit weitere Verwicklungen europäischen Umfanges vermieden werden. Die landeseigenen Kräfte reichen nicht aus, um schnell oder auch ohne die Gefahr von Rückschlägen zum Ziel zu kommen. Den größeren Schwung kann lediglich Hilfe von außen bringen. Ich halte es infolgedessen und in Anbetracht des großen Zieles, das auch für uns winkt, für notwendig, das politisch mögliche von unserer Seite militärisch mit größtmöglicher Schnelligkeit zu tun ... Kampf-Wagen-Einheiten sind bei Weiß nicht vorhanden. Ihr überraschender Einsatz in Verbindung mit auf Lastkraftwagen folgender Infanterie kann zumal in dem durchaus geeigneten Gelände des Tajo-Tales und bei dem demoralisierenden Zustand der Roten die Kampfführung mit einem Schlage ändern. Ein mit derartiger Unterstützung geführter Angriff, begleitet von zusammengefaßter Wirkung aus der Luft, wird nach meiner Überzeugung ... in ganz kurzer Zeit zur Einnahme der Hauptstadt führen ... Ich sehe infolgedessen in der Bewilligung dieser Forderung den entscheidenden Punkt unserer Hilfeleistung.«[171]

Während sich die deutsche Regierung immer mehr für die Sache Francos engagierte, näherten sich die diplomatischen Beziehungen des Reichs zur spanischen Republik immer mehr einem Zerfallstadium, in dem ein offener Bruch kaum mehr als eine Formsache sein konnte. Die übertrieben scharfen Proteste Deutschlands hatten offenbar alle noch vorhandenen Zweifel der republikanischen Politiker über den Standort Deutschlands gegenüber dem spanischen Konflikt hinweggefegt, so daß die Madrider Regierung nun keinen Sinn mehr darin sah, ihren Gefühlen gegenüber Deutschland irgendwelchen Zwang anzutun. Schon die

Zurückhaltung der Ju 52 hatte diesen Haltungsumschwung angedeutet. Im Verlauf der Auseinandersetzungen wegen des »Kamerun«-Zwischenfalles hatte Ureña Völckers dann am 20. August unmißverständlich gewarnt: »Glauben Sie, daß wir Sie hier noch schützen können, wenn Sie Beziehungen mit uns abbrechen?« Ganz offensichtlich bestürzt telegraphierte Völckers sofort nach Berlin: »Diese Bemerkung [Ureñas] aufwirft ernste Frage Sicherheit noch in Spanien verbliebener Deutscher sowie Personals Generalkonsulats und Botschaft im Falle Bruchs. Dann würde bisher von Regierung niedergehaltene Hetze gegen uns ungehemmt losbrechen und aller Wahrscheinlichkeit nach zu Gewalttaten führen, zu deren Verhinderung Regierung Macht und vielleicht sogar Willen fehlen würde. Erbitte deshalb rechtzeitig vor Abbruch der Beziehungen Weisung Abmarsch Kolonierestes und Botschaft Alicante und Bereitstellung Kriegsschiffes sowie Weisung an Generalkonsulat.« Neurath stimmte der Bitte Völckers' zu, und die deutsche Kriegsmarine hielt von nun ab ständig ein Kriegsschiff in Alicante bereit.[172]

Um die Hetze der republikanischen Presse gegen Deutschland losbrechen zu lassen und um die Sicherheit der Deutschen Botschaft und des Generalkonsulats zu gefährden, bedurfte es aber schon keiner so drastischen Maßnahmen mehr, wie es der Abbruch der Beziehungen gewesen wäre. Nur wenige Tage nach Ureñas Äußerung, am 27. August, beobachtete Völckers, daß die Hetze gegen Deutschland täglich im Zunehmen sei.[173] Zwei Tage später, am 29. August, war die Stimmung der Madrider Linksbevölkerung durch die Pressehetze sowie wiederholte Luftangriffe auf Madrid mit deutschen Ju 52 derart gegen Deutschland und die Deutsche Botschaft erregt, daß Völckers ein längeres Verbleiben der Restkolonie und der Botschaft in Madrid nicht mehr glaubte verantworten zu können.[174] Am 31. August siedelte die Deutsche Botschaft nach der Küstenstadt Alicante über.[175] Als Begründung für diesen Schritt wurde angegeben, daß die Madrider Regierung, trotz der dringenden Vorstellungen des deutschen Geschäftsträgers, der Deutschen Botschaft ausreichenden Schutz versagt habe.[176] Tatsächlich hatte die Deutsche Botschaft nach der Verschmelzung des bisherigen Polizeikörpers mit der roten Miliz vergebens bei der republikanischen Regierung darum gebeten, die alte zuverlässige Botschaftswache wiederherzustellen, um somit die Bewachung der Botschaft durch anarchistisch-kommunistische Milizen zu verhindern.[177]

[. . .]

Nachdem die Regierungsgewalt der spanischen Republik am 4. September 1936 in die unter dem Einfluß Moskaus stehenden Hände der radikalen Linken übergegangen war, machte sich auch eine Radikalisierung des Verhaltens der Republik gegenüber Deutschland deutlich bemerkbar. Hatte die gemäßigte Linksregierung Giral/Barcia es noch ausschließlich der republikanischen Presse überlassen, Deutschland die Unterstützung der Rebellen vorzuwerfen, so pflichtete die neue Regierung Largo Caballero mit ihrem Außenminister Alvarez del Vayo am 15. September in einer Protestnote an die Reichsregierung erstmals offiziell den Beschuldigungen der Presse bei. In ihrer äußerst dürftigen Beweisführung kam die Madrider Regierung wieder auf den Flugzeugzwischenfall vom 9. August zurück und legte ansonsten Artikel ausländischer Zeitungen als Beweismaterial für deutsche Kriegsmateriallieferungen vor.[178] Ähnliche Noten gingen gleichzeitig an die italienische und portugiesische Regierung.[179]

Im Auswärtigen Amt fand man die Note teils sehr unsubstantiiert, teils vermißte man die Beweisführung völlig[180], und man ließ die Note offenbar aus diesem Grunde unbeantwortet[181]. Damit entsprach man auch den Hoffnungen der italienischen Regierung, die den gleichen Entschluß gefaßt hatte, »einmal weil sie ... spanische Regierung überhaupt nicht als vollgültige Regierung anerkenne und dann, weil erhobene Beschuldigung auf nicht substantiierenden Nachrichten beruhe«[182].

Eine Verschärfung der antideutschen Pressehetze war ein weiteres Ergebnis der Regierung Largo Caballero. So telegraphierte Völckers z. B. am 10. Oktober an das Auswärtige Amt: »Hetze gegen Deutschland und die Deutschen in Spanien hat über bisheriges Maß hinausgehend Höhengrad erreicht. In Madrid und Ostprovinzen Leben der Deutschen gefährdet ... Verhetzung erfolgt durch systematische täglich gesteigerte Angriffe der Tagespresse, die Zensur trotz Protestdemarchen der Botschaft durchläßt. Regierungsweisungen in Zusammenarbeit mit Rußland unverkennbar. Daß Rußland Regie leitet, hervorgeht auch daraus, daß Angriffe gegen Deutschland schärfer und mehr im Vordergrund als gegen Italien.«[183] Am 19. Oktober beobachtete Generalkonsul Köcher in Barcelona ganz ähnlich: »Es sieht so aus, als ob die hiesige Presse glaubte, ihre Aufgabe nicht richtig zu erfüllen, wenn sie nicht täglich gegen Deutschland schriebe.«[184]

Etwa zur Zeit der Bildung der Regierung Largo Caballero setzte in Barcelona auch »eine wahre Flut von Übergriffen gegen deutsches Eigentum [ein], die ein systematisches Vorgehen gegen alles was deutsch ist dartun«. Das Generalkonsulat stand solchen Übergriffen völlig machtlos gegenüber. Seine Proteste blieben einfach unbeantwortet, und Köcher kam schließlich am 6. November zu der Überzeugung, daß seine »Rolle in Barcelona mehr oder weniger ausgespielt« sei. Beim Auswärtigen Amt warf er deshalb die Frage auf, ob es überhaupt noch der Würde des Deutschen Reiches entspräche, ihn weiterhin als Vertreter des Reiches in Barcelona zu belassen.[185]

Diese mit der Anerkennung Francos verknüpfte Problemstellung traf das Auswärtige Amt nicht unvorbereitet. Bereits am 3. Oktober hatte v. Hassell in einer Besprechung mit Ciano vorgeschlagen, »eine de-facto-Anerkennung Francos, im Einvernehmen mit Rom, erst dann auszusprechen, wenn die nationalistischen Truppen Madrid besetzt haben«[186]. Ciano war einverstanden[187], und nachdem auch Mussolini zugestimmt hatte[188], entschloß man sich, in das von Ciano und Neurath am 23. Oktober 1936 in Berlin unterzeichnete deutsch-italienische Protokoll den folgenden Absatz aufzunehmen: »4) Da die Nationalisten den größten Teil Spaniens in Besitz haben, und Deutschland und Italien dort beträchtliche wirtschaftliche Interessen haben, werden die beiden Regierungen baldmöglichst die nationale Spanische Regierung de facto anerkennen. Sie werden miteinander in Verbindung bleiben, um in der Folge die de-jure-Anerkennung auszusprechen. Wenn sie dies bekanntgeben, werden beide Regierungen das Prinzip der Nichteinmischung und die Achtung der Integrität und der territorialen Einheit Spaniens, seiner Protektorate und seiner Kolonien bestätigen. Beide Regierungen werden gemeinsam prüfen, wann nach der de-facto-Anerkennung der Zeitpunkt gekommen ist, um das vereinbarte Waffen-Embargo als gegenstandslos zu erklären.«[189] Auffällig ist, daß die De-facto-Anerkennung Francos im Protokoll nicht mehr ausdrücklich von der Einnahme Madrids durch die Rebellen abhängig gemacht wurde. Tatsächlich hatte man sich in Berlin inzwischen mit dem Gedanken beschäftigt, »daß sich vielleicht die Notwendigkeit der Anerkennung auch schon früher ergeben könne, wenn z.B. in Madrid eine Regierung gebildet werde, die anarchistischen oder kommunistischen Charakter habe und mit der wir deshalb keine Beziehungen aufrecht erhalten würden«[190]. Dennoch wurde aber in einer Besprechung Neuraths mit Ciano am 21. Oktober in Berlin, während der man den Inhalt des Protokolls endgültig festlegte, verabredet, die Anerkennung – wie ursprünglich geplant – erst nach der Einnahme Madrids erfolgen zu lassen[191].

Mit der Regelung eines gemeinsamen Vorgehens bei der Anerkennung Francos war das Thema Spanien in der Besprechung am 21. Oktober jedoch nicht erschöpft. Ciano brachte das Gespräch auf die militärische Lage der Aufständischen, und er fand sich mit Neurath einer Meinung darüber, »daß sie [die Aufständischen] durch eine kritische Phase der Inaktivität gehen«[192]. In der Tat waren die letzten in Deutschland eingegangenen Berichte über die Lage Francos wenig erfreulich gewesen.

Seit Anfang September 1936 hatten sich in Berlin Nachrichten über immer neue Waffenlieferungen Rußlands an die spanische Republik gehäuft[193], und unter dem Druck dieser Entwicklung bat Franco Warlimont am 16. Oktober zu sich und ließ ihn rundweg wissen, der Kampf gegen den Kommunismus in Spanien müsse nun von Deutschland und Italien unverzüglich offen geführt werden, denn er sei überzeugt, »daß die Russen weiterhin und *offen* große Mengen von Truppen und Material hierher werfen würden, da der Sieg der Roten in Spanien für den Bolschewismus eine Frage auf Leben und Tod sei. Hier und jetzt müsse es sich entscheiden, ob die unter bolschewistischer Propaganda stehenden Völker Europas von der Macht des russischen Bolschewismus überzeugt werden würden oder nicht.«[194] Auch vom republikanischen Alicante aus schätzten deutsche Beobachter die Lage Francos alles andere als günstig ein. Am 16. Oktober, demselben Tage an dem Franco Warlimont auf die Gefahren der russischen Intervention hinwies, schrieb Völckers in einem Brief an den Leiter der Politischen Abteilung des Auswärtigen Amtes, Ernst v. Weizsäcker: »Die Entwicklung der militärischen Lage*, die seit etwa drei Wochen stagniert*, bzw. an einzelnen Frontabschnitten, wie in Oviedo, die Roten in gefährlichem Vordringen zeigt, stimmt nachdenklich*. Wenn die Weißen bei ihrer bisherigen besseren Material= ausrüstung und Disziplin so langsam vorwärtskommen, ist zu befürchten, daß die große russische Hilfe an Waffen und Menschen ihr Weiterkommen noch mehr verzögert oder gar aufhält. Die Schluß- folgerungen für die anderen Beteiligten am spanischen Spiel liegen auf der Hand: der russische Einsatz zwingt zur Verstärkung* des ihrigen wahrscheinlich auch in personeller Hinsicht*, da man nicht warten kann, bis die Handhabung neuer Maschinen angelernt ist. Außerdem aber muß sehr die Frage geprüft werden, ob die Verwendung des Gelieferten, wie dies anscheinend bisher der Fall, den Belieferten allein überlassen bleiben kann und ob ihnen nicht in der strategischen Planung und deren taktischen Durchführung zur Hand gegangen werden muß; wer so wertvolle Hilfe leistet, kann auch die Kontrolle ihrer Verwendung beanspruchen ... Im übrigen habe ich nicht den Eindruck, daß wir mit einer baldigen Beendigung der spanischen Wirren zu rechnen haben, denn auch die Einnahme von Madrid würde zwar einen wichtigen Schritt vorwärts aber noch nicht die Erreichung des Endziels be- deuten.«[195] Da man in Berlin mit Völckers' Ausführungen im wesentlichen übereinstimmte[196], war es nicht weiter verwunderlich, daß

---

* Die Unterstreichung mit einem Stift wurde sehr wahrscheinlich im AA von Weizsäcker oder Dieckhoff gemacht.

Ciano sowohl in seiner Besprechung mit Neurath am 21. Oktober als auch während einer Unterhaltung mit Hitler in Berchtesgaden am 24. Oktober keinen Widerstand fand, als er anfragte, ob Deutschland bereit sei, sich an einer von Mussolini geplanten entscheidenden militärischen Anstrengung zum Sturz der Madrider Regierung zu beteiligen. Hitler war völlig einverstanden, und Ciano konnte die Versicherung des deutschen Reichskanzlers mit nach Italien zurücknehmen, »daß er [Hitler] zu jeder Anstrengung bereit sei, die sicherstelle, daß der Weg für Moskau nicht offengelassen wird, und ... er werde seine Militärbehörden in diesem Sinne anweisen. Sollte es nötig sein, dann würde er sogar dazu bereit sein, einige Einheiten zu schicken.«[197] Hitler war deutlich mehr von den Argumenten Francos als von denen Warlimonts beeindruckt worden, der die Forderungen des Generalissimus vom 16. Oktober mit dem Hinweis nach Berlin weitergegeben hatte, er sei zwar dafür, Franco durch Material- und Ausbildungshilfe in die Lage zu versetzen, »die russische Bedrohung von dem Festland abzuhalten«; im Hinblick sowohl auf das Risiko eines europäischen Krieges, für den Deutschland nicht gerüstet sei, als auch auf den Kampfwert der weißen Truppen könne er jedoch nicht dazu raten, »auf dem spanischen Festlande noch wesentliche Verstärkungen in Aussicht zu nehmen, vertrete im Gegenteil, auch angesichts der neuen Lage die Meinung, unser *Personal* hier möglichst bald herauszuziehen. (Das Wort von den ›Knochen eines pommerschen Grenadiers‹ liegt einem hier sehr nahe!)«[198]

Bereits am 30. Oktober 1936 war in Berlin die Entscheidung gefallen, Franco weitere Unterstützung in Form von Luftwaffeneinheiten unter folgenden Bedingungen zu gewähren: »a) Führung der deutschen Verbände in Spanien erfolgt durch deutschen Befehlshaber; er ist der *einzige* Berater des Gen. Franco in Fragen des deutschen Luftwaffenkorps und *nur* Gen. Franco persönlich für seine gesamten Maßnahmen verantwortlich. Nach außen hin wird die spanische Führung bewahrt. b) Eingliederung sämtlicher zur Zeit in Spanien befindlichen deutschen Flieger-, Flak- und Fliegernachrichten-Verbände mit ihren rückwärtigen Diensten in das gemäß vorstehenden Ziff. a) zu bildende deutsche Luftwaffenkorps. c) Schutz der deutschen Luftwaffenstützpunkte durch ausreichende, unter Umständen zu verstärkende Erdkräfte. d) Planmäßigere und aktivere Führung des Krieges in Erd- und Luftoperationen und im Zusammenwirken beider zur beschleunigten Inbesitznahme der für den russischen Nachschub bedeutungsvollen Häfen.«[199]

Franco hat nicht lange gezögert, die ihm von Canaris und Generalleutnant Hugo Sperrle vorgetragenen deutschen Bedingungen anzunehmen. Nachdem Franco am 4. November die geforderten Zusagen gemacht hatte[200], ging bereits am 7. November der erste Dampfer, die ›Fulda‹, von Stettin aus mit 697 Soldaten in Richtung Sevilla in See[201], wo er am 16. November ankam[202]. Mit Ausnahme der beiden Passagierschiffe ›St. Louis‹ und ›Berlin‹, die wegen ihrer Größe in Swinemünde festmachen mußten, hatte man Stettin als den Einschiffungshafen für die Truppen gewählt, weil die Spanientransporte dort unauffällig in die normalen Truppentransporte nach Ostpreußen eingeschoben werden konnten.[203] Insgesamt wurde ein geschlossenes Luftwaffenkorps zu etwa 4500 Mann nach Spanien geschickt. Es bestand aus einer Kampfgruppe zu drei Staffeln Ju 52, einer Jagdgruppe zu drei Staffeln He 51, einer Aufklärungsstaffel zu zwölf Maschinen He 70, einer Luftnachrichtenabteilung, einem Luftpark sowie vier schweren Flakbatterien zu 8,8 cm und zwei leichten Flakbatterien zu 2 cm.[204] ›Winterübung Rügen‹ war der Deckname des Unternehmens.[205]

Die schon in Spanien anwesenden deutschen Truppen der drei Wehrmachtsteile – Luftwaffe, Heer und Marine – wurden in das größere Luftwaffenkorps, das man ›Legion Condor‹ getauft hatte, eingegliedert.[206] Den Führungsstab der Legion Condor baute man nach den Grundsätzen eines Generalstabes auf.[207] Zu ihrem ersten Befehlshaber wurde am 6. November Generalleutnant Hugo Sperrle ernannt[208], der sich in Spanien unter dem Decknamen Sander aufhielt. Warlimont, den bisherigen Führer der deutschen Truppen in Spanien, berief man am selben Tage ab.[209] Ihre operativen Weisungen erhielt die Legion Condor vom spanischen Oberkommando. Sie nahm aber auch oft entscheidend an der Anlage der Operationen teil, und ihr Rat wurde in der Regel angenommen.[210]

Für den Rest des Bürgerkriegs bestand die Legion Condor gewöhnlich aus rund 5000 Mann.[211] Sie war niemals stärker als 5600 Mann.[212] Um möglichst vielen deutschen Soldaten Kampferfahrung zu ermöglichen, hielten sie sich nur in Ausnahmefällen länger als neun Monate in Spanien auf.[213] Durch diese häufigen Ablösungen war es möglich, daß sich am Ende des Bürgerkriegs etwa 15 000 bis 20 000 Mann als Mitglieder der Legion Condor bezeichnen konnten.[214] Die Befehlshaber der Legion Condor hielten sich gewöhnlich ein Jahr in Spanien auf. So wurde Sperrle am 1. November 1937 durch Generalmajor Volkmann ersetzt. Zum Nachfolger des letzteren wurde dann am 1. November 1938 Generalmajor Freiherr v. Richthofen ernannt, der den Befehl über die Legion Condor bis zum Ende des Bürgerkriegs innehatte.[215]

Im Rahmen der Legion Condor stellte die Luftwaffe stets das stärkste Kontingent. Die Einheiten des Heeres waren niemals mehr als 600 Mann stark[216], und die Marinemission, die im November 1936 erheblich verstärkt und als ›Gruppe Nordsee‹ der Legion Condor angegliedert wurde, umfaßte etwa 10 Offiziere und rund 70 Spezialisten der verschiedensten Waffengebiete. Zu den vielseitigen Aufgaben der Gruppe Nordsee gehörte der Ausbau und Ansatz von Minenlegern sowie die Aufstellung und Ausbildung eines Hilfsminensuchverbandes. Ferner bildete sie Offiziersanwärter auf der spanischen Marineschule aus und lernte spanische Seeleute als Artilleriemechaniker und Spezialisten für die Bedienung von Waffenleitanlagen an; sie half beim Aufstellen und Einschießen von Küstenbatterien, fuhr von Spanien aufgekaufte Schnellboote ein, deren Mannschaften sie gleichzeitig ausbildete, und organisierte – zunächst von Sevilla und dann von Vigo aus – das Einbringen, Löschen und Beladen der eigens für den Austausch von Personal und Material der Legion Condor hergerichteten deutschen Dampfer.[217]

[. . .]

Zusammen mit Guatemala und El Salvador, die Franco schon am 8. November anerkannt hatten, gehörten Deutschland und Italien jetzt zu den ersten Staaten, die offene Beziehungen mit der Burgos-Regierung unterhielten. Albanien und Nicaragua folgten diesem Beispiel am 26. November bzw. 4. Dezember.[218] Ein gemeinsamer deutsch-italienischer Versuch, Österreich, Ungarn, Jugoslawien, Griechenland, Polen, Portugal, die Schweiz und Japan, sowie die mittel- und südamerikanischen Staaten Kuba, Panama, Ekuador, Peru, Brasilien, Bolivien, Chile und Uruguay zum gleichen Vorgehen zu veranlassen, scheiterte, weil die Regierungen der meisten dieser Länder Franco erst nach der Einnahme Madrids anerkennen wollten.[219]

Die Anerkennung Francos durch Deutschland und Italien wurde in einem Augenblick ausgesprochen, als nicht einmal mehr der Fall Madrids, geschweige denn der Zusammenbruch der Republik unmittelbar bevorstanden. In Berlin war man sich am 18. November zweifellos über diese Lage im klaren. Die Deutsche Botschaft in Alicante hatte dem Auswärtigen Amt keine Illusionen über die harten, langwierigen Kämpfe gemacht, die Franco selbst nach der Einnahme Madrids noch bevorstanden. So schrieb Völckers am 29. Oktober in einem Brief an Weizsäcker: »Wenn auch noch nicht zu übersehen ist, welches Ausmaß die nunmehr öffentlich betriebene Waffenhilfe der Russen für die rotspanische Regierung nehmen wird, so scheint mir doch nach allen Informationen der Eindruck bestätigt, daß sie im Rahmen ihrer Möglichkeiten hier aufs Ganze gehen wollen. Selbst wenn man wohl annehmen kann, daß England und Frankreich sich heraushalten werden, so daß Operationen der russischen Flotte mangels geeigneter Basen wahrscheinlich außer Betracht bleiben, so wird mit einer ganz systematischen Unterstützung durch Material jeder Art und vielleicht Truppen durch Hersenden einer ganzen Flotte von Transportdampfern zu rechnen sein. Hatten wir früher gedacht, die Einnahme Madrids würde einen so großen moralischen und strategischen Erfolg Francos darstellen, daß dieses Ereignis einen tatsächlichen Wendepunkt und die Aufrollung des Ostens und Nordens nur noch ein relativ leichtes Nachspiel in Form einer Säuberungsaktion seitens der siegreichen Truppen bedeuten würde, so wird man jetzt damit rechnen müssen, daß sich in dem gesamten Ost-gebiet auf Grund des bereits gelieferten und weiter zu erwartenden russischen Materials noch ein sehr ernst zu nehmender und langwieriger erbitterter Kampf vollziehen wird. Vorläufig ist auch Madrid noch nicht gefallen, obwohl nicht daran gezweifelt wird. Da aber Franco in seiner methodischen vorsichtigen Art viel Zeit für seinen Anmarsch gebraucht und trotz ungezählter Hinweise die Zufuhr aus dem Osten erst jetzt durch Unterbindung der Bahnlinie, immer aber noch nicht auch durch Unterbrechung der Landstraßen gehindert hat, so hat sich die Verteidigung der Stadt stark machen können. Durch das offen gelassene Loch werden die roten Machthaber im letzten Augenblick nach Osten abziehen, möglicherweise nachdem sie nach dem Beispiel russischer Rückzugsstrategie aus der Hauptstadt eine Steinwüste gemacht haben. Die Verteidigung des Ostens ist vorbereitet. In befestigten Plätzen stapelt sich ungeheures Material jeder Art ... Die rote Flotte steht im Kriegshafen Cartagena, ohne bisher einen gefährlichen Gegner zu haben. (Die politische Unifizierung der Kommunisten mit den Anarchisten beseitigte den inneren Gegensatz.) Wird Franco, wie sehr möglich, zunächst in Madrid stehen bleiben und seinen Sieg feiern, so wird sich die geflüchtete, nach Osten gedrängte Menge inzwischen weiter organi-sieren, und unter Umständen für einen Gegenangriff auf Madrid, das wahrscheinlich noch lange Front bleiben wird, vorbereiten können ... Mein Blickfeld beschränkt sich natürlich auf die rote Seite. Aber gerade aus dieser Perspektive heraus wollte ich nicht verfehlen, darauf hinzuweisen, daß der Fall von Madrid noch lange nicht das Ende, vielleicht noch nicht einmal die Entscheidung des Krieges darstellen wird. Der Krieg wird nach meiner Ansicht noch lange dauern und kann nur dann gewonnen werden, wenn der von uns begangene Weg im engen Einvernehmen mit Italien rücksichtslos und großzügig fortbeschritten wird.«[220]

Daß nach dem Fall von Madrid noch harte Kämpfe zu erwarten waren, kalkulierten auch die deutschen Beobachter im Lager Francos. Im Anschluß an ein Gespräch mit Warlimont telegraphierte Konteradmiral

v. Fischel am 27. Oktober an das OKM: »Weiß erwartet Fall Madrid November Anfang. Dann voraussichtlich Operationspause. Richtung anschließender Operationen noch nicht erkennbar. Dauer Operationen bis Hauptabschluß voraussichtlich mehrere Monate. Endabschluß nicht übersehbar.«[221] In Berlin haben die am Spanienunternehmen beteiligten Stellen nicht gezögert, solche Lageberichte ernst zu nehmen. »Nach dem Falle von Madrid«, so hieß es in einer Anfang November vom OKM angefertigten Aufzeichnung, »wird mit einer Operationspause von mindestens 3 Wochen gerechnet, die einmal nötig ist, um den Truppen Francos, also in erster Linie den Marokkanern, eine Erholungspause zu geben, zweitens auch aus militärischen Gründen notwendig werden wird, da Franco zunächst keine großen Reserven hat, um die katalonische Regierung anzugreifen. Nach den hier vorliegenden Nachrichten verstärkt sich allerdings inzwischen der Widerstand der Katalonen ganz erheblich. Sie verfügen über zahlreiche ausgebildete Truppen, französische Instrukteure, Flugzeuge, Ausrüstung, so daß nicht abzusehen ist, daß der weiße Vorstoß wesentlich über Madrid zunächst hinauskommt. Die zugesagte Hilfe [Legion Condor] wird deshalb in erster Linie dafür eingesetzt werden müssen, um diesen Widerstand zu brechen.«[222] Außerdem zeigte schon allein die Entsendung der Legion Condor Anfang November nach Spanien, daß Hitler den Lageberichten seiner Vertreter auf der Halbinsel großes Gewicht gab, denn diese Truppe wurde doch offensichtlich in Spanien eingesetzt, weil man noch mit harten, langwierigen Kämpfen rechnete. Indem Deutschland Franco ganze Luftwaffeneinheiten zur Verfügung stellte, nahm es ein erhebliches internationales Risiko auf sich, das man in Berlin sicherlich vermieden hätte, wenn Francos Lage im November 1936 optimismuserregend gewesen wäre. Auch glaubte man deutscherseits nicht, die Legion Condor könne den Krieg mit einem Schlag beenden. Als Göring Hitler zuredete, Franco deutsche Luftwaffeneinheiten zur Verfügung zu stellen, da rechnete der Luftfahrtminister damit, daß der Krieg nach dem Einsatz dieser Truppe noch ein halbes Jahr dauern würde[223]; und das war zu einem Zeitpunkt, als man in Berlin jedenfalls noch die Hoffnung haben durfte, daß die Einnahme Madrids unmittelbar bevorstand. Am 18. November, als Franco von Deutschland und Italien anerkannt wurde, bestand selbst zu dieser Hoffnung kein Anlaß mehr, denn Oberstleutnant v. Thoma, der die vor Madrid eingesetzten deutschen Panzereinheiten befehligte, hatte bereits seit dem 16. November in seinen Lageorientierungen gemeldet, daß sich der Angriff auf Madrid festgefahren habe[224]. Von einem in Spanien stationierten italienischen Admiral hörte das Auswärtige Amt ebenfalls am 16. November, »daß infolge Rückschlags Militärpartei vor Madrid mit dessen Einnahme kaum vor Monatsfrist zu rechnen sei. Da Lage für die Militärpartei schwierig, sei offene Waffenlieferung durch Deutschland und Italien notwendig.«[225]

In Berlin haben solche Berichte über die Lage vor Madrid sicherlich nicht mehr überrascht, denn schon am 14. November hatte der gewöhnlich gut informierte französische Botschafter, François-Poncet, nach Paris berichtet, Hitler hätte am Vormittag in Anwesenheit Blombergs und Raeders eine Spanienbesprechung abgehalten, in der die Lage Francos als ziemlich gefährlich beurteilt worden sei. Man habe die Meinung vertreten, der Generalissimus befinde sich wegen der russischen Hilfe in ernster Gefahr und man sei nicht gewillt, diese Hilfe einfach hinzunehmen.[226]

Es besteht also kein Anlaß zu der Annahme, daß man unerfreulichen Lageberichten in Berlin aus leichtfertigem Optimismus heraus einfach keinen Glauben schenkte und etwa der Meinung war, der Fall Madrids und das Ende des Bürgerkriegs stünden vor der Tür. Rückblickend schreibt Generalfeldmarschall Milch dazu, ihm sei es nicht bekannt gewesen, daß Hitler zur Zeit der Anerkennung »im November 1936 an den unmittelbar bevorstehenden Fall Madrids und ein schnelles Ende des Krieges geglaubt habe. Meine Dienststelle, die mit der Führung der Angelegenheit Spanien beauftragt war, hat bestimmt nicht an derartiges geglaubt. Im Gegenteil!«[227] Francos Lage wurde äußerst pessimistisch beurteilt, und gerade deshalb erkannte man ihn an.[228]

Wenn man nun die Anerkennung Nationalspaniens in einem Augenblick aussprach, als die entscheidenden Schlachten des Bürgerkriegs noch geschlagen werden mußten und noch dazu die militärische Lage der Rebellen wenig verheißungsvoll war, dann bewiesen Deutschland und Italien damit wieder einmal ihre unbedingte Entschlossenheit, den spanischen Nationalisten unter allen Umständen zum Siege zu verhelfen. Galt ein schneller Sieg Francos in Berlin und Rom zweifellos als wünschenswert, so war er doch niemals eine Bedingung für die Unterstützung. Hätten Hitler und Mussolini anders gedacht, dann hätte doch wohl der Gedanke nahegelegen, die Anerkennung aufzuschieben und es zu vermeiden, ihr Prestige in einer Sache zu riskieren, die möglicherweise unterliegen könnte. Franco scheint sich der ganzen Tragweite, die die Anerkennung für Deutschland hatte, bewußt gewesen zu sein, als er Du Moulin, der dem Generalissimus die Nachricht brachte, »sichtlich stark beeindruckt« für den »hochherzigen Gnadenakt« und die »neue entscheidende Geste« Hitlers dankte[229].

1 *Enciclopedia* (universal ilustrada europeo-americana, suplemento anual, 1936–1939, segunda parte, Madrid 1944), S. 1447.
2 Aznar, M.: *Historia militar de la Guerra de España (1936–1939)*. Madrid 1940, S. 74.
3 *Enciclopedia*, S. 1447.
4 *Enciclopedia*, S. 1445.
5 *Enciclopedia*, S. 1447 f., 1473 u. 1478. Aznar, M.: a.a.O., S. 69 f.
6 Aznar, M.: a.a.O., S. 48.
7 Lojendio, L. M.: *Operaciones militares de la Guerra de España 1936–1939*. Barcelona 1940, S. 43.
8 *Enciclopedia*, S. 1540. Lojendio, L. M.: a.a.O., S. 38 f. Nach dem Aufstand der Matrosen, der z.T. sehr blutig verlief, war die Republik im Besitz von 29 spanischen Kriegsschiffen: einem Panzerschiff, 3 Kreuzern, 13 Zerstörern und 12 U-Booten. Demgegenüber verfügten die Rebellen über ein in Reparatur befindliches Panzerschiff, einen Kreuzer, einen Zerstörer und ein Kanonenboot. (Aznar, M.: a.a.O., S. 82 f.)
9 *Enciclopedia*, S. 1447.
10 *Enciclopedia*, S. 1478.
11 Aznar, M.: a.a.O., S. 58.
12 Bolin, L.: *Spain: the vital years*. London 1967, S. 53. Akten, 7.
13 Bolin, L.: a.a.O., Teil I. Gomá, J.: *La guerra en el aire*. Barcelona 1958, S. 52. Einzelheiten über den Flug Francos befinden sich in Bolin, Teil I. General Warlimont, der für kurze Zeit nach dem Ausbruch des Bürgerkriegs die deutschen Einheiten in Spanien leitete, hat fälschlich nach dem 2. Weltkrieg behauptet: »The first faint German intervention came in mid-July of 1936 when Hitler placed a Deutsche Lufthansa plane at Franco's disposal for the historic flight from the Canary Islands to Tetuán, which was the signal for the revolution.« (Report [of the Sub-Committee on the Spanish Question, United Nations Security Council Official Records, First Year: Second Series, Special Supplement, New York 1946,] S. 7.) Eine ähnliche Geschichte erzählt auch M. Graf Hoyos, der schon im August 1936 als einer der ersten deutschen Freiwilligen nach Nationalspanien gegangen war, in seinem Buch *Pedros y Pablos*, S. 20. Warlimont und Hoyos verwechseln offensichtlich den Flug Francos mit dem des Generals Orgaz. (Vgl. S. 85).
14 Gomá, J.: a.a.O., S. 54.
15 *Enciclopedia*, S. 1478. *Cruzada* (Historia de la Cruzada Española), Bd. 10, S. 116.
16 Lojendio, L. M.: a.a.O., S. 44.
17 ebenda, S. 26. *Enciclopedia*, S. 1478 u. 1540.
18 Bolin, L.: a.a.O., S. 50, 54 u. 159.
19 Akten des Auswärtigen Amtes (Künftig zit. als AA/...)/F 20/291–279.
20 Bolin, L.: a.a.O., S. 169.
21 ebenda, S. 38c u. 53.
22 ebenda, S. 167.
23 AA/8398/E 592146–66. AA/5965/E 438437–42.
24 AA/8398/E 592241–75. AA/4388/E 083217–20.
25 AA/8398/E 592167–90.
26 AA/8398/E 592191–211; E 592212–40; E 592241–75.

27 AA/4391/E 083251–53.

28 *Hitlers zweites Buch.* Stuttgart 1961, S. 217: »Daß dieser Gemeinschaft [Deutschland, England und Italien], wenn auch nur im stillen, wohl schon heute auch Spanien zuzurechnen [ist], liegt begründet in der Abneigung Spaniens gegen die französische nordafrikanische Kolonisationstätigkeit.« Hitlers Begründung für die Abneigung Spaniens gegen Frankreich war jedenfalls für die Epoche vor dem Ausbruch des Bürgerkriegs unzutreffend, denn Spaniens frankophile Außenpolitik wurde ja gerade in der Überzeugung getrieben, »daß die Freundschaft mit dem stark gerüsteten Frankreich ... insbesondere die Verwirklichung seiner kolonialen Pläne in Marokko erleichtern würde.« (AA/5965/E 438437–42. Vgl. auch AA/8398/E 592126–45.)

29 Burns, E.: *The Nazi Conspiracy in Spain.* London 1937, S. 24 ff. Simon, O. K.: *Hitler en Espagne.* Paris 1938, S. 101 ff. Hispanicus: *Foreign Intervention in Spain.* London 1938, S. 7 ff. Vgl. auch *Schwarz-Rotbuch,* hrsg. von der Gruppe DAS, Barcelona 1937 und Spielhagen, F.: *Spione und Verschwörer in Spanien.* Paris 1936. AA/8398/E 592191–211; E 592212–40.

30 AA/8398/E 592241–75.

31 AA/8409/E 592433.

32 AA/8409/E 592435.

33 AA/8409/E 592438.

34 AA/8411/E 592475–80.

35 AA/8411/E 592468; E 592472; E 592469; E 592482.

36 AA/8411/E 592484; E 592492–94.

37 AA/8411/E 592492–94.

38 AA/8411/E 592499.

39 AA/630/252100. S. G. Payne irrt, wenn er in seinem Buch *Falange. A History of Spanish Fascism.* London 1962, S. 77, schreibt, daß Primo de Rivera »neither attempted to obtain, nor was offered an audience with Hitler«.

40 Ansaldo, J. A.: *Para qué ...?* Buenos Aires 1951, S. 78. Ansaldo gehörte in dieser Zeit zur engeren Umgebung Primo de Riveras.

41 AA/6138/E 458743–44. Es gibt keinen Beweis dafür, daß Berlin in bezug auf Geldzahlungen an die Falange seine Haltung geändert hat. Gestützt auf E. Burns' *The Nazi Conspiracy in Spain.* London 1937, hat P. A. M. Esch: *Prelude to War.* The Hague 1951, S. 25 behauptet: »The Falange had close associations with the Nazi party in Germany, receiving money to the extent of three million pesetas a year from the Nazis.« Esch hat zweifellos ihre Quelle falsch gelesen. In *The Nazi Conspiracy in Spain,* S. 239 wird zwar gesagt: »Nearly three million pesetas ... was spent by the Nazis for political purposes in Spain.« Es ist aber nirgends die Rede davon, daß dieses Geld der Falange zur Verfügung gestellt wurde. Es ist vielmehr völlig klar gemacht, daß die Naziorganisationen in Spanien das Geld für ihre eigenen Zwecke verwandten.

42 Akten zur deutschen auswärtigen Politik, 1918–1945; Serie D, Bd. III: Deutschland und der spanische Bürgerkrieg 1936–1939, Baden-Baden 1951 (Künftig zit. als Akten), S. 3.

43 *Cruzada,* Bd. 13, S. 477.

44 Die Herausgeber der »Akten zur deutschen auswärtigen Politik« schreiben einleitend in Band III der Serie D »Deutschland und der spanische Bürgerkrieg«, S. 3: »Eine Prüfung der Dokumente im Archiv des Auswärtigen Amtes ergab keine Beweise für eine deutsche Unterstützung der spanischen

Rebellen vor dem Ausbruch der Feindseligkeiten.« Die sich nur in sehr vagen Erwägungen über einen möglichen Putsch von rechts ergehende politische Berichterstattung der deutschen Botschaft in Madrid zeigt u. a. deutlich, daß deutsche diplomatische Kreise keinen Kontakt mit den Verschwörern hatten, geschweige denn mit ihnen unter einer Decke steckten. Der deutsche Botschaftsrat in Madrid, Völckers, berichtet erstmals am 26. März 1936 eingehender über die Möglichkeit eines Militärputsches an das AA: »Gerüchte eines Armeeputsches sind in letzter Zeit aufgetaucht. Es haben auch solche Absichten bestanden. Die Regierung hat aber hiervon erfahren und Abwehrmaßnahmen getroffen.« (AA/4404/E 083522–39.) Noch wenige Wochen vor dem Ausbruch der Rebellion, am 27. Juni 1936, hielt der jetzt zum Geschäftsträger in Madrid ernannte Völckers Befürchtungen der republikanischen Regierung wegen eines möglichen Putsches von rechts mehr für ein Hirngespinst: »Daneben glaubt die Regierung nach den ihr vorliegenden Nachrichten, die angeblich von einer Zusammenarbeit französischer und spanischer Faschisten wissen wollen, auch an die Möglichkeit eines von rechts eintretenden Putsches. Wenn auch diese Möglichkeit weniger ernst genommen zu werden braucht, weil sie mehr in der Psychose der gegenwärtigen Machthaber, als in der Wirklichkeit besteht, so ist die Gesamtlage, ganz abgesehen von den immer größer werdenden wirtschaftlichen und finanziellen Schwierigkeiten, im Augenblick doch wieder als ernst zu beurteilen.« (AA/654/256233–35. Vgl. auch AA/654/256224–32 u. AA/4404/E 083582–85.) Nachrichten über einen geplanten Putsch waren übrigens keineswegs nur in der Deutschen Botschaft bekannt. Nur eine Woche nachdem Völckers erstmals über einen Militärputsch nach Berlin berichtet hatte, machte der amerikanische Botschafter in Madrid, Bowers, seinem Secretary of State am 1. April 1936 ähnliche Mitteilungen. (FRUS, 1936, Bd. 2, S. 439.) Manuel Aznar schreibt in seinem Buch *Historia militar de la Guerra de España (1936–1939)*, S. 37: »Toda España sabía, con más o menos seriedad y exactitud, que determinados jefes muy prestigiosos de nuestro Ejército venían preparando un Alzamiento en masa, y que esos jefes mantenían estrechas conexiones con los delegados y representantes de los Partídos Políticos nacionales.«

45 Alvarez del Vayo, J.: *Freedom's Battle*. London 1940, S. 17 u. 53.
46 Esch, P. A. M.: a. a. O., S. 25 f.
47 Puzzo, D. A.: *Spain and the Great Powers 1936–1941*. New York u. London 1962, S. 46 f.
48 AA/630/252100.
49 Galindo Herrero, S.: *Los partidos monarquicos bajo la Segunda República*. Madrid 1956, S. 332. *Cruzada*, Bd. 13, S. 446.
50 Galindo Herrero, S.: a. a. O., S. 320 f. Bertrán Güell, Felipe: *Preparación y desarollo del alzamiento nacional*. Valladolid 1939, S. 116. Iribarren, José Maria: *Mola. Datos para una biografia y para la historia del alzamiento nacional*. Zaragoza 1938, S. 45 f.
51 *Cruzada*, Bd. 13, S. 446.
52 Vgl. S. 77 f., 86 ff. und 101 ff.
53 Toynbee, A. J.: *Survey of International Affairs*, 1937. Bd. 2, London 1938, S. 127 u. 196.
54 Craig, G. A. u. Gilbert, F.: *The Diplomats 1919–1939*. Princeton, New Jersey, 1953, S. 428 f.
55 Esch, P. A. M.: a. a. O., S. 25.

56 *Schwarz-Rotbuch*, S. 318.

57 Ein gutes Beispiel hierfür liefert M. Einhorn in ihrem Buch *Die ökono-mischen Hintergründe der faschistischen deutschen Intervention in Spanien 1936–1939*. Berlin 1962, S. 83 f.

58 Vgl. S. 91 ff.

59 Iribarren, S. 82. Daß den Rebellen vor dem Putsch der Gedanke an die Mög-lichkeit eines Bürgerkrieges fernlag, wird auch von J. A. Ansaldo in seinem Buch ¿*Para qué* ...? S. 120, bezeugt.

60 Akten, 7.

61 Akten, 2, 12, 14.

62 AA/678/258555–59.

63 AA/678/258555–59. AA/662/257095–98. Das Lufthansa-Flugzeug D-APOK ›Max von Müller‹, das für den Postdienst nach Südamerika eingesetzt wurde (AA/3371/E 010615–16), war aus Bathurst (Gambia) über Villa Cisneros (Spanisch-Sahara) kommend am 20. Juli 1936 um 11 Uhr 37 in Las Palmas (Gran Kanaria) mit der Genehmigung des Militärgouverneurs gelandet. Am Abend desselben Tages zwischen 18 Uhr 30 und 19 Uhr 30 wurde das deutsche Flugzeug unter dem Protest des Distriktleiters der Lufthansa, Bert-ram, von dem Militärgouverneur General Orgaz für »vaterländische Ziele«, d. h. für den Abwurf von Flugblättern über die Insel, requiriert. Am 21. Juli teilte man Bertram in der Militärkommandantur mit, daß General Orgaz nach Tetuán fliegen wolle und dafür das Lufthansa-Flugzeug ›Max von Müller‹ benötige. Daraufhin präsentierte man Bertram ein Schreiben des Militärgouverneurs, in dem die Beschlagnahme des deutschen Flugzeugs aus-gesprochen wurde. Bertram versuchte, sich gegen diese Maßnahmen zu wehren, indem er die Besatzung des Flugzeugs von der Lufthansa entließ. Er erreichte damit aber nur, daß er und die Besatzung des Flugzeugs wegen an-geblicher Spionage am Abend des 22. Juli unter dem Protest des deutschen Konsulats in Las Palmas verhaftet wurden. D-APOK ›Max von Müller‹ startete noch am späten Abend desselben Tages um 23 Uhr 42. Außer der Be-satzung, die man offenbar zu dem Fluge gezwungen hatte, befanden sich General Orgaz, sein Adjutant und ein spanischer Fliegeroffizier an Bord. (AA/678/258555–59. AA/662/257095–98.)

64 Akten, 2.

65 AA/662/257095–98. Akten, 6. Foreign Office Documents (Künftig zit. als FO)/W 6987/62/41/36. FO/W 7376/62/41/36.

66 AA/678/258555–59. AA/662/257095–98.

67 Gomá, J.: a. a. O., S. 65. *Cruzada*, Bd. 10, S. 127.

68 Akten, 6 u. S. 4. *Cruzada*, Bd. 10, S. 127. Gomá, J.: a. a. O., S. 65. Akten des Berlin Document Center (Künftig zit. als BDC), Personalakten Bernhardt. Akten des Archivs der Marine (Künftig zit. als AM), M 1367/80604, Bericht Bernhardts, 2. 9. 1936.

69 AA/3371/E 010615–16. *Cruzada*, Bd. 10, S. 127. Gomá, J.: a. a. O., S. 65.

70 Akten, 7.

71 Akten, 10.

72 AA/654/256236–37; 256238–39; 256240. AA/629/251731–32. Schwende-mann, K.: »Erinnerungen aus dem spanischen Bürgerkrieg.« In: *Europäische Revue*. Mai 1938, S. 396. Vorbereitungen für die Verteidigung der Deutschen Botschaft in Madrid wurden kurz nach der Machtübernahme Hitlers erst-mals im März 1933 auf Veranlassung des damaligen Botschafters Welczeck

getroffen, nachdem er von einem geplanten Überfall deutscher Kommunisten auf die Botschaft und allerlei anderen Drohungen gegen die Vertretung des Reiches gehört hatte. Da befürchtet werden mußte, daß die aus spanischer Polizei bestehende Botschaftswache beim Ansturm einer größeren Masse sich nicht für den Schutz der Botschaft einsetzen würde, stellte der Ortsgruppenleiter der NSDAP in Madrid Welczeck zehn zuverlässige Männer zur Verteidigung der Botschaft zur Verfügung, die im Notfall ziemlich unbemerkt durch eine Hintertür in die Botschaft gelangen konnten. Zur Bewaffnung dieser Leute hatte Welczeck im April 1933 15 Parabellums mit ansetzbarem Schaft bestellt. Im Januar 1934 forderte er für den Schutz der Botschaft 2 Automobilscheinwerfer, 100 Sandsäcke, 50 Stielhandgranaten mit Sprengkapseln und 15 Reservemagazine für die inzwischen gelieferten Parabellumpistolen an. Diese Waffen dürften es gewesen sein, die der Botschaft 1936 nach dem Ausbruch des Bürgerkriegs zur Verfügung standen. (AA 6141/E 459213–20; E 459223–27; E 459228–31; E 459236–38; E 459239–40.)

73 AA/660/257048–53. AA/4398/E 083327.

74 AA/660/257048–53.

75 AA/4398/E 083327.

76 AA/4687/E 225366.

77 AA/4398/E 083328.

78 AA/629/251731–32.

79 Raeder, E.: *Mein Leben*. Tübingen 1957, Bd. 2, S. 79f. Akten, 455. Merkes, M.: *Die deutsche Politik gegenüber dem Spanischen Bürgerkrieg 1936 bis 1939*. Bonn 1961, S. 27, hat auf Grund der Bemerkung Raeders, daß Hitler am 23. Juli aus Furcht vor möglichen Zwischenfällen nur ungern deutsche Schiffe nach Spanien entsandte, sich zu dem Schluß berechtigt geglaubt, Hitler habe seine Meinung betreffs einer deutschen Intervention in den spanischen Konflikt vom 23. Juli bis zum 25. Juli, dem Tag des Interventionsentschlusses, gewandelt. Diese Konstruktion scheint gewollt, zumal da Raeder ausdrücklich hinzufügt, daß Hitler auch »später der Gedanke, daß deutsche Kriegsschiffe bei ihrer Tätigkeit auch rotspanische Häfen anliefen, immer wieder beunruhigt« hat. (Raeder, E.: a. a. O., Bd. 2, S. 80.) Hitlers Bedenken am 23. Juli bezogen sich also offensichtlich ausschließlich auf die Anwesenheit deutscher Kriegsschiffe in spanischen Gewässern. Hitlers allgemeine Einstellung gegenüber dem spanischen Konflikt zu diesem Zeitpunkt kann aus der Bemerkung Raeders nicht geschlossen werden.

80 Raeder, E.: a. a. O., Bd. 2, S. 80.

81 AA/4687/E 225368.

82 AA/4687/E 225389.

83 Akten, 455. Raeder, E.: a. a. O., Bd. 2, S. 80f. Schwendemann, K.: a. a. O., S. 396.

84 AA/654/256236–37.

85 AA/8413/E 592570–78.

86 *Ciano's Diplomatic Papers*. Hrsg. v. Malcolm Muggeridge, London 1948, S. 20f.

87 Akten, S. 4.

88 Milch an Verfasser, 23. 9. 1971.

89 Akten, 10.

90 AA/6719/E 509922. AA/3618/E 027226–27.

91 Akten, 10.

92 Akten, 6, 10. AA/3371/E 010615–16. Das in Akten, 6 erwähnte Schreiben Francos an Göring hat es nicht gegeben. (Milch an Verfasser, 23.9.1971.)

93 Akten, S. 4.

94 Akten, S. 4. »Völkischer Beobachter« (Künftig zit. als VB), Berliner Ausgabe, 20., 22., 24. u. 26.7.1936.

95 Akten, S. 4. VB, Berliner Ausgabe, 27.7.1936. Zuschrift des Richard-Wagner-Archivs an den Verfasser, 27.7.1962. Daß die Delegierten Francos durch die Partei an Hitler herangekommen waren, teilte auch Göring Milch am Morgen des 26.7.1936 mit. (Milch an Verfasser, 23.9.1971.) Da die Akten des AA nur den Hinweis geben, daß die Audienz an einem Abend nach der Rückkehr Hitlers aus dem Theater in Bayreuth stattfand (Akten, S. 4), mußte das Datum erschlossen werden. Sicher ist, daß die Unterredung nicht am oder vor dem 24. Juli stattfand, da am 25. Juli während eines Telefongesprächs Dieckhoffs mit Bohle noch nicht feststand, ob der Brief Francos an Hitler nach Bayreuth weitergeleitet werden sollte. (Akten, 10.) Der 26. Juli kommt nicht in Frage, da an diesem Tage keine Aufführung in Bayreuth stattfand. (Zuschrift des Richard-Wagner-Archivs an den Verfasser, 27.7.1962.) Außerdem teilte Göring Milch bereits am Morgen des 26. Juli den Interventionsentschluß Hitlers mit. (Milch an Verfasser, 23.9.1971.) Die Audienz kann also nur am 25. Juli stattgefunden haben. Möglich wäre natürlich auch, daß Hitler die Delegation erst nach Mitternacht und somit am 26. Juli empfangen hat. Beumelburg, W.: *Kampf um Spanien.* Oldenburg i.O./Berlin 1939, S. 22, hat dieses Datum für den Empfang der Delegierten bei Hitler angegeben. Unzutreffend ist die Version von *Cruzada*, Bd. 10, S. 127, derzufolge Hitler die Delegation am 26. Juli vor einer »Walküre«-Vorstellung empfing. Wie schon erwähnt wurde, war der 26. Juli in Bayreuth ein spielfreier Tag.

96 Akten, 4. Der Bericht Schwendemanns vom 23.7. ging am 24.7. um 13 Uhr 45 telegraphisch aus Madrid ab und wurde am 25.7. morgens um 0 Uhr 20 im AA aufgenommen. Das Dokument trägt außerdem den Eingangsstempel des AA vom 25.7.1936. (AA/654/256245–48).

97 Akten, S. 4.

98 Domarus, M. (Hrsg.): *Hitler. Reden und Proklamationen 1932–1945.* Neustadt a.d. Aisch 1962, Bd. 1, S. 557f.

99 Nach *Cruzada*, Bd. 10, S. 126, hatten die Unterhändler Francos den Auftrag, Hitler und Mussolini davon zu überzeugen, daß Spaniens Kampf gegen den Kommunismus auch der ihre sei. Daß die Rebellen bemüht waren, ihre Sache gleich nach dem Ausbruch des Bürgerkriegs im antikommunistischen Gewand erscheinen zu lassen, geht auch aus deutschen Akten hervor. Franco erklärte Kanzler Wegener am 24.7.1936 in Tetuán: »Nationalerhebung erforderlich gewesen, um vorbereiteter Sowjetdiktatur zuvorzukommen.« (Akten, 7.) In einem Telegramm des deutschen Geschäftsträgers in Lissabon an das AA vom 26.7.1936 versuchten die Rebellen Deutschland mit einem Appell »an gemeinsames antikommunistisches Interesse« zu Waffenlieferungen zu bewegen. (Akten, 12.) In einem Gespräch mit Konteradmiral Carls am 3.8.1936 bat ihn Franco, »dem Führer seine bewundernde Verehrung zum Ausdruck zu bringen, mit dem er sich in dem Ziel eins wisse, den roten Terror als europäische Gefahr bekämpfen zu müssen.« (AM/M 1367/80604.)

100 Akten, S. 4.

101 Göring besuchte sämtliche Aufführungen, die seit dem 19.7., dem ersten

Tage der Festspiele, gegeben wurden. v. Blomberg wurde am 19., und dann wieder am 24. und 25. 7. im Festspielhaus gesehen. (VB, Berliner Ausgabe, vom 20., 22., 24. u. 26. 7. 1936. VB, Süddeutsche Ausgabe, 27. 7. 1936.)

102 Akten, S. 4.

103 Da es Canaris war, der die Delegierten Francos am 25. 7. an den sich in Bayreuth aufhaltenden Kriegsminister v. Blomberg heranbrachte (vgl. S. 90), ist es durchaus möglich, daß der Chef der Abwehr in Bayreuth anwesend war und zu der entscheidenden Besprechung zugezogen wurde, weil er im Ruf stand, ein Spanienkenner zu sein. K. H. Abshagen: *Canaris*. Stuttgart 1950, S. 161 f. und I. Colvin: *Chief of Intelligence*. London 1951, S. 32 ff., die Biographen Canaris', haben beide dem Chef der Abwehr beim Zustandekommen der deutschen Intervention eine bedeutende Rolle zugebilligt. Andererseits ist es natürlich auch möglich, daß sich Canaris nicht persönlich nach Bayreuth begeben und den Delegierten nur ein Empfehlungsschreiben für Blomberg mitgegeben hatte. Dagegen steht es fest, daß Hitler noch in der Nacht vom 25. zum 26. 7. sein Flugzeug nach Hamburg schickte, um Konteradmiral Lindau nach Bayreuth zu schaffen, mit dem der Führer die spanische Angelegenheit besprechen wollte. (Nachlaß Lindau. AM/M 1388/80769.) Für Lindau spricht auch die Tatsache, daß Gauleiter Bohle, dem der Hinweis auf den in Bayreuth anwesenden Admiral zu verdanken ist, im Jahre 1939 den Namen nicht mehr erinnern konnte und nicht einmal den Namen Canaris, der so eng mit dem Spanienunternehmen verknüpft war, als Möglichkeit vorschlägt. (Akten, S. 4.)

104 Akten, S. 4.

105 Beumelburg, W.: a. a. O., S. 22 f. Dokumente der Deutschen Politik; hrsg. v. P. Meier-Benneckenstein und F. A. Six (Künftig zit. als DDP), Bd. 7, 1940, S. 55 f. Gomá, J.: a. a. O., S. 66. *Cruzada*, Bd. 10, S. 127.

106 Milch an Verfasser, 3. 10. 1971.

107 AM/M 1367/80604, vgl. Anm. 68.

108 Akten, 3.

109 Vgl. S. 91 u. Anm. 96.

110 »Der größte Teil Spaniens ist in der Hand der Gegner [Francos]«, so stellte General Milch die Lage am 26. 7. 1936 in Berlin in einer Spanienbesprechung dar (Bongartz, H.: *Luftmacht Deutschland*. Essen 1941, Bd. 1, S. 123), nachdem ihn Göring am Vormittag persönlich in Bayreuth über den Interventionsentschluß Hitlers informiert hatte. In einem Brief an den Verfasser vom 23. 9. 1971 bestätigt Milch, daß dies die Lagebeurteilung zur Zeit der Entschlußfassung war.

111 Milch an Verfasser, 3. 10. 1971.

112 FO/C 5750/4/18/36.

113 DDP, Bd. 7/Teil 1, S. 55 ff.

114 Schultheß' (Europäischer Geschichtskalender) 1937, S. 136 ff. DDP, Bd. 5, S. 50; Bd. 6/Teil 1, S. 44; Bd. 7/Teil 1, S. 162.

115 Akten 4, 247.

116 Ribbentrop, J. v.: *Zwischen London und Moskau*. Hrsg. v. A. v. Ribbentrop, Leoni am Starnberger See 1953, S. 88 f. Daß Hitler in den ersten Tagen nach dem Ausbruch des Bürgerkriegs besonders die Sorge bedrückte, der Kommunismus könne von Spanien nach Frankreich übergreifen, geht auch aus einer Unterredung hervor, die der Führer am 6. 8. 1936 mit Sir Robert Vansittart hatte. (Documents Diplomatiques Français, 1932–1939, Série 2

(1936–1939), Bde. 3–6, Paris 1966–70 (Künftig zit. als DDF), Bd. 3, 100.)
Hitlers Sorge um die innenpolitische Entwicklung in Frankreich zeigte sich
auch deutlich in einem Gespräch mit François-Poncet am 2.9.1936:
»L'avenir de la France était, pour lui [Hitler], un sujet de profonde inquiétude ... Le pays aurait-il encore la clairvoyance et l'énergie nécessaires
pour tenir tête au communisme? ... Si le communisme triomphait en France,
il serait impossible à lui, Hitler, de considérer cet évènement comme une
affaire intérieure française.« (DDF, Bd. 3, 334.)

117 Akten der Nürnberger Prozesse (Künftig zit. als NPA)/The United States of
America against Wilhelm v. Leeb et al., Closing Brief for the Defendant Hugo
Sperrle, August 1948, S. 2.

118 Ebenda.

119 Picker, H. (Hrsg.): Hitlers Tischgespräche im Führerhauptquartier 1941–42.
Bonn 1951, S. 51.

120 AA/7434/E 590109.

121 AA/7434/E 540077–108.

122 Ribbentrop, J. v.: a.a.O., S. 88 f.

123 AA/7434/E 540077–108.

124 Aufzeichnung Generalleutnant Liebmanns, in: »Dokumentation der Reichswehr 1930–1933.« In: Vierteljahrshefte für Zeitgeschichte. (1954.) Heft 4,
S. 443 ff.

125 Toynbee, A. J.: Survey of International Affairs 1936. London 1937, S. 124 f.
Zeska, T. v.: »Aufrüstung ringsum.« In: Jahrbuch des deutschen Heeres
1937. Leipzig 1937, S. 91.

126 AA/7434/E 540077–108.

127 Hitlers zweites Buch, S. 62. Vgl. auch Hoßbachprotokoll vom 10.11.1937,
in: Hoßbach, F.: Zwischen Wehrmacht und Hitler 1934–1938. Wolfenbüttel
u. Hannover 1949, S. 207 ff.

128 Hitlers zweites Buch, S. 62. Vgl. auch Hoßbach, F.: a.a.O., S. 207 ff.

128a AA/497/233719–28. Siehe dazu in der Einleitung zu diesem Band Anm. 61
(A. d. Hrsg.).

129 Merkes behauptet, Hitler habe sich überhaupt nur zur Intervention in den
Spanischen Bürgerkrieg entschlossen, weil er Francos militärische Lage überschätzte und der Meinung war, er könne mit geringem Aufwand Francos Sieg
sicherstellen. »Im Auswärtigen Amt lag am 25.7.1936 noch kein Bericht
vor«, so heißt es auf S. 22 f. wörtlich, »der Einzelheiten über den Frontverlauf
enthielt. Im Reichskriegsministerium kann es nicht anders gewesen sein,
denn seine Nachrichtenverbindungen litten unter den gleichen Schwierigkeiten. Auch die Boten Francos, die aus Marokko kamen, können angesichts
der schlechten Verbindungen zum Festland keine sehr genaue Kenntnis der
dortigen Lage gehabt haben. Daß sie sich bemühten, diese besonders günstig
darzustellen, ist nicht zu bezweifeln. Die Teilnehmer der Sitzung entschieden
also auf Grund einer sehr ungenauen Kenntnis der wirklichen Lage in
Spanien. Optimismus, Risikofreudigkeit und Wunschdenken mögen dadurch gefördert worden sein. Wesentlich war, daß die Aufständischen, soweit sich das schon überblicken ließ, anfangs nur geringen Widerstand gefunden und in wenigen Tagen große Erfolge erzielt hatten. Ein Rückschlag
schien fern zu liegen. Noch lag nicht die eingehende Darstellung und Analyse
der Lage durch Schwendemann aus Madrid vor, in der es hieß, daß die Lage
sich für die Regierung langsam günstiger entwickle ... Sicherlich hat man

von Bayreuth aus die Lage viel zu günstig für Franco beurteilt und angenommen, daß der Bürgerkrieg nach wenigen Wochen zu Ende sein würde, daß das Risiko also zeitlich kurz, materiell gering sein würde. Lohnte sich dieses Risiko nicht, wenn man schon mit geringer Hilfe die Entscheidung für Franco herbeiführen konnte? Tatsächlich war ja in den ersten Monaten des Krieges der deutsche Einsatz so gering, daß ein Rückzug immer noch möglich war.« Zu dieser Darstellung ist folgendes zu bemerken: Es trifft zwar zu, daß der von Merkes erwähnte Bericht Schwendemanns am 25.7. noch nicht in Deutschland vorlag. Merkes übersieht aber einen am frühen Morgen des 25.7. in Berlin empfangenen ähnlich ausführlichen Bericht Schwendemanns vom 23.7., der u. a. Einzelheiten über den Frontverlauf enthielt, die Lage der Rebellen alles andere als günstig schilderte und eine längere Dauer des Bürgerkriegs für wahrscheinlich hielt. (Vgl. S. 91.) Es ist unerklärlich, wie Merkes, S. 25, Fußn. 36, darauf kommt, daß dieser Bericht Schwendemanns vom 23.7. am 25.7. abends noch nicht in Berlin vorlag. (Vgl. Anm. 96.) Zudem ist es sehr zu bezweifeln, daß sich die Boten Francos bemühten, seine Lage günstig darzustellen. (Vgl. S. 78 u. S. 91 f.) Es ist deshalb auch gar nicht sicher, daß man Francos Lage in Bayreuth »viel zu günstig« beurteilte und die Unterstützung für die Rebellen aus der Überlegung heraus gewährte, ein zeitlich kurzes und materiell geringes Risiko einzugehen, aus dem man sich gegebenenfalls immer noch zurückziehen konnte. Tatsächlich hat man deutscherseits bereits im ersten Stadium des Bürgerkriegs einen »langen harten Kampf« erwartet. Hitler hielt sogar einen Sieg der Republik für wahrscheinlicher als einen Sieg Francos, und gerade weil er die Lage Francos so pessimistisch beurteilte, hat er in den Bürgerkrieg eingegriffen. (Vgl. S. 92.) Eine kurze Dauer des Spanischen Bürgerkriegs war Hitler sicherlich wünschenswert. Daß es ihm aber um mehr ging, als »mit geringer Hilfe die Entscheidung für Franco herbei[zu]führen«, bewies er späterhin, als an einer längeren Dauer des Kriegs nicht mehr zu zweifeln war und folglich das Risiko lang und der materielle Aufwand auf Kosten der deutschen Aufrüstung groß sein mußten. Es gibt keinen Beweis dafür, daß man es in Berlin jemals ernsthaft erwogen hat, das spanische Unternehmen vor einem Siege Francos aufzugeben, und trotz aller Bedenken des Heeres, der Marine und des Auswärtigen Amtes war es stets Hitler, der immer umfangreichere Hilfeleistungen für Franco gewährte, wenn der Sieg der Rebellen gefährdet war. (Vgl. u. a. S. 101 u. S. 109 f.) Auch in seinem Verhalten gegenüber der republikanischen Regierung und durch die Anerkennung Francos am 18.11. brachte Hitler es bald nach dem Interventionsentschluß deutlich zum Ausdruck, daß er nur ein nationales Spanien dulden würde. (Vgl. S. 112 ff.)

130 Akten, 16.
131 Ebenda.
132 Akten, 142. Dahms, H. G.: *Der Spanische Bürgerkrieg 1936–1939*. Tübingen 1962, S. 106 f., meint, wirtschaftliche Interessen seien ein Hauptmotiv für die deutsche Intervention in Spanien gewesen. »Das starke deutsche Wirtschaftsinteresse«, so begründet er sein Argument, »wurde fast überdeutlich, als man noch am 26. Juli die beiden Handelsgesellschaften HISMA und ROWAK gründete«. Daß der Hisma schon im ersten Stadium ihrer Existenz neben ihrer militärischen (vgl. S. 40 [hier nicht abgedruckt]) eine kommerzielle Funktion zugedacht war, ist jedoch unzutreffend. Wirtschaftliche Aufgaben wuchsen dieser Gesellschaft erst zu, und als Folge davon wurde die Rowak

im Oktober 1936 gegründet (vgl. S. 124 [hier nicht abgedruckt]), und nicht, wie Dahms behauptet, am 26. Juli 1936.

133 Der Prozeß (gegen die Hauptkriegsverbrecher vor dem Internationalen Militärgerichtshof Nürnberg, Nürnberg 1947), Bd. 9, S. 317.

134 NPA/The United States of America against Wilhelm v. Leeb et al., Closing Brief for the Defendant Hugo Sperrle, August 1948, S. 3.

135 Vgl. S. 41 im Original.

136 Milch an Verfasser, 23.9.1971.

137 Vgl. S. 104.

138 Vgl. Anm. 134.

139 Akten, 559.

140 Akten, 581, 586.

141 Akten, 610.

142 Akten, 559.

143 AA/3175/D 682794–802.

144 AA/629/251934.

145 »El Diluvio«, Barcelona, 1.10.1936. »Treball«, Barcelona, 30.9.1936.

146 Foreign Relations of the U.S. (Künftig zit. als FRUS), Washington 1936, Bd. 2, S. 468.

147 Weizsäcker, E. v.: *Erinnerungen.* München 1950, S. 129.

148 Neurath hatte sich gleich nach Beginn der Wagner-Festspiele von Leinfelden a. d. Enz aus zu Besprechungen mit Hitler nach Bayreuth begeben. Unmittelbar anschließend an die Besprechungen flog Neurath aber schon am 21.7.1936 nachmittags nach Leinfelden zurück. (VB, Berliner Ausgabe, 22.7.1936. AA/6719/E 509922.) Aus einem Brief Neuraths an Dieckhoff vom 24.7.1936 geht hervor, daß sich der Außenminister auch an diesem Tage noch in Leinfelden aufhielt. Eine geplante zweite Reise nach Bayreuth erwähnt Neurath in seinem Brief nicht. (AA/3618/E 027226–27.) Da Neurath außerdem am 25.7.1936 nicht im Festspielhaus gesehen wurde (VB, Süddeutsche Ausgabe, 27.7.1936), darf wohl geschlossen werden, daß er sich an diesem Tage nicht in Bayreuth aufhielt. Merkes, S. 20 ff., behauptet ohne triftigen Grund, daß Neurath am 25.7.1936 in Bayreuth anwesend gewesen sei. Als Beweis hierfür dient ihm die in der Presse erwähnte Anwesenheit Neuraths in Bayreuth am 20.7.1936 und die in Schultheß 1936, S. 105, belegte Abwesenheit des Außenministers vom AA am 24.7.1936.

149 *Hitlers Tischgespräche,* S. 106.

150 *Hitlers Tischgespräche,* S. 60 f. u. 86.

151 Rauschning, H.: *Hitler speaks.* London 1939, S. 267 ff.

152 *Hitlers Tischgespräche,* S. 97.

153 Vgl. S. 90 [hier nicht abgedruckt].

154 Auswertungen des Reichsluftfahrtsministeriums (künftig zit. als RLM), RL 2/v. 3187, Unternehmen Feuerzauber, S. 50.

155 RLM/RL 2/v. 3187, Unternehmen Feuerzauber, S. 59.

156 Bolin, L.: a. a. O., S. 167 ff. *Cruzada,* Bd. 10, S. 126.

157 Akten, 40. Vgl. auch: FRUS, 1936, Bd. 2, S. 447, 435 f. u. 472 f. *Ciano's Diplomatic Papers,* S. 46 u. 57. Cantalupo, R.: *Embajada en España.* Barcelona 1951, S. 54 u. 65. Mussolini, R.: *La mia vita con Benito.* Mailand 1948, S. 137.

158 *Ciano's Diplomatic Papers,* a. a. O., S. 45 f.

159 Akten, 157. Vgl. auch: Akten, 130.

160 Vgl. S. 78 [hier nicht abgedruckt].

161 Akten des Archivs der Marine (Künftig zit. als AM), M 1367/80604, Unterredung Canaris/Roatta, 4.8.1936. RLM/RL 2/v. 3187, Unternehmen Feuerzauber, S. 40 u. 49. Milch an Verfasser, 23.9.1971.

162 AM/M 1367/80604, Randbemerkung zu einer Aufzeichnung des Amtes A, ca. 21.8.1936.

163 RLM/RL 2/v. 3187, Unternehmen Feuerzauber, S. 59 ff.

164 Beumelburg, W.: a.a.O., S. 31. *Das Buch der Spanienflieger*, S. 16 ff.

165 AM/M 1367/80602, Scheele an RLM, 19.8.1936.

166 RLM/RL 2/v. 3187, Unternehmen Feuerzauber, S. 66.

167 Beumelburg, W.: a.a.O., S. 35. Busch, F.O.: *Kampf vor Spaniens Küsten*. Berlin 1939, S. 43 f. Stackelberg, K.G.: *Legion Condor*. Berlin 1939, S. 10.

168 Beumelburg, W.: a.a.O., S. 35. Gomá, J.: a.a.O., S. 82.

169 Beumelburg, W.: a.a.O., S. 36. Stackelberg, K.G.: a.a.O., S. 8 f. N 176/23, Nachlaß Drum, Bd. 2, S. 73.

170 AM/PG 33308, Blomberg an Raeder, 31.8.1936. RLM/RL 2/v. 3187, Unternehmen Feuerzauber, S. 59 ff. u. 151. AM/M 1367/80604, Bericht Guidos, 12.9.1936.

171 AM/M 1367/80604, vgl. Anm. 170. AM/PG 33308, Blomberg an Raeder, 16.9.1936.

172 AA/676/258439.

173 AA/269/251874.

174 Akten, 62.

175 Schultheß 1936, S. 114.

176 DDP, Bd. 4, S. 161.

177 Akten, 62.

178 FO/W 12363/9549/41.

179 »Solidaridad Obrera«, Barcelona, 4.10.1936.

180 AA/3174/D 682349–50.

181 AA/3174/D 682352.

182 AA/1759/404891.

183 AA/629/251981.

184 AA/630/252009–10.

185 AA/630/252050–51; 252041–46.

186 AA/3365/E 010280–81; E 010283. *Ciano's Diplomatic Papers*, a.a.O., S. 50.

187 AA/3365/E 010283.

188 Akten, 65.

189 AA/2871/D 563579–88.

190 AA/660/259756–57.

191 AA/3175/D 682794–802.

192 *Ciano's Diplomatic Papers*, a.a.O., S. 57.

193 AA/4797/E 236706. Akten, 81, 88, 89, 100.

194 AM/M 1389/80777, Bericht Guidos, 16.10.1936.

195 AA/690/259758–61. Das Dokument wurde am 19.10. von Weizsäcker und am 20.10. von Dieckhoff gezeichnet.

196 AA/4418/E 083930–31, Weizsäcker an Völckers, 26.10.1936: »Bei dieser Gelegenheit möchte ich Ihnen bestens danken für Ihre brieflichen Ausführungen vom 16. d. M. über die Rolle der Mächte, insbesondere Rußlands, im spanischen Konflikt und über die Weiterentwicklung der Dinge. Wir

haben Ihren Brief mit großem Interesse gelesen. Ihre Auffassung über die verschiedenen Punkte wird hier im wesentlichen geteilt.«

197 Ciano's Diplomatic Papers, a.a.O., S.53 u. 57f. Schempp, O.: Das autoritäre Spanien. Leipzig 1939, S.71f.

198 AM/M 1389/80777, vgl. Anm. 194, Warlimont an Verfasser, 27.10.1971.

199 Akten, 113.

200 AM/M 1367/80604, Augenblickliche Beurteilung der Lage, ca. 4.11.1936.

201 AM/PG 33309, Sonderdampfer nach Spanien bis zum 5.1.1937. AM/M 1388/80769.

202 AM/M 1389/80777, Tätigkeitsbericht des Referats 8 der Legion Condor, 24.11.1936.

203 AM/M 1388/80769.

204 Beumelburg, W.: a.a.O., S. 56. DDP, Bd. 7/Teil 1, S. 56. Stackelberg, K.G.: a.a.O., S.8. Schempp, O.: a.a.O., S.72.

205 N 176/22, Nachlaß Drum, Bd. 1, S.18.

206 Stackelberg, K.G.: a.a.O., S.8. Schempp, O.: a.a.O., S.72. Busch: a.a.O., S.35. Da der Name ›Legion Condor‹ schon am 24. November 1936 in den Akten der deutschen Spanientruppen erwähnt wird (AM/M 1389/80777), muß geschlossen werden, daß dieser Name sich nicht, wie bisher angenommen wurde, erst langsam herausgebildet hat, sondern daß man das deutsche Luftwaffenkorps bereits im ersten Stadium seines Bestehens so getauft hatte.

207 Beumelburg, W.: a.a.O., S.57.

208 Stackelberg, K.G.: a.a.O., S.10. Beumelburg, W.: a.a.O., S.57.

209 DDP, Bd. 7/Teil 1, S.56.

210 Beumelburg, W.: a.a.O., S.58.

211 Stackelberg, K.G.: a.a.O., S.10. Schempp, O.: a.a.O., S.68.

212 Beumelburg, W.: a.a.O., S.175. DDP, Bd.7/Teil 1, S.56.

213 Der Prozeß, S.317. Görlitz, W.: Generalfeldmarschall Keitel. Verbrecher oder Offizier? Göttingen 1961, S.93. Beumelburg, W.: a.a.O., S.175.

214 Schempp, O.: a.a.O., S.68.

215 Stackelberg, K.G.: a.a.O., S.11.

216 Liddell Hart, B.H.: The other Side of the Hill. London 1948, S.98.

217 Busch: a.a.O., S.43ff. Stackelberg, K.G.: a.a.O., S.10. Schempp, O.: a.a.O., S.80

218 Padelford, Norman J.: International Law and Diplomacy in the Spanish Civil Strife. New York 1939, S.6.

219 AA/4446/E 086401–02; E 086403.

220 AA/3207/D 697897–98.

221 AM/M 1366/80598, BdP an OKM, 27.10.1936.

222 AM/M 1367/80604, vgl. Anm.200.

223 N 176/23, Nachlaß Drum, Bd. 2, S. 57. Beitrag von Oberst Jaenecke, dem ehemaligen Chef des Stabes vom Sonderstab W.

224 AM/M 1387/80777, Bericht v. Thomas, 22.11.1936.

225 AA/4446/E 086395, Köcher an AA, 15.11.1936.

226 DDF, Bd. 3, 480.

227 Milch an Verfasser, 3.10.1971.

228 Merkes, der sich schon den Interventionsentschluß nur erklären konnte, weil man »sicherlich ... von Bayreuth aus die Lage viel zu günstig für Franco beurteilt und angenommen [hat], daß der Bürgerkrieg nach wenigen Wochen

zu Ende sein würde, daß das Risiko also zeitlich kurz, materiell gering sein würde« (vgl. Anm. 129), kann offenbar deshalb auch im Falle der Anerkennung Francos (der Krieg war nun schon vier Monate alt!) nicht umhin, die deutsche und italienische Regierung für unverbesserliche Optimisten zu erklären, indem er, S. 65, annimmt, »daß sie [Deutschland und Italien] im November 1936 Francos Lage überschätzten. Sie hielten den Fall von Madrid und – trotz der Warnungen der deutschen Diplomaten – ein baldiges Kriegsende für sicher. Schon in Bayreuth hatte man zu optimistisch gerechnet; bei der Anerkennung Francos war es ähnlich.« Es bleibt Merkes das Problem zu erklären, warum Hitler bis zum Ende des Bürgerkriegs fortfuhr, Franco zu unterstützen. Durch die Anerkennung »legte sie [die deutsche Regierung] sich prestigemäßig so fest«, so versucht Merkes, S. 169, dieses Dilemma zu lösen, »daß es trotz der offiziellen Geheimhaltung der deutschen Intervention in Spanien nun kein Zurück mehr gab. Insofern ist der 18. 11. 1936, nicht der 25. 7. 1936, das entscheidende Datum der deutschen Spanienpolitik.« Merkes' Optimismus-Theorie fehlt jegliche dokumentarische Basis, und an Hand des greifbaren Materials besteht eher Anlaß zur entgegengesetzten Auffassung. Dazu vgl. S. 112 ff. Außerdem wirft die Argumentation Merkes', S. 65, Fußn. 201, daß »am 17. 11. ... noch allgemein mit dem baldigen Fall der Stadt [Madrid] gerechnet wurde«, die Frage auf, warum die deutsche Regierung dann nicht mit der Anerkennung bis zum Fall Madrids gewartet hat, den sie angeblich als kurz bevorstehend ansah. Ganz offensichtlich versprach man sich doch Vorteile von einem solchen Warten, denn nur 14 Tage vor der Anerkennung Francos hatte die deutsche Regierung ausdrücklich gegenüber der italienischen Regierung darauf bestanden. Stand die Einnahme Madrids tatsächlich bevor, warum wartete man dann nicht die kurze Zeit? Eine andere Erklärung Merkes', die Anerkennung Hitlers und Mussolinis sei angesichts ihrer Beziehungen zu Franco längst fällig gewesen, scheint ebenfalls wenig plausibel. Wäre es nur darum gegangen, dann hätte man Franco ja schon »längst« anerkennen können, z. B. am 29. 10., als die Italiener in Berlin auf eine sofortige Anerkennung Francos drängten. Hat man Franco etwa am 18. 11. entgegen allen Plänen anerkannt, weil der Fall Madrids und die damit verbundenen Vorteile nicht mehr in absehbarer Zeit erreichbar waren und andere Ereignisse (Blockade und Francos Moral) diese Vorteile in den Schatten stellten?!

229 AA/696/260524.

HORST KÜHNE

Ziele und Ausmaß der militärischen Intervention des deutschen Faschismus in Spanien (1936–1939)

Die deutschen Marxisten-Leninisten erfüllten ihre internationalistische Pflicht in den kompliziertesten Situationen des Klassenkampfs nicht zuletzt dadurch, daß sie stets konsequent gegen die Verharmlosung des aggressiven deutschen Imperialismus auftraten und den wahren Gehalt seiner Manöver bloßlegten. Dies trifft auch für die Jahre des Kriegs in Spanien zu.[1] Die KPD leistete einen wichtigen Beitrag zur Unterstützung der Spanischen Republik und zum Friedenskampf der Völker. Unter Einsatz aller Mittel des illegalen Kampfs war sie unablässig bemüht, vor allem den Menschen in Deutschland klarzumachen, daß die faschistischen Machthaber hinter Schaustellungen angeblicher Friedensliebe, wie den Olympischen Spielen von 1936 in Berlin, Kurs auf den Zweiten Weltkrieg nahmen.[2] Das Zentralkomitee der KPD betonte in der Direktive »Alles für die Unterstützung des spanischen Volkes« ebenso wie in vielen anderen Beschlüssen, die Notwendigkeit »verstärkter Propaganda gegen Hitlers Kriegspolitik«.[3] Diese Orientierung entsprach genau der Linie der Kommunistischen Internationale. Das Sekretariat ihres Exekutivkomitees erklärte am 20. März 1937 in einer Resolution zu den nächsten Aufgaben der KPD: »Der Kampf für den Frieden, gegen die Kriegswirtschaft, gegen die Eroberungspolitik, gegen die Intervention in Spanien [ist] das entscheidende Kettenglied im Kampf gegen den Hitlerfaschismus.«[4]

Die KPD sagte dem deutschen Volke und der Weltöffentlichkeit die volle Wahrheit über die forcierte Aufrüstung des faschistischen deutschen Imperialismus und sein verbrecherisches Eingreifen in die inneren Angelegenheiten des spanischen Volks. Sie wies nach, daß der Einsatz deutscher Truppen auf seiten der Francoputschisten ausschließlich den aggressiven Kreisen des deutschen Finanzkapitals diente und an den Abgrund eines neuen Weltkriegs führte. Sie charakterisierte die

Aus: *Zeitschrift für Militärgeschichte*. Bd. 8. (1969). S. 273–287. Mit freundlicher Genehmigung des Militärgeschichtlichen Instituts der DDR, Potsdam.

faschistische Intervention als Bestandteil der Vorbereitungen des deutschen Imperialismus zur Eroberung der Weltherrschaft und warnte eindringlich davor, sich von der faschistischen Friedensdemagogie irreführen zu lassen. Die Aufklärungsarbeit war um so notwendiger, als es selbst aktiven Antifaschisten in Deutschland schwerfiel, hinter den Lügengespinsten der Nazipropaganda die wahren Tatsachen und Zusammenhänge zu erkennen. Ausgehend von Gesprächen »mit Freunden aus dem Lande«, schrieb Walter Ulbricht am 10. Januar 1937 in einem Brief an Franz Dahlem, es sei erforderlich, über deutschsprachige Sendungen des spanischen Rundfunks verstärkt zu entlarven, »welche Unterstützung Franco durch Hitler erhält, denn fast alle Freunde unterschätzten die technische Unterstützung und die Entsendung von Heeresangehörigen«[5].

Um die Tatsache, daß das faschistische Deutschland von 1936 bis 1939 mit starken bewaffneten Kräften Krieg gegen die Spanische Republik führte, zu bagatellisieren, versucht die reaktionäre Historiographie den Eindruck zu erwecken, daß es eine »gleichzeitige Intervention« auf beiden Seiten gegeben habe. So verweist Dahms auf die Waffenlieferungen Mexikos an die Spanische Republik, auf die Bildung erster Rekrutierungsstellen für Freiwillige in Frankreich sowie auf die Maßnahmen der sowjetischen Gewerkschaften und anderer fortschrittlicher Organisationen zur solidarischen Unterstützung der spanischen Volksfront; diese Aktionen antifaschistischer Solidarität stellt Dahms unter der Überschrift »Die europäische Einmischung« auf die gleiche Ebene wie die aktive militärische Intervention der faschistischen Mächte.[6] Derartige Konstruktionen sind schon deshalb unhaltbar, weil es völlig normal war, daß die legale, vom Vertrauen des Volks getragene Regierung Spaniens nach eigenem Ermessen im Ausland um Hilfe ersuchte, während die von Deutschland und Italien unterstützten reaktionären Aufrührer keinerlei Legitimation besaßen. Hinzu kommt, daß die Appelle zur internationalen Solidarität als Antwort auf die Aggression des internationalen Faschismus erfolgten. Die Spanische Republik verteidigen bedeutete demzufolge, für den historischen Fortschritt einzutreten und die Lebensinteressen der ganzen friedliebenden Menschheit zu verfechten.

Die reaktionäre westdeutsche Historiographie ist bestrebt, über das Wesen des ersten Feldzugs der Wehrmacht hinwegzutäuschen. Sie ignoriert entscheidende historische Fakten, um zu verschleiern, welchen Umfang die militärische Intervention hatte, worin ihre Zielsetzung bestand und wer die treibenden Kräfte waren. Die ›seriöse‹ Publizistik gibt sich zwar betont sachlich, scheinbar frei von Ressentiments und Vorurteilen. So heuchelt Wohlfeil: »Als allgemeine Tendenz läßt sich bei einem Vergleich der (westdeutschen – d. Verf.) Presseveröffentlichungen zwischen 1956 und 1966 ein ansteigender ›Hang nach rechts‹ feststellen. Daß es auch Beiträge gibt, die völlig in dem Spanienbild national-sozialistischer Ideologie verhaftet sind, kann nicht nur mit Verwundern, sondern muß mit Erschrecken vermerkt werden.«[7]

Die herrschenden Kreise Westdeutschlands und ihre Ideologen sind sich augenscheinlich darüber im klaren, daß ein uneingeschränktes Bekenntnis zum Interventionskrieg des faschistischen Deutschlands Fragen nach dem gegenwärtigen Kurs des westdeutschen Imperialismus heraufbeschwören würde. Sie halten es für ratsam, die in der Bundes-republik weitergeführte zutiefst reaktionäre, friedens- und fortschritts-feindliche Traditionslinie gegenüber der Weltöffentlichkeit zu ver-schleiern. Dieses Bestreben ist in vielen Darstellungen zum Krieg in Spanien offensichtlich. Neben Machwerken, die völlig im Stil der Goebbelspropaganda gehalten sind und in Massenauflagen herausge-geben werden, finden sich Publikationen, in denen die Totalitarismus-doktrin vertreten wird. Oft wissenschaftlich drapiert, scheinbar um eine sorgsam differenzierende Analyse komplizierter gesellschaftlicher Pro-zesse bemüht, unwichtige Details exakt nachzeichnend, historisch be-deutsame Tatsachen unterschlagend oder direkt fälschend, den Blick für das Wesentliche des Geschehens versperrend, bereiten sie Material für die Flut unterschiedlich schattierter neonazistischer Darstellungen in den Massenmedien auf. Dabei ist es kaum von Belang, wie ihre Verfasser sich vorstellen: als Sozialdemokraten[8], Anarchisten[9], Trotzkisten[10] oder als unbeteiligte, angeblich objektive Chronisten[11]. Sie alle haben im System der westdeutschen Massenbeeinflussung einen Platz und tragen dazu bei, die öffentliche Meinung im Sinne des staatsmonopolistischen Herr-schaftssystems zu manipulieren. Trotz gewisser Nuancen in der Beurteilung einzelner Fakten ist ihnen gemeinsam, daß sie gegen die revolutionäre Arbeiterbewegung, gegen alle wahrhaft demokratischen Kräfte auftreten und die faschistischen Interventen offen oder verdeckt rechtfertigen.

Die imperialistische Historiographie und Publizistik zum Krieg in Spanien zielen nicht zuletzt darauf ab, die »deutsche Militärhilfe für Franco« zu bagatellisieren. Bei allem Interesse, »die Waffentaten der Legion Condor« zu glorifizieren, um für künftige Kriegsverbrechen Stimmung zu machen«[12], wird das wirkliche Ausmaß des damaligen militärischen Engagements verschwiegen.[13] Die herrschenden Kreise Westdeutschlands wollen – vor allem im Hinblick auf das Ausland –

nicht zugeben, daß die faschistische Wehrmacht, zu deren Tradition sich die Bundeswehr bekennt, seit Juli 1936 entscheidend dazu beitrug, die Francodiktatur gegen den verzweifelten Widerstand der übergroßen Mehrheit des spanischen Volks zu errichten. Ihnen geht es darum, die Spuren faschistischer Verbrechen zu verwischen und damit den Blick auf parallele Vorgänge unserer Zeit zu trüben.

Die Verantwortung für das Zustandekommen der militärischen Intervention des faschistischen deutschen Imperialismus schreiben reaktionäre westdeutsche Historiker und Publizisten einigen Führern der Nazipartei zu, bei denen angeblich in der Hauptsache ideologische Beweggründe ausschlaggebend gewesen wären. Gleichzeitig betonen sie, die Diplomaten und Militärs Nazideutschlands hätten demgegenüber verhindern wollen, daß sich Hitler in Kriegsabenteuer verstrickte. Als zur Intervention treibende Kräfte nennt man Hitler, Göring, Heß und eine Reihe weiterer Führer der Nazipartei, wie Bohle, den Gauleiter der Auslandsorganisation der NSDAP. Im Einklang mit den Veröffentlichungen der Naziprominenz[14] heißt es, die Intervention sei ohne Befragen bzw. gegen den Rat des Auswärtigen Amts und der Wehrmachtführung eingeleitet und forciert worden.

Diese Darstellungsweise läßt die Rolle der Monopole völlig im Dunkeln. Sie ignoriert das System des staatsmonopolistischen Kapitalismus, das im faschistischen Deutschland im Vergleich zu allen anderen imperialistischen Staaten am stärksten ausgeprägt war. Auf Grund der Verschmelzung der Macht der Monopole mit der Macht des Staats diktierten die maßgeblichen Repräsentanten der Finanzoligarchie die gesamte Innen- und Außenpolitik.[15] Demgemäß handelten alle Organe des faschistischen Machtapparats, ungeachtet gelegentlicher Meinungsverschiedenheiten über zweit- und drittrangige, taktische Fragen sowie privater Intrigen und Cliquenkämpfe[16], nach einer einheitlichen Grundkonzeption: die Wehrmachtführung ebenso wie die Nazipartei, das Auswärtige Amt ebenso wie die Gestapo. Die Geschichte des Interventionskriegs gegen die Spanische Republik beweist dies einmal mehr.[17]

Reaktionäre Historiker und Publizisten argumentieren, die »deutsche Hilfe für Franco« sei »nur schubweise auf Grund bestimmter Situationen improvisiert« worden[18], da es im Auswärtigen Amt und in der Wehrmachtführung starke Widerstände gegeben habe[19]. Sie versuchen, den faschistischen Diplomaten und Militärs, die in der westdeutschen Bundesrepublik an die Schalthebel der Macht gelangen konnten, auf diese Weise ein Alibi zu verschaffen. Aber es fehlt jeder Beweis dafür, daß verantwortliche Politiker oder Militärs des faschistischen Deutschlands den barbarischen Interventionskrieg gegen das spanische Volk prinzipiell abgelehnt hätten. Im Gegenteil, bereits die zum Thema »Deutschland und der Spanische Bürgerkrieg« publizierten Dokumente[20] genügen, um die Mitschuld des Auswärtigen Amts und der Wehrmachtführung zu belegen. Sehr aufschlußreiches Material bietet ferner der ungedruckte Briefwechsel des »Sonderstabes W«[21] und des Oberkommandos der Kriegsmarine mit dem Auswärtigen Amt. Diese Dokumente bestätigen, was die kommunistischen Parteien und andere demokratische Kräfte schon während des spanischen Kriegs über die militärischen Ziele des deutschen Generalstabs enthüllten, so u. a. anhand der Reichenaudenkschrift, die die antifaschistische Presse 1938 publizierte[22]. Heinrich Mann sagte damals über die Rolle der Wehrmachtführung: »Das System führt Krieg auf seine Art, mit Lug und Trug, in Schimpf und Schande. Das Kriegsministerium bedient es nach Wunsch.«[23]

Die deutschen Faschisten verfolgten in Spanien klar umrissene politische, wirtschaftliche und militärische Ziele. Mit den reaktionärsten Kräften anderer imperialistischer Staaten verband sie die Absicht, den Freiheitskampf des spanischen Volks in Blut zu ersticken. Damit übernahmen sie zum erstenmal außerhalb Deutschlands die ihnen von den herrschenden Kreisen der Westmächte »aus Angst vor dem Anwachsen der Arbeiterbewegung in Europa und der nationalen Befreiungsbewegung in Asien, aus Haß gegen das Land des Sozialismus« zugedachte Rolle des »*europäischen Gendarmen* ...«, der jede demokratische Bewegung der Volksmassen erdrosselt«[24].

Vorrangig sollte die Intervention in Spanien jedoch eine Reihe von Aufgaben erfüllen, die im speziellen Interesse des staatsmonopolistischen Herrschaftssystems in Deutschland lagen. Den Krupp und Siemens sowie der Wehrmachtführung ging es um die wirtschaftlichen Reichtümer Spaniens, um den Ausbau von Ausgangspositionen für die Entfesselung eines Weltkriegs und um die Ausnutzung der Schlachtfelder Spaniens als Truppenübungsplatz und waffentechnisches Versuchsgelände.

Es war ein Hauptanliegen des faschistischen deutschen Imperialismus, sich durch die Intervention die spanischen Bodenschätze, besonders aber die strategisch wichtigen Rohstoffe, zu sichern. Im Auftrag der reaktionärsten, chauvinistischsten und aggressivsten Kreise des Finanzkapitals machte Hitler die militärische Unterstützung Francos u. a. von Minenrechten in Spanien und Spanisch-Marokko abhängig. Wenn der Nazibotschafter bei Franco in einem Schreiben an das Auswärtige Amt »Wiederauffüllung der Bestände der L. C. (Legion Condor – d. Verf.) und unsere Bergwerksinteressen in Spanien« als Betreff angab[25], so verdeutlicht dies den wahren Gehalt der später von der nazistischen und neonazistischen Propaganda beschworenen »uneigennützigen Militärhilfe gegen die kommunistische Gefahr«. Wie die Kommunistische Partei Spaniens nachwies, gaben die Putschisten schamlos elementare nationale Interessen preis: »Nachdem sie die Fahne der Republik verraten, der sie den Treueid geschworen, begannen sie Spanien zu verschachern und boten es stückweise Ausländern an, im Tausch gegen Kriegshilfe, gegen Flugzeuge, gegen Kanonen, gegen Tanks.«[26]

Das Wesen der militärischen Intervention Nazideutschlands lag in ihrem Zusammenhang mit dem geplanten ›großen Krieg‹. Der faschistische deutsche Imperialismus fiel über die Spanische Republik her, um der Weltherrschaft näher zu kommen. Daher war es ein zwar wichtiges, aber untergeordnetes Ziel der Intervention, dem deutschen Finanzkapital in Spanien neue Profitquellen zu erschließen. Weit mehr Bedeutung kam der Tatsache zu, daß die wirtschaftlichen Konzessionen der Francoclique wichtige Rohstoffe betrafen, die für künftige Raubkriege unentbehrlich waren.

Im Hinblick auf den bevorstehenden Zweiten Weltkrieg verfolgte der faschistische deutsche Imperialismus in Spanien auch weitreichende militärstrategische Ziele. Die Wehrmachtführung war der Auffassung, daß in jedem europäischen Krieg, an dem England, Frankreich oder Italien beteiligt wären, die »Beherrschung der Schlüsselstellung Spaniens« besondere Bedeutung hätte:

1. um »das Mittelmeer vom Atlantik völlig abzuschließen und damit auch die englische Riegelstellung bei Gibraltar auszuschalten«;
2. um »die französischen Seeverbindungen zwischen der Mittelmeerküste und der atlantischen Küste zu unterbrechen«;
3. um »alle atlantischen Seeverbindungen Frankreichs nach Afrika und einen großen Teil der englischen Seeverbindungen nach Afrika zu flankieren«;
4. um »eine Brücke nach Afrika zu bilden, über die auch einmal strategische Operationen gegen Nordafrika möglich wären«.[27]

Diese Überlegungen fanden im Zweiten Weltkrieg vor allem in den »Führerweisungen« für die Operation »Felix« ihren Niederschlag.[28]

1936 verfügte der faschistische deutsche Imperialismus über 39 Divisionen des Heeres sowie über eine Luftwaffe von 37 Fliegergruppen.[29] Angesichts ihrer uferlosen Expansionspläne betrachteten die herrschenden Kräfte diese Verbände allerdings als unzureichend. Hitler stellte im August 1936 die Aufgabe, »in kürzester Frist die deutsche Wehrmacht in der Ausbildung, in der Aufstellung der Formationen, in der Ausrüstung und vor allem auch in der geistigen Erziehung zur ersten Armee der Welt entwickeln ... Das Ausmaß und das Tempo der militärischen Auswertung unserer Kräfte können nicht groß und nicht schnell genug gewählt werden!«[30]

Diesem von Hitler formulierten Ziel diente auch der Interventionskrieg gegen die Spanische Republik. Der Einsatz von Truppen der faschistischen Wehrmacht in Spanien markierte den Eintritt in eine neue Phase der Weltkriegsvorbereitung. Als »das Neue in der Kriegspolitik des Faschismus« bezeichnete das ZK der KPD die »Verbindung der Intervention von außen mit der Organisierung des Bürgerkriegs von innen in den demokratischen Ländern«[31].

Die Machthaber des faschistischen Deutschlands schickten seit Juli 1936 geschlossene militärische Formationen nach Spanien. Am 23. Juli erhielten die Panzerschiffe »Deutschland« und »Admiral Scheer«, der Kreuzer »Köln«, die 2. Torpedobootflottille sowie die Torpedoboote »Möwe« und »Kondor« den Befehl, zur Unterstützung der Putschisten in die spanischen Gewässer auszulaufen. Einen Tag darauf begannen sie in voller Gefechtsbereitschaft den »Vormarsch nach Spanien«.[32]

Zu Beginn des Putschs wurden Franco 20 Ju 52 zur Verfügung gestellt[33], um seine marokkanischen Truppen und Fremdenlegionäre über die Straße von Gibraltar zu transportieren. Ohne die auf diese Weise geschaffene ›Luftbrücke‹ wäre der Aufstand innerhalb Spaniens mit Sicherheit bereits im August niedergeschlagen worden. Außerdem flogen die ersten Ju 52 schon Ende Juli Terrorangriffe gegen Madrid.[34] Franco hatte folglich Grund genug, am 3. August – in einer Unterredung mit dem Befehlshaber des vor den spanischen Küsten operierenden Flottenverbandes der deutschen Kriegsmarine – zu erklären, daß er für die Junkersflugzeuge »besonders dankbar sei« und »dem Führer seinen Dank für die materielle, aber besonders auch moralische Hilfe zum Ausdruck zu bringen« bitte[35]. Kurz danach, am 6. August, traf unter dem Decknamen ›Reisegesellschaft Union‹ eine Luftwaffeneinheit mit sechs Jagdflugzeugen He 51 und 20 2-cm-Flak in Cádiz ein, die der Staatssekretär der Luftfahrt, General der Flieger Milch, am 31. Juli in Döberitz verabschiedet hatte.[36]

Das Oberkommando des Heeres entsandte Panzereinheiten und darüber hinaus vor allem Lehrpersonal zur Ausbildung von Offizieren und Unteroffizieren der Landstreitkräfte Francos.[37] Im September 1936 ging Oberst i. G. Warlimont als »bevollmächtigter Vertreter der deutschen Wehrmacht und als erster Führer des Freiwilligenkorps nach Spanien«[38]. Zu diesem Zeitpunkt hatten sich, wie die Nazipropaganda später prahlend verkündete, »die deutschen Verbände unter dem schönen Decknamen ›Unternehmen Feuerzauber‹ schon regelrecht als kriegsführende Macht organisiert«[39]. Systematisch verstärkte die Wehrmachtführung ihre Interventionsstreitkräfte. Im Oktober/November 1936 wurde die berüchtigte Legion Condor aufgestellt und nach Spanien transportiert; die bereits vordem auf seiten der Putschisten kämpfenden Einheiten der Land- und Luftstreitkräfte Nazideutschlands wurden in die Legion eingegliedert.[40]

Das Ausmaß der militärischen Intervention Nazideutschlands läßt sich nicht allein nach der Zahl der in Spanien eingesetzten Soldaten[41] beurteilen. Es ist zu berücksichtigen, daß es sich durchweg um faschistische »Eliteformationen« handelte. Hinzu kamen umfangreiche Kriegsmateriallieferungen, von denen Franco in einer Verbalnote vom 24. Januar 1937 sagte, sie seien »wichtiger als die Entsendung von Menschen«[42].

Um das eigene Volk niederzuringen, forderten die Putschisten die modernsten Waffen an, darunter auch Giftgas[43]. Die deutschen Faschisten stimmten nicht zuletzt im Interesse ihrer eigenen Aufrüstung zu. Sie sicherten der Francoclique eine erdrückende militärtechnische Überlegenheit und nutzten die Möglichkeit, moderne Waffen und Geräte auf dem Gefechtsfeld zu erproben.

Göring gab vor dem Nürnberger Tribunal zu, daß Spanien als waffentechnisches Versuchs- und Truppenübungsgelände der Wehrmacht ausgenutzt wurde. Zynisch sprach er von »einer Reihe Erprobungskommandos«, die »im scharfen Schuß zu erproben [hatten], ob das Material zweckentsprechend entwickelt wurde«; gleichzeitig sei es darum gegangen, dem Personalbestand Fronterfahrungen zu vermitteln.[44] Angesichts der Absicht maßgeblicher Kreise der westdeutschen Bundesrepublik, derartige Praktiken zu wiederholen – davon zeugt die mit verlogenen Friedensphrasen verbrämte Unterstützung des schmutzigen Kriegs gegen das vietnamesische Volk –, ist Görings Geständnis unerwünscht. Dementsprechend bezeichnen reaktionäre westdeutsche Historiker und Publizisten die »weitverbreitete Ansicht ..., daß Spanien ein Erprobungsgelände modernen Kriegsmaterials« gewesen sei, als »unhaltbare These«. So behauptet Dahms, führende deutsche Militärs hätten »die Verwendung modernen Kriegsmaterials und neuzeitlich ausgebildeten Personals in Spanien ... als hemmend empfunden«[45]. Die Dokumente beweisen eindeutig das Gegenteil.

Uninteressiert zeigte sich die Wehrmachtführung lediglich am Einsatz größerer Mengen solcher Waffen, bei denen es nichts mehr zu erproben gab. Als Franco im Oktober 1938 in Berlin darum ersuchte, ihm zusätzlich Kriegsmaterial für vier Divisionen zu senden, stimmte das OKW zwar grundsätzlich zu. Es meldete jedoch Bedenken gegen die Lieferung von 2000 Maschinengewehren an, weil damit »die Weiterausstattung der deutschen Armee um einen Monat« hinausgezögert würde. Diese Erwägung war allerdings keineswegs als ernsthafter Einwand gedacht; sie wurde mit dem Bemerken verknüpft, ausschlaggebend müßten »die politischen Gesichtspunkte« sein, »die nicht von der Wehrmacht zu entscheiden« seien. Nachdem Generaloberst v. Brauchitsch bei Hitler Vortrag gehalten hatte, erhielt Franco die angeforderten Waffen.[46] Gleichzeitig wurde Franco mit noch stärkerem Nachdruck auf die »deutschen Wünsche«, insbesondere nach Bergwerkskonzessionen sowie nach »größerem Einfluß auf die Leitung der Kriegsoperationen«, hingewiesen.[47]

Wesentlich aufgeschlossener war die Nazigeneralität, soweit es sich um die mit modernsten Waffen ausgestattete Legion Condor handelte. Generalmajor v. Richthofen regte noch im November 1938 an, die Zahl der deutschen Interventionstruppen zu verdreifachen. Er begründete den Vorschlag einerseits mit der Chance, den Krieg gegen die Spanische Republik dann »vielleicht, wenn auch nicht zu 100%«, zu gewinnen. Andererseits, so betonte er, sei der Einsatz weiterer Verbände »vom Standpunkt der deutschen Aufrüstung aus durchaus möglich und sogar nützlich«[48]. Seinen Argumenten wurde nicht widersprochen, wenn auch die weitere Verstärkung der Legion Condor auf Grund der außenpolitischen Lage abgelehnt wurde.

Die Ausnutzung Spaniens als militärisches Experimentierfeld war vom faschistischen deutschen Imperialismus offensichtlich nicht von vornherein beabsichtigt gewesen. Ein durchschlagender Erfolg der Putschisten im Juli 1936 oder ein ›Blitzsieg‹ der Interventionstruppen wäre den Machthabern in Berlin und Rom aus Gründen politischen und militärischen Prestiges sehr willkommen gewesen. Ihnen war klar, daß der heroische Widerstand der Spanischen Republik die werktätigen Massen aller Länder zum Kampf gegen den Faschismus ermutigte. Als sich jedoch der Krieg hinzog, nutzte die Wehrmachtführung diese »Kriegshochschule« ausgiebig. Sie sah eine Gelegenheit, waffentechnische Neuentwicklungen zu testen, die psychologische Aggressionsbereitschaft zu überprüfen, der Truppe Erfahrungen zu vermitteln und das höhere Offizierkorps zu schulen.[49]

Die militärischen Lehren, die die deutschen Faschisten in Spanien gewannen, betrafen vor allem: die Möglichkeit von Vernichtungsangriffen auf Großstädte, die Gefechtsformen der Jagdflieger, die Bedeutung der Schlachtflieger als neue Waffengattung, die Rolle taktischer Luftwaffeneinheiten zur Unterstützung des Heeres, den Einsatz von Flugzeugen zum Truppen- und Kriegsmaterialtransport, die Bedeutung der Flak im Erdkampf, die Entwicklung von Panzern mit stärkerer Feuerkraft und

Panzerung, den geschlossenen Einsatz von Panzerverbänden, Fragen der Panzerabwehr, die Fahr- und Gefechtsbereitschaft der Kriegsmarine, die Sicherstellung der Funkverbindung bei den Land-, Luft- und Seestreitkräften sowie das Zusammenwirken der Teilstreitkräfte und Waffengattungen. Die faschistische Militärliteratur trug dazu bei, die »spanischen Erfahrungen« im Offizierkorps zu verbreiten. Zeitschriften wie das »Militär-Wochenblatt«, die »Deutsche Infanterie«, die »Deutsche Wehr« und »Wissen und Wehr« oder die Jahrbücher des Heeres und der Luftwaffe brachten 1939 und 1940 zahlreiche Artikel unter so bezeichnenden Überschriften wie »Der spanische Bürgerkrieg. Über Erfahrungen der Kriegführung, Kampfführung, Waffen und Gerät«, »Erfahrungen aus der Winterschlacht in Katalonien«, »Lehren des Krieges in Spanien«, »Eine Auswertung der spanischen Luftkriegserfahrungen«, »Spanien – ein Bekenntnis zur Motorisierung?«, »Taktische und technische Lehren aus den spanischen Kriegsereignissen«, »Die Flakartillerie der Legion Condor« oder »Leichte Flak auch im Erdgefecht«.

Daneben wurde der Krieg in Spanien auch hinsichtlich des ideologischen Zustands der eingesetzten Truppen ausgewertet. Die deutschen Imperialisten zogen den Schluß, daß ihre Wehrmacht – im Unterschied zu den Armeen Francos und Mussolinis – geistig auf künftige Kriegsabenteuer vorbereitet sei. Wenngleich es sich bei den Interventionsstreitkräften im wesentlichen um eine sorgfältig ausgewählte ›Elite‹ handelte, ließ das Verhalten dieser Truppen doch weitgehende Schlüsse zu. Es war gelungen, viele Soldaten der Naziwehrmacht auf die unmenschliche Ideologie des faschistischen deutschen Imperialismus zu verpflichten und für künftige Raubkriege reif zu machen. Die Condor-Legionäre bewiesen durchweg, daß sie den herrschenden Kräften des Nazistaats bedingungslos ergeben waren und sich auch in künftigen Einsätzen skrupellos über Völkerrecht und Humanität hinwegsetzen würden. Nach ihrer Rückkehr wurden sie zumeist als Ausbilder in ihren ehemaligen Truppenteilen eingesetzt. Als der Zweite Weltkrieg begann, verfügte fast jeder Panzer-, Flak- und Fliegerverband über einen Stamm fronterfahrener Offiziere und Mannschaften.

Die verschiedenen Teilstreitkräfte waren in unterschiedlichem Maße an der Sammlung von Erfahrungen beteiligt, was sich auch in der Stärke der von ihnen eingesetzten Truppen äußerte. Die Luftwaffe stellte von Anfang an ein besonders starkes Kontingent der deutschen Interventionstruppen.[50] Das hatte seine Ursache zwar auch in entsprechenden Wünschen Francos, aber vor allem darin, daß es sich um den jüngsten Wehrmachtteil handelte, der auf der Grundlage von Kriegserfahrungen schnell zu einer Hauptwaffe der künftigen Blitzkriege entwickelt werden sollte. Vom Versailler Vertrag bis 1935 hatte es offiziell keine deutsche Luftwaffe gegeben. Sie war zwar illegal aufgestellt worden, aber die Geheimhaltung hatte die technische Erprobung stark beeinträchtigt. Dies zeigte sich besonders in der ersten Phase des Spanienkriegs.

Die Legion Condor testete die Flugzeugtypen He 46, He 50, He 51, He 59, He 60, He 70, He 111, He 123, Do 17, Ju 52, Ju 87 und Me 109.[51] In der Folgezeit brachte die deutsche Rüstungsindustrie jene Typen in großen Serien heraus, die sich in Spanien besonders bewährt hatten. Im März 1937 wurde zum erstenmal das Jagdflugzeug Me 109 eingesetzt; in der Winterschlacht von Teruel (um die Jahreswende 1937/38) starteten die ersten Sturzkampfflugzeuge vom Typ Ju 87. Diese Maschinen wurden auf Grund von Erfahrungen der Condor-Legionäre verbessert und schließlich massenhaft produziert. Sie trugen in der ersten Phase des Zweiten Weltkriegs zu den Überraschungserfolgen der Naziwehrmacht bei.[52]

Auch die Generalität und das Offizierkorps der Landstreitkräfte begriffen die Möglichkeit, im spanischen Krieg etwas zu lernen.[53] Das Oberkommando des Heeres schickte schon 1936 mehrere Spezialeinheiten nach Spanien, um neue technische und taktische Erkenntnisse zu überprüfen. Besondere Aufmerksamkeit galt dem Panzereinsatz[54], der Panzerabwehr und dem Zusammenwirken der Waffengattungen. Außerdem verdient hervorgehoben zu werden, daß sich deutsche Generalstabsoffiziere maßgeblich an der Ausarbeitung von Operationsplänen gegen die Spanische Republik beteiligten. Inwieweit dies auf die Interessen der Wehrmachtführung zurückzuführen war, beweist die Tatsache, daß die deutschen Faschisten der Francoclique seit 1936 wiederholt androhten, die Militärhilfe einzustellen, falls ihnen nicht stärkerer Einfluß auf die Kriegführung eingeräumt werden.[55] Über den Anteil der deutschen Kriegsmarine an der militärischen Intervention ist der Öffentlichkeit bis heute besonders wenig bekannt geworden, obwohl die antifaschistische Presse schon während des Kriegs wichtige Tatsachen enthüllte.[56] Die Seestreitkräfte des faschistischen Deutschlands nahmen einen weit stärkeren Einfluß auf den Kriegsverlauf, als in der einschlägigen Literatur[57] berichtet wird.

Die im Juli 1936 nach Spanien in Marsch gesetzten starken Überwasserstreitkräfte verstärkte das Oberkommando der Kriegsmarine später durch weitere Einheiten, schließlich auch durch zahlreiche U-Boote.[58] Als sich herausstellte, daß die spanische Marine entgegen allen Berechnungen fast ausnahmslos der Republik die Treue hielt, sollte die Interventionsflotte den Putschisten helfen, die Seeherrschaft zu gewinnen.[59] Während der ersten Interventionsphase handelte sie unter dem

Vorwand, angesichts der Bürgerkriegswirren »deutsche Interessen« wahrnehmen und »Reichsangehörigen« Schutz geben zu müssen.

Die faschistische deutsche Kriegsmarine wurde in folgenden Richtungen wirksam:

1. Gemeinsam mit der italienischen Flotte versuchte sie, eine vollständige Blockade der Spanischen Republik von See her zu gewährleisten, nachdem auf Grund der »Nichteinmischungspolitik« Frankreichs der Landweg schon weitgehend gesperrt war. Die Faschisten hatten, wie Nazibotschafter v. Hassell nach entsprechenden Verhandlungen mit Mussolini formulierte, die Absicht, »nicht nur sowjetrussische Lieferungen, sondern auch moralische Sauerstoffzufuhr abzuschneiden«[60]. Sie erreichten weder das eine noch das andere Ziel, obschon es ihnen gelang, mehrere sowjetische Handelsschiffe zu versenken und die Zufuhr von Kriegsmaterial und Lebensmitteln stark zu beeinträchtigen.[61] Die Kampfmoral des spanischen Volks und die vor allem von der UdSSR bewiesene Kraft des proletarischen Internationalismus waren stärker.

2. Die Seestreitkräfte Nazideutschlands sicherten die faschistischen Kriegsmaterial- und Truppentransporte nach Spanien.[62] Geleitschutz erhielten auch die zurückkehrenden Dampfer, »wenn sie hochwertiges Material, z.B. Kupfer, geladen hatten«[63].

3. Die in den spanischen Gewässern operierenden Einheiten führten zahlreiche Spionage- und Diversionsaufträge aus.[64] Sie unterhielten engen Kontakt zur Fünften Kolonne Francos im republikanischen Gebiet. Dabei kam ihnen zustatten, daß sich das faschistische Deutschland offiziell nicht im Kriege mit Volksfrontspanien befand und zunächst sogar weiterhin diplomatische Vertretungen in Alicante und Barcelona unterhielt.

4. Die Befehlshaber des deutschen Flottenverbandes nahmen Einfluß auf die Operationen der Putschisten.[65]

5. Das OKM kommandierte 10 Seeoffiziere und 60 Spezialisten unter dem Decknamen ›Marinegruppe Nordsee‹ in die Seestreitkräfte der Putschisten, um dort vorwiegend als Ausbilder und Berater Dienst zu tun. Diese Experten unterstützten die Fertigstellung der auf der Werft von El Ferrol liegenden Kriegsschiffe, leiteten den Einbau der aus Beständen der deutschen Kriegsmarine gelieferten Waffen und Geräte, organisierten eine Nachschubbasis, schufen ein Nachrichten- und Beobachtungsnetz, lehrten an der Marineschule, fuhren Besatzungen ein und beteiligten sich auch an Kampfhandlungen.[66]

6. Einheiten der faschistischen Kriegsmarine nahmen an Terroraktionen gegen die Zivilbevölkerung teil. Die Beschießung Almerias am 31. Mai 1937[67] steht in einer Reihe mit der barbarischen Luftkrieg-

führung. Während sich das Goebbelsministerium über die Bomben-angriffe der Legion Condor ausschwieg, berichtete es mit großem Auf-wand über einen »Vergeltungsschlag«, den die Kriegsmarine gegen Almeria geführt habe. Die Verlautbarungen über Almeria waren an-gesichts der empörten Weltöffentlichkeit im gleichen Stil abgefaßt wie die Darstellungen, die die reaktionäre Publizistik gegenwärtig über den imperialistischen Krieg gegen das vietnamesische Volk oder über die aggressiven Handlungen Israels gegen die arabischen Völker gibt. Die gleichgeschaltete Presse war gehalten, zwar über »Verluste an Sachscha-den und Menschenleben« zu berichten, jedoch »nicht zu betonen, daß auch Frauen und Kinder unter den Toten« waren; die amtliche Sprach-regelung vom 31. Mai 1937 lautete, das Bombardement habe sich »in erster Linie gegen militärische Anlagen gerichtet, wobei natürlich unver-meidbar [sei], daß auch zivile Häuser getroffen wurden.«[68]

Die psychologische Aufrüstung in Nazideutschland wurde während des Kriegs in Spanien immer mehr beschleunigt. In einem Memorandum zur Lage und zu den Aufgaben in Deutschland stellte das Sekretariat des ZK der KPD am 25. Februar 1938 fest, daß die Hitlerregierung nach der Beschießung von Almeria die Durchführung von Kriegsmaßnahmen vor dem Volke offener begründete (»Abstimmung in verschiedenen Be-trieben über Kriegserklärung und Entsendung von Truppen nach Spanien«).[69]

Angesichts der demagogischen Nazipropaganda bemühten sich die deutschen Kommunisten und andere Antifaschisten verstärkt, dem deutschen Volk die Wahrheit über den Krieg gegen die Spanische Re-publik mitzuteilen. Über den Deutschen Freiheitssender 29,8[70] und auf anderen Wegen informierten antifaschistische Widerstandskämpfer das deutsche Volk über Tod oder Gefangenschaft von Angehörigen der Interventionstruppen. So veröffentlichte das illegal erscheinende Zen-tralorgan der KPD, »Die Rote Fahne«, eine Namenliste gefangener Soldaten der Naziwehrmacht und forderte auf: »Wer die Möglichkeit hat, benachrichtige ihre Verwandten über ihr Schicksal und sorge vor allem dafür, daß es dem ganzen deutschen Volk bekannt wird.«[71] An-gesichts der verbrecherischen Provokation von Almeria gelobte das ZK der KPD, die Anstrengungen zu vergrößern, damit sich »die deutsche Volksfront ... in ihrem schweren Kampf gegen die braune Diktatur dem glorreichen Heldenkampf der spanischen Volksfront und ihrer tapferen Armee würdig erweist«[72].

Die KPD sagte mit gebotener Klarheit, daß der faschistische deutsche Imperialismus mit der Intervention in Spanien für einen neuen Weltkrieg übte, in dem sich in größtem Maßstab wiederholen sollte, was in Spanien

geschah: »Kombination des sogenannten regulären Krieges, wo mit Waffen der modernsten Technik gekämpft wird, und der Erbarmungslosig-
keit des Bürgerkrieges, wo ›keine Gefangenen gemacht‹ werden.«[73] Der
Verlauf des Zweiten Weltkriegs, insbesondere der Krieg des faschistischen Deutschlands gegen die sozialistische Sowjetunion, bestätigte diese
Einschätzung voll und ganz.

Anmerkungen

1 Siehe u. a. Pieck, W.: »Neue Aufgaben der Partei.« In: *Reden und Aufsätze*.
Bd. 1. Berlin, 4. Aufl., 1954, S. 244; Ulbricht, W.: »Hitler – Gendarm
Europas.« In: *Zur Geschichte der deutschen Arbeiterbewegung*. Bd. 2, Berlin,
5., verb. Aufl., 1968, S. 137.

2 Norden, A.: »Das Ringen um die deutsche Jugend.« In: *Die Nation und wir*.
Ausgewählte Aufsätze und Reden, Bd. 1, Berlin 1964, S. 98 ff.; derselbe:
»›Olympischer Friede‹ vor und hinter der Theaterkulisse.« Ebenda, S. 135 ff.
Zum antifaschistischen Kampf gegen den Mißbrauch der Olympischen Spiele
siehe Jahnke, K.-H.: *Der Anteil der deutschen Jugend am antifaschistischen
Widerstandskampf 1933–1945. Unter besonderer Berücksichtigung der
kommunistischen Widerstandsbewegung*. Habilitationsschrift, Greifswald
1966, S. 261 ff.

3 Institut für Marxismus-Leninismus beim ZK der SED, Berlin, Zentrales
Parteiarchiv (im folgenden: IML, ZPA), NL 36/102, Bl. 33.

4 Ebenda, 135/2/1792, Bl. 90.

5 Ulbricht: Brief an Franz Dahlem nach Spanien. In: *Zur Geschichte ...*, Bd. 2,
2. Zusatzband, Berlin 1968, S. 78.

6 Dahms, H. G.: *Der Spanische Bürgerkrieg 1936–1939*. Tübingen 1962, S. 98 ff.
Der gleichen Tendenz begegnet man in der westdeutschen Monopolpresse. So
erschien am 30. Jahrestag des faschistischen Putsches ein dem »Mythos
Francos« gewidmeter Artikel, in dem »von der Einmischung internationaler
Brigaden, des nationalsozialistischen Deutschlands und des faschistischen
Italiens« in den »Bürgerkrieg« gesprochen wurde (*Die Welt*, Hamburg, vom
18. Juli 1966).

7 Wohlfeil, R.: »Der Spanische Bürgerkrieg 1936–1939. Zur Deutung und
Nachwirkung.« In: *Vierteljahrshefte für Zeitgeschichte*. 16. Jg. (1968). S. 118.
In diesem Band S. 53–75.

8 So Brandt, W.: *Draußen. Schriften während der Emigration*. Hrsg. von
G. Struve, München 1956; Thomas, H.: *Der Spanische Bürgerkrieg*.
(West-)Berlin–Frankfurt a. M.–Wien 1962; Reventlow, R.: *Spanien in diesem
Jahrhundert. Bürgerkrieg, Vorgeschichte und Auswirkungen*. Wien–Frank-
furt a. M.–Zürich 1968 (siehe dazu die Rezension von Teubner, H., in: *Neues
Deutschland*, Berlin, vom 15. Februar 1969).

9 So Souchy, A.: *Nacht über Spanien*. Darmstadt 1955.

10 So Orwell, G.: *Mein Katalonien*. München 1964.

11 So Dahms: a. a. O.; Merkes M.: *Die deutsche Politik gegenüber dem Spanischen Bürgerkrieg*. Bonn 1961; *Der Spanische Bürgerkrieg in Augenzeugenberichten*. Hrsg. von H.-C. Kirsch, Düsseldorf 1967.

12 Richter, H.: »Zur Fortsetzung der verbrecherischen ›Legion-Condor‹-Tradition in der Bundeswehr.« In: *Interbrigadisten. Der Kampf deutscher Kommunisten und anderer Antifaschisten im national-revolutionären Krieg des spanischen Volkes 1936 bis 1939.* Berlin 1966, S. 301 ff.

13 Merkes betont (S. 175), »die deutsche Regierung« habe »Franco selbst ... seinen Sieg erkämpfen« lassen.

14 Ribbentrop, A. v.: »*Verschwörung gegen den Frieden«. Studien zur Vorgeschichte des zweiten Weltkrieges.* Leoni 1962, S. 88 ff.

15 *Imperialismus heute. Der staatsmonopolistische Kapitalismus in Westdeutschland.* Berlin, 4., überarb. u. erw. Aufl., 1967, S. 64 ff.; *Geschichte der deutschen Arbeiterbewegung.* Bd. 5, Berlin 1966, S. 56 ff.

16 Solche für den Gang der Ereignisse unerheblichen Auseinandersetzungen werden von reaktionären Historikern aufgebauscht und als grundsätzliche Meinungsverschiedenheiten ausgegeben.

17 Zur Rolle der deutschen Monopole in dem barbarischen Krieg des faschistischen Deutschlands gegen die Spanische Republik siehe Schreiner, A.: »Über die Hintergründe und Ziele der faschistischen Intervention in Spanien 1936.« In: *Militärwesen.* 2. Jg. (1958). H. 4, Beilage; Einhorn, M.: *Die ökonomischen Hintergründe der faschistischen deutschen Intervention in Spanien 1936 bis 1939.* Berlin 1962; Schmelzer, J.: *Die Herren Generale.* Halle 1966.

18 Dahms: a. a. O., S. 293; Görlitz, W.: *Der deutsche Generalstab. Geschichte und Gestalt 1657–1945.* Frankfurt a. M. 1950, S. 441 ff.; Merkes: a. a. O., S. 17.

19 Ebenda, S. 19 ff., 176; Dahms: a. a. O., S. 100, 298.

20 *Akten zur Deutschen Auswärtigen Politik 1918–1945.* Aus dem Archiv des Deutschen Auswärtigen Amtes (im folgenden: ADAP), Serie D (1937–1945), Bd. 3, Baden-Baden 1951.

21 Der am 26. Juli 1936 in der Wehrmachtführung gebildete »Sonderstab W«, der die militärische Intervention in Spanien leitete, stand unter Führung von Generalleutnant Wilberg.

22 Reichenaus aufsehenerregende Denkschrift über die »spanische Kriegshochschule« ist abgedr. in: *Rundschau über Politik, Wirtschaft und Arbeiterbewegung.* Jg. 1938, S. 1199 f.

23 Mann, H.: »Die Herrn vom Militär.« In: *Essays.* Bd. 3, Berlin 1962, S. 304.

24 Dimitroff, G.: »Einheitsfront des internationalen Proletariats und der Völker gegen den Faschismus.« In: *Ausgewählte Schriften.* Bd. 3, Berlin 1958, S. 110.

25 Deutsches Zentralarchiv Potsdam (im folgenden: DZA Potsdam), Auswärtiges Amt. Nr. 61 159, Bl. 41, Schreiben Stohrers vom 6. 7. 1937.

26 Ibárruri, D.: »Denkt an uns!« In: *Wir werden siegen. Reden – Artikel – Berichte.* Moskau 1937, S. 99. Der Artikel erschien zuerst in: *Pravda.* Moskau, vom 7. November 1936.

27 DZA Potsdam, Auswärtiges Amt, Nr. 61 159, Bl. 84, Bericht über eine Dienstreise Heyes im Juni 1938 nach Spanien. Heyes Bericht, in dem die oben skizzierte Zielsetzung als »deutscher militärischer Standpunkt« bezeichnet wurde, galt den faschistischen Führungsstellen als autoritatives Gutachten, da – wie das Auswärtige Amt vermerkte – »Fregattenkapitän Heye seit Beginn des Bürgerkrieges in die Bearbeitung aller Spanienangelegenheiten weitgehend eingeschaltet war« (ebenda, Bl. 63).

28 Die Weisungen 18, 18 a und 19 (Entwurf) (*Hitlers Weisungen für die Kriegführung 1939 bis 1945. Dokumente des Oberkommandos der Wehrmacht.* Hrsg. von W. Hubatsch, Frankfurt a. M. 1962, S. 67 ff.) betrafen den »Angriff

auf Gibraltar und die anschließenden Maßnahmen in Nordwestafrika«. Es war geplant, die für das Unternehmen »Felix« eingesetzten Truppen von Generalen führen zu lassen, die während des Interventionskriegs gegen die Spanische Republik einschlägige Erfahrungen gesammelt hatten. Als Befehlshaber der Heeresverbände, die auf der Iberischen Halbinsel operieren sollten, benannte das OKW Generalfeldmarschall v. Reichenau. Als Führer der deutschen Luftstreitkräfte in Spanien war der letzte Kommandeur der Legion Condor, v. Richthofen, vorgesehen (ebenda, S. 75).

29 Förster, G., Helmert, H., Otto, H., Schnitter, H.: *Der preußisch-deutsche Generalstab 1640 bis 1965. Zu seiner politischen Rolle in der Geschichte.* Berlin, 2., erw. u. überarb. Aufl., 1966, S. 457.

30 Zit. nach: *Geschichte der deutschen Arbeiterbewegung.* Bd. 5, S. 485.

31 IML, ZPA, NL 36/102, Bl. 33.

32 DZA Potsdam, Auswärtiges Amt, Nr. 61 156, Bl. 249, Tätigkeitsbericht des Befehlshabers der Linienschiffe während der Entsendung in die spanischen Gewässer; *Rundschau* ... Jg. 1936, S. 1815.

33 Beumelburg, W.: *Kampf um Spanien. Die Geschichte der Legion Condor.* Bearb. i. A. des Reichsluftfahrtministeriums, Oldenburg–Berlin 1939, S. 22 f.

34 *ADAP.* Serie D, Bd. 3, S. 63, Telegramm des Geschäftsträgers in Madrid, Völckers, an das Auswärtige Amt vom 29.7.1936.

35 DZA Potsdam, Auswärtiges Amt. Nr. 61 156, Bl. 275 f.

36 Hoyos, M.: *Pedros y Pablos.* München 1939, S. 13 ff.; Beumelburg: a.a.O., S. 26.

37 DZA Potsdam, Auswärtiges Amt, Nr. 61 157, Bl. 147, Schreiben Wilbergs an Keitel vom 30.11.1937.

38 *Völkischer Beobachter.* Berlin, vom 31. Mai 1939.

39 Beumelburg: a.a.O., S. 34. Ein anderer faschistischer Kriegsberichterstatter schrieb: »Bereits im September wird das Freiwilligenkorps durch weitere Jäger, Aufklärer, Flak- und Panzerkompanien verstärkt ... Auf der mehr als 2000 Kilometer langen Front greift das deutsche Freiwilligenkorps überall an« (Bley, W.: »Die Legion.« In: *Das Buch der Spanienflieger.* Leipzig 1939, S. 10).

40 Zur Zusammensetzung der Legion Condor im November 1936 siehe Norden: *Das spanische Drama.* Berlin 1961, S. 20.

41 Wenngleich die verfügbaren Akten nichts über die Gesamtstärke der im Spanienkrieg eingesetzten Verbände der Naziwehrmacht aussagen, steht außer Zweifel, daß die Angaben der reaktionären Historiographie und Publizistik stark untertrieben sind. Unter Bezug auf den englischen Historiker Thomas (S. 516) behauptet die reaktionäre westdeutsche Publizistik, daß nur etwa 16 000 Deutsche (Soldaten und Zivilisten) auf faschistischer Seite eingesetzt gewesen seien (*Der Spanische Bürgerkrieg in Augenzeugenberichten.* S. 448). Tatsache ist aber, daß nach dem Krieg nicht weniger als 26 116 Angehörige der Interventionstruppen mit dem am 14. April 1939 gestifteten Spanienkreuz dekoriert wurden (Doehle, H.: *Die Auszeichnungen des Großdeutschen Reichs. Orden, Ehrenzeichen, Abzeichen.* Berlin, 4. Aufl., 1943, S. 14 ff.). Nach Beumelburg (S. 310) nahmen nach Beendigung des Kriegs 20 000 Condor-Legionäre in Berlin an der Parade vor Hitler teil.

42 DZA Potsdam, Auswärtiges Amt, Nr. 61 156, Bl. 95.

43 Als »Offensivmaterial« bestellte Franco »50 t kleine 12-kg-Bomben mit Iperit, 50 t 50-kg-Bomben oder kleinere geladen mit Diphosgen, 50 t Hipoklorit Calcium, 10 t Magnesiumoxyd« (ebenda, Bl. 98 f.).

44 *Der Prozeß gegen die Hauptkriegsverbrecher vor dem Internationalen Militärgerichtshof, Nürnberg 14. November 1945 – 1. Oktober 1946.* Bd. 9, Nürnberg 1947, S. 316 f.

45 Dahms: a. a. O., S. 294.

46 DZA Potsdam, Auswärtiges Amt, Nr. 61 160, Bl. 101 ff., Aufzeichnung Woermanns vom 22. 10. 1938; Bl. 111, Niederschrift der Besprechung im Auswärtigen Amt über Spanienlieferungen vom 5. 11. 1938.

47 Ebenda.

48 Ebenda, Bl. 165, Aufzeichnung Woermanns.

49 Auf diese Tatsache wiesen während des Kriegs in Spanien auch Militärs der Westmächte hin (Temperley, A. C.: »Military Lessons of the Spanish War.« In: *Foreign Affairs.* Jg. 1937, H. 1, S. 34 ff.).

50 Reaktionäre Historiker versuchen den Eindruck zu erwecken, der Einsatz der Naziwehrmacht habe sich im wesentlichen auf die Luftwaffe beschränkt. Das Heer und noch mehr die Kriegsmarine klammern sie in ihren Darstellungen weitgehend aus.

51 Jäntsch, R.: »Spanien – das militärische Versuchsfeld des faschistischen deutschen Imperialismus zur Vorbereitung des zweiten Weltkrieges.« In: *Interbrigadisten*, S. 260.

52 Den Wert, den die Rüstungskonzerne den in Spanien gesammelten Erfahrungen beimaßen, veranschaulicht eine Information über die ersten Frontflüge der Ju 87 in den Hausmitteilungen der Junkerswerke. Es hieß, man habe dabei »praktische Erfahrungen sammeln können, die nun einmal der Ernstfall ergibt. Erfahrungen, die sich vor allem auch auf die Eignung der Maschinen, die Brauchbarkeit der technischen Einrichtungen und die Sicherheit gegen Feindeinwirkungen erstrecken« (*Junkersnachrichten.* 10. Jg., H. 56, S. 144).

53 Die Behauptung reaktionärer Historiker, sie hätten diese Möglichkeit bestritten (Dahms: a. a. O., S. 294; Merkes: a. a. O., S. 24), trifft nicht zu.

54 Oberst v. Thoma, der an der Spitze der nach Spanien entsandten Panzertruppen stand, sagte 1945 aus, daß er in Spanien an 192 Panzergefechten teilgenommen habe (Thomas: a. a. O., S. 516).

55 *ADAP.* Serie D, Bd. 3, S. 105 ff., Weisung Generaloberst v. Blombergs an Admiral Canaris und Generalleutnant Sperrle vom 30. 10. 1936, erlassen in Absprache mit v. Neurath.

56 »Nieder mit Hitlers Kriegshilfe für die spanischen Faschisten.« In: *Die Rote Fahne.* Jg. 1936. Nr. 6; »Hitlers Kriegspolitik mordet 31 deutsche Matrosen. Die Wahrheit über die ›Deutschland‹ und die ›Leipzig‹.« In: *Die Rote Fahne.* Jg. 1937. Nr. 3; Behrend, H. (d. i. A. Norden): »Vom ›Panther‹- zum ›Leoparden‹-Sprung.« In: *Rundschau* ..., Jg. 1936, S. 1465; derselbe: »Hitlerdeutschland steuert dem Weltkrieg zu.« Ebenda, S. 2141.

57 *Deutsche kämpfen in Spanien.* Hrsg. von der Legion Condor, Berlin 1939; Busch, F. O.: *Kampf vor Spaniens Küsten. Deutsche Marine im spanischen Bürgerkriege.* Berlin–Leipzig 1939; »Die Marinetruppen der Legion Condor.« In: *Die Wehrmacht.* Jg. 1939, Sonderheft: *Wir kämpfen in Spanien.*

58 DZA Potsdam, Auswärtiges Amt, Nr. 61 156, Bl. 249 ff.; Bl. 211 ff., Tätigkeitsbericht des Befehlshabers der Panzerschiffe während der Entsendung in die spanischen Gewässer; Bl. 357, Schreiben des Oberkommandos der Kriegsmarine an das Auswärtige Amt vom 17. 8. 1937, betr. »Zusammensetzung der Spanienstreitkräfte«; Brennecke, F.: »Die deutsche Kriegsmarine im Jahre 1937.« In: *Die Kriegsmarine.* Jg. 1933, H. 1, S. 1 ff.

59 Die Spanische Republik verfügte bei Kriegsbeginn über 1 Linienschiff, 4 leichte
   Kreuzer, 14 Zerstörer, 3 Kanonenboote, 9 Torpedoboote und 5 U-Boote.
   Demgegenüber bestanden die Flottenkräfte der Francoclique aus 1 leichtem
   Kreuzer, 1 Zerstörer und 2 Kanonenbooten sowie aus einigen in Reparatur
   oder im Bau befindlichen Schiffen (Busch: a. a. O., S. 33 f.). Über die Entwicklung der Seestreitkräfte beider Seiten siehe *Weyers Taschenbuch der Kriegs-
   flotten*. Hrsg. von A. Bredt. Jg. 1938, München–Berlin 1938, S. 173 ff.; Jg.
   1939, München–Berlin 1939, S. 17 ff.

60 DZA Potsdam, Auswärtiges Amt, Nr. 61 156, Bl. 84, Telegramm des Botschafters in Rom an den Reichsminister des Auswärtigen vom 17. 12. 1936.

61 Die faschistischen Blockademethoden kennzeichnet eine Geheime Kommandosache des Wehrmachtsamtes vom 1. November 1937: »Auf hoher See
   führt Weiß eine Art Piratenkrieg, indem es völlig unberechtigt Schiffe kapert,
   durch U-Boote warnungslos versenkt (entgegen dem von allen Hauptsee-
   mächten anerkannten Londoner Protokoll vom 6. 11. 1936), durch Überwasserstreitkräfte beschießt und durch ›unbekannte‹ Flugzeuge neutrale
   Dampfer bombardiert« (ebenda, Nr. 61 157, Bl. 112).

62 Ebenda, Nr. 61 156, Bl. 214.

63 Ebenda, Bl. 215.

64 Admiral Carls charakterisierte diese Funktion in seinem »Tätigkeitsbericht«
   wie folgt: »Erkundung und Feststellung von für Weiß wichtiger Tatsachen
   über Lage, Nachschub. Dislokation bei Rot ... Feststellung der Hauptnach-
   schubhäfen und Art des Nachschubs bei Rot« (ebenda, Bl. 214).

65 Ebenda, Bl. 219.

66 Einen detaillierten Überblick zu dieser Seite der Beteiligung des OKM an der
   militärischen Intervention des faschistischen deutschen Imperialismus gibt
   Zimmer, G.: »Zur Rolle der ›Marinegruppe Nordsee‹ bei der Intervention des
   faschistischen deutschen Imperialismus in Spanien.« In: *Interbrigadisten*,
   S. 276 ff.

67 Beteiligt waren das Panzerschiff »Admiral Scheer«, die Torpedoboote »Leopard«, »Luchs«, »Seeadler« und »Albatros« sowie die U-Boote 33 und 34 (*Völkischer Beobachter* vom 6. Juni 1939).

68 Odermann, H.: »Vertrauliche Presseanweisungen des Nazi-Propaganda-
   ministeriums.« In: *Zeitschrift für Geschichtswissenschaft*. 13. Jg. (1965).
   S. 1375. Es entspricht dem aggressiven Kurs der Bonner Politik, daß die
   reaktionäre westdeutsche Historiographie gleichfalls von »Vergeltungsmaß-
   nahmen« gegen Almeria spricht (Merkes: a. a. O., S. 114 f.; Dahms: a. a. O.,
   S. 167; Hubatsch: *Der Admiralstab und die obersten Marinebehörden in
   Deutschland 1848–1945*. Frankfurt a. M. 1958, S. 208).

69 IML, ZPA, 135/2/1797, Bl. 1.

70 Teubner: »Der deutsche Freiheitssender 29,8 als Führungsorgan der KPD im
   antifaschistischen Kampf.« In: *Beiträge zur Geschichte der deutschen Arbeiterbewegung*. 6. Jg. (1964). S. 1022 ff.

71 *Die Rote Fahne*. Jg. 1938. Nr. 5.

72 Telegramm des Zentralkomitees der Kommunistischen Partei Deutschlands
   an die Zentralkomitees der Kommunistischen Partei und der Sozialistischen
   Partei Spaniens. In: *Der Freiheitskampf des spanischen Volkes und die internationale Solidarität*. Hrsg. vom Institut für Marxismus-Leninismus beim ZK
   der SED, Berlin 1956, S. 194.

73 Ulbricht: »Hitler – Gendarm Europas.« A. a. O., S. 131.

MARION EINHORN

Die ersten Maßnahmen des deutschen Imperialismus zur wirtschaftlichen Ausplünderung Spaniens (Juli bis August 1936)

1. Gründung, Aufgaben und staatsmonopolistischer Charakter
der für den Warenverkehr mit Spanien
gegründeten Firmen Hisma/Rowak

Für die Entwicklung der wirtschaftlichen und politischen Beziehungen des deutschen Imperialismus zu dem von Franco besetzten Teil Spaniens ergaben sich nach der Auslösung des Militärputschs und der sofortigen Unterstützung der Meuterer durch Hitlerdeutschland völlig neue Bedingungen. Das deutsche Monopolkapital betrachtete die Lage Francos als eine geradezu einmalige Gelegenheit, die es zur Durchsetzung seiner Interessen in Spanien zu nutzen entschlossen war. Francospanien bot sich den deutschen Imperialisten als Rüstungsmarkt an, als Absatzgebiet für Waren, die für Hitlerdeutschland infolge der Militarisierung der deutschen Wirtschaft immer mehr die Hauptproduktion darstellten. Der Waffenexport konnte zu einem wichtigen Mittel bei der Entscheidung des Konkurrenzkampfs um den spanischen Markt zugunsten des deutschen Imperialismus werden.

Da die spanischen faschistischen Generale nicht über ausreichende Devisen- bzw. Goldvorräte verfügten, um das in Deutschland angeforderte Kriegsmaterial zu bezahlen, mußten sie sich zur Entwicklung eines Verrechnungssystems auf der Grundlage des Warenaustauschs und der Bewilligung wirtschaftlicher und politischer Konzessionen bereitfinden, ein System, das der damaligen Handelspolitik des deutschen Imperialismus infolge des eigenen Mangels an ausländischen Zahlungsmitteln und den allgemeinen Ambitionen in Spanien entsprach.

Im Rahmen der mit Francospanien zu entwickelnden Wirtschaftsbeziehungen war das vordringliche Interesse Hitlerdeutschlands auf den Bezug kriegswichtiger Rohstoffe gerichtet, über die Spanien in reichlichem Maße verfügte[1] und deren Sicherstellung zur Erleichterung der angespannten Rohstofflage des Dritten Reichs beitragen sollte. Die

---

Aus: *Die ökonomischen Hintergründe der faschistischen deutschen Intervention in Spanien, 1936 1939.* Berlin/DDR 1962, S. 109–122. (= Deutsche Akademie der Wissenschaften zu Berlin. Schriften des Instituts für Geschichte. Reihe I: Allgemeine und Deutsche Geschichte. Band 15). Mit freundlicher Genehmigung des Akademie-Verlags. Berlin/DDR.

kontinuierliche Versorgung der deutschen Rüstungskonzerne bereitete der faschistischen deutschen Regierung 1935/1936 ernste Schwierigkeiten. Während 1934 noch ein 5- bis 6facher Monatsbedarf an Rohstoffen zur Verfügung stand, waren die Vorräte inzwischen auf den 1- bis 2fachen Bedarf zusammengeschmolzen.[2] Die Belieferung der Schwerindustrie mit Eisenerzen hatte sich im Januar 1936 schon derartig verschlechtert, daß selbst so bedeutende Konzerne wie z.B. die Vereinigten Stahlwerke mit der Notwendigkeit der Einschränkung ihrer Eisenherstellung als unausbleibliche Folge zu rechnen begannen.[3] Als erste Auswirkungen des in allen Zweigen der Rüstungsindustrie spürbaren Rohstoff- und Arbeitskräftemangels wurden bereits in zunehmendem Maße Terminverzögerungen bei der Fertigstellung von Kriegsmaterial, Fahrzeugen, Schiffen und Anlagen verzeichnet.[4] Noch im Mai 1936 wies Reichswirtschaftsminister Schacht in einer Besprechung des Ministerrats darauf hin, daß mit einer Steigerung des deutschen Exports, die die Bereitstellung größerer Devisenmengen zur Rohstoffbeschaffung ermöglichen würde, nicht zu rechnen sei.[5] Nach der Meinung Schachts würden sogar im Gegenteil die wachsenden Schwierigkeiten, denen der deutsche Export nach Schweden in letzter Zeit begegnete, eine Minderung der deutschen Einfuhr schwedischer Eisenerze nach sich ziehen[6] und somit die Situation noch weiter verschärfen. Nach Schweden und Frankreich zählte Spanien damals zu den wichtigsten Eisenerzlieferanten der deutschen Schwerindustrie. Im Jahre 1935 hatte Deutschland aus Spanien 1 320 500 t hochwertige Eisenerze bezogen.[7] Das im Frühjahr 1936 abgeschlossene deutsch-spanische Handelsabkommen sah eine weitere Erhöhung der Eisenerzlieferungen vor.[8] Diese Bezüge kamen nach dem Beginn des Interventionskriegs und der Einstellung der Handelsbeziehungen Hitlerdeutschlands zum republikanischen Spanien in Fortfall[9], was zu einer weiteren Verschlechterung der Versorgung der deutschen Rüstungsindustrie mit Eisenerzen führen mußte. Auf dem Gebiet der Nichteisenmetalle war die Lage nicht besser. Die 1936/1937 auf dem Weltmarkt zu verzeichnende Preissteigerung für sämtliche Nichteisenmetalle[10] wirkte sich erschwerend auf den deutschen Import an Kupfer, Blei, Zink usw. aus, da größere Devisen- bzw. Warenmengen beansprucht wurden. Von dem Mangel an Kupfer war vor allem die durch die deutsche Aufrüstung stark beanspruchte elektrotechnische Industrie betroffen. Anfang April 1937 klagte z.B. der Vorstand der AEG, daß die Ausnutzung der Produktionskapazität durch die Rohstoffschwierigkeiten verhindert sei; kapazitätsmäßig könne der Konzern das Exportgeschäft verdoppeln.[11] Auch nach der Verkündung und Inangriffnahme des »Vierjahrplans«, im September 1936, durch den Deutschland in allen jenen Stoffen vom Ausland gänzlich unabhängig gemacht werden sollte, »die irgendwie durch die deutsche Fähigkeit, durch unsere Chemie und Maschinenindustrie sowie durch unseren Bergbau selbst beschafft werden können«[12], blieb für die deutsche Kriegswirtschaft die Notwendigkeit des Imports rüstungswichtiger Rohstoffe bestehen. Weder auf dem Gebiet der Eisenerzversorgung[13] noch bei der Bereitstellung von Kupfer, Zinn, Holz für die Herstellung von Faserstoffen u. a. konnte die von den deutschen Faschisten angestrebte Autarkie verwirklicht werden.[14]

Entsprechend dem Wesen imperialistischer ›Hilfe‹ und angesichts der oben gekennzeichneten Rohstofflage nimmt es nicht wunder, daß die nach der Auslösung des Militärputschs durchgeführten deutschen militärischen Hilfeleistungen für Franco sofort auf eine geschäftliche Grundlage gestellt wurden. Zu diesem Zweck wurde bereits Ende Juli 1936 auf Initiative Görings, der sich seit April 1936 in der Funktion als Rohstoff- und Devisenkommissar in die deutsche Wirtschaftsführung eingeschaltet hatte, in Spanisch-Marokko die deutsch-spanische Firma Hisma Ltda.[15] gegründet.[16] Die Leitung der Hisma wurde dem Wirtschaftsstellenleiter der AO der NSDAP in Tetuan, Johannes Bernhardt, übertragen. Bernhardt, vor der Machtübernahme Hitlers ein unbedeutender Angestellter einer deutschen Exportfirma in Spanisch-Marokko, hatte sich durch seine Aktivität innerhalb der AO der Nazipartei in Tetuan so hervorgetan, daß er als Vertrauensmann der deutschen wie der spanischen Faschisten galt und im Laufe des Interventionskriegs zum offiziellen Vertreter des »Amtes für den Vierjahresplan« in Francospanien[17] ›avancierte‹. Wie bereits erwähnt, war Bernhardt einer der Emissäre Francos, die am 24. Juli 1936 das Hilfegesuch der Verschwörer-Generale nach Berlin überbracht hatten.[18] Bei den damaligen Besprechungen mit Hitler und Göring muß die Gründung der Firma Hisma bereits festgelegt worden sein. Zunächst wurde die Hisma zur Durchführung der deutschen militärischen Hilfsmaßnahmen herangezogen. Schon am 3. August 1936 organisierte sie in Zusammenarbeit mit dem »Sonderstab W« den Transport marokkanischer Rebellentruppen nach Spanien.[19] In den ersten Augusttagen wurde die Zentrale der Hisma in Sevilla errichtet, die sich innerhalb der drei Kriegsjahre zu einem Betrieb mit etwa 260 Angestellten, von denen ungefähr die Hälfte Spanier waren, entwickelte.[20] Gleichzeitig mit der Gründung der Hisma in Spanien wurde ebenfalls auf Initiative Görings in Berlin die Parallelfirma Rowak mbH[21] ins Leben gerufen, für die der größte Teil des personellen Stabes von der AO der NSDAP zur Verfügung gestellt wurde.[22] An die Spitze der Rowak trat Major v. Jagwitz, der bis dahin als Vertreter der AO im Wirtschaftsstab Kepplers gearbeitet hatte.[23] Auf beiden Seiten, bei der Leitung der Hisma und der Rowak, war somit die AO der Nazipartei führend beteiligt. An der Organisation beider Firmen hatte wiederum Admiral Canaris mitgewirkt.[24] Die der Hisma und Rowak übertragene Aufgabe bestand darin,

a) »einen Kanal für den sogenannten normalen, d. h. friedensmäßigen Güteraustausch zu schaffen und dafür als Verrechnungsstelle zu dienen;

b) Deutschland mit den für seine Wirtschaft (d. h. Kriegswirtschaft – d. V.) insbesondere den Vierjahresplan notwendigen Rohstoffen und lebenswichtigen Nahrungsmitteln zu versehen;

c) einen Ausgleich für besondere Lieferungen von Kriegsgerät zu schaffen, die nicht in Devisen bezahlt werden können.«[25]

Der Schwerpunkt der Arbeit beider Firmen lag in der Sicherstellung und Regelung der deutschen Rohstoffbezüge, für die sie, wie für den gesamten Handel mit Francospanien, das Einkaufs- und Verkaufsmonopol erhielten.[26] Die Monopolstellung der beiden Firmen, die eine nahezu völlige Ausschaltung des spanischen und deutschen privaten Handels nach sich zog, wurde festgelegt, »weil mit Rücksicht auf die Bedürfnisse des Vierjahresplanes eine restlose Erfassung der in Spanien zur Verfügung stehenden und für die deutsche Wirtschaft lebensnotwendigen Rohstoffe und Nahrungsmittel anders nicht gesichert erschien«[27]. Deutsche Exporteure, die Waren nach Spanien liefern wollten, mußten diese an die Rowak verkaufen, die dann unter Berechnung einer Vermittlungsgebühr von 2–4% des Fakturenbetrags den Weiterverkauf an die Hisma übernahm.[28] Unter den gleichen Bedingungen führte die Hisma den Verkauf der von Franco als Gegenleistung für die deutschen Kriegsmateriallieferungen bereitgestellten Waren an die Rowak durch. Nach den Weisungen Görings hatte sich die Hisma ausschließlich auf die Beschaffung folgender Waren zu konzentrieren: Eisenerz, Schwefelkies, Quecksilber, Kupfer, Messing und andere Kupferlegierungen, Blei, Okuméholz, Korkholz und Korkplatten, Olivenöl, Terpentinöl und andere ätherische Öle, Terpentinharz, Wolle, Lamm- und Ziegenfelle, Därme, Schweinespeck, Reis, Fischkonserven, Weinhefe und Weinstein.[29] Die Rowak hatte darauf zu achten, daß die Waren nur auf deutschen Schiffen nach Deutschland transportiert wurden[30], wodurch die Kosten gesenkt und vor allem die größtmögliche Geheimhaltung der Ausplünderung Spaniens durch den deutschen Imperialismus gewährleistet werden sollten. Durch die Monopolstellung der Hisma und Rowak im deutsch-spanischen Handel wurde einmal dafür Sorge getragen, daß nur Güter gehandelt wurden, die für die allgemeine deutsche Kriegsvorbereitung bzw. die gemeinsame Kriegsführung in Spanien notwendig waren; zum anderen erleichterte sie die deutschen Bestrebungen, die durch die militärische Unterstützung Francos bedingte Verschuldung der spanischen Faschisten an Hitlerdeutschland in Grenzen zu halten.[31] Darüber hinaus garantierte sie die Kontrolle der Waffenlieferungen und Verrechnungsbedingungen. Ein weiterer und sehr bedeutsamer Vorteil, der sich speziell aus der Monopolstellung der Hisma ergab, bestand darin, daß die Hisma Pesetenbeträge, die sie als Treuhandgesellschaft zur Abdeckung von Schulden von der Franco-›Regierung‹ erhielt, zum Erwerb von Bergbaukonzessionen, d. h. für den deutschen Kapitalexport, verwenden konnte.[32] Von dieser neuen Gelegenheit des Eindringens in das spanische Wirtschaftsleben und der damit verbundenen Erhöhung des politischen Einflusses versuchte das deutsche Monopolkapital in der Folgezeit reichlichen Gebrauch zu machen, bot sich doch damit die Aussicht, die englischen, französischen und amerikanischen Rivalen auf dem spanischen Markt aus dem Felde schlagen und der Verwirklichung seiner Gesamtinteressen in Spanien näherkommen zu können.

Die Hisma und Rowak waren nicht Privatfirmen, wie das in der Arbeit von P. A. M. van der Esch behauptet wird[33], sondern Institutionen des staatsmonopolistischen Kapitalismus. In Deutschland hatte unter der faschistischen Diktatur die Entwicklung des staatsmonopolistischen Kapitalismus, d. h. die direkte Unterordnung des Staatsapparats unter die Monopole und die Einschaltung des Staatsapparats in die deutsche Wirtschaft zur Vorbereitung des im Interesse des Finanzkapitals zu führenden Kriegs, eine solche Stufe erreicht, wie sie annähernd nur in der Periode des Ersten Weltkriegs vorhanden gewesen war. Die Vertreter des Monopolkapitals besetzten die führenden Stellen in den staatlichen Organen, die die Leitung ganzer Wirtschaftszweige unter sich hatten. Durch staatliche Maßnahmen wurde die schrankenlose Ausbeutung der Arbeiterklasse und infolge des Terrors die Einengung ihrer Widerstandsmöglichkeiten durchgesetzt, die Konzentration und Zentralisation des Kapitals forciert und auf diesen und anderen Wegen[34] das Ansteigen der Profite des Monopolkapitals gesichert und das kapitalistische System insgesamt künstlich gefestigt. Insbesondere durch den Übergang zur Kriegswirtschaft im Frieden, der mit der Machtübernahme der Faschisten begann und 1936 mit der Verkündung des Vierjahrplans eine neue Stufe erreichte, erschlossen sich neue Quellen der Bereicherung für das deutsche Monopolkapital[35], da der deutsche Inlandsmarkt zu einem mit Staatshaushaltsmitteln finanzierten Rüstungsmarkt[36] wurde, auf dem der faschistische deutsche Staat als Auftraggeber und Käufer das Risiko des Absatzes abnahm. Die einseitige Ausrichtung der deutschen Wirtschaft durch die forcierte Kriegsproduktion aber engte die Möglichkeit des deutschen Exports ein, da weder die Rohstoffdecke noch das Reservoir an Arbeitskräften groß genug waren, um beide Zweige – Produktion von Kriegsmaterial und von Gebrauchsgütern – gleichmäßig zu entwickeln. Um dennoch die angestrebte Außenhandelsexpansion verwirklichen zu können, ohne die militärische Aufrüstung einschränken zu müssen, waren die einflußreichsten Kreise des deutschen Monopolkapitals auf dem Gebiet des Außenhandels an der Gewinnung von Exportmärkten interessiert, auf denen die in Deutschland zur Hauptproduktion gewordenen Waren des Kriegsbedarfs abgesetzt werden konnten. Zu einem solchen Markt wurde Francospanien. Bei der Entwicklung des deutsch-spanischen Handels unter den Bedingungen des Spanienkriegs kam für das deutsche Monopolkapital als weiterer bedeutsamer Vorteil hinzu, daß Francospanien als Exportmarkt staatsmonopolistischen Charakter trug. Der von den Monopolisten völlig beherrschte deutsche Staat trat nunmehr als alleiniger deutscher Exporteur auf, um die von den Rüstungskonzernen produzierten kriegswichtigen Waren aus staatlichen Vorräten zum Verkauf anzubieten, die auf Grund der Zwangslage Francos zu den von Hitlerdeutschland festgelegten Bedingungen akzeptiert werden mußten.[37] Der faschistische deutsche Staat trug also auch hier das Risiko. Das konnte im Grunde auch gar nicht anders sein, da ja wiederum nur durch den Staatsapparat die Maßnahmen durchgeführt werden konnten, durch die der Profit sicherzustellen war: die ausreichende militärische Unterstützung Francos zur Eroberung des gesamten spanischen Territoriums. Die zur Abwicklung des deutsch-spanischen Handels ins Leben gerufenen Gesellschaften Hisma und Rowak waren daher Institutionen des staatsmonopolistischen Kapitalismus. Beide Firmen waren dem Göringschen Amt für den Vierjahrplan unterstellt. Zur Ingangsetzung des Geschäfts erhielt die Rowak vom Reichsfinanzministerium einen Kredit von zunächst 3 Mill. RM; infolge der finanziellen Unterstützung, die spanische Großgrundbesitzer und Vertreter der Großbourgeoisie bereits vor der Auslösung des Putschs und auch nach Beginn der Kampfhandlungen Franco gewährten, konnten die spanischen Faschisten der Hisma einen Pesetenkredit eröffnen.[38]

2. Der Beginn des Raubzugs des deutschen Monopolkapitals

Unmittelbar nach der Auslösung des Franco-Putschs waren für Hitlerdeutschland die Möglichkeiten, Spanien in die deutsche Kriegswirtschaft einzubeziehen, eng begrenzt. Die wichtigen spanischen Rohstoff- und Industriegebiete befanden sich in der Hand der republikanischen Regierung. Um so mehr versuchten die deutschen Imperialisten bereits im Juli und August 1936, von den geringen sich bietenden Gelegenheiten Gebrauch zu machen. Zunächst hoffte Hitlerdeutschland, die Lage zu seinem Vorteil ausnutzen zu können, die sich aus der zeitweiligen Unterbrechung des englisch-spanischen Handels infolge der Kampfhandlungen ergab. Die Bestrebungen im Juli 1936, die auf Grund des noch in Kraft befindlichen englisch-spanischen Zahlungsabkommens für Großbritannien bestimmte Apfelsinenernte Andalusiens mit Beschlag zu belegen, scheiterten jedoch.[39] Ebenso wenig erfolgreich waren damals die Versuche zur Sicherstellung der Eisenerze Spanisch-Marokkos. Als Franco im August 1936 für den Verkauf der Eisenerze der Minas del Riff in Spanisch-Marokko Bedingungen festlegte, die den Bergwerksbesitzern den freien Verkauf gegen eine Barzahlung von 60% des Preises in Devisen gestatteten[40], was den Erfordernissen der Francoschen Kriegsfinanzierung entsprach[41], legte Hitlerdeutschland sofort Protest ein, da es durch eine derartige Regelung infolge des eigenen Devisenmangels von den Rohstoffbezügen ausgeschlossen worden wäre[42]. Hier zeigten sich bereits bestimmte Interessengegensätze zwischen Franco und dem Dritten Reich, die sich im Verlauf der Kriegsjahre keineswegs verringerten und die gerade durch die Gründung der Firmen Hisma und Rowak im Interesse des deutschen Imperialismus überwunden werden sollten.

Die ersten wirtschaftlichen Forderungen, die die deutschen Faschisten nach Beginn des Interventionskriegs durchsetzen konnten, betrafen die Lieferung von Kupfer und Schwefelkies. Nach schweren Kämpfen hatte Franco Ende August 1936 durch die militärische Unterstützung Deutschlands und Italiens die Provinz Huelva vollständig eingenommen, in der sich die größten spanischen Kupfer- und Schwefelkiesvorkommen befanden, die seit den siebziger Jahren des 19. Jahrhunderts von der englischen Firma Rio Tinto ausgebeutet wurden.[43] Unmittelbar nach Wiederaufnahme der Erzförderung, zu der die Bergarbeiter der Rio-Tinto-Minen durch die Anwendung brutalster Terrormaßnahmen von den Franco-Behörden gezwungen worden waren[44], setzten die ersten Verhandlungen über die Lieferung von Kupfer nach Deutschland ein.[45] Von der vereinbarten Höhe der im August und September zum Versand gekommenen Rohstoffe erhalten wir durch das bisher bekannte Aktenmaterial keinen Aufschluß. Was jedoch aus diesen Dokumenten hervorgeht, ist, daß diese von dem Mitarbeiter im Reichswirtschaftsministerium, Kapitän z. S. Schottky, geführten Verhandlungen zunächst gegen den Willen des Leiters der Hisma aufgenommen wurden.[46] Schottky gehörte zu den Vertretern der deutschen Militärbehörden, die in den Jahren der Weimarer Republik nach der Aufdeckung der geheimen Lohmannschen Rüstungsunternehmungen[47] an der Fortsetzung der sorgfältig getarnten Arbeit für das Wiedererstehen einer kriegsbereiten deutschen U-Bootwaffe maßgeblich beteiligt gewesen waren.[48] Weiterhin dürfte an der Durchsetzung der Kupferforderungen Oberst Walter Warlimont, einer der ersten Befehlshaber der Ende Juli 1936 zur Unterstützung Francos nach Spanien entsandten deutschen militärischen Einheiten, mitgewirkt haben. Nicht zufällig hatte die Hitlerregierung zu Beginn des Spanienkriegs gerade W. Warlimont das Kommando über die deutschen Legionärstruppen[49] und die Wahrnehmung der Interessen des deutschen Imperialismus bei den Franco-Behörden[50] übertragen. Aus mehreren Gründen schien Warlimont für diese Aufgabe besonders geeignet. Als Mitarbeiter des Heereswaffenamts im Reichswehrministerium hatte er sich im Rahmen der deutschen Kriegsvorbereitungen bereits in den zwanziger Jahren mit der Verbesserung der materialtechnischen Voraussetzungen der Kriegführung, speziell mit der Erweiterung der Versorgungsmöglichkeiten der deutschen Rüstungsindustrie mit kriegswichtigen Rohstoffen, beschäftigt.[51] Im April 1933 wurde der von den amerikanischen Militärbehörden im Rahmen des Prozesses gegen das Oberkommando der Wehrmacht im Oktober 1948 zu lebenslänglicher Haft verurteilte Kriegsverbrecher W. Warlimont zum Gruppenchef der Wirtschaftsabteilung des Heereswaffenamts ernannt und avancierte im Sommer 1934 zum Chef dieser Abteilung.[52] Zudem war er als Bruder Dr. Felix Warlimonts, des Vorsitzenden des Vorstandes einer der größten europäischen Kupferhütten, der Norddeutschen Affinerie, Hamburg, der gleichzeitig im Aufsichtsrat der an der Norddeutschen Affinerie beteiligten Frankfurter Metallgesellschaft saß, auch persönlich eng mit den Interessen des deutschen Monopolkapitals auf dem Gebiet der Nichteisenmetalle und speziell der Kupferversorgung verbunden. »Dank der verständnisvollen Unterstützung der amtlichen Stellen« könne die Rohstoffversorgung als befriedigend bezeichnet werden, hieß es im Bericht der Norddeutschen Affinerie für das Geschäftsjahr vom 1. Oktober 1936 bis 30. September 1937.[53] Zu diesem Ergebnis, das erreicht wurde, obwohl der Kupferpreis auf dem Weltmarkt im Frühjahr 1937 auf das Doppelte des Preises vom Herbst 1936 gestiegen war und auch im September 1937 noch weiter über dem Stand des Vorjahres lag[54], hat die Einbeziehung des von Franco besetzten Gebiets in die deutsche Kriegswirtschaft nicht unerheblich beigetragen.[55] Abgesichert durch deutsche Kriegsschiffe transportierten zahlreiche deutsche Handelsdampfer schon im Oktober und November 1936 größere Ladungen südspanischen Kupfers nach Hitlerdeutschland.[56] Im Januar 1937 konnte die Hisma nach Berlin berichten, daß sie von den Franco-Behörden die schriftliche

Zusicherung hinsichtlich der Überlassung von bis zu 60% der gesamten Rio-Tinto-Produktion, also für Kupfer und Schwefelkies, erhalten habe.[57] Dieser erste Erfolg bei der Ausplünderung Spaniens war bereits ein Ergebnis des Drucks der deutschen Schwerindustrie auf die Vertreter der Hisma, die Durchsetzung der deutschen Forderungen bei Franco aktiver zu betreiben.

Am 27. August, in den Tagen der Einnahme der Rio-Tinto-Gruben, hatte sich Eberhard Messerschmidt als Vertreter der zur Reichsgruppe Industrie[58] gehörenden Ausfuhrgemeinschaft für Kriegsgerät (AGK) über Lissabon nach Sevilla und Caceres, dem damaligen Hauptquartier Francos, begeben. Der im November 1935 gegründeten AGK, in der im Jahre 1936 75 deutsche Rüstungsfirmen zusammengeschlossen waren, oblag vor allem die Aufgabe, bei der Übernahme von Exportaufträgen für Kriegsmaterial die gegenseitige Preisunterbietung der einzelnen Firmen zu verhindern und mit der Ausfuhr von Kriegsgerät möglichst große Devisenbeträge bzw. zumindest wertvolle Rohstoffe einzutauschen, um die Fortführung der deutschen Aufrüstung sichern zu helfen. Von 1937 an wurde die Ausfuhrgemeinschaft für Kriegsgerät von der Hitlerregierung ausschließlich für Tarnungsgeschäfte benutzt, d. h. für solche Exportgeschäfte, bei denen der Lieferant des Geräts in Unkenntnis des Bestimmungslandes bleiben sollte. Im Ergebnis von Besprechungen, die Messerschmidt als Abgesandter der Rüstungsindustrie u. a. mit General Franco, dem Chef der spanischen Luftwaffe, General Kindelan, sowie mit dem Direktor der Hisma führte, mußte er feststellen, daß der Zweck seiner Reise, direkte Geschäftsverbindungen mit den Franco-Behörden anzubahnen, nicht zu verwirklichen war.[59] Messerschmidt, der erst in Spanien von der Monopolisierung der Kriegsgerätlieferungen und des sich daraus ergebenden deutsch-spanischen Handels durch die Hisma/Rowak erfuhr, blieb nichts weiter übrig, als die Möglichkeiten der AGK der Hisma zur Verfügung zu stellen.[60]

Dieser Versuch der sofortigen Einschaltung der deutschen Rüstungsindustrie ist aus mehreren Gründen aufschlußreich. Einmal bestätigt er sehr anschaulich die Tatsache, daß von den Rüstungsmagnaten jeder Krieg, in diesem Falle die Entstehung des europäischen Kriegsherdes in Spanien, als willkommene Möglichkeit zur Erschließung neuer Profitquellen betrachtet wurde und wird. Daß die Bereicherung mit der Vernichtung von Tausenden von Menschenleben und der Zerstörung unschätzbarer Sachwerte verbunden war, spielte für das Monopolkapital dabei keine Rolle. Während die einfachen Soldaten der in Spanien eingesetzten deutschen Truppen – unwissend, um welche Interessen es eigentlich ging – ihre Haut zu Markte trugen, wetteiferten die Vertreter ihrer eigenen herrschenden Klasse untereinander um den größtmöglichen Anteil am Gewinn!

Das ist jedoch nur die eine Seite, die durch die Verhandlungen des Abgesandten der deutschen Rüstungsindustrie beleuchtet wird. Zum anderen wird hier besonders deutlich, wie die entscheidenden Kreise des deutschen Monopolkapitals die Richtung der Politik der Hitlerregierung gegenüber Francospanien bestimmten und wie sie den ihnen völlig untergeordneten Staatsapparat zur Durchsetzung ihrer Ziele ausnutzten. In seinem dem AA in Berlin zugeleiteten Bericht über die Ergebnisse der Spanienreise kritisierte Messerschmidt die seiner Auffassung nach ungenügende Intensität, mit der die Vertreter der Hisma die Festlegung Francoscher Gegenleistungen betrieben. Der Leiter der Hisma, Bernhardt, der sich nach Meinung Messerschmidts durch die Vermittlung der deutschen militärischen Hilfeleistungen bei Franco persönlich beliebt machen wollte, müsse nunmehr »seine Rolle als Weihnachtsmann« aufgeben und solche Abkommen durchsetzen, die den Zukunftsinteressen der deutschen Industrie in Spanien entsprächen.[61] Jetzt sei der Augenblick gekommen, »um sich einen Rahmenvertrag, *wie er früher schon ins Auge gefaßt war*[62], zu sichern, in dem für mehrere Jahre festgelegt wird, welche Rohstoffe uns Spanien zu liefern hat und in welchem Umfang Spanien von uns fertiges Material kaufen muß«[63]. Solange Franco noch unter einem gewissen Druck stände, müsse Deutschland Zusicherungen bezüglich des wirtschaftlichen »und vielleicht sogar politischen späteren Einflusses« erreichen.[64] Messerschmidt wies darauf hin, daß nur durch das Einschlagen einer solchen Politik verhindert werden könne, daß sonst »England oder Italien im letzten Augenblick auftreten und sich als die eigentlichen Macher hinstellen [würden], um ihren Einfluß zu bewahren«[65]. Deutlicher konnten die wirtschaftlichen und politischen Ziele, die das deutsche Monopolkapital mit der militärischen Intervention verfolgte, kaum ausgesprochen werden: Die Sicherung Spaniens als Rohstoffquelle, die Eroberung des spanischen Absatzmarkts und damit die Entscheidung des Konkurrenzkampfs zugunsten der deutschen Industriellen; die Unterwerfung Spaniens unter den politischen Einfluß des faschistischen Deutschlands, durch die auch die Verwirklichung der dortigen strategischen Interessen des deutschen Imperialismus gewährleistet sein würde. Tatsächlich wurde im weiteren Kriegsverlauf der Kampf um den Abschluß bindender wirtschaftlicher und politischer Verträge zum Leitmotiv der Aktivität des faschistischen Deutschlands gegenüber Francospanien.

Anmerkungen

1 Spanien befriedigte einen beträchtlichen Teil des Weltrohstoffbedarfs; in den kriegswichtigen Rohstoffen Quecksilber und Schwefelkies hatte es die beherrschende Stellung auf dem Weltmarkt. An Quecksilber deckte Spanien 40–45%, an Schwefelkies sogar über 50% des internationalen Bedarfs. Vgl. Hubbard, John R.: »How Franco financed his war.« In: *Journal of Modern History*. Heft 4. (1953). S. 390.

Vor Beginn des Spanienkriegs betrug die spanische Erzförderung:

Erze	Jahr	t
Eisenerz	1935	2 700 000
Schwefelkies		
kupferhaltig	1934	600 000
ohne Kupfergehalt	1934	1 500 000
Kupfer	1934	20 610
Quecksilber	1934	1 227
Zinn	1935	250
Wolfram	1935	350
Mangan	1935	693
Kalisalze	1935	121 372
Schwefel	1934	31 130

Vgl. *The Economist*. 15.5.1937, S.390.

2 Ministerialdirigent Ruelberg auf der Sitzung des »Gutachterausschusses für Rohstofffragen« am 26.5.1936. Nürnberger Dok. NI-5380 (ungedr.), vgl. Denkschrift Hitlers über die Aufgaben eines Vierjahresplans, als Dokumentation abgedruckt. In: *Vierteljahrshefte für Zeitgeschichte*. Heft 2. München 1955, S.194.

3 Aktenvermerk (streng geheim!) des Direktors der Deutschen Bank, K. Kimmich, vom 17.1.1936; Photokopie des Originals befindet sich im DWI, Berlin (4711 [4]).

4 Treue, Wilhelm u. Frede, Günther: *Wirtschaft und Politik 1933–1945*. Braunschweig 1953, S.44f.

5 Internat. Militärgerichtshof Nürnberg: *Der Prozeß gegen die Hauptkriegsverbrecher*. Nürnberg 1947/49. Bd.XXVII, Dok. 1301–PS.

6 Ebenda; die Einfuhr schwedischer Erze nach Deutschland ging tatsächlich im Februar 1937 um 116 872 t zurück im Vergleich zu den Importen im Dezember 1936. In den folgenden Monaten lagen die schwedischen Erzbezüge jedoch wieder weit über dem Monatsdurchschnitt von Ende 1936. So wurden im April 808 483 t eingeführt (gegenüber 666 649 t im Dezember 1936). Im gleichen Monat bezog Deutschland aus Frankreich 560 240 t Eisenerze. Vgl. *The Economist*. 3.7.1937, S.6.

7 *The Economist*. 31.7.1937, S.245; insgesamt führte Deutschland 1935 14 061 000 t Eisenerze ein. Im gleichen Jahr betrug Deutschlands eigene Eisenerzförderung 6 044 000 t. Ebenda.

8 Vgl. Einhorn: a.a.O. S.81f.

9 Deutsche Lieferungen entsprechend den abgeschlossenen Handelsverträgen wurden im August 1936 eingestellt; seit September hörten die Importe aus dem

republikanischen Spanien auf. Vgl. *Frankfurter Zeitung*. Nr. 32, 18.1.1937;
Archiv des ehem. Landbundes. Bd. 72. Heft 6, Bl. 94. MfdG, Berlin.

10 *Frankfurter Zeitung*. 23.1.1937. (Materialien der Dresdener Bank in Berlin
betr. The British Metal Corporation Ltd., London, Nr. 0384, Deutsches
Wirtschaftsinstitut, Berlin/DDR.)

11 Aktenvermerk Dir. Kimmichs über die Aufsichtsratssitzung der AEG am
9.4.1937. Photokopie des Originals befindet sich im DWI, Berlin (4065 [5]).

12 Aus der Rede Hitlers anläßlich der Verkündung des »Vierjahrplanes« am
9.9.1936 auf dem Naziparteitag. In: *Schultheß' Europäischer Geschichtskalender 1936*. München 1937, S. 122.

13 Trotz der verstärkten Verhüttung eisenarmer Inlanderze stieg sogar die
Menge der verhütteten Auslandserze erheblich an. Vgl. Lüdemann, Heinz:
»Veränderungen im Standortgefüge der eisenschaffenden Industrie Deutschlands als Bestandteil der Vorbereitung des Zweiten Weltkriegs durch den
faschistischen deutschen Imperialismus.« Diskussionsbeitrag auf der 2. Histo-
rikertagung, Dezember 1959, in Berlin. Abgedruckt in: *Der deutsche Imperialismus und der Zweite Weltkrieg*. Bd. II, Berlin 1961, S. 120.

14 Vgl. die Ausführungen Hitlers am 5.11.1937 in der geheimen Besprechung mit
den Spitzenvertretern der Wehrmacht und Außenminister v. Neurath, deren
Inhalt durch die von dem damaligen Wehrmachtsadjutanten Hitlers, Oberst
Hoßbach, nachträglich angefertigte Niederschrift bekannt geworden ist.
IMGN. Bd. XXV, Dok. 386–PS.

15 Der Name Hisma ist eine Abkürzung für »Compania Hispano-Marroqui de
Transportes Ltda.«

16 Akten zur deutschen auswärtigen Politik 1918–1945. Serie D, Bd. 3. Baden-
Baden 1951. Dok. 101 (S. 97).

17 Ebenda, Dok. 491 (S. 458).

18 Vgl. Eichhorn: a.a.O. S. 87.

19 Akten III, Anmerkung der Herausgeber, S. 4; über den »Sonderstab W«, vgl.
Einhorn: a.a.O. S. 95.

20 Akten III, Dok. 809 (S. 790).

21 Der Name »Rowak« ist die Abkürzung für Rohstoff- und Waren-
Einkaufsgesellschaft. Die Zentrale der Rowak war in Berlin W 9, Potsdamer
Platz 1, Columbushaus.

22 Akten III, Dok. 99 (S. 94).

23 Ebenda.

24 Colvin, Ian: *Admiral Canaris, Chef des Geheimdienstes*. Wien-München-
Zürich 1955, S. 42.

25 Akten III, Dok. 493 (S. 460).

26 Ebenda, Dok. 101 (S. 97).

27 Ebenda, Dok. 493 (S. 461).

28 Ebenda, Dok. 101 (S. 97) und Dok. 809 (S. 791).

29 Archiv der Deutschen Notenbank, Magdeburg, Akte Nr. Re-51-1, unpag.
(Abschrift eines von der Reichsstelle für Devisenbewirtschaftung an die Fa.
Rowak Handelsgesellschaft mbH gerichteten Schreibens vom 26.10.1936).

30 Ebenda.

31 Akten III, Dok. 473 (S. 437).

32 Ebenda; vgl. hierzu die Ausführungen von Einhorn: a.a.O., Kap. V–VII.

33 Van der Esch, P.A.M.: *Prelude to War. The International Repercussions of
the Spanish Civil War (1936–1939)*. The Hague 1951, S. 36.

34 So z. B. durch Subventionierung bestimmter Industriezweige und des Exports aus Steuermitteln der Werktätigen, durch ›Reprivatisierung‹ vom Staat früher übernommener Betriebe u. a.

35 So konnte z. B. Krupp seinen Reingewinn von 6,65 Mill. Mark im Jahre 1933/34 auf 17,22 Mill. Mark im Jahre 1936/37 und auf 22,94 Mill. Mark 1938/39 steigern. (Vgl. Jahresbericht der Friedrich Krupp AG, Essen, 1933/34, S. 19; 1936/37, S. 21; 1938/39, S. 23.) Für weitere Beispiele vgl. Ulbricht Walter: *Der faschistische deutsche Imperialismus*. Berlin 1952, S. 81 und Norden, Albert: *Lehren deutscher Geschichte*. Berlin 1947, S. 201. Beachtet werden muß hierbei, daß bei den Angaben des Reingewinns von den Monopolisten durch die verschiedensten Buchungsmethoden (durch ›Rücklagen‹, ›Rückstellungen‹, ›Abschreibungen‹ usw.) eine Gewinnverschleierung vorgenommen wurde und erst die Bilanzen der Rohgewinne ein annähernd wahrheitsgetreues Bild ergeben.

36 Die Besonderheiten des Rüstungsmarkts kennzeichnet Lenin, indem er schrieb: »Wenn die Kapitalisten für die Landesverteidigung, d. h. für den Staat arbeiten, so liegt es auf der Hand, daß dies kein ›reiner‹ Kapitalismus mehr ist, sondern eine besondere Art der Volkswirtschaft. Der reine Kapitalismus ist Warenproduktion. Warenproduktion ist Arbeit für einen *nicht bekannten*, freien Markt. Der für die Landesverteidigung ›arbeitende‹ Kapitalist aber ›arbeitet‹ gar nicht für den Markt, sondern *auf Bestellung* des Staates, in der Regel sogar mit dem Geld, das er vom Staat vorgestreckt bekommt.« (Lenin, W. I.: »Den Sozialismus einführen oder aufdecken, wie die Staatskasse geplündert wird?« In: *Werke*. Bd. 25, Berlin 1960, S. 57 f. (Hervorhebungen bei Lenin).

37 Über staatsmonopolistische Exportmärkte als wichtige Erscheinungsform der Ausnutzung des Staatsapparats durch die Monopole zur Förderung ihrer Außenhandelsexpansionsbestrebungen vgl. Schmidt, J. L.: *Probleme des kapitalistischen Weltmarktes*. Bd. 2, Berlin 1959, S. 19 f.

38 Akten III, Dok. 101 (S. 97). Nach einem Bericht der *New York Times* vom 10. 4. 1937, S. 8, unterstützte Juan March vor Beginn der Kampfhandlungen die Verschwörer mit £ 15 000 000 in bar. Nach Angaben der gleichen Zeitung vom 13. 4. 1937, S. 4, haben Vertreter des spanischen Königshauses $ 10 000 000 gespendet. Vgl. Hubbard, John R.: a. a. O. S. 394. Unmittelbar nach der Auslösung des Putschs stellte der Sultan von Spanisch-Marokko Franco die Staatseinnahmen zur weiteren Finanzierung der militärischen Unternehmen zur Verfügung, wie Franco am 3. 9. 1936 dem deutschen Admiral Carls, Befehlshaber der zur Unterstützung der Putschisten entsandten deutschen Linienschiffe, mitteilte (Deutsches Zentralarchiv Potsdam, AA, Politische Abt., Akte Nr. 61 156, Bl. 276 [Geh. Kommandosache. Tätigkeitsbericht des Befehlshabers der Linienschiffe während der Entsendung in die spanischen Gewässer …, a. a. O.].). Nach der Entfesselung des Kriegs kamen Angehörige der besitzenden Klassen in dem von Franco besetzten Gebiet und im Ausland dem Apell der spanischen Militärs nach, Goldwertsachen und ausländische Zahlungsmittel an die Franco-Behörden abzuliefern. Vgl. *The Times*. 8. 3. 1937, S. 13 u. 23. 12. 1937, S. 9. Weitere Maßnahmen zur Finanzierung des Kriegs wurden durch das Verbot der Ausfuhr von spanischen und ausländischen Goldmünzen sowie von Banknoten getroffen. Vgl. Ebenda, 23. 12. 1937, S. 9. Herangezogen wurden ferner alle vor dem 6. 8. 1936 entstandenen Bank- und Sperrguthaben, über die nur mit Genehmigung

amtlicher Stellen disponiert werden konnte. (Vgl. Rundschreiben der Deutschen Überseeischen Bank vom 21.9.1936, gerichtet an Oswald Rösler, Mitglied des Vorstandes der Deutschen Bank. Photokopie des Originals befindet sich im DWI, Berlin [5955 (5)].)

39 Hubbard, John R.: a.a.O. S.395.

40 Ebenda.

41 Die ausländischen Zahlungsmittel wurden dann von den Franco-Behörden beschlagnahmt und den Bergwerksbesitzern eine entsprechende Summe in Peseten gezahlt. Vgl. Ebenda.

42 Ebenda.

43 Vgl. Einhorn: a.a.O. S.6.

44 Von den Bergarbeitern der Rio Tinto, die den Franco-Putsch sofort mit der Ausrufung des Generalstreiks beantworteten und den bewaffneten Kampf zur Verteidigung der Republik aufgenommen hatten, waren am 1.9.1936 bereits 67 Opfer der faschistischen Kriegsgerichte. Vgl. *The Times.* 30.4.1937, S.25 und 1.9.1936, S.11; trotz des Terrors setzten Partisanengruppen der Bergarbeiter den Widerstand fort. Nach Angaben der *Times* vom 17.11.1936 (S.16) wurden zwischen August und November 1936 über 1000 Arbeiter der Rio Tinto von den faschistischen Truppen bzw. Behörden erschossen.

45 Akten III, Anlage zu Dok. 80 (S.75). Die Beschlagnahme der Produktion der Rio-Tinto-Gruben zugunsten der Kupferausfuhr nach Deutschland führte im Januar 1937 zu langen Erörterungen im Hauptuntersuchungsausschuß des Nichteinmischungskomitees. Vgl. Akten III, S.192, Fußn. 1. Großbritannien, das durch diese Maßnahme am meisten geschädigt worden war, hoffte, daß das Komitee in seinem Interesse intervenieren würde.

46 Akten III, Dok. 80 (S.75).

47 Einhorn, M.: »Die Zusammenarbeit der herrschenden Klassen Deutschlands und Spaniens bei der geheimen deutschen Wiederaufrüstung in den Jahren der Weimarer Republik. Diskussionsbeitrag auf der Historikerkonferenz im Dez. 1959 in Berlin.« In: *Der deutsche Imperialismus ...* (wie Anm. 13). Schriftenreihe *Der deutsche Imperialismus und der 2. Weltkrieg*, Nr. 1. *So begann das Verbrechen.* Hrsg. v. der Kommission der Historiker der DDR und der UdSSR, Berlin 1960.

48 Vgl. *IMGN.* Bd. XXXIV, Dok. 156–C.

49 Vgl. die Erklärung E. Jaeneckes, Leiter des Sonderstabes »W« des Reichsluftfahrtministeriums vom Okt. 1936–Nov. 1938, an die Regierung der Sowjetunion vom 24.5.1946, abgedruckt in der Beilage der Zeitschrift *Neue Zeit.* Nr. 13 vom 1.7.1946, S.9f.

50 Akten III, Dok. 103, (S.99).

51 So führte W. Warlimont im Auftrage des Reichswehrministeriums z.B. bereits im Juni 1928 Verhandlungen mit Vertretern der Vereinigten Stahlwerke über die Vorbereitung der Errichtung der Hüttenwerke in Salzgitter, der späteren H. Göring-Werke. Vgl. Lüdemann, Heinz: a.a.O. S.129.

52 Vgl. *Fall 12. Das Urteil gegen das Oberkommando der Wehrmacht.* Berlin 1960, S.251. Warlimont war in den folgenden Jahren u.a. als Chef der Abt. Landesverteidigung im OKW und als Stellvertreter Jodls, des Leiters des Wehrmachtsführungsamts und später des Wehrmachtsführungsstabs, maßgeblich an der unmittelbaren Vorbereitung und Durchführung des Zweiten Weltkriegs beteiligt.

53 Geschäftsbericht der Norddeutschen Affinerie 1936/1937, unpaginiert.

54 Ebenda.
55 Deutschlands eigene Kupfervorkommen konnten nicht mehr als ein Viertel des Bedarfs decken. Vgl. *The Economist*. 3.7.1937, S.6.
56 DZA Potsdam, AA, Politische Abt., Akte Nr. 61156, Bl. 215 (Geh. Kommandosache. Tätigkeitsbericht des Befehlshabers der Panzerschiffe während der Entsendung in die spanischen Gewässer ... in der Zeit vom 1.10.1936 bis 19.11.1936).
57 Akten III, Dok. 208 (S. 194).
58 Zur Verwirklichung der Ziele der deutschen Schwerindustriellen vom Reichsverband der deutschen Industrie, die absolute Führung aller Unternehmerverbände übernehmen und durch staatliche Zwangsmittel die wirtschaftlichen Bedingungen diktieren zu können, erfolgte am 19. Juni 1933 der Zusammenschluß des Reichsverbandes der deutschen Industrie und der Vereinigung der deutschen Arbeitgeberverbände zum »Reichsstand der deutschen Industrie«, an dessen Spitze Krupp trat. Während die industriellen Arbeitgeberverbände im Herbst 1933 ihre Selbstauflösung beschlossen, blieben die Fachgruppen des ehemaligen Reichsverbandes der deutschen Industrie bestehen. Aus ihnen entwickelten sich die durch das am 27. Februar 1934 erlassene Gesetz zur »Vorbereitung des organischen Aufbaues der Wirtschaft« geschaffenen Reichsgruppen. Während die Unternehmer sich früher mehr oder weniger freiwillig zur Wahrnehmung ihrer wirtschaftlichen Interessen in privaten Verbänden zusammengeschlossen hatten, herrschte für die staatlichen Charakter tragenden Reichsgruppen Industrie, Banken, Handel usw. Beitrittszwang. In dem jeweiligen Industriezweig war die Reichsgruppe die alleinige Interessenvertretung. In Verwirklichung des ›Führerprinzips‹ konnten in den Reichsgruppen die stärksten Konzernherren ihre unumschränkte Herrschaft durchsetzen, indem sie über Art und Menge der Erzeugung, Rohstoffbeschaffung, Zuteilung von Arbeitskräften, Preisgestaltung, Auftragsverteilung, Patentverwertung usw. entschieden. Vgl. Ulbricht, Walter: *Der faschistische deutsche Imperialismus (1933–1945)*. Berlin 1952, S.65f.
59 Akten III, Anlage zu Dok. 80 (S.73).
60 Ebenda. Tatsächlich hat die Hisma von diesem Angebot Gebrauch gemacht. So konnte die AGK für 1937 mit Portugal einen Abschluß über Kriegsmaterial im Werte von 4,1 Mill. RM gegen Devisen tätigen, das nicht im Lande selbst verblieb. Dieses Tarngeschäft wurde durch die von den spanischen Militärs in Lissabon errichtete Materialbeschaffungsstelle abgewickelt, die unter dem Decknamen Fernandez Aguilar von einem Bruder General Francos geleitet wurde. (Vgl. Akten III, Dok. 80 u. Anlage zum gleichen Dok. [S. 72f.].)
61 Akten III, Anlage zu Dok. 80 (S.75f.).
62 Hervorhebungen von mir (M.E.).
63 Ebenda, S.76.
64 Ebenda, S.75.
65 Ebenda.

WOLFGANG SCHIEDER

Spanischer Bürgerkrieg und Vierjahresplan

Zur Struktur nationalsozialistischer Außenpolitik

Die nationalsozialistische Außenpolitik stellt weiterhin eines der zentralen Interessengebiete der zeitgeschichtlichen Forschung dar. Im Zuge der fortschreitenden Aktenerschließung werden auch heute noch immer neue Einzelheiten bekannt, treten immer vielfältigere Aspekte dieser Politik zutage. Wenn nicht alles täuscht, zeichnet sich in letzter Zeit jedoch ein Trend zu mehr übergreifender Darstellung und zur Bündelung weitgestreuter Einzelerkenntnisse ab.[1] Offenbar verstärkt sich das Bedürfnis nach einer vorläufig abschließenden historischen Gesamtansicht der Außenpolitik des Nationalsozialismus. Damit tritt eine Frage neuerlich in den Vordergrund, die schon am Anfang des historischen Interesses für die nationalsozialistische Außenpolitik gestanden hatte, nämlich die Frage nach der inneren Kohärenz dieser Politik.

Das in der Forschung heute vorherrschende Interpretationsmuster wurde schon in den 50er Jahren von dem englischen Historiker Trevor-Roper entworfen.[2] Mehrfach erweitert und verfeinert[3], ist es neuerdings geradezu in eine systematische Form gebracht worden[4]. Die nationalsozialistische Außenpolitik wird heute von vielen Forschern auf das außenpolitische Aktionsprogramm Hitlers zurückgeführt, das dieser schon lange vor seiner Machtergreifung formuliert hatte. In einer modifizierten Sicht von Hitlers außenpolitischer Programmatik wird von Andreas Hillgruber eine frühe und eine späte Programmphase unterschieden, womit freilich die Annahme, daß die nationalsozialistische Außenpolitik durchgehend programmatisch fixiert gewesen sei, erst recht unterstrichen wird.[5] Gerade Hillgruber geht denn auch davon aus, daß das »Programm« Hitlers »allein die große Linie der deutschen

Aus: *Soziale Bewegung und politische Verfassung. Beiträge zur Geschichte der modernen Welt*. Hrsg. v. U. Engelhardt, V. Sellin, H. Stuke. Stuttgart 1976 (= Industrielle Welt Bd. 18). Mit freundlicher Genehmigung des Ernst Klett Verlags, Stuttgart.

Gesamtpolitik« bestimmt habe und »alle Energien« in den Dienst seiner »Verwirklichung« gestellt worden seien.[6] Es ist nicht zu bestreiten, daß sich von diesem Forschungsansatz her ein eindrucksvolles Gesamtbild nationalsozialistischer Außenpolitik ergibt. Daß Hitlers Politik ganz ohne innere Konsistenz gewesen sei, gleichsam nur ein zufälliges Produkt eines im Grunde metapolitischen Nihilismus, wird man heute kaum noch behaupten können. Gleichwohl muß es erlaubt sein, die methodischen Voraussetzungen dieses wissenschaftlichen Paradigmas kritisch zu überprüfen.

Einer zwar beiläufigen, aber nichtsdestoweniger ins Zentrum der Problematik führenden Bemerkung Werner Conzes zufolge ist der Frage nachzugehen, »ob und in welchem Maße Hitler die beiden ›Endziele‹ (d.i. seines Programms) tatsächlich in den Jahren vor dem Kriege dauernd fest vor Augen gehabt hat«[7]. Nicht ohne Grund ist die realpolitische Verbindlichkeit von Hitlers außenpolitischen Endzielvorstellungen neuerdings von Martin Broszat bestritten worden.[8] Broszat weist auf den Realitätsmangel der Hitlerschen Ostraumidee hin und interpretiert diese als eine »Metapher und utopische Umschreibung«, die der ideologischen Rechtfertigung eines zeitlich und räumlich unbegrenzten außenpolitischen Aktionismus dienlich gewesen sei.[9] Diese funktionalistische Interpretation der Hitlerschen Außenpolitik verkennt sicherlich etwas deren besondere Eigendynamik.[10] Jedoch befreit Broszat die Debatte über Hitlers Kriegsziele von ihren material-inhaltlichen Festlegungen und ermöglicht eine mehr qualitative Analyse des Hitlerschen Denkens.

Man wird den ›Programmologen‹ darin recht geben müssen, daß bestimmte außenpolitische Vorstellungen Hitlers sich schon frühzeitig zu einem relativ geschlossenen Konzept verdichteten. Dieses Konzept gipfelte bekanntlich in dem rassenbiologisch begründeten Herrschaftsanspruch in Kontinentaleuropa. Es baute auf der Hypothese auf, daß sich dieser im Einverständnis mit Großbritannien durchsetzen ließe, wenn Deutschland dafür auf eine überseeische Expansionspolitik verzichtete. Kontinentale Lebensraumgewinnung im Osten schloß damit für den Hitler der 20er Jahre eine koloniale Weltmachtpolitik aus. Durch die alternative Trennung dieser beiden imperialistischen Konzepte glaubte er die widersprüchliche und daher zum Scheitern verurteilte Vermengung beider, die er in der deutschen Politik vor 1914 feststellte, überwinden zu können.[11] Während die kontinentale Lebensraumgewinnung im Osten zunächst das Endziel seiner Außenpolitik markierte, entwarf Hitler 1940/41 jedoch unter dem Zwang der durch den Krieg gesetzten Realitäten ein durchaus anderes ›Programm‹. Die ›Endlösung‹ im Osten war nunmehr nicht mehr Alternative, sondern eine erste Stufe, der in Auseinandersetzung mit den USA eine zweite aktiver Weltmachtpolitik in Übersee folgen sollte.[12]

Damit stellt sich nun doch die Frage, welche inhaltliche Verbindlichkeit Hitlers langfristige außenpolitische Zielsetzungen für seine Außenpolitik wirklich gehabt haben. Könnte es nicht sein, daß Hitler gar nicht so sehr konkrete Ziele wichtig waren als vielmehr die konstruierte Formallogik einer im übrigen keineswegs inhaltlich festgelegten und daher zu den überraschendsten Kursänderungen fähigen Expansionspolitik? Dafür spricht die schon öfter bemerkte Tatsache, daß in Hitlers frühem Konzept fast durchweg die Zwischenstücke zwischen unmittelbaren Nahzielen und den eigentlichen Endzielen fehlen. Das beginnt bei der Unklarheit über Polen, das läßt sich für die Tschechoslowakei sagen, und das gilt weiterhin in besonderem Maße für Südosteuropa. Um den Rücken für den Eroberungszug im Osten freizubekommen, sah Hitler schließlich die militärische Niederwerfung Frankreichs vor. Was danach mit Frankreich geschehen sollte, blieb jedoch weitgehend offen, wenn man von einer Erfüllung der deutschen Revisionsforderungen von 1918 einmal absieht.[13] Auch bei der Rekonstruktion von Hitlers modifizierter Kriegszielprogrammatik bleiben schließlich nicht erklärbare Reste, seien es nun Planziele oder seien es überraschende, programmatisch nicht abgedeckte politische Einzelaktionen. Man hat versucht, diese als »taktische Wendungen« hinzustellen, die an der Gesamtstrategie nichts geändert hätten.[14] Es ist jedoch die Frage, ob man Hitlers außenpolitisches Handeln mit Hilfe militärwissenschaftlicher Unterscheidungen von ›Strategie‹ und ›Taktik‹ in vollem Umfang erklären kann. Das setzte voraus, daß Hitler in der Lage gewesen wäre, operative Nahziele und strategische Fernziele nicht nur jeweils zu unterscheiden, sondern auch miteinander in eine theoretisch stringente Beziehung zu setzen. Gerade das letztere konnte aber bisher noch nicht nachgewiesen werden.

Mir scheint daher, daß in der außenpolitischen Programmatik Hitlers zwei Ebenen unterschieden werden müssen, zwischen denen es letzten Endes keine Vermittlung gab. Auf einer ersten Ebene formulierte Hitler immer wieder aufs Neue seine Vorstellungen einer außenpolitischen Endlösung. In der Verfolgung dieser im hohen Maße ideologisierten Globalziele war er von einer ungemein fanatischen Konsequenz. Auf einer zweiten Ebene ging es (seit 1933) um mehr oder weniger klar umschreibbare Objekte, um konkrete Entscheidungen und um deren nachprüfbare Inhalte. Hier war Hitler alles andere als festgelegt, sondern vielmehr von einer Beweglichkeit des Denkens und Handelns, wie sie nur ein Politiker haben kann, dem jede moralische Bindung und politische Verantwortung fremd ist. Die Außenpolitik Hitlers läßt sich demnach weder ausschließlich als Umsetzung von Langzeitprogrammen begreifen, noch ist sie als Produkt eines objektlosen Nihilismus zu erklären. Sie besteht vielmehr im Ganzen aus einer oft widersprüchlichen Mischung von dogmatischer Starrheit im Grundsätzlichen und äußerster Flexibilität im Konkreten. Aus dem Zusammenspiel dieser beiden Verhaltensweisen erklärt sich letzten Endes auch die besondere Dynamik und Aggressivität dieser Politik.

Stellt man bei Hitler eine solche Doppelgleisigkeit in der außenpolitischen Gesamtplanung in Rechnung, wird es möglich, konkrete außenpolitische Entscheidungsprozesse des NS-Staats zu analysieren, ohne diese Untersuchungen mit der Interpretation von Hitlers Langzeitprogrammatik zu überlasten. Ich will von diesem methodischen Ansatz her das deutsche Eingreifen in den Spanischen Bürgerkrieg überprüfen. Gerade in dieser Randzone nationalsozialistischer Außenpolitik tritt deren innerer Spannungscharakter nämlich deutlich hervor. Im übrigen haben drei umfangreiche, auf breiter Aktenbasis beruhende Monographien zur nationalsozialistischen Spanienpolitik bezeichnenderweise offengelassen, ob man nun von einem »untrennbaren Komplex« der verschiedenen Motive für das deutsche Eingreifen ausgehen muß[15] oder ob in Spanien letzten Endes »das eigentliche Ziel der nationalsozialistischen Bewegung, die Lösung des Raumproblems« auf dem Spiel stand[16] bzw. ob es in erster Linie »strategische Überlegungen« waren, welche Hitlers Entscheidung beeinflußten[17]. Eine kritische Überprüfung des diplomatiegeschichtlichen Forschungsstandes liegt daher gerade in diesem Falle besonders nahe.

Jede Analyse des deutschen Kriegseintritts in Spanien hat von der Frage auszugehen, ob die deutsche Führung von der Rebellion der nationalistischen Offiziere vorher wußte oder diese gar selbst mit vorbereitete. Tatsächlich spricht alles gegen ein von langer Hand vorbereitetes faschistisches Komplott.[18] In Hitlers langfristigem programmatischem Kalkül spielte Spanien bis 1936 eine ganz untergeordnete Rolle. Er hielt es für ein Land, das seine Stunde versäumt habe und daher zu einer satellitenhaften Bündnisexistenz verurteilt sei.[19] Das schließt allerdings nicht aus, daß sich andere NS-Führer oder Organisationen des ›Dritten Reichs‹ stärker für spanische Angelegenheiten interessiert haben. In erster Linie kommt dafür die Auslandsorganisation (AO) der NSDAP in Frage, deren propagandistische Aktivität in Spanien vor dem Putsch zweifellos recht rege, jedoch nicht von mehr als auch anderswo üblicher Intensität gewesen ist.[20] Auch Admiral Canaris, der seit 1935 Chef der militärischen Abwehr war, wurden immer wieder konspirative Kontakte zu der spanischen Rechten nachgesagt.[21] Eine aktive Beteiligung an der

Vorbereitung der Rebellion konnte dem deutschen Abwehrchef jedoch nicht nachgewiesen werden.[22] Immerhin reichten aber seine Verbindungen so weit, daß ihn General Mola fünf Tage vor dem Putsch (aber auch nicht früher!) in Deutschland als geeigneten Mittelsmann für eine im übrigen private Munitionsbeschaffung ansah.[23] Mola kannte in Deutschland außerdem den Namen von Josef Veltjens, einem international versierten Waffenhändler, dessen Spuren sich in den letzten Wochen vor dem Putsch auch sonst nachweisen lassen.[24] Das ist insofern von Bedeutung, als dieser ehemalige Fliegeroffizier und Pour-le-mérite-Träger Verbindungen zu Göring hatte. Er betrieb zwar seine zweifelhaften Geschäfte auf eigene Rechnung, führte jedoch bei Bedarf Spezialaufträge für den Luftfahrtminister aus.[25]

Diese untergründigen Verbindungen führten vor dem spanischen Militärputsch mit Sicherheit zu keinerlei größeren Hilfeleistungen an die militärischen Verschwörer. Möglich ist allenfalls, daß die zivile Verschwörergruppe der Karlisten im Juni 1936 einige hundert Maschinengewehre aus Deutschland erhalten hat.[26] Auch gibt es keine Anhaltspunkte dafür, daß es, und sei es in noch so lockerer Form, vorherige Absprachen über eine nachträglich einsetzende deutsche Unterstützung gegeben hätte. Die bezeichnenderweise ganz unkoordinierten Hilfeersuchen Francos, Molas und weiterer Generäle wurden nach dem 17. Juli in Deutschland, übrigens auch in Italien, keineswegs erwartet, sie kamen vielmehr überraschend. Jedoch kann man davon ausgehen, daß die Auslandsorganisation der NSDAP einerseits wie Canaris und Göring andererseits nach dem Putsch in Deutschland mehr als andere disponiert waren, sich in Spanien auf der Seite der Rebellen zu engagieren. Und dies war für die improvisierte Entschlußfassung und den Aufbau der nationalsozialistischen Spanienhilfe von erheblicher, wenn nicht ausschlaggebender Bedeutung.

Die deutsche Entscheidung, die Rebellen in Spanien aktiv zu unterstützen, stellt geradezu ein Musterbeispiel dafür dar, daß sich die polykratischen Machtstrukturen des sogenannten Führerstaats auch auf die Außenpolitik auswirkten. Schon immer mußte auffallen, daß das Auswärtige Amt an der Führerbesprechung, in der am 25. Juli in Bayreuth die Entscheidung für eine militärische Unterstützung der spanischen Rebellen fiel, überhaupt nicht beteiligt war. Allem Anschein nach war die Überraschung in der Wilhelmstraße hinterher sogar groß.[27] Jedoch sollte man daraus nicht schließen, daß das Auswärtige Amt überhaupt gegen eine Zusammenarbeit mit den Rebellen gewesen sei.[28] Eine Kontaktaufnahme mit den drei Sendboten Francos, die am 24. Juli auf abenteuerlichem Wege mit einer beschlagnahmten Lufthansa-

Maschine in Berlin eintrafen, wurde nur aus Gründen professioneller diplomatischer Zurückhaltung, nicht auf Grund einer prinzipiell gemäßigteren Einstellung abgelehnt.[29] Von einer mäßigenden Rolle des Auswärtigen Amts war dann auch im Verlauf des gesamten Bürgerkriegs nichts mehr zu verspüren. Auch der Kriegsminister v. Blomberg scheint sich zunächst abwartend verhalten zu haben.[30] Die Zurückhaltung der beiden zuständigen Regierungsressorts ermöglichte es freilich Francos Unterhändlern überhaupt erst, ungehindert zu Hitler vorzudringen. Zwei von ihnen, Adolf Langenheim und Eberhard Franz Bernhardt, waren in Spanisch-Marokko als Funktionäre der Auslandsorganisation der NSDAP tätig.[31] Gauleiter Bohle, der Leiter der Auslandsorganisation, und Rudolf Heß sahen daher eine Chance, die Parteileitung außenpolitisch ins Spiel zu bringen, wobei bezeichnend ist, daß sie auch den ehrgeizigen Ribbentrop mit seinem außenpolitischen Parteiamt nicht informierten.[32] Bernhardt und Langenheim wurden in Begleitung von drei hohen AO-Funktionären nach Bayreuth geschickt, wo Hitler den Wagner-Festspielen beiwohnte. Dieser empfing die Parteigenossen am späten Abend des 25. Juli. Wir wissen, daß ihm bei dieser Gelegenheit ein persönlicher Brief Francos überreicht wurde. Die positive Entscheidung über Francos Hilfeersuchen fiel in einer sich unmittelbar anschließenden nächtlichen Chefbesprechung, an der Göring und v. Blomberg teilnahmen.[33]

Auch wenn man in Rechnung stellt, daß Hitler daran gelegen war, sich in der Außenpolitik vom Einfluß der ungeliebten Diplomaten konservativer Observanz freizumachen, bleibt erstaunlich, daß eine so folgenreiche Entscheidung in einer improvisierten Nachtsitzung getroffen wurde. Man muß sich aber klarmachen, worum es in der Nacht vom 25. zum 26. Juli 1936 überhaupt ging. Ganz offensichtlich kann Hitler die Spanienfrage mit der improvisierten Entscheidungsrunde zunächst nur unter einem kurzfristigen militärischen Aspekt gesehen haben. Da das Auswärtige Amt nicht vertreten war, ist auszuschließen, daß der am 24. Juli abgesandte Bericht der Madrider Botschaft, in dem von einer »längere[n] Dauer gegenwärtigen Bürgerkrieges« die Rede war, der Bayreuther Runde vorlag.[34] Vor allem aber waren die Waffenwünsche, die Francos Abgesandte vortrugen, nicht eben hoch. Zunächst ging es überhaupt nur um 20 Transportflugzeuge, mit denen die spanischen Kolonialtruppen von Tetuán nach Sevilla übergeführt werden konnten. Zu ihrem Schutz wurden in der Nacht vom 31. 7. zum 1. 8. von deutscher Seite zusätzlich 86 Soldaten mit hundert Tonnen Kriegsmaterial, darunter sechs bewaffnete Jagdflugzeuge (He 51) und 20 Flakgeschütze (2 cm), auf dem Dampfer »Usaramo« verschifft.[35] Das deutsche Kommando erhielt einen rein defensiven Kampfauftrag. Niemand konnte voraussehen, daß damit der Kern der späteren ›Legion Condor‹, die auf dem Höhepunkt ihres Einsatzes schließlich etwa 5000–6500 Mann stark war, geschaffen wurde.[36] Es handelte sich in den Augen der deutschen Helfershelfer ganz offensichtlich um eine kurzfristige Hilfsaktion, deren Umfang »genau abgegrenzt« war[37]. Erst Anfang August trafen fast täglich neue Hilferufe der spanischen Rebellen ein.[38] Jetzt konnte kein Zweifel mehr darüber bestehen, daß es mit einer einmaligen Starthilfe nicht getan war, daß man sich vielmehr auf eine langfristige Hilfsaktion einrichten mußte.

Das improvisierte ›Unternehmen Feuerzauber‹ hätte nunmehr eigentlich eine gründlichere politische Kalkulation notwendig gemacht. Bezeichnenderweise scheint diese jedoch nicht vorgenommen worden zu sein. Die Führer des nationalsozialistischen Deutschland ließen sich vielmehr unbedenklich immer tiefer in das spanische Abenteuer hineinziehen, ohne rechtzeitig eine politische Nutzen-Kosten-Analyse zu veranlassen. Diese erstaunliche Leichtfertigkeit wird nur verständlich, wenn man sich die deutsche Spanienpolitik während des Bürgerkriegs nicht als einheitlichen Entscheidungsablauf vorstellt, sondern mehr als eine Summe weitgehend ungeregelter, sich teils sogar ausschließender oder einander überlagernder Einzelinitiativen.

Als sich der spanische Offiziersputsch zum international abgestützten Bürgerkrieg entwickelte, gab es innerhalb der deutschen Führung kein einheitliches Kriegszielprogramm. Es bestand lediglich Übereinstimmung darüber, daß die Entstehung eines kommunistischen Spaniens verhindert werden sollte. In diesem Sinne äußerte sich Hitler wiederholt im privaten Gespräch und bei den wenigen Gelegenheiten, anläßlich derer er die deutsche Intervention in Spanien öffentlich erwähnte.[39] Goebbels stellte auf dem Reichsparteitag der NSDAP am 9. September 1937 die bolschewistische Bedrohung Spaniens in den düstersten Farben dar und schuf damit für den NS-Staat eine offiziöse Sprachregelung zur Rechtfertigung der deutschen Intervention.[40] Die Einbeziehung Spaniens in eine antibolschewistische Verteidigungsstrategie läßt sich unbestreitbar mit Hitlers langfristigem außenpolitischen Zielprogramm zusammenbringen. Jedoch erklärt das allein wenig. Die spontane, nicht weiter diskutierte und konkretisierte Übereinstimmung beweist eigentlich nur, daß der Antikommunismus der kleinste gemeinsame Nenner für die in der Spanienpolitik konkurrierenden außenpolitischen Führungsgruppen des NS-Regimes war. Obwohl wir heute wissen, daß die spanischen Kommunisten erst durch den Militärputsch die Chance erhielten, den bestimmenden Einfluß auszuüben, welchen man ihnen für die Volksfront-zeit davor unterstellte, dürften die nationalsozialistischen Führer zwar tatsächlich geglaubt haben, daß Spanien durch den Bolschewismus bedroht wurde. Sie waren hier, wie so oft, die ersten Opfer ihrer eigenen Ideologie, von der im übrigen auch die Berichterstattung der deutschen Diplomatie über den Bürgerkrieg geprägt war[41]. Daß aber zunächst einmal einzig und allein das antikommunistische Motiv in allen nationalsozialistischen Rechtfertigungen zu finden war, während sonst die Absichten und Meinungen auseinandergingen, wies eher auf eine politische Verlegenheit als auf planvolles Handeln hin. Infolge der durchaus unerwarteten Ausweitung des Bürgerkriegs geriet die deutsche Spanienpolitik im Herbst 1936 in eine Art Zielsetzungsvakuum. Unter dem Schirm der antikommunistischen Abschreckungsideologie konnten sich in diesem politischen Leerraum die unterschiedlichsten Initiativen entfalten.

Die Aufsplitterung der deutschen Spanienpolitik ergab sich zunächst aus der besonderen außenpolitischen Konstellation zu Beginn des Bürgerkriegs. Da sich die Rebellion gegen die legale, auch vom Deutschen Reich zunächst weiter anerkannte republikanische Zentralregierung richtete, mußten die deutschen Verbindungen zu der nationalistischen Gegenregierung möglichst verborgen bleiben. Die verdeckte deutsche Intervention ließ mehr Raum für untergründige Aktivitäten rivalisierender Machtgruppen, als sie in der Außenpolitik des deutschen Faschismus anderswo bisher vorhanden gewesen waren. Jedoch liefert die deutsche Spanienpolitik in durchaus signifikanter Weise einen Beweis dafür, daß das polykratische Binnensystem des NS-Staats, wie es Martin Broszat, Hans Mommsen u. a. beschrieben haben, sich auch auf die Außenbeziehungen auswirkte. Von einer »relative[n] Eigenständigkeit der Hitlerschen außenpolitischen Vorstellungen«[42] kann hier nicht die Rede sein.

Hermann Göring gab 1946 im Nürnberger Kriegsverbrecherprozeß zu Protokoll, er habe den zögernden Hitler in der entscheidenden Nachtsitzung vom 25./26. Juli 1936 zur Unterstützung der Aufständischen in Spanien gedrängt. Bernhardt behauptet dagegen heute, Hitler habe den Entschluß zum Eingreifen allein gefaßt, während Göring erst dafür gewonnen werden mußte.[43] Da hier eine nachträgliche Aussage gegen die andere steht, ist nicht zu entscheiden, welche richtig ist.[44] Ganz zweifelsfrei entfaltete aber Göring im spanischen Aktionsraum nach Beginn der deutschen Intervention von allen NS-Führern die größte Aktivität. Als Reichsluftfahrtminister, als Sonderbeauftragter für den Vierjahresplan und zeitweilig auch als Reichswirtschaftsminister gelang es ihm, in der Spanienpolitik sowohl das Auswärtige Amt und das Kriegsministerium wie diverse Parteistellen zu überspielen. Letzten Endes setzte er seine Kriegszielvorstellungen auch gegenüber Hitler durch.

Schon in den allerersten Anfängen des deutschen Ausgreifens nach Spanien schuf sich Göring eine günstige Ausgangsstellung. Der ›Sonderstab W‹, der am 26. Juli in Berlin als Zentralstelle für die deutsche Militärhilfe geschaffen wurde und bis zum Ende des Bürgerkriegs arbeitete, wurde Görings Staatssekretär Milch, nicht dem Reichskriegsminister, unterstellt.[45] Das Reichskriegsministerium entsandte zwar mit dem Oberstleutnant Walter Warlimont den ersten ständigen deutschen Vertreter zum Oberkommando der nationalistischen Rebellen in Spanien. Warlimont erhielt auch zunächst den militärischen Oberbefehl über die deutschen Soldaten in Spanien. Mit dem Aufbau der Legion Condor wurden jedoch schon Anfang November 1936 die gesamten deutschen Truppen in Spanien dem Oberbefehlshaber der Luftwaffe, Göring, unterstellt. Warlimont wurde durch den Generalmajor der Flieger, Hugo Sperrle, ersetzt. Nach der diplomatischen Anerkennung der Franco-Regierung durch Deutschland konnte der Kriegsminister die direkte Zuständigkeit für die drei Wehrmachtsattachés, deren Platz normalerweise in der neuen Botschaft hätte sein müssen, an sich ziehen. Da anfangs zwei von ihnen militärisch dem Befehlshaber der Legion Condor unterstanden, sicherte sich Göring auch in diesem Bereich eine Kontrollmöglichkeit. Er gewann damit auf die militärische Führung in Spanien einen weit stärkeren Einfluß als der hier freilich ohnehin zurückhaltendere v. Blomberg. Dies zeigte sich besonders dann, wenn grundsätzliche Entscheidungen über die Weiterführung der deutschen Militärhilfe zu treffen waren. So war es zum Beispiel allem Anschein nach Göring, der um die Jahreswende 1936/37 gegen den Widerstand des Kriegsministeriums und des Auswärtigen Amts eine Ausweitung der deutschen Materiallieferungen an Franco sowie die Entsendung von deutschen Ausbildern durchsetzte, wobei er geschickt die italienische Karte ins Spiel brachte.[46] Ähnlich engagiert wie Göring war in militärischen Angelegenheiten des spanischen Kriegs zwar auch Admiral Canaris. Jedoch war der Abwehrchef entsprechend seiner politisch eher untergeordneten Position weniger treibende Kraft denn ausführendes Organ für schwierige diplomatische Missionen in Rom und Burgos.[47] In militärischer Hinsicht war der Krieg in Spanien aus deutscher Sicht somit vor allem ein Krieg Görings.

Die diplomatische Anerkennung der Franco-Regierung am 18. 11. 1936 führte zur Ernennung des ersten deutschen Botschafters. Bezeichnenderweise hatte das eigentlich zuständige Auswärtige Amt dabei zunächst das Nachsehen. In Fortsetzung ihrer Sonderaktivität bei Kriegsausbruch kam die Auslandsorganisation der Partei zum Zuge. Bohle und

Heß erwirkten bei Hitler die Ernennung des Generalmajors a.D. Wilhelm Faupel, eines ehemaligen Kolonialoffiziers und Freikorpsführers, zum deutschen Botschafter bei der spanischen Rebellenregierung. Und damit nicht genug, wurde ein weiterer Mann der AO, Willi Köhn, als Generalkonsul an die Botschaft abgestellt. Dieser Köhn baute gleichzeitig einen ›Sonderstab‹ des Propagandaministers Goebbels, der sich auf diese Weise auch seinen Anteil an dem Spanienprojekt zu sichern suchte, auf.[48]

Sperrle, der erste Kommandeur der Legion Condor, und Botschafter Faupel gerieten sofort in heftige Kompetenzkämpfe. Der Sache nach ging es dabei in erster Linie um die Frage der militärischen Ausbildung von Spaniern durch Deutsche.[49] Der Kern des Zerwürfnisses der beiden ranghöchsten deutschen Repräsentanten in Spanien bestand jedoch darin, daß beide sich nicht auf ihre diplomatischen bzw. militärischen Aufgaben beschränkten, sondern sich in gegenseitiger Konkurrenz in die spanische Innenpolitik einzumischen suchten. Sperrle gab den Spaniern höchst undiplomatisch zu verstehen, weshalb er ihre militärischen Leistungen für ungenügend hielt. Faupel betrieb in der Botschaft für Franco auf eigene Faust Generalstabsarbeit. Darüber hinaus glaubte Köhn, den Spaniern mit seinem Sonderstab beibringen zu müssen, was der wahre Faschismus sei.

Daß dieses verwirrende Spiel fast ein Jahr lang betrieben werden konnte, ist nur mit der anhaltenden Abhängigkeit Francos von Deutschland (und Italien) zu erklären. Im Juli 1937 mußten die Deutschen – wie übrigens auch die Italiener – dann freilich erfahren, daß Nationalspanien, so schwach es war, doch keine deutsche bzw. italienische Satrapie sein wollte. Franco setzte die Abberufung sowohl Faupels wie Sperrles durch. Vergeblich suchte Göring seinen Mann zu retten, indem er Faupel und der Partei alle Schuld an den Spannungen gab. Der Verlust an innerfaschistischem Prestige und an politischem Einfluß in der Spanienpolitik war für Göring allerdings bei weitem geringer als für die Auslandsorganisation der Partei. Während Göring mit Hellmuth Volkmann (1.11.1937–31.10.1938) und Wolfram Freiherr v. Richthofen (1.11.1938–Kriegsende) nacheinander wiederum zwei seiner Luftwaffengeneräle zu Befehlshabern der Legion Condor einsetzen konnte, wurde mit Eberhard v. Stohrer am 30.8.1937 ein Berufsdiplomat neuer deutscher Botschafter bei Franco[50]. Der NSDAP blieb damit in Spanien nur noch der ›Sonderstab‹ des Propagandaministeriums, der die Pressepolitik der Botschaft mehr oder weniger selbständig betrieb, aber letzten Endes keinen Einfluß auf die wirklichen Entscheidungen in der Spanienpolitik hatte.

Während es in der zweiten Phase des Bürgerkriegs in Spanien kaum noch zu Spannungen zwischen den politisch-diplomatischen und den militärischen Repräsentanten Deutschlands kam, blieb aber intern ein anderer Konfliktbereich erhalten. Ursache dafür war die Tätigkeit der HISMA (Compania Hispano-Marroqui de Transportes), die als autonome deutsche Wirtschaftsvertretung ein besonders charakteristisches Instrument der deutschen Spanienpolitik zur Zeit des Bürgerkriegs darstellte.[51] Ursprünglich als spanisch-deutsche Transportfirma zur Tarnung der Truppentransporte von Marokko nach Spanien und der ersten deutschen Waffen- und Materiallieferung an die Rebellen begründet, entwickelte sich die HISMA im Zuge der Expansion des deutschen Engagements sehr bald zu einer »Verwaltungsorganisation und Zahlstelle für die von deutscher Seite der nationalen Bewegung Spaniens gegebene Hilfe«[52]. Über reine Bewirtschaftungsfunktionen hinaus übte die HISMA im Handelsverkehr zwischen Deutschland und Nationalspanien schließlich eine Wirtschaftstätigkeit aus, deren Monopolcharakter in den internationalen Wirtschaftsbeziehungen der Zeit einzigartig dastand. In wohlberechneter Zusammenarbeit mit der Rohstoff- und Waren-Kompensation-Handelsgesellschaft m.b.H. (ROWAK), die Mitte Oktober 1936 in Berlin gegründet wurde, erhielt die HISMA ein Einkaufs- und Verkaufsmonopol für sämtliche zwischen Deutschland und dem von den Rebellen beherrschten Gebiet Spaniens vereinbarten Handelsgeschäfte. Diese Geschäfte konnten von der HISMA und der ROWAK selbst getätigt oder von privaten Firmen angebahnt werden, die »aber dann ihre Waren an die ROWAK bzw. HISMA verkaufen oder von ihnen erwerben«[53] mußten. Die HISMA-ROWAK-Organisation hatte anfangs allerdings nichts gegen eine unabhängige Abwicklung privater Geschäfte einzuwenden.[54] Tatsächlich scheinen noch längere Zeit über die Spanische Handelskammer in Frankfurt, die im Januar 1937 eigens eine Filiale in Burgos errichtete, private Verrechnungsgeschäfte deutscher und spanischer Unternehmer abgeschlossen worden zu sein, ehe auch diese von dem nunmehr allmächtigen HISMA-ROWAK-Monopol vereinnahmt wurden[55]. Sogar mit der Republik wurde in den ersten Monaten des Bürgerkriegs noch gehandelt! Die ›Reichsgruppe Industrie‹ mußte ihren Mitgliedern mehrfach (zuletzt am 12.3.1937) »Lieferungen nach dem roten Spanien«[56] untersagen. Schließlich aber wurde der gesamte deutsche Spanienhandel für die Dauer des Bürgerkriegs ohne bilaterale Zahlungs- und Warenabkommen auf reiner Verrechnungsbasis über die HISMA-ROWAK-Organisation abgewickelt. Der Rechtsform nach privatwirtschaftliche Handelsgesellschaften, waren sowohl HISMA und ROWAK wie die von beiden wiederum begründeten Unter-firmen parastaatliche Wirtschaftsorgane des NS-Regimes. Sie waren »unter dem Mantel der Privatwirtschaft ausschließlich für die Reichsinteressen«[57] tätig. Auf diese Weise war die NS-Regierung in der Lage, den Spanienhandel nach eigenem Ermessen zu beeinflussen, ohne daß die spanischen Behörden entsprechende Einwirkungsmöglichkeiten gehabt hätten. Da keine Warenkontingente festgelegt wurden, konnte vor allem die Zusammensetzung der spanischen Exportgüter einseitig den deutschen Interessen angepaßt werden. Und dies gerade war von deutscher Seite beabsichtigt.

In unserem Zusammenhang stellt sich die Frage, wer innerhalb des nationalsozialistischen Führungskartells hinter HISMA und ROWAK stand und auf welchem Wege diese ihre Monopolstellung durchsetzen konnten. Die Antwort auf beide Fragen führt wiederum auf Göring zurück. Ihm nämlich wurde die HISMA nach einer vorübergehenden Zuordnung zum Reichskriegsministerium unterstellt. »Göring griff Ende September 1936 entscheidend ein« und zog alle Spanien betreffenden Wirtschaftsfragen an sich[58]. Dabei nutzte er entschlossen die Chance, sich unter Zurückdrängung der von Amts wegen zuständigen Ministerien für Wirtschaft und für Auswärtige Angelegenheiten ein eigenes Außenwirtschaftsimperium aufzubauen. Das Personal holte er sich dafür teils aus seinem eigenen Staatsministerium, teils aber von der AO der NSDAP, die mit Eberhard v. Jagwitz auch den Leiter der ROWAK stellte. Als Chef der HISMA machte auf diesem Wege der Spanien-Deutsche Johannes Bernhardt, der den ersten Kontakt der NS-Führung mit den spanischen Rebellen hergestellt hatte, eine unverhoffte politische Karriere. Der ehemals unbekannte Funktionär der AO im marokkanischen Tetuán konnte in Spanien innerhalb weniger Monate als Statthalter Görings geradezu in die Rolle eines Nebenbotschafters hineinwachsen. Das Reichswirtschaftsministerium, das im Oktober 1936 auf den Wunsch der Franco-Regierung nach einem Waren- und Verrechnungsabkommen eingehen wollte[59], wurde ebenso ausgeschaltet wie die industrielle Ausfuhrgemeinschaft für Kriegsgerät (AGK) und die IG-Farben, die im Herbst 1936 im spanischen Rebellengebiet jeweils eigene privatwirtschaftliche Kontakte herzustellen suchten[60].

Göring hat es verstanden, seinen außenhandelspolitischen Anfangserfolg für die Zeit des Bürgerkriegs sowohl gegenüber seinen innenpolitischen Rivalen wie gegenüber der Franco-Regierung zu verteidigen. Dies zeigte sich in besonders charakteristischer Weise bei den langwierigen Verhandlungen, die Mitte 1937 zu deutsch-spanischen Wirtschaftsvereinbarungen führten. Am 31. 12. 1936 lief das deutsch-spanische Warenabkommen aus, das noch mit der republikanischen Volksfrontregierung abgeschlossen worden war.[61] Botschafter Faupel verstand seinen diplomatischen Auftrag dahingehend, mit der Franco-Regierung den Abschluß regelrechter Waren- und Zahlungsabkommen vorzubereiten. Er kam mit dieser Absicht den Spaniern entgegen, die sich von Anfang an nur dem HISMA-Monopol gefügt hatten, weil ihnen aus militärischen Gründen nichts anderes übriggeblieben war. Faupels erste Verhandlungsergebnisse wurden von Hitler ausdrücklich gebilligt. Zu einem Telegramm des Botschafters vom 12. Januar 1937, in dem dieser die unverzügliche Einleitung von »Verhandlungen über Wirtschafts- und Entschädigungsfragen« anregte, gibt es eine auf Hitler zurückgehende Notiz, den Vorschlag Faupels »möglichst umgehend« zu verwirklichen[62]. Auch das Reichswirtschaftsministerium, das sich im Oktober 1936 mit dem HISMA-ROWAK-Monopol nur als Übergangslösung abgefunden hatte, drängte darauf, unterstützt sowohl vom Finanzministerium wie vom Reichsernährungsministerium, »die für Deutschland noch günstige politische Lage auszunutzen und ein auf lange Sicht berechnetes Warenabkommen abzuschließen, und zwar mit dem dazugehörigen Zahlungsabkommen«[63]. Der ROWAK-Chef v. Jagwitz beharrte demgegenüber jedoch mit Rückendeckung Görings unumwunden darauf, »daß die Machtstellung ROWAK-HISMA ... unter keinen Umständen irgendwie geschwächt werden«[64] dürfe. Nach einem langwierigen Tauziehen setzte sich Göring am 11. Juni 1937 mit seiner Ablehnung eines konkreten Verrechnungsabkommens durch, da »gerade im Augenblick die monopolartige Stellung von ROWAK-HISMA nicht geschwächt werden dürfe«[65]. Er bewies damit, daß er in der spanischen Politik nicht nur über die beteiligten staatlichen Ressorts triumphieren, sondern selbst Wünsche des ›Führers‹ negieren konnte. Die Spanier mußten mit einem Abkommen über Meistbegünstigung auf dem Gebiet der Zölle und Abgaben sowie einem vorläufigen Schuldentilgungsabkommen vorlieb nehmen, in dem von deutscher Seite eine relativ niedrige Verzinsung von jährlich 4% konzediert wurde. Im übrigen wurde eine Normalisierung der Wirtschaftsbeziehungen auf einen späteren Zeitpunkt, d. h. auf die Zeit nach dem Ende des Kriegs, verschoben.[66] Das HISMA-ROWAK-Handelsmonopol aber blieb nicht nur erhalten, sondern der Leiter der ROWAK zog 1938 sogar als Ministerialdirektor in das Reichswirtschaftsministerium ein und benutzte seitdem den bürokratischen Apparat dieses Ministeriums für die monopolisierten spanischen Handelsangelegenheiten.

Zugleich stand damit endgültig fest, daß in der deutschen Spanienpolitik wehrwirtschaftliche Fragen die oberste Priorität hatten. Der Aufstieg des HISMA-ROWAK-Konzerns im deutschen Außenhandel mit

Spanien ist nämlich nur im Zusammenhang mit dem wirtschaftspolitischen Übergang zum Vierjahresplan von 1936 zu begreifen. Der Ausbruch des Spanischen Bürgerkriegs fiel genau in die Monate, in denen das Deutsche Reich sich infolge der forcierten Aufrüstung in einer tiefgreifenden Außenhandels- und Devisenkrise befand.[67] Im Frühjahr 1936 waren die Rohstoffvorräte des Deutschen Reichs auf einen Stand gesunken, der die laufende Industrieproduktion in Frage zu stellen drohte. Schacht schlug in dieser Situation vor, das Tempo der Aufrüstung zu drosseln. Eine Verlangsamung der Aufrüstung kam aber für Hitler nicht in Frage. Vielmehr entwickelte er in seiner bekannten Denkschrift vom August 1936 das Programm einer Wirtschaftspolitik, die auf der Grundlage eines Vierjahresplans die gesamte Wirtschaft den Erfordernissen der Wehrwirtschaft unterordnen sollte. Oberstes Ziel des Plans war es, einen Ausweg aus der Rohstoff- und Ernährungskrise zu finden, ohne das Deutsche Reich vom Ausland abhängig zu machen.[68]

Da die planwirtschaftlichen Sanktionsmittel mangelhaft waren, ließen die Ergebnisse der neuen Wirtschaftspolitik, gemessen an den Planzielen, jedoch zunächst auf sich warten. Der Vierjahresplan hatte zunächst großenteils einen reinen Appellationscharakter. Göring war als Sonderbeauftragter Hitlers für den Vierjahresplan, zu dem er am 18. Oktober 1936 ernannt wurde, darauf angewiesen, sich gegenüber der Industrie, aber vor allem auch gegenüber den weiterhin für die Wirtschaftspolitik zuständigen Regierungsressorts von Fall zu Fall durchzusetzen. Er hat diese Aufgabe mit der ihm eigenen Brutalität und organisatorischen Improvisationsstärke angepackt. Eines der ersten Objekte, das er als oberster Wirtschaftsplaner in Angriff nahm, war Spanien. Auch wenn er selbst 1946 die Möglichkeit, in Spanien deutsches Kriegsmaterial zu erproben, als Motiv für seine positive Einstellung zu Francos Hilferuf angab[69], dürfte für ihn zunächst weit eher der rüstungswirtschaftliche Aspekt im Vordergrund gestanden haben. Göring war schon seit dem 4. April 1936 von Hitler damit beauftragt, auf dem Gebiet der Rohstoffversorgung und der Devisenbeschaffung alle erforderlichen Maßnahmen zu ergreifen, »um die weitere Wehrhaftmachung sicherzustellen«[70]. Nur wenige Wochen vor Ausbruch des Spanischen Bürgerkriegs räumte er dem Außenhandel in diesem Zusammenhang zentrale Bedeutung ein.[71] So dürfte es kein Zufall sein, daß er schon am 30. Juli 1936 in einer Besprechung mit seinen Mitarbeitern die spanische Situation gleichzeitig mit der Rohstofffrage und dem Außenhandelsproblem diskutierte.[72] Mit Sicherheit stellte sich ihm die Spanienfrage in einem solchen Zusammenhang, als es im Herbst 1936 um den Ausbau der HISMA ging. Ende September 1936 stellte er der HISMA-ROWAK-Organisation erstens die

Aufgabe, den fast völlig unterbrochenen Güteraustausch zwischen Deutschland und Spanien wieder in Gang zu bringen, und zweitens für die »Beschaffung möglichst großer Mengen lebenswichtiger Rohstoffe aus Spanien« zu sorgen. Anfang 1937 kam als zusätzliche Aufgabe die »Schaffung einer neuen deutschen Rohstoffbasis in Spanien durch Erwerb von Minen- und Bergwerksrechten« hinzu[73]. HISMA und ROWAK wurden von Göring als Instrumente der nationalsozialistischen Planungspolitik auf dem Gebiete der rüstungsnotwendigen Rohstoffe verstanden. Ihr Ein- und Verkaufsmonopol wurde geschaffen, »weil mit Rücksicht auf die Bedürfnisse des Vierjahresplans eine restlose Erfassung der in Spanien zur Verfügung stehenden und für die deutsche Wirtschaft lebensnotwendigen Rohstoffe und Nahrungsmittel anders nicht gesichert erschien«[74]. Die Ausweitung der deutschen Hilfe im Spanischen Bürgerkrieg stand somit in engstem Zusammenhang mit dem Versuch der Erfüllung des Vierjahresplans. Johannes Bernhardt machte es am 4. November 1937 geradezu von der »Lösung oder dem Scheitern unserer Bemühungen im spanischen Bergbau« abhängig, ob »wir unsere Hilfeleistungen nach Spanien als erfolgreich oder mißlungen bezeichnen können«[75]. Und das war keineswegs nur eine verstiegene Äußerung von Görings geltungsbedürftigem Paladin in Spanien. Der Befund der deutschen Akten zeigt vielmehr, daß auch die übrigen Handlungsträger der deutschen Spanienpolitik, allen voran das Auswärtige Amt mit dem deutschen Botschafter bei der Burgos-Regierung, seit Ende 1937 mehr und mehr in den Sog der Rohstoffbeschaffung geraten sind.[76] Selbst Hitler scheint davon beeinflußt worden zu sein. An sich interessierte ihn der Spanische Bürgerkrieg in seiner zweiten Phase wohl eher im Hinblick auf das diplomatische Zusammenspiel mit dem Achsenpartner Italien. In diesem Sinne erwähnte er Spanien etwa in dem bekannten Vortrag vor den Chefs der drei Wehrmachtsteile am 5.12.1937, über den wir durch das sogenannte Hoßbach-Protokoll informiert sind[77]. Es ist jedoch auffällig, daß er, wenn er sich nicht auf die obligaten antikommunistischen Globalerklärungen beschränkte, die Fortführung des Spanienunternehmens schon frühzeitig mit handelspolitischen Notwendigkeiten begründete. Faupel erhielt im November 1936 bei seiner Ernennung zum Botschafter von ihm ausdrücklich den Auftrag, »sich besonders um die Ausgestaltung der handelspolitischen Beziehungen Deutschlands zu Spanien zu kümmern und die augenblicklich für uns günstige Zeit auszunutzen, damit nicht in einem späteren Stadium das kapitalkräftige England uns den Markt wegnähme«[78]. Ähnlich argumentierte Hitler in der Reichstagsrede vom 30. Januar 1937.[79] In Würzburg scheint er ein halbes Jahr später erstmals auch in einer öffentlichen Rede das spanische

Erz genannt zu haben.[80] Auch Anfang 1938 drehte sich ein Gedankenspiel Hitlers über ein mögliches Kriegsende in Spanien wieder um die spanischen Rohstoffe.[81]

Angesichts dieser durchgängig nachweisbaren außenhandelspolitischen Orientierung der deutschen Politik im Spanischen Bürgerkrieg bleibt zu fragen, inwieweit es im Herbst 1936 bei der Einrichtung des HISMA-ROWAK-Monopols überhaupt reale Beweggründe für die deutsche Begehrlichkeit gab. Wenn man lediglich davon ausginge, daß der deutsche Warenaustausch mit Spanien im Jahre 1935 2,5% in der Ausfuhr und 2,8% in der Einfuhr ausmachte, würde das 1936 verstärkt hervortretende außenwirtschaftliche Interesse NS-Deutschlands an Spanien nicht verständlich. Jedoch ist zu berücksichtigen, daß Spanien als erzexportierendes Land für den deutschen Rohstoffimport eine vergleichsweise große Bedeutung hatte. Wie Tabelle 1 zeigt, stand Spanien in den ersten Jahren des NS-Regimes als Eisenlieferant nach Schweden und Frankreich immerhin an dritter Stelle. Vor allem aber kamen 1935 (bei steigender Tendenz) 55,2% der deutschen Schwefelkies-Importe aus Spanien (vgl. Tabelle 2). Dieser Rohstoff hatte im Hinblick auf die Produktion vielfältiger synthetischer Stoffe in der chemischen Industrie seit Verkündung des Vierjahresplans erhöhte rüstungswirtschaftliche Bedeutung gewonnen. Die IG-Farbenindustrie stand nach Ausbruch des Spanischen Bürgerkriegs »vor der sehr gefährlichen Situation, nicht mehr genügend Schwefelkies für die Schwefelsäurefabrikation einführen zu können«[82]. Die Entwicklung des deutsch-spanischen Handels seit der

Tabelle 1. Die deutschen Lieferanten von Eisenerz nach Anteilen in Prozenten

	1932	1933	1934	1935	1936	1937	1938	1939
Schweden	45,1	49,3	56,8	39,1	44,6	44,0	41,0	48,7
Frankreich	20,7	22,5	19,5	39,9	37,1	27,8	23,0	13,4
Spanien	13,3	8,5	7,6	9,3	5,7	6,7	8,2	5,9
Norwegen	6,3	5,5	6,4	3,6	2,8	2,4	5,0	5,0
Neufundland	5,5	4,8	4,1	1,3	0,9	3,9	5,1	3,8
Algerien	4,2	3,7	2,2	1,5	2,8	3,5	3,4	2,6
Griechenland	2,2	1,7	1,0	1,4	0,9	1,0	1,1	1,1
Luxemburg			1,0	2,6	3,0	7,4	8,0	7,6
Sierra Leone						1,0	2,1	3,1
Rest	2,7	4,0	1,4	1,3	2,2	2,3	3,1	8,8
	100	100	100	100	100	100	100	100

Quelle: Statist. Jb. f. d. Dt. Reich

Tabelle 2. Spanischer Marktanteil bei den deutschen Importen von Schwefelkies

	ges. Importe in 1000 t	davon Spanien	Marktanteil/%
1932	650	305	46,9
1933	849	393	46,2
1934	987	532	53,9
1935	1018	562	55,2
1936	1042	464	44,5
1937	1464	835	57,0
1938	1430	895	62,5
1939	1120	582	51,9
1940	482	27	5,6

Quelle: Statist. Jb. f. d. Dt. Reich

Machtergreifung Hitlers hatte auf der devisenlosen Verrechnungs- bzw. Kompensationsbasis des ›Neuen Plans‹ zu einer Ausdehnung des in der Zeit der Weltwirtschaftskrise stark geschrumpften Handelsvolumens geführt. Es zeigte sich jedoch, daß sich der deutsche Zusatzbedarf an Rohstoffen in Spanien auf diesem Wege nicht befriedigen ließ. Zwar belebte sich der deutsch-spanische Handel seit 1933 von Jahr zu Jahr, jedoch wuchs dabei das spanische Handelsdefizit fast im gleichen Verhältnis:

Tabelle 3. Deutsche Einfuhr und Ausfuhr aus/nach Spanien in Millionen RM

	1932	1933	1934	1935	1936	1937	1938	1939
Einfuhr:	98,9	86,5	99,7	118,3	97,7	123,4	110,1	118,9
Ausfuhr:	90,6	85,5	87,5	105,7	69,3	58,7	94,1	67,7

Quelle: Statistisches Jahrbuch des Deutschen Reichs

Die Spanier waren aufgrund ihrer engen Handelsbindungen zu Frankreich und England sowie zu den Vereinigten Staaten nämlich nicht in der Lage, in Deutschland die Importkontingente auszunutzen, die ihnen in den auf Verrechnungsbasis abgeschlossenen bilateralen Handels- und Warenabkommen vom Dezember 1934 und März 1936 eingeräumt worden waren. Unter diesen Bedingungen waren sowohl 1934 wie 1936 die deutschen Versuche, bei den Spaniern eine Erhöhung der Importkontingente für Eisenerz und Schwefelkies durchzusetzen, zum Scheitern verurteilt.[83] Die Spanier waren angesichts der für sie positiven Verrechnungsbilanz im beiderseitigen Handel an einer Ausweitung ihrer Rohstoffexporte nach Deutschland nicht sonderlich interessiert.

Der Ausbruch des Bürgerkriegs schuf grundsätzlich keine neue Situation. Auch das neue Militärregime lieferte an sich lieber Südfrüchte als Rohstoffe nach Deutschland, wie die Entwicklung nach Ende des Bürgerkriegs deutlich zeigte (vgl. Tabelle 4). Doch konnte man in Deutschland daran denken, Franco unter Ausnutzung seiner militärischen Notlage zu handelspolitischen Zugeständnissen zu zwingen, die man zuvor von der Republik nicht erhalten hatte. Mittels des HISMA-ROWAK-Monopols konnte der Versuch gemacht werden, solche Waren vorrangig aus Spanien zu beziehen, die im Rahmen der Vierjahresplanung besonders benötigt wurden.

Auf den ersten Blick gesehen scheint diese Politik nicht sehr erfolgreich gewesen zu sein. Das spanische Exportvolumen nach Deutschland erreichte 1939 – nach dem zwangsläufigen Einbruch von 1936 – gerade wieder den Stand von 1935, nachdem es 1937/38 eine relativ geringfügige Steigerung gegeben hatte (vgl. Tabelle 4). Dieser Befund erscheint jedoch in anderem Licht, wenn man berücksichtigt, daß Deutschland seinen Marktanteil am spanischen Export in dieser Zeit ganz erheblich steigern konnte (vgl. Tabelle 5). Unter den irregulären Kriegsbedingungen holte das nationalsozialistische Deutschland aus dem spanischen Handel von allen Beteiligten bei weitem am meisten heraus. Die Stabilisierung des Handelsvolumens konnte unter diesen Umständen durchaus als erheblicher Erfolg angesehen werden.

Erst recht kommt man zu diesem Ergebnis, wenn man in Tabelle 4 die wertmäßigen Anteile der spanischen Lieferungen nach Deutschland verfolgt. Es besteht kein Zweifel daran, daß im Verlauf des Bügerkriegs eine Umschichtung der spanischen Importkontingente herbeigeführt wurde. Der Rohstoffimport aus Spanien wurde auf Kosten des Imports von Wein, Obst und Südfrüchten so stark gesteigert, daß man wertmäßig nahezu von einer Vertauschung der beiden Warengruppen sprechen kann. Rechnet man mit den damaligen deutschen Handelsstrategen neben Eisenerz und Schwefelkies auch noch Wolle, Felle, Harz und besonders pflanzliche Öle zu den »lebenswichtigen Rohstoffen«, so machten diese 1937 etwa 80% der Einfuhren aus Spanien aus »gegenüber nur 35% in vergangenen Normaljahren«[84].

Es kann kein Zweifel bestehen, daß die von Göring durchgesetzte Spanienpolitik insoweit das beabsichtigte Ergebnis hatte, wenn sich auch manche allzu sanguinischen Hoffnungen nicht erfüllt haben. Weniger erfolgreich waren die Versuche, durch den Erwerb von Bergwerksrechten und durch deutsche Investitionen im spanischen Bergbau die Basis für eine dauerhafte Rohstoffbeschaffung in eigener Produktion zu legen. Im

Tabelle 4. Wertmäßiger Anteil der spanischen Lieferungen nach Deutschland (ohne Kanarische Inseln)

	1932 Mio RM	%	1933 Mio RM	%	1934 Mio RM	%
Obst	4,6	4,68	3,5	4,03	7,2	7,20
Südfrüchte	52,3	52,85	43,6	50,35	40,9	41,06
Fische	1,4	1,43	1,7	1,57	1,7	1,66
Wein, Most	7,7	7,80	7,1	8,16	7,8	7,84
Felle, Häute	5,3	5,35	6,1	7,06	5,6	5,65
Eisenerze	7,1	7,15	5,3	6,08	6,9	6,98
Schwefelkies	6,3	6,38	7,5	8,65	8,8	8,82
Kupfer	1,7	1,70	0,5	0,55		
Harz					1,5	1,51
Wolle					0,5	0,47
Pflanzl. Öle					0,5	0,48
Weizen						
Rest	12,5	12,66	11,2	13,55	18,3	18,33
Summe	98,9	100	86,5	100	99,7	100

	1935 Mio RM	%	1936 Mio RM	%	1937 Mio RM	%
Obst	4,8	4,09	1,6	1,63	1,0	0,81
Südfrüchte	48,0	40,59	42,7	43,70	13,6	11,02
Fische	2,1	1,74	1,5	1,53	4,5	3,64
Wein	5,7	4,78	5,4	5,41	1,9	1,53
Most	7,8	6,57	5,7	5,71	12,7	10,29
Felle, Häute	13,2	11,15	11,1	11,13	20,7	16,77
Eisenerz	8,2	6,89	6,9	6,92	13,9	11,26
Schwefelkies						
Kupfer	1,3	1,10	1,2	1,20	4,1	3,32
Harz	1,7	1,47	2,2	2,20	9,2	7,45
Wolle	1,3	1,12	1,7	1,74	14,0	11,34
Pflanzl. Öle						
Weizen						
Rest	24,2	20,50	17,7	18,83	27,8	22,57
Summe	118,3	100	97,7	100	123,4	100

	1938 Mio RM	%	1939 Mio RM	%	1940 Mio RM	%
Obst	1,0	0,90	6,3	5,26	0,5	2,45
Südfrüchte	13,4	12,17	35,5	29,68	6,6	32,40
Fische	5,3	4,81	2,0	1,67	0,3	1,47
Wein, Most	5,1	4,63	6,9	5,76	0,9	4,41
Felle, Häute	6,1	5,54	4,4	3,67	2,9	14,23
Eisenerz	30,1	27,33	18,4	15,38	0,1	0,49
Schwefelkies	14,2	12,89	9,4	7,85	0,7	3,43
Kupfer						
Harz	2,3	2,08	1,0	0,84	0,2	0,98
Wolle	2,1	1,90	4,8	4,01	1,6	7,85
Pflanzl. Öle	3,4	3,08	9,2	7,69	0,4	1,96
Weizen	4,5	4,08	0,8	0,66	1,0	4,90
Rest	22,6	20,59	20,9	17,53	5,2	25,43
Summe	110,1	100	119,6	100	20,4	100

Quelle: Statist. Jb. f. d. Dt. Reich

Tabelle 5. Marktanteile ausgewählter Länder am spanischen Export (jeweils 1. Halbjahr)

	1935 Mio GoldPtas.	%	1936 Mio GoldPtas.	%
Deutsches Reich	9 198	13,1	9 410	10,7
Frankreich	6 167	8,7	12 426	14,1
Großbritannien	11 711	16,6	13 672	15,5
Italien	1 727	2,4	2 933	3,3
USA	13 986	19,9	15 786	17,9
Argentinien	4 545	6,4	4 590	5,2

	1937 Mio GoldPtas.	%	1938 Mio GoldPtas.	%
Deutsches Reich	34 394	38,5	38 792	40,7
Frankreich	1 156	1,2	320	0,3
Großbritannien	7 387	8,2	11 141	11,7
Italien	3 840	4,3	14 595	15,3
USA	19 796	22,1	12 858	13,5
Argentinien	2 709	3,0	1 953	2,0

Quelle: Boletín de Estadística, Jg. 1939, No. 2

Mittelpunkt dieser Bemühungen stand das sogenannte Montana-Projekt. Unter diesem Sammeltitel verschaffte sich die HISMA 1937 in Görings Auftrag insgesamt etwa 200 Mutungen, Optionen und Kontrakte für Bergwerksrechte.[85] Die Spanier waren in dieser Angelegenheit über das skrupellose Vorgehen der Deutschen einigermaßen schockiert. Trotz aller Widerstände und Verzögerungsversuche mußten sie schließlich aber doch dem Druck der deutschen Freunde nachgeben, die gerade in diesem Fall besonders rücksichtslos die militärische Abhängigkeit Francos zu eigenem Vorteil nutzten. Die sechs Produktionsgesellschaften mit deutscher Kapitalbeteiligung, die schließlich im Juni 1938 zur Ausnutzung der verstreuten Minenrechte gebildet wurden, arbeiteten freilich Ende 1939 noch mit Verlust, da sich ein erheblicher Teil der Objekte als nicht abbauwürdig erwies[86]. Die Hoffnungen auf eine deutsche Erzförderung auf spanischem Boden haben sich somit für die NS-Führung nicht erfüllt. Auch wenn man bei der Beschaffung von Rohstoffen auf dem Handelswege ungleich erfolgreicher war, erwies sich der rabiate Versuch einer Einbeziehung Spaniens in das rüstungswirtschaftliche System des Vierjahresplans auf die Dauer als undurchführbar.

Der Bürgerkrieg war kaum zu Ende, als die Spanier auch schon auf eine Normalisierung der Wirtschaftsbeziehungen mit Deutschland drängten. Es zeigte sich nunmehr auch rasch, daß die Übertragung der innerfaschistischen Herrschaftsmethoden auf die Außenwirtschaft, die zu Görings Machtstellung in Spanien geführt hatte, doch nur unter den Ausnahmebedingungen des Kriegs möglich gewesen war. Vom Existenzdruck des Kriegs befreit, machten sich die spanischen Machthaber sogleich daran, das unwürdige und für sie nachteilige Zwangssystem der HISMA-ROWAK-Kompensation zu beseitigen. In Berlin brachen unter dem Eindruck der spanischen Forderungen im Frühjahr 1939 sogleich wieder die alten Fronten über die Methoden der deutschen Wirtschaftspolitik gegenüber Spanien auf. Anders als während des Kriegs, als es hierbei eine Statistenrolle gespielt hatte, konnte nach der Wiederherstellung normaler politischer Friedenszustände jetzt das Auswärtige Amt in den spanischen Außenhandelsangelegenheiten die politische Führung übernehmen. Der Anlaß dazu ergab sich, als Görings Statthalter in Spanien, Bernhardt, im April 1939 seine Rolle als Nebenbotschafter überzog. Ohne Wissen des Auswärtigen Amts hatte Bernhardt in Burgos über eine offizielle Spanienreise Görings verhandelt.[87] Er verlangte dabei von den Spaniern ausdrücklich, den deutschen Botschafter Stohrer nicht über diese Angelegenheit zu informieren. Die dilettantische Reisediplomatie des HISMA-Leiters scheiterte nicht nur, sondern führte zu einer ebenso grotesken wie für die deutsche Regierung peinlichen Situation. In sicherer

Erwartung seines Besuchs fuhr Göring nämlich schon auf einem Motor-schiff an der spanischen Küste entlang, als die Termine platzten. In letzter Minute gelang es der Botschaft, Franco wenigstens noch zu einem Funk-spruch an den seefahrenden Reichsluftfahrtsminister zu bewegen. Der Staatssekretär des Auswärtigen Amts, v. Weizsäcker, stellte zweifellos zu Recht fest, daß diese Affäre auf die Spanier den Eindruck »völliger Zerfahrenheit auf deutscher Seite«[88] machen mußte, jedoch war sie nur der Epilog einer deutschen Spanienpolitik, die während des ganzen Bür-gerkriegs alles andere als einheitlich gewesen war.

Ribbentrops Vorstoß gegen Görings spanischen Statthalter führte schrittweise zu einer organisatorischen Vereinheitlichung der deutschen Spanienpolitik. In einem Schreiben an Göring verlangte der national-sozialistische Außenminister Mitte Mai 1939 die Abberufung Bernhardts aus Spanien.[89] Es war klar, daß mit der Person Bernhardts das gesamte HISMA-ROWAK-System und damit Görings außenwirtschaftliches Imperium zur Disposition stand. In dieser Situation konnte niemand anders als Hitler entscheiden. Hitler verhielt sich, wie so oft in Situationen, in denen er zu Entscheidungen für einen seiner Diadochen gegen einen anderen gezwungen wurde, dilatorisch. Bernhardt durfte »noch eine gewisse Zeit«[90] auf seinem Posten bleiben. Im März 1940 wurde seine Tätigkeit auf die Leitung des SOFINDUS-Konzerns (Sociedad Financiera Industrial Ltda.) begrenzt, einer Holding-Gesell-schaft, in der seit 1937 die vielen Einkaufs- und Produktionsgesellschaf-ten zusammengeschlossen worden waren, welche die HISMA nach Ausbruch des Bürgerkriegs in Spanien gegründet hatte. In den 1939 an-laufenden Verhandlungen mit Spanien über ein neues Wirtschaftsab-kommen, die infolge des beginnenden Zweiten Weltkriegs erst im Januar 1940 zum Erfolg führten, bestand man nicht mehr auf dem Handels-monopol für die HISMA-ROWAK-Kompensation.[91]

Wenn man berücksichtigt, daß das Auswärtige Amt nach Ende des Bürgerkriegs die Auflösung des Goebbelsschen Sonderstabs in der Madrider Botschaft erzwingen konnte und daß nach dem Rückzug der Legion Condor auch die militärischen Vertretungsrechte an die Botschaft zurückfielen[92], endete das faschistische Lehrstück polykra-tischer Außenpolitik äußerlich mit einem Sieg der diplomatischen Normalität. Die deutsche Spanienpolitik in der Zeit des Bürgerkriegs bleibt jedoch ein Beispiel dafür, daß unter dem ideologischen Deck-mantel einer antibolschewistischen Globalstrategie innerhalb des NS-Regimes politische Triebkräfte wirksam werden konnten, die primär durchaus nicht programmatisch vorgegeben waren. Wohl hing die von Göring gegenüber Spanien durchgesetzte Politik der Rohstofforientierung insofern indirekt mit Hitlers außenpolitischer Globalstrategie zusammen, als sie letzten Endes dem Willen zum Eroberungskrieg entsprang, der die Einführung des Vierjahresplans überhaupt erst verständlich macht. Jedoch zeigt der widersprüchliche Entscheidungsprozeß, daß dieser Zusammenhang den daran Beteiligten weder von Anfang an klar gewesen ist noch sich ihnen in gleicher Weise dargestellt hat. Wenn die große Linie von Hitlers ›Programm‹ überhaupt relevant gewesen ist, dann nur in einem Konglomerat mehr oder minder eigenwilliger Auslegungen. Daß sich dabei Görings wirtschaftspolitisches Konzept durchsetzte, ergab sich aus den konkreten Umständen der durchaus unerwarteten Ausweitung des spanischen Kriegs, nicht auf Grund einer bewußten Rückbindung an langfristige außenpolitische Ziele Hitlers. Die nationalsozialistische Außenpolitik im Spanischen Bürgerkrieg war im Ganzen gesehen zwar kein willkürliches Produkt zufälliger Entscheidungen, sie war aber auch nicht das kalkulierte Ergebnis langfristiger Planung. Eher verband sich beides zu einer durchaus heterogenen Mischung, wie sie auch sonst in der Außenpolitik des Nationalsozialismus nachweisbar sein dürfte.

Anmerkungen

1 Vgl. besonders die Darstellungen von Hillgruber, Andreas: *Hitlers Strategie. Politik und Kriegführung 1940–1941.* Frankfurt 1965; Jacobsen, Hans Adolf: *Nationalsozialistische Außenpolitik 1933–1938.* Frankfurt 1968; Hildebrand, Klaus: *Vom Reich zum Weltreich. Hitler, NSDAP und koloniale Frage 1919 bis 1945.* München 1969; Weinberg, Gerhard L.: *The foreign policy of Hitlers Germany. Diplomatic revolution in Europe 1933–1936.* Chikago/London 1970; Rich, Norman: *Hitlers war aims. Ideology, the nazi state, and the course of expansion.* 2 Bde. New York 1973.

2 Trevor-Roper, H.R.: »Hitlers Kriegsziele«. In: *Vierteljahrshefte für Zeitgeschichte.* Bd. 8. (1960). S. 121 ff.

3 Hier sind vor allem Moltmann, Günter: »Weltherrschaftsideen Hitlers.« In: *Europa und Übersee.* Festschrift für Egmont Zechlin. Hamburg 1961, S. 197 ff., und Dickmann, Fritz: »Machtwille und Ideologie in Hitlers außenpolitischen Zielsetzungen vor 1933.« In: *Spiegel der Geschichte.* Festgabe für Max Braubach zum 10. April 1964. Münster 1964, S. 915 ff. zu nennen.

4 Vgl. Jäckel, Eberhard: *Hitlers Weltanschauung. Entwurf einer Herrschaft.* Tübingen 1969, S. 29 ff.; Kuhn, Axel: *Hitlers außenpolitisches Programm. Entstehung und Entwicklung 1919–1939.* Stuttgart 1970, und Hildebrand, Klaus: *Deutsche Außenpolitik 1933–1935. Kalkül oder Dogma?* Stuttgart 1971.

5 Vgl. Hillgruber: *Hitlers Strategie.* A. a. O., vor allem S. 564 ff.

6 Hillgruber: *Hitlers Strategie.* A. a. O. S. 566. Ähnliche Formulierungen auch sonst passim.

7 Conze, Werner: *Die deutsche Nation. Ergebnis der Geschichte.* Göttingen 1963, S. 144.

8 Broszat, Martin: »Soziale Motivation und Führer-Bindung des National-sozialismus.« In: *Vierteljahrshefte für Zeitgeschichte.* Bd. 18. (1970). S. 392 ff.

9 Broszat: »Soziale Motivation.« A. a. O. S. 407.

10 Vgl. dazu die Einwände von Hildebrand, Klaus: »Hitlers Ort in der Geschichte des preußisch-deutschen Nationalstaates.« In: *Historische Zeitschrift* 217. (1973). S. 598 f., und ders.: »Die innenpolitischen Antriebskräfte der nationalsozialistischen Außenpolitik.« In: *Sozialgeschichte Heute.* Festschrift für Hans Rosenberg zum 70. Geburtstag. Göttingen 1964, S. 646 f.

11 Vgl. dazu Henke, Josef: *England in Hitlers politischem Kalkül (1935–1939).* Boppard 1973, und Hillgruber, Andreas: »England in Hitlers außenpolitischer Konzeption.« In: *Historische Zeitschrift* 218. (1974). S. 65 ff., der hier freilich schon für den frühen Hitler eine zweite überseeische Phase deutscher Expansion glaubt erkennen zu können.

12 Vgl. dazu Hillgruber: *Hitlers Strategie.* A. a. O., vor allem S. 351 ff.

13 Vgl. Jäckel, Eberhard: *Frankreich in Hitlers Europa. Die deutsche Frankreichpolitik im Zweiten Weltkrieg.* Stuttgart 1966, S. 20 f.

14 So Hillgruber: *Hitlers Strategie.* A. a. O. S. 564; ferner ders.: »La politica estera nationalsocialista fra il 1933 e il 1941.« In: Renzo de Felice (Hrsg.): *L'Italia fra tedeschi e alleati. La politica estera fascista e la seconda guerra mondiale.* Bologna 1973, S. 78, 82.

15 So Merkes, Manfred: *Die deutsche Politik im Spanischen Bürgerkrieg 1936 bis 1939.* Bonn, 2. Aufl. 1969, S. 39.

16 So Abendroth, Hans-Henning: *Hitler in der spanischen Arena.* Paderborn 1973, S. 36.

17 So Viñas, Angel: *La Alemania nazi y el 18 de Julio.* Madrid 1974, S. 442.

18 Eine solche Verschwörungstheorie wird durchweg von der marxistisch-leninistischen Forschung, aber nicht nur von dieser, vertreten. Vgl. dazu meinen Artikel »Spanischer Bürgerkrieg« in: *Sowjetsystem und Demokratische Gesellschaft.* Bd. 6, Freiburg 1972, S. 81 f.

19 Vgl. *Hitlers zweites Buch. Ein Dokument aus dem Jahre 1928.* Hrsg. von Gerhard L. Weinberg, Stuttgart 1961, S. 140, 217.

20 Insoweit, aber auch nicht weiter, wird man die pseudonyme kommunistische Schrift von Franz Spielhagen (d. i. Otto Katz): *Spione und Verschwörer in Spanien.* Paris 1936, sowie die anarchistische Parallelschrift: *Schwarzrotbuch. Dokumente über den Hitlerimperialismus.* Barcelona 1937, ernstnehmen können. Vgl. auch Viñas: *Alemania.* A. a. O. S. 267 ff.

21 Abshagen, Karl-Heinz: *Canaris. Patriot und Weltbürger.* Stuttgart 1950, S. 159 ff.; Colvin, Ian: *Chief of Intelligence.* London 1951, S. 30 ff.; Souchy, Augustin: *Nacht über Spanien.* Darmstadt 1953, S. 82, 172; Farago, Ladislas: *Das Spiel der Füchse. Deutsche Spionage in England und den USA 1918 bis 1945.* Frankfurt/Berlin 1972, S. 27 f.

22 Vgl. dazu Viñas: *Alemania.* A. a. O. S. 317 ff., der S. 15 ff. auch ausführlich die militärtechnischen Kontakte von Canaris mit der militärischen Führung der spanischen Monarchie (bis 1931) darstellt.

23 Merkes: *Bürgerkrieg.* A. a. O. S. 49, nach den Erinnerungen von Félix Maiz: *Alzamiento en España. De un diario de la conspiración.* Pamplona 1952, S. 263 f.

24 Vgl. *Akten zur deutschen auswärtigen Politik 1918–1945*. Serie D, Bd. III, S. 3, Anm.

25 Zur Biographie von Veltjens vgl. Zuerl, Walter: *Pour-le-mérite-Flieger*. München 1938, S. 437 ff.; Musciano, Walter: *Eagles of the Black Cross*. New York 1965, S. 183 ff. Während des Abessinien-Kriegs übernahm Veltjens die Verschiffung der erst neuerdings bekannt gewordenen heimlichen Waffenlieferungen an den Negus. Vgl. Funke, Manfred: *Sanktionen und Kanonen. Hitler, Mussolini und der internationale Abessinienkonflikt 1934–1936*. Düsseldorf 1970, S. 44. Eines der ersten deutschen Hilfsschiffe, mit Waffen für die Nordarmee Molas an Bord, wurde am 22. 8. 1936 in Hamburg von Veltjens gechartert. Anfang 1937 gründete er zusammen mit einem in ähnlichen Dunkelzonen tätigen Unternehmer die Reederei ›Hansegesellschaft Aschpurwis & Veltjens‹, deren Schiffe militärische Sondertransporte nach Spanien unter panamesischer Flagge besorgten. 1937 gingen von Deutschland aus für insgesamt 61,18 Mill. RM Kriegslieferungen nach Spanien. Von diesen Lieferungen fiel auf Veltjens ein Anteil von nur 7,72 Mill. RM, die aber deshalb von besonderem Wert waren, weil sie sämtlich in Devisen bezahlt wurden. Vgl. Bundesarchiv Koblenz (künftig B.A.K.), RFM., R2/27, Bericht der Deutschen Revisions- und Treuhand-Aktiengesellschaft Berlin über die bei der ROWAK-Handelsgesellschaft m.b.H., Berlin, vorgenommene Prüfung des Jahresabschlusses zum 31. Dezember 1937, Blatt 8. Zu den weiteren Aktivitäten von Veltjens vgl. Weinberg: *Foreign policy*. A.a.O. S. 286, und Viñas: *Alemania*. A.a.O. S. 314 ff.

26 Vgl. *Historia de la Cruzada Española*. T. X, Vol. 3, Madrid 1940, S. 445 f. und danach Abendroth: *Hitler*. A.a.O. S. 20, sowie Merkes: *Bürgerkrieg*. A.a.O. S. 48 f. Viñas: *Alemania*. A.a.O. S. 306, hat in den deutschen Akten eine Liste über das an Deutschland nach Spanien zwischen Dezember 1935 und August 1936 exportierte Kriegsmaterial gefunden, die dieser Angabe ziemlich genau entspricht. Dabei dürfte es sich im wesentlichen um offizielle, vom spanischen Generalstab geordnete Lieferungen handeln. Vgl. Politisches Archiv Bonn (künftig P.A.B.), Ha Pol., III, Spanien, Pak. 12, Bd. 1, Botschaft Madrid an AA, 2. 7. 1936.

27 So wenigstens die Memoiren von Weizsäcker, Ernst von: *Erinnerungen*. München 1950, S. 129, und von Kordt, Erich: *Nicht aus den Akten*. Stuttgart 1950, S. 151.

28 So fälschlich Dahms, H. G.: *Der Spanische Bürgerkrieg 1936–1939*. Tübingen 1962, S. 100, S. 298, sowie ähnlich Merkes: *Bürgerkrieg*. A.a.O. S. 29 f.

29 *Akten*. D, Bd. III, S. 11 f.

30 *Akten*. D, Bd. III, S. 11; Abendroth; *Hitler*. A.a.O. S. 28.

31 Zur Biographie von Langenheim und von Bernhardt vgl. Merkes: *Bürgerkrieg*. A.a.O. S. 24 ff., und Viñas: *Alemania*. A.a.O. S. 364 ff.

32 Ribbentrop erfuhr von Hitlers Entscheidung, wenn man seinen von Anneliese v. Ribbentrop herausgegebenen Memoiren (*Zwischen London und Moskau*. Leoni 1953, S. 88 f.) trauen darf, erst einen Tag später.

33 Vgl. *Akten*. D, Bd. III, S. 4, wo ein Dokument aus der Präsidialkanzlei vom 5. 7. 1939 teilweise abgedruckt wird mit dem Titel »Ordensverleihungen anläßlich der Beendigung des Spanischen Bürgerkriegs«. Nach der darin von AO-Chef Bohle gegebenen Schilderung der Ereignisse vom 25. Juli nahm an der Sitzung außerdem noch »ein in Bayreuth anwesender Admiral« teil. Über die Person dieses Admirals ist viel gerätselt worden, wobei meist auf Canaris

getippt wurde. Da sich jedoch auch Bernhardt im Jahre 1972 nicht an diesen Admiral erinnern und Canaris erst später in Spanien kennengelernt haben wollte (vgl. Viñas: *Alemania*. A. a. O. S. 416), dürfte es sich dabei um den Vizeadmiral Lindau handeln, der in der Nacht vom 25./26.7. von Hamburg nach Bayreuth befohlen wurde, allerdings erst am Morgen des 26.7. eintraf. Vgl. Abendroth: *Hitler*. A. a. O. S. 334, auf Grund des Nachlasses Lindau, und Viñas: *Alemania*. A. a. O. S. 417 f.

34 *Akten*. D, Bd. III, S. 8. Abendroth: *Hitler*. A. a. O. S. 29 f., berücksichtigt dies nicht und kommt daher zu falschen Schlüssen. Entsprechende Überlegungen von Viñas: *Alemania*. A. a. O. S. 414, bleiben ohne Beleg.

35 Vgl. Beumelburg, Werner: *Kampf um Spanien. Die Geschichte der Legion Condor*. Berlin 1939, S. 22 ff.; *Historia Cruzada*. A. a. O. T. X, S. 127; Merkes: *Bürgerkrieg*. A. a. O. S. 58 f.

36 Vgl. Merkes: *Bürgerkrieg*. A. a. O. S. 76.

37 Beumelburg: *Kampf*. A. a. O. S. 22 f.

38 Abendroth: *Hitler*. A. a. O. S. 41 f.; Merkes: *Bürgerkrieg*. A. a. O. S. 61. Im Auswärtigen Amt lag allerdings schon ein Hilferuf aus Burgos vor, der vom deutschen Geschäftsträger in Lissabon am 24., 26. und 28.7. in immer dringenderer Form übermittelt wurde, vgl. *Akten*. D, Bd. III, S. 10, S. 14 f.

39 Belege bei Ribbentrop: *London und Moskau*. A. a. O. S. 88 f.; *Schultheß' Europäischer Geschichtskalender 1937*. München 1937, S. 136 ff.; ebenda: 1938, S. 40; ebenda: 1939, S. 695 ff.; H. Picker (Hrsg.): *Hitlers Tischgespräche im Führerhauptquartier 1941–42*. Stuttgart 1963, S. 179.

40 Goebbels: *Die Wahrheit über Spanien. Rede auf dem Reichsparteitag in Nürnberg 1937.* Berlin o. J.; vgl. auch Rühle, Gerd: *Das dritte Reich. Das 5. Jahr 1937*. Berlin 1938, S. 241.

41 *Akten*. D, Bd. III, S. 8, 11, 14, 23, 28, 30 u. ö.

42 Hildebrand: »Innenpolitische Antriebskräfte«. A. a. O. S. 641.

43 Die Aussage Görings, in: *Der Prozeß gegen die Hauptkriegsverbrecher vor dem Internationalen Militärgerichtshof Nürnberg*. Bd. 9, Nürnberg 1947, S. 316 f. Die Aussage Bernhardts aus dem Jahre 1972 bei Viñas: *Alemania*. A. a. O. S. 450 f., der seine Darstellung, ohne Görings Nürnberger Erklärung zu erwähnen, auf Bernhardt stützt.

44 Unklar bleibt auch, ob nicht nur Hitler, sondern auch Göring durch ein eigenes Handschreiben Francos angesprochen wurde. Von einem solchen Brief ist in einem Schreiben des Deutschen Konsulats in Tetuán aus Tanger vom 24.7.1936 die Rede (vgl. *Akten*. D, Bd. III, S. 9). In einer Aufzeichnung des Leiters der Politischen Abteilung im AA, Dieckhoff, vom 25.7.1936 wird dagegen nur noch ein Brief an Hitler und ein Empfehlungsschreiben der Ortsgruppe der AO in Tetuán erwähnt (*Akten*. D, Bd. III, S. 11 f.). Abendroth: *Hitler*. A. a. O. S. 333, hat von dem ehemaligen Generalfeldmarschall Milch, einem freilich sonst nicht immer zuverlässigen Zeugen, erfahren, daß ein Schreiben Francos an Göring nicht existiert habe.

45 Beumelburg: *Kampf um Spanien*. A. a. O. S. 23 f.; Merkes: *Bürgerkrieg*. A. a. O. S. 56; Abendroth: *Hitler*. A. a. O. S. 39 f.

46 *Akten*. D, Bd. III, S. 125, 137–140, 162 f., 175 f., 190–192; *Ciano's Diplomatic Papers*. Ed. M. Muggeridge, London 1948, S. 80–86; Weizsäcker: *Erinnerungen*. A. a. O. S. 137 f.

47 Canaris knüpfte am 4.8. und am 27.8.1936 mit Roatta und mit Ciano die ersten Fäden für ein gemeinsames militärisches Vorgehen in Spanien. Am

6.12.1936 nahm er in Rom als deutscher Verbindungsmann an der entscheidenden Beratung der Italiener über die militärische Ausweitung des faschistischen Engagements in Spanien teil (vgl. Merkes: *Bürgerkrieg*. A.a.O. S. 60, 63 f., und Abendroth: *Hitler*. A.a.O. S. 50f., beide im wesentlichen nach dem Bestand »Das Unternehmen Feuerzauber« im Militärgeschichtlichen Forschungsamt, Freiburg, II, L 14/1). Anfang November 1936 führte Canaris den General Sperrle als ersten Kommandeur der Legion Condor bei Franco ein (vgl. *Akten*. D, Bd. III, S. 105ff.). Canaris war wieder Anfang Januar 1937 und im April 1937 zur Inspektion der deutschen Truppen in Spanien. (Vgl. die Eintragungen im Tagebuch Jodls, in: *Prozeß gegen die Hauptkriegsverbrecher*. A.a.O. Bd. 28, S. 346, und Merkes: *Bürgerkrieg*. A.a.O. S. 115.) Mit Franco hatte er am 4.4.1938 und Ende Oktober 1938 zu verhandeln (vgl. *Akten*. D, Bd. III, S. 535, 658 f.).

48 Dazu ausführlich Merkes: *Bürgerkrieg*. A.a.O. S. 193 ff., und Abendroth: *Hitler*. A.a.O. S. 103 ff. Marion Einhorn: *Die ökonomischen Hintergründe der faschistischen deutschen Intervention in Spanien 1936–1939*. Berlin/DDR 1962, S. 125 f., weist darauf hin, daß auch Canaris bei der Ernennung Faupels mitgewirkt habe, was aber zweifelhaft bleibt.

49 Vgl. dazu und zum folgenden *Akten*. D, Bd. III, S. 137 ff., 175 f., 227 ff., 236 f., 340, 345 f., 359 f.; ferner P.A.B., Chef AO, Pak. 46, Bohle an Köhn 5.3.1937; Suñer, Ramón Serrano: *Zwischen Hendaye und Gibraltar*. Zürich 1948, S. 52 f.; Payne, Stanley G.: *Falange. A History of Spanish Fascism*. Stanford 1961, S. 143 ff.

50 *Schultheß' Geschichtskalender 1937*. S. 127; zur Biographie Stohrers: Abendroth: *Hitler*. A.a.O. S. 175 f.

51 Zur HISMA vgl. allgemein, mit unterschiedlicher Bewertung Harper, Glenn T.: *German economic policy in Spain during the Spanish Civil War, 1936–1939*. The Hague/Paris 1967, S. 11 ff.; Einhorn: *Ökonomische Hintergründe*. A.a.O. S. 109ff.; Abendroth: *Hitler*. A.a.O. S. 121 ff.; Merkes: *Bürgerkrieg*. A.a.O. S.221 ff.

52 B.A.K., RWM, R 7/738: Entstehung, Entwicklung und gegenwärtiger Stand des ROWAK/SOFINDUS-Konzerns, 15.3.1940, S. 1.

53 P.A.B., Ha.Pol. III, Spanien, Pak. 5/16, Wohltat, Reichsstelle für Devisenbewirtschaftung an Sabath, AA, 19.10.1936.

54 P.A.B., a.a.O.

55 Vgl. Amtliche Handelskammer für Deutschland, Mitteilung Nr. 192, Frankfurt 1.1.1939, S. 1 f.

56 P.A.B., Ha.Pol. III, Spanien, Pak. 5/16, Reichsgruppe Industrie an die Wirtschaftsgruppen zur Bearbeitung, 12.3.1937.

57 B.A.K., RWM, R 7/738, Entstehung, Entwicklung und gegenwärtiger Stand, a.a.O. 1937 hatte die Deutsche Revisions- und Treuhand-Aktiengesellschaft, Berlin, Schwierigkeiten, die »kaufmännische Eigenschaft der Rowak« exakt zu beschreiben. Vgl. B.A.K., RFM, Abt. I, R 2/27.

58 B.A.K., RWM, R 7/778, a.a.O.

59 Vgl. *Akten*. D, Bd. III, S. 94, 96 f.

60 Vgl. für die AGK den Bericht von Eberhard Messerschmidt vom 8.9.1936, in: *Akten*. D, Bd. III, S. 72 ff.; für die IG-Farben den Reisebericht von Dr. Gattineau (19.–24.10.1936) im P.A.B., Ha.Pol. III, Spanien, Pak. 5/16.

61 Zu den deutsch-spanischen Wirtschaftsbeziehungen in der Zeit der Republik (1931–1936) vgl., mit unterschiedlicher Wertung, Einhorn: *Öko-*

nomische Hintergründe. A. a. O. S. 46 ff., und Viñas: *Alemania.* A. a. O. S. 181 ff.

62 *Akten.* D, Bd. III, S. 186.

63 Zit. nach Abendroth: *Hitler,* A. a. O. S. 128.

64 Zit. nach Abendroth: *Hitler.* A. a. O. S. 129.

65 *Akten.* D, Bd. III, S. 272.

66 Texte der Abkommen in: *Akten.* D, Bd. III, S. 347 f., 350 f., 354 f.

67 Vgl. zum folgenden Schweitzer, Arthur: »Foreign exchange crisis of 1936.« In: *Zeitschrift für die gesamte Staatswissenschaft.* Bd. 118. (1962). S. 243 ff.; Doering, Dörte: *Deutsche Außenwirtschaftspolitik 1933–1935. Die Gleichschaltung der Außenwirtschaft in der Frühphase des nationalsozialistischen Regimes.* Diss. phil. Berlin 1969; Petzina, Dietmar: *Autarkiepolitik im Dritten Reich. Der nationalsozialistische Vierjahresplan.* Stuttgart 1968; Fischer, Wolfram: *Deutsche Wirtschaftspolitik 1918–1945.* Opladen, 3. Aufl. 1973. Volkmann, Hans-Erich: »Außenhandel und Aufrüstung in Deutschland 1933 bis 1939.« In: Friedrich Forstmeier, Hans-Erich Volkmann (Hrsg.): *Wirtschaft und Rüstung am Vorabend des Zweiten Weltkriegs.* Düsseldorf 1975, S. 81 ff.

68 Treue, Wilhelm: »Hitlers Denkschrift zum Vierjahresplan 1936.« In: *Vierteljahrshefte für Zeitgeschichte.* Bd. 3. (1955). S. 184 ff.

69 *Prozeß gegen die Hauptkriegsverbrecher.* A. a. O. Bd. 9, S. 316 f.

70 Zit. nach Volkmann: »Außenhandel«, a. a. O. S. 97.

71 Erklärung Görings in einer Sitzung des Gutachterausschusses für Exportfragen am 30. 6. 1936, zit. bei Volkmann: »Außenhandel«, a. a. O. S. 98.

72 Aktenvermerk über die Besprechung beim Herrn Generaloberst am 30. 7. 1936, 1. August 1936, zit. bei Weinberg: *Foreign policy.* A. a. O. S. 289.

73 B. A. K., RWM, R 7/778, a. a. O.

74 *Akten.* D, Bd. III, S. 461: Aufzeichnung des Legations-Sekretärs Ripken (Ha. Pol.), 22. 12. 1937.

75 *Akten.* D, Bd. III, S. 727.

76 *Akten.* D, Bd. III, S. 387, 423 ff., 446 ff., 464 ff., 481 ff., S. 497 f., 500 ff., 509 f., 518 f., 540, 543 f., 549 ff., 565 ff., 582 f., 649 ff., 657 ff., 660 ff., 668 f., 671 ff., 680 ff., 693, 737 ff.

77 Hoßbach, Friedrich: *Zwischen Wehrmacht und Hitler 1934–1938.* Göttingen, 2. Aufl. 1965, S. 187 f.

78 *Akten.* D, Bd. III, S. 123: Aktenvermerk des Vortragenden Legations-Rates Sabath, 27. 11. 1936.

79 Vgl. Domarus, Max: *Hitler, Reden und Proklamationen 1932–1945. Kommentiert von einem deutschen Zeitgenossen.* I. Bd., Würzburg 1962, S. 670: »Z. B.: Die Revolutionierung Spaniens hat 15 000 Deutsche aus diesem Lande vertrieben und unserem Handel einen schweren Schaden zugefügt. Sollte diese Revolutionierung Spaniens auf andere europäische Staaten übergreifen, dann würde dieser Schaden nicht vermindert, sondern vergrößert werden.«

80 Rede vom 27. 6. 1937, in der Hitler gesagt haben soll: »Wir brauchen eine Nationalregierung in Spanien, um uns das spanische Erz zu sichern.« Die Äußerung wurde in dieser Form, aber nicht überhaupt, durch das Propagandaministerium dementiert. Vgl. Thomas, Hugh: *The Spanish Civil War.* London 1961, S. 459; Merkes: *Bürgerkrieg.* A. a. O. S. 38 f., Abendroth: *Hitler.* A. a. O. S. 237.

189

81 Erinnerungen von Erwin Jaenecke vom »Sonderstab W«, zit. bei Merkes: *Bürgerkrieg.* A. a. O. S. 303 f.

82 P.A.B., Ha.Pol. III, Spanien, Pak. 5/16, Reisebericht von Dr. Gattineau (IG-Farben).

83 Vgl. dazu Bauer, Hans Th.: *Spaniens Wirtschaft vor Franco.* Berlin 1942, S. 114 ff.; Jäger, Jörg-Johannes: *Die wirtschaftliche Abhängigkeit des Dritten Reiches vom Ausland, dargestellt am Beispiel der Stahlindustrie.* Berlin 1969, S. 176; Viñas: *Alemania.* A. a. O. S. 181 ff., bes. die Tafeln 3 und 4, S. 201.

84 B.A.K., RWM, R 7/778, Entstehung, Entwicklung und gegenwärtiger Stand, a. a. O.

85 Vgl. für diese Vorgänge die Angaben in Anm. 76.

86 B.A.K., RWM, R 7/733, Bericht über die Verhandlungen mit der spanischen Regierung vom 2.11. bis 22.12.1939 in Madrid, 20.1.1940: »Die Montana-Betriebe mit 29,4 Millionen Peseten eingezahltem Kapital befinden sich im Stadium vorbereitender Aufschlußarbeiten ... Die sechs Gesellschaften weisen vorläufig Verluste auf.«

87 Vgl. zum folgenden *Akten.* D, Bd. III, S. 774 ff.; ergänzend: Abendroth: *Hitler.* A. a. O. S. 295 ff.

88 *Akten.* D, Bd. III, S. 775; ähnlich Ribbentrop: *London und Moskau.* A. a. O. S. 781.

89 Der Entwurf des Briefs in: *Akten.* D, Bd. III, S. 780 f.; ferner Abendroth: *Hitler.* A. a. O. S. 296 f.

90 Zit. bei Abendroth: *Hitler.* A. a. O. S. 297.

91 Zur Spanienpolitik des Dritten Reichs nach 1939 vgl. jetzt Ruhl, Klaus-Jörg: *Spanien im Zweiten Weltkrieg. Franco, die Falange und das »Dritte Reich«.* Hamburg 1975.

92 *Akten.* D, Bd. III, S. 770, 773, 782, 784, 795.

ALBERTO AQUARONE

Der Spanische Bürgerkrieg und die öffentliche Meinung in Italien

Die von einigen Generälen am 17. Juli 1936 ausgelöste militärische Aufstandsbewegung gegen die republikanische Regierung in Madrid überraschte die führenden politischen Kreise innerhalb der italienischen Regierung so sehr, daß sie für einige Tage unschlüssig, ja sogar bis zu einem gewissen Grade unsicher blieben. Natürlich war es bekannt, daß die innenpolitische Situation Spaniens eine kritische Phase durchlief, daß die Glut unter der Asche glimmte und daß einzelne rechtsgerichtete Zivilisten und Militärs einen gewaltsamen Umsturz der Regierung planten, die das Ergebnis der Wahlen vom Februar 1936 und der Volksfront war. Niemand war jedoch auf eine entscheidende Aktion in diesem Augenblick gefaßt, und allenfalls rechnete man mit einer Erhebung im Herbst jenes Jahres.[1] Gerade Mussolini zögerte ziemlich lange, bevor er sich entschied, den dringenden Bitten General Francos – der in Marokko festsaß, weil er nicht mit seinen Truppen die Straße von Gibraltar überqueren konnte – nachzugeben, ihm raschestens Transportflugzeuge zu schicken. Erst am 30. Juli starteten zwölf Flugzeuge vom Typ S 81 von Sardinien aus in Richtung Tetuán; sie waren der erste militärische Beitrag des faschistischen Italiens zum antirepublikanischen Aufstand in Spanien, ein Beitrag, der in wenigen Wochen beträchtlichen Umfang annehmen sollte: außer einer Vielzahl militärischer Ausrüstungsgegenstände verschiedener Art ca. 50000 Soldaten und einige hundert Flugzeuge der ›Luftwaffe der Legion‹, nicht zu reden von den unerkannten U-Booten, die entlang der spanischen Küsten diejenigen spanischen und neutralen Frachter ohne Vorwarnung versenkten, die von den republikanischen Kräften kontrollierte Häfen anliefen.[2]

Aus: *Il Cannocchiale. Rivista bimestrale di cultura.* N.S. Bd. 4/6. (1966). S. 3–36. Übersetzt von Christof Dipper. Der Text wurde in der zweiten Hälfte und in den Anmerkungen gekürzt. Mit freundlicher Genehmigung des Autors.

Unmittelbar nach der Erhebung spiegelt sich die Unsicherheit der offiziellen Kreise in der faschistischen Presse wider, die anfangs zu den dramatischen Vorgängen in Spanien eine vorsichtige Haltung einnahm und damit eine unbezweifelbare Unsicherheit offenbarte. Mindestens für einige Wochen beschränkten sich die führenden Zeitungen Italiens, an der Spitze der »Popolo d'Italia«, vornehmlich auf die Wiedergabe der von ausländischen Nachrichtenagenturen verbreiteten Berichte, die vor allem zu Anfang meistens mit der legitimen Regierung in Madrid sympathisierten. Die italienischen Leser wurden in den ersten Wochen nach dem 17. Juli in den Spalten ihrer Zeitungen, auch in jenen, die der Partei nahestanden, insgesamt ziemlich objektiv von den Aktionen der »Regierungsanhänger« einerseits und der »Rebellen«, der »Aufrührer«, der »Aufständischen« andererseits informiert. So konnte man in einem Bericht von Riccardo Forte aus Madrid, der am 22. Juli in Farinaccis Zeitung »Regime fascista« erschien, beispielsweise lesen: »Die militärische Erhebung wird mehr und mehr eingekesselt. Die aufständischen Einheiten, voneinander isoliert und in ihren Stellungen von den legalen Streitkräften und bewaffneten Zivilisten angegriffen, leisten verzweifelten Widerstand.« Natürlich brauchte es nicht lange, bis sich in der Presse der Tonfall änderte. Im Laufe des August verschwand jeder vorgebliche Versuch einer objektiven Berichterstattung, und so wurden aus »Rebellen« und »Aufständischen« die »Nationalspanier«, aus »Regierungsanhängern« dafür die »Roten«.[3] Der Krieg in Spanien begann jenen Charakter eines erbarmungslosen Kampfs zwischen Gut und Böse, zwischen Kultur und Barbarei, zwischen Christentum und atheistischem Bolschewismus anzunehmen, den die faschistische Propaganda nicht müde wurde, stereotyp zu beschwören.

Als die faschistische Presse noch den Eindruck der Unsicherheit und mangelnden Orientierung machte, war allerdings vom »Osservatore Romano« bereits der Weg gewiesen worden; dieser hatte sogleich in heftiger Form »die Blutbäder und die entsetzlichen Verwüstungen durch die Kommunisten« beklagt und von »schauerlichen Statistiken« berichtet[4]. Das Organ des Heiligen Stuhls beeilte sich, in dem in Spanien wütenden Kampf einen Konflikt zu erkennen, der jenseits der besonderen Vorgänge in jenem Land die bürgerliche Gesellschaft in ihrer Gesamtheit betraf: »Im Spanischen Bürgerkrieg gibt es Ansätze zu einer Anarchie, die weder Ausfluß der großen historischen Traditionen noch der politischen Psychologie jenes Volks sind, sondern die von außen kommen und gegen die die zivilisierten Nationen noch nicht genügend Abwehrkräfte entwickelt zu haben scheinen.«[5]

Angesichts der schrecklichen Vorkommnisse und Wahnsinnstaten, die im republikanischen Spanien dominierten, sollte jegliche politische Beurteilung der Kräfte und des Einsatzes beiseite gelassen werden. Statt dessen lautete die klare und einfache Alternative: mit oder gegen die Menschheit. »Solange man fortfährt, politische Probleme von Regimes, Regierungen oder Parteien zu einer Frage von Reaktion oder Freiheit, von Autoritarismus oder Demokratie zu machen, werden die Feinde der Menschheit mit Hilfe dieser ganzen doppeldeutigen Begriffe die Unsicheren und Verwirrten auf ihrer Seite haben, und beim ersten Zusammenstoß wird jene verschwinden. Von ihr muß man daher klar, einfach und unmißverständlich sprechen, und am Scheideweg muß es sich erweisen, wer auf Seiten der Menschheit steht und wer sich außerhalb von ihr stellt.«[6]

Es war daher vorauszusehen, welche Haltung der »Osservatore Romano« in jener dornigen Frage einnehmen würde, die vom August 1936 an im Hinblick auf den Spanischen Bürgerkrieg zwischen den großen europäischen Mächten diskutiert wurde, nämlich in der Frage der Nichteinmischung. Vor allem ging es darum, den Irrtum zu widerlegen, dem auch etliche Katholiken, besonders in Frankreich, erlegen waren; diese billigten die Intervention von Freiwilligen zu Gunsten der legitimen Regierung in Madrid oder forderten sogar dazu auf, als ob dies ein Beitrag zur Verteidigung der Freiheit und Unabhängigkeit Spaniens wäre. So erhob der »Osservatore Romano« gegen die Behauptung Einspruch, es existiere »kein Unterschied zwischen der Einmischung von Gruppen ausländischer Bürger, um (besonders im 19. Jahrhundert) in einem anderen Land die Unabhängigkeits- und Freiheitsbewegung zu unterstützen, und dem Eindringen kommunistischer Banden in Spanien, die den spanischen Kommunismus unterstützen wollen. Beide Vorgänge sind keineswegs identisch. Im ersten Fall handelt es sich um Gruppen von Liberalen und Nationalen usw., die zwar in einem fremden Land kämpfen, aber nur für die Unabhängigkeit, Freiheit oder irgendein anderes Ziel jenes Landes oder seiner Bürger, dem sie ausschließlich dienen. Im Falle der von Moskau in Marsch gesetzten Kommunisten (während der Kreml seine Neutralität erklärte) handelt es sich zwar ebenfalls um eine Einmischung zu Gunsten von Brüdern im – Glauben, aber im Dienst einer Einrichtung des positiven Rechts, einer dem fraglichen Staat fremden Institution, nämlich im Dienst der Dritten Internationale, die die Form eines Überstaats besitzt. Es handelt sich folglich um Hilfstruppen, die im Dienst einer Macht und einer Sache stehen, die nicht ausschließlich spanisch ist. Diese Bemerkung mag genügen, um sich klarzumachen, wie sehr in der gegenwärtigen Lage (in der schwierige Verhandlungen um ein Nichtinterventionsabkommen stattfinden) jene

Stellungnahmen eine Ursache mehr zur Gärung und zur Unordnung des politischen Lebens in Europa sind.«[7]

Bedeutete diese Aussage eine Stellungnahme des Heiligen Stuhls, oder jedenfalls seines Presseorgans, zu Gunsten des Prinzips der Nichtintervention? Sicherlich nicht. Am folgenden Tage beeilte sich der »Osservatore Romano«, einen Artikel mit der bezeichnenden Überschrift »Unmögliche Ausflüchte« zu drucken; in ihm betonte er, daß angesichts der »grauenhaften Szenen in Spanien« nicht nur den Parteigängern der Roten, sondern auch den Anhängern einer bloßen Nichteinmischung kein Vorwand gegeben werden dürfe.[8] Es war dies eine Stellungnahme, die der faschistischen Regierung offensichtlich sehr gelegen kam, da diese jetzt den Weg einer aktiven Unterstützung Francos eingeschlagen hatte. Der »Popolo d'Italia« verlor denn auch keine Zeit und druckte in seiner Ausgabe vom 19. August ausführlich Teile des Artikels aus dem »Osservatore Romano« ab. Zwei Tage später wiederholte sich dieser Vorgang bei einem Artikel des Vatikanblatts über »Geiseln der Menschheit«, der die politische Linie des Heiligen Stuhls bekräftigte. Faschistische und katholische Propaganda sollten von nun an einträchtig mit apokalyptischen Tönen den antibolschewistischen Kreuzzugscharakter des Kampfs der ›nationalen‹ Spanier und ihrer Verbündeten beschwören; gemeinsam erklärten sie auch diesen Krieg, in dem Spanien sich zerfleischte, als wichtigsten Prüfstein der Verteidigung der christlichen und weltlichen Kultur gegen die Bedrohung durch die barbarischen Horden des Kommunismus, des Anarchismus, des Atheismus und – der Freimaurerei. In der »Civiltà cattolica« wetterte Pater Rosa gegen die »anarchische Revolution in Spanien, wo der Kommunismus dank der Uneinigkeit der Parteien der Ordnung seine ersten und schrecklichen Beweise liefert, die wahre ›Rückfälle in die Barbarei‹ aus der gegenwärtigen Kultur sind«[9]. »Grauenhafte Tragödien«, so versicherte er weiter, »unkultivierte Schandtaten, teuflische Jagd nach Blut, Feuersbrunst und Mord, begangen in kollektivem Wahnsinn, zeigen uns heute einen entfesselten Sturm des Satans über die Völker, einen Vorboten des Todes und tiefen Verfalls der Nationen.«[10] Der »Popolo d'Italia« bekräftigte seinerseits, daß der Krieg in Spanien mittlerweile vor allem ein Kampf gegen den von Moskau gelenkten Bolschewismus sei und daß die europäische Kultur von anarchischen Auflösungserscheinungen bedroht sei: »Das faschistische Italien hält es für seine Pflicht und für die Pflicht aller zivilisierten Nationen Europas, den verbrecherischen Plan Sowjetrußlands zu entlarven und zu bekämpfen, der Spanien in den Abgrund der Barbarei stürzen möchte. Stalin, der rote Prophet Moskaus, sagte in seiner Botschaft an die spanischen Kommunisten, daß

Sowjetrußland der kommunistischen spanischen Revolution Hilfe und Unterstützung leisten müsse, weil die spanische Revolution keine Privatangelegenheit Spaniens, sondern ein universaler Vorgang innerhalb der bolschewistischen Revolution ist. Nun, wir Faschisten nehmen die Herausforderung an. Wir Faschisten hissen erneut unsere alte, siegreiche, ruhmvolle Fahne gegen den Bolschewismus. Dank seiner Entlarvung der scheelsüchtigen roten Propheten Moskaus und dank seiner Bewahrung Spaniens vor der lebensbedrohenden Katastrophe versperrt das faschistische Italien der bolschewistischen Barbarei den Weg, den diese sich mit allen Mitteln zu bahnen versucht, um die tausendjährige Kultur Europas zu zerstören.«[11]

Seit den ersten Monaten des Bürgerkriegs war es daher ein Gemeinplatz der faschistischen Propaganda, die Madrider Regierung der blinden Fügsamkeit gegenüber dem Moskauer Bolschewismus zu zeihen, den Umfang der russischen Hilfeleistung zu Gunsten der republikanischen Regierung kraß zu übertreiben und es als unumstößliche Tatsache auszugeben, daß im republikanischen Spanien Moskau im Großen und Kleinen befahl. In diesem Sinne sind die Berichte Luigi Barzinis im »Popolo d'Italia« typisch, in denen der Akzent stets auf die »Herrschaft Moskaus« und auf die Sowjetisierung des republikanischen Spanien gelegt wurde, die er als unbestreitbares und unwiderrufliches Faktum seit Herbst 1936 betrachtete: »In den Provinzen Rotspaniens wird rasch und lautstark eine Sowjetverfassung des Typs von 1919 oder etwas, was dieser ähnelt, eingeführt. Moskaus Agenten führen die Einsetzung dieses unseligen Regimes an ... Das Werk der wirtschaftlichen und sozialen Zerstörung ist von einer wahren Flut von Anordnungen und Reglements begleitet, deren Ausführung den die Aufgabe einer Polizei versehenden *milizianos* anvertraut wird ... Der Tod herrscht im neuen Regime ... Die wahre Regierung sitzt im Kreml. Die Russen haben die Kriegführung und damit die Leitung des Ganzen an sich gerissen. Die Bolschewisierung der spanischen Ostprovinzen wird von Moskau befohlen, inspiriert und kontrolliert. Was dort vorgeht, ist nichts als eine indirekte und getarnte Form ausländischer Herrschaft.«[12]

Nicht alle italienischen Korrespondenten in Spanien berichteten in diesen widerwärtigen, übertreibenden und blutrünstigen Wendungen und ohne jegliche Zwischentöne, durch die sich als einer der bekanntesten Barzini auszeichnete. Die Meldungen Virgilio Lillis im »Corriere della Sera«, die später gesammelt in einem Band unter dem Titel »Racconti di una guerra« erschienen sind, heben sich nicht nur durch einen ständigen Hang zur sentimentalen Skizze, zur idyllischen und etwas weinerlichen Entrücktheit vor der herben und unschönen

Kulisse des Bruderkriegs ab, zu der sie fast in gewolltem polemischem Widerspruch stehen, sondern sie zeichnen sich auch durch eine ziemlich deutliche Suche nach Objektivität und Ernsthaftigkeit des Urteils aus. In den Berichten Lillis war die Menschlichkeit eine Eigenschaft der Kämpfer auf beiden Seiten, kein anmaßendes Monopol der Nationalspanier. »Der Orden des roten Soldaten«, schrieb er im Vorwort des erwähnten Sammelbandes, »ist genausoviel wert wie jener des weißen.«[13]

Der Regelfall sah jedoch anders aus: ein widerwärtiger Stil und krampfhafter Zorn, die sich in ihrem eigenen Übermaß gegenseitig aufhoben und die die Erfordernisse der politischen und militärischen Propaganda in diesem Ausmaß nur zu Teilen rechtfertigen konnten. Die Massaker, die Verwüstungen und die Greueltaten, die tatsächlich im republikanischen Lager bestätigt wurden, boten natürlich einen Anlaß zu unendlichen Variationen dieses Themas und ständigen, sicher nicht immer unbewußten Übertreibungen. Das Verschweigen der Gemetzel und Grausamkeiten der nationalen Seite kann sicherlich nicht erstaunen und war unter den waltenden Umständen unvermeidlich. Es ist aber ebenso sicher, daß dieses Schweigen nicht auf Unkenntnis beruhte. Barzini zeichnete in einem Brief aus Salamanca vom 20. November 1936 an den Chef vom Dienst des »Popolo d'Italia«, Barella, auch ein düsteres Bild dessen, was sich hinter den Linien der Nationalspanier ereignete: »Die Blutbäder sind furchtbar. Pardon wird nicht gegeben, außer bei gefangengenommenen regulären Soldaten, die man dann ins Trainingslager schickt, um sie für die andere Seite einsatzbereit zu machen. Alle anderen werden mit Maschinengewehren erschossen. Berge von Leichen, die man zu verbrennen versucht und die sich in den Flammen biegen, als wollten sie ihnen entkommen ... In der Etappe herrscht der Terror. Im Mut ist, außer bei den Marokkanern und Fremdenlegionären, die ganz ordentlich sind, kein Vergleich mit unseren Infanteristen. Zum Kampf Mann gegen Mann kommt es hier nie. Der Angegriffene läuft weg, bevor man ihn erreicht hat, aber wenn er nicht flieht, dann läuft der Angreifer. Eine einzige Division von unseren Schwarzhemden würde ganz Spanien erobern. Es zu halten wäre natürlich eine andere Sache«.[14] Man braucht kaum hinzuzufügen, daß die letztere Aussage binnen kurzem von den Ereignissen widerlegt worden ist.

Roberto Farinacci, von Mussolini für einige Zeit mit einer wenig präzisen Mission zu Franco geschickt, schrieb ebenfalls aus Salamanca an den Duce: »Deine Sorgen wegen der Hinrichtung der Gefangenen waren berechtigt. Um Dir die Wahrheit zu sagen, hier wiegen sich die roten und nationalspanischen Barbareien gegenseitig auf. Im Erschießen herrscht ein wahrer Wettkampf, aus dem fast ein Sport geworden ist; es scheint unmöglich, daß ein Tag vergeht, ohne daß man eine Anzahl Leute ins Jenseits befördert hat.« Und wenig später fügte er hinzu: »General Mola hat bereits erklärt, daß nach dem siegreichen Ende des Kriegs mindestens eine Million Roter hingerichtet werden müßte, die man in der Eile des Vormarschs übersehen habe. Aber ich wiederhole Dir, daß die Bevölkerung darauf schon gefaßt ist und daß sie sich nicht darum kümmert. Es sind nur wir mit unserer Sentimentalität, die daraus eine Tragödie für jemanden machen, der dies nicht verdient. Ich glaube, daß wir uns gerade gegen Massenhinrichtungen stemmen sollten, denn wir müssen unser Eingreifen rechtfertigen, das einzig zur Verteidigung des Faschismus gegen den kommunistischen Angriff erfolgt ist und sicherlich nicht, um die persönlichen Rachefeldzüge zu unterstützen und den Blutdurst des einen oder anderen zu löschen.«[15]

Roberto Cantalupo, von Mussolini und Ciano im Februar 1937 in diplomatischem Auftrag zu Franco geschickt, berichtet, daß er sogleich nach seinem Eintreffen in Salamanca von den Mitgliedern der italienischen Militärmission unter Führung des Generals Roatta über das herrschende Klima erbarmungsloser Repressalien und über die italienischen Versuche unterrichtet worden sei, die gemeinhin von den Anhängern Francos vorgenommenen Massenerschießungen einzudämmen. »Die italienischen Kampftruppen wollten sich nicht mit jenen Spaniern solidarisieren, deren Unterdrückungsmaßnahmen, wie sie sagten, jedes noch so hohe Maß an Strenge überschritten habe.«[16] Besonders abscheulich erschienen die Gemetzel der Nationalen nach der Einnahme Malagas, einem der schwärzesten Tage des Bürgerkriegs. Die italienischen Gegenvorstellungen – hierin waren Konsul Bianchi in Malaga selbst und Cantalupo in Salamanca am aktivsten – erreichten nur sehr selten, daß menschliches Leben geschont und die Situation weniger tragisch wurde.[17]

[...]

Das Eintreffen italienischer Truppenteile in Spanien – von Anfang an ziemlich offen und bald trotz der bis zuletzt aufrechterhaltenen Fiktion von ›Freiwilligen‹ praktisch offiziell geworden – verwandelte mit allen Folgen für die Propaganda einen ausländischen Bürgerkrieg in einen Kampf, der das italienische Volk direkt betraf und schloß damit endgültig jede Möglichkeit einer ernsthafteren und objektiveren Beurteilung der Vorgänge in Spanien aus. Zwar waren auch vorher Zweifel hinsichtlich der Sympathien von faschistischer Regierung und Presse ausgeschlossen, aber die Anwesenheit von Zehntausenden italienischer Soldaten auf spanischem Boden, die in regulären Militäreinheiten dorthin befohlen worden waren, mußte notwendigerweise das Klima noch verschärfen, in dem sich die damalige italienische Presse und besonders die Tageszeitungen bewegten.

[...]

Der eminent ideologische Charakter gerade des Spanischen Bürgerkriegs wurde von der faschistischen Propaganda sogleich betont und geradezu übersteigert. Tatsächlich war eine derart aufwiegelnde Schreibweise nötig, um eine öffentliche Meinung aufzurütteln, die sich gerne auf den imperialen Lorbeeren frischer Erwerbungen ausgeruht hätte und die meist große Mühe hatte, sich von der Notwendigkeit neuer Opfer zu überzeugen in einem Land, das trotz aller traditionellen Redensarten von der lateinischen Brüderlichkeit nicht so sehr geographisch, als vielmehr politisch, wirtschaftlich und kulturell sehr ferne zu liegen schien.

In Spanien handelte es sich um die entscheidende Auseinandersetzung zwischen Faschismus und Kommunismus, zwischen neuer korporativer Ordnung und blutrünstiger bolschewistischer Anarchie, zwischen romanisch-christlicher Kultur und orientalisch-atheistischer Despotie. Der Ausgang dieser Partie sollte nicht nur über das Los der kommenden Generationen in jenem umkämpften Land, sondern über dasjenige ganz Europas entscheiden. Die Haltung der Mächte in der spanischen Frage, so stellte Giuseppe Bottai in der »Critica fascista« wenig später als einen Monat nach dem Beginn des Bürgerkriegs fest, enthülle die Unversöhnlichkeit von Urteilen und Zielen und lege einen unüberwindlichen ideologischen Gegensatz frei, unüberwindlich jedenfalls ohne Waffengewalt: »In dem Konflikt in Spanien, um dessen Lösung man blutig ringt und der die Tragödie des gegenwärtigen politischen Bewußtseins überhaupt offenbart, bemerken die zuschauenden Völker (auch jene, die sich wirklich und aufrichtig aufs Zuschauen beschränken), daß der Sieg der einen oder der anderen Partei nicht gleichgültig sein kann, weil er eine unterschiedliche Ausrichtung der iberischen Wirklichkeit herbeiführen wird. Daß diese sich eher der einen als der anderen Ideologie annähert, daß dieser Zusammenschluß mehr zu Gunsten von rechts oder links ausfällt (um diese sonst verschmähten, weil unaktuellen parlamentarischen Begriffe zu verwenden), ist eine Tatsache, die in die unmittelbare und fernere geschichtliche Zukunft der Völker eingeht«. Bottai nutzte die Gelegenheit, eine Verbindung zwischen dem imperialen Bewußtsein, das die Italiener zu erwerben hätten, und der neuartigen und unumgänglichen Notwendigkeit einer ideologischen Expansion des Faschismus herzustellen, die gerade im Spanischen Bürgerkrieg ihre erste Probe zu bestehen habe. »Das Imperium ist geschaffen, und wir müssen dies dem italienischen Volk bewußt machen. Dieses Bewußtsein ist mehr und besser als bloßer Stolz, denn es ist ein bewußter Stolz, der in der Art begründet ist, wie wir die Probleme unseres Volkslebens anpacken und lösen, und der ein Bestandteil unserer Kultur ist. Diese Haltung muß endlich ihrer selbst bewußt werden, sie muß sich entprovinzialisieren, ›entpartikularisieren‹, sich auf entferntere Horizonte einstellen, die nötigen Kenntnisse erwerben, um im Kampf der Kulturen und gegensätzlichen politischen Grundsätze Widerstand leisten zu können, denn dieser Kampf nähert sich jetzt mit den Verwicklungen in Spanien seinem Höhepunkt. Der Körper des Imperiums ist fertig, jetzt gilt es, ihm den Geist einzuhauchen. Jene allgemeingültigen Werte, die der Faschismus in sich enthält und die bislang fortwährend den Notwendigkeiten einer rein nationalen Politik geopfert und untergeordnet worden sind, müssen sich jetzt dem imperialen Rahmen anpassen, ihren Einfluß ausdehnen, die Oberhand gegenüber Zufälligkeiten und Besonderheiten gewinnen, und sie müssen entschieden auf dem Schlachtfeld der internationalen Politik an Boden gewinnen. Eine Sache ist das Prinzip der Nichtintervention und der Nichteinmischung, das auf konkrete räumliche und zeitliche Umstände beschränkt ist; eine andere aber die Pflicht und das Recht eines Volks, das sich als Träger einer neuen Lebensauffassung fühlt, diese zu verkünden und zu verbreiten. Beides widerspricht sich jedoch nicht. Man kann Waffenlieferungen unterlassen, aber man kann nicht die ideologische Unterstützung eines kämpfenden Volkes unterlassen.«[18]

[...]

Der Europa bedrohende Bolschewismus war schon für sich genommen eine unerhörte Gefahr; aber es gab noch etwas Schlimmeres, wie ein Kommentator der »Gerarchia« bemerkte. Hinter den Vorstößen der Kommunisten zeichne sich bereits jener noch weit bedrohlichere einer Massenerhebung der Kolonialvölker ab, einer riesigen revolutionären Bewegung von Asiaten und Afrikanern, die an den Grundfesten der europäischen Kultur rüttle, sofern man sich ihr nicht rechtzeitig entgegenstelle: »Zum blutigen Kampf gesellt sich noch etwas anderes: die bolschewistische Propaganda. Während wir bei aller Universalität des römisch-faschistischen Ideals doch keine politischen Proselyten jenseits unserer Grenzen zu machen versuchen, schickt die Komintern ihre Agenten überall hin, in jeden Winkel der Erde, und läßt ein tollkühnes Programm durchblicken, das die Quelle endloser Kriege und Revolutionen sein könnte. Wenn dem Bolschewismus der Aufstand der Farbigen in den französischen und spanischen Kolonien Nordafrikas und gleichzeitig der eigene Kampf in Frankreich und Spanien gelänge, so erstreckte sich eine bolschewistische Kette vom Schwarzen zum Mittelmeer, von Frankreich, Marokko und Algerien zu den französischen und spanischen Küsten. Dieses Programm verbindet sich dann mit dem Aufruf zur Revolution in Indochina, mit den schon mehrfach versuchten kommunistischen Erhebungen in China, mit der Propaganda unter den Farbigen Nordamerikas. Die Verwirklichung eines solchen Programms wäre ein wahrhaftiger Angriff auf die europäische Kultur. Aber wir wissen und sehen bereits jetzt mit aller Klarheit, daß dieses unheilvolle Programm nicht verwirklicht werden wird. Wir wissen, daß die lebendigen Kräfte Europas, besonders Italiens und Deutschlands, eine unüberwindliche Verteidigungsschranke heute und in Zukunft darstellen, und wir beobachten die Entwicklung der Dinge mit wachsamer Gelassenheit.«[19]

So erhielt der Krieg in Spanien tatsächlich weltweite Dimensionen, er wurde zum Steinchen, das letztlich den Lauf eines ganzen Flusses bestimmt. Damit genügte die bloße Feststellung nicht mehr, daß in Spanien außer dem Schicksal des Faschismus und seiner Zukunft dasjenige der abendländischen Kultur auf dem Spiele stehe. Es stellte sich die Frage nach den Ursachen jener inneren Verwicklungen, die aus jenem Randstaat Europas überraschenderweise den Mittelpunkt eines weltbewegenden Zusammenstoßes gegensätzlicher Prinzipien hatten werden lassen.

Die übliche Erklärung war einfach und geradlinig und erforderte sicher kein eigenes vertieftes Studium auch nur der neueren Geschichte Spaniens: Die Militärerhebung vom 17. Juli war durch die brutale Anarchie erzwungen worden, in die das Land von der unfähigen republikanischen Regierung gestürzt worden war. Eine solche Anarchie stellte auch nicht nur für Spanien, sondern für ganz Europa und für die abendländische Kultur in allen ihren Erscheinungsformen eine tödliche Gefahr dar, weil sie nicht nur eine Folge der unverantwortlichen politischen Demagogie und der Unfähigkeit der republikanischen Regierung war, sondern weil sie darüber hinaus einem einheitlichen, vom Weltkommunismus ins Werk gesetzten Plan folgte und Ausdruck einer ernsten Verschwörung war, die aus Spanien den zweiten Schenkel einer riesigen Zange machen wollte, um damit den Kontinent zu zermalmen und auf seinen Ruinen die Herrschaft Moskaus zu errichten. Natürlich konnte der Weltkommunismus dabei noch stets und auch in der Gegenwart auf die eifrige Mithilfe jener zweiten finsteren Zerstörungsmacht rechnen, des Freimaurertums, das dank seines internationalistischen und antichristlichen Charakters nur noch unheilvoller wirkte. »Die beiden großen, wahrhaftigen, fatalen Feinde Spaniens« konnten leicht erkannt und bloßgestellt werden: »die Freimaurerei und der Kommunismus, die sich beide durch den Verkauf der Seele und des Körpers eines hochedlen

Volkes an das Ausland schuldig gemacht haben«[20]. Spanien bildete das ebenso grausige wie sinnbildliche Beispiel der Propaganda des Weltkommunismus; in diesem Punkt verwoben sich faschistische und katholische Propaganda von Anfang an zu einem unentwirrbaren Gespinst.[21]

[...]

Nicht die gesamte faschistische Publizistik begnügte sich jedoch mit diesen ebenso bluttriefenden wie vereinfachenden Erklärungen. Nicht alle beschrieben die Aktionen der herrschenden Klasse in der Republik zwischen 1931 und 1936 in ausschließlich negativen Wendungen. Und selbst wenn zugegeben wurde, daß die Spanische Republik sich tatsächlich am Ende in der Gewalt des Weltkommunismus befand, so blieb doch immer noch erklärungsbedürftig, weshalb dieser gerade in Spanien so leicht eine so gewaltige Bresche hatte schlagen können.

Schon wenige Tage nach Beginn des Aufstands der Militärs erschien in der »Critica fascista« eine kurze, aber kluge Analyse Lorenzo Giussos, überschrieben mit »Kennzeichen der spanischen Intelligentsia«, die einen ernsthafteren Versuch des Verständnisses der jüngsten Geschichte Spaniens darstellte. In ihr wurde der krampfhafte Antiklerikalismus, wie er unter der Republik losgebrochen war, in seinen historischen Wurzeln auf die 1898 unmittelbar nach dem katastrophalen Ausgang des Kriegs gegen die USA offenbar gewordene tiefe spanische Krise und auf die daraufhin von der geistigen Elite des Landes unternommenen Anstrengungen zu einer Europäisierung zurückgeführt.[22] In der folgenden Nummer druckte die gleiche Zeitschrift eine kurze Bemerkung Giovanni Engelys über die Anfänge des Aufstands ab, die sich ebenfalls, wenn man die Zeitumstände berücksichtigt, durch Schärfe und Ausgewogenheit des Blicks auszeichnete, mit der die historisch-politische Untersuchung geführt wurde.[23] Fast gleichzeitig erschien in der »Civilta fascista« unter dem Pseudonym Hispanicus ein längerer Artikel über »Anfänge und Ursachen der spanischen Revolution«, der gleichfalls weitgehend ernsthaft und ausgewogen war; sein Autor verwies nicht nur auf die für die spanische Wirklichkeit nachteiligen Folgen des Militarismus und der ständigen Einmischung der Generale in das politische Leben der Nation, sondern auch auf das Problem der Landreform, einer »unumgänglichen Notwendigkeit« und einem der wesentlichen Lagebestandteile: Es handle sich um »ein Problem der Verteilungsgerechtigkeit und der Wirtschaftlichkeit, um den heißen Wunsch einer Menschenklasse, die fast wie schollenpflichtige Leibeigene behandelt und von einer gefährlichen Unruhe und Forderung getrieben wird, durch die sie sich nicht leicht zufriedenstellen läßt«[24].

Über die tiefen sozialen Wurzeln der augenblicklichen spanischen Tragödie verbreitete sich auch Ettore De Zuani in einem längeren Artikel der »Nuova Antologia«. Nach einer düsteren Schilderung der anarchischen Zustände und des fortwährenden Blutvergießens, wie es unter der Republik chronisch geworden sei, fuhr er fort: »Der Bürgerkrieg dauert nun schon länger als einen Monat, aber der soziale Krieg dauert in Spanien bereits sechs Monate oder gar fünf Jahre lang. Die Verantwortlichen dieser schrecklichen Krise sind keineswegs nur die kommunistischen oder anarchistischen Führer, die jetzt die Massen ins revolutionäre Abenteuer führen. Man sollte nicht vergessen, unter welchen Bedingungen das spanische Volk auch in seinen glücklicheren Zeiten des *aquì no pasa nada* lebte, als Madrid noch jene glanzvolle Stadt des Müßiggangs und des Hofs war und als die alte Aristokratie ihre Tage in luxuriösem Nichtstun und einzig bei dem Gedanken ans eigene Wohl verlebte. Dabei war das Volk bitterarm und ohne Hoffnung; man traktierte die Leute mit Stockschlägen; arme Teufel, die auf den Feldern Andalusiens, in den Wüsteneien Kastiliens und in den Bergwerken Asturiens nicht einmal genug verdienten, um nach zehn oder zwölf Stunden harter Arbeit ihren Hunger zu stillen. Erinnern Sie sich, was unser Manzoni schrieb: ›Das Volk, die namenlose Masse, ist nur ein ›häßlicher Körper‹, aber es genügt, daß einer diesem ›häßlichen Körper‹ eine Seele, ein wenig Feuer einhaucht, und er wird zu allem – gut oder schlecht – fähig sein und sich entschlossen in jede Gefahr stürzen.‹ Niemand hat jemals im Sinne gehabt, dem spanischen Volk eine Seele zu geben, niemand hat jemals im Sinne gehabt, es zu leiten, aber als eines Tages ihm jemand sagte: ›Fangen wir an mit der Revolution, laßt uns die Herren erschlagen, die euch als Sklaven gehalten haben‹, da brach der Groll hervor, und der ›häßliche Körper‹, in den endlich der Funken der Rache gekommen war, stürzte sich mit der ganzen Kraft der Verzweiflung ins Abenteuer.«[25]

[...]

Die Lage in Spanien eignete sich, wie man sieht, zu ihrer demagogischen Ausnützung im Sinne der geheiligten Glaubenssätze faschistischer Propaganda. Auch wenn diese natürlich in erster Linie den moskauhörigen internationalen Kommunismus aufs Korn nahm, so versäumte sie es dennoch nicht, bei Gelegenheit auch der liberalen Demokratie einen Schlag zu versetzen, indem sie deren traditionelle Engherzigkeit und Eigensucht bloßstellte, die beide in Spanien nicht wenig zum Entstehen günstiger Gelegenheiten für das politische und wirtschaftliche Chaos und zum daraufhin ausbrechenden Bürgerkrieg beigetragen hatten. Man darf daher in einer bestimmten publizistischen Richtung jener Jahre ein echtes Bemühen nicht übersehen, in Spanien die Sache des Faschismus von jener des Konservativismus und der bloßen Reaktion zu trennen. Zum Sprecher dieser Richtung machte sich in besonderer Weise Sergio Panunzio – einer der wichtigsten Theoretiker des korporativen Staates – in zahlreichen Artikeln über Spanien, die später in dem Band »Spagna nazionalsindacalista« gesammelt wurden. In Europa, schrieb er im Oktober 1936 in der »Critica fascista«, waren die Geister in zwei entgegengesetzte Blöcke geschieden: in Faschisten und Antifaschisten. Sobald dies erkannt war, mußte man sich mit der Klarstellung beeilen, daß dies keine Antithese von Fortschrittsanhängern und Reaktionären bedeutete. Der Faschismus war keineswegs ›rechts‹, sondern ›links‹. Panunzio fuhr fort: »Links sind die Kommunisten, aber auch die Faschisten. Die Frage ist nur, ob diese oder jene in Geschichte, Moral und Recht die Ansprüche von Staat und Gesellschaft auf die Früchte der Arbeit sicherstellen können. Der Konservativismus und die weiße Reaktion befinden sich beide auf der anderen Seite des Grabens ... – Hoffen wir, daß Spanien am Ende dieser stürmischen Tage, die voller Größe, aber auch außerordentlicher Tragik sind, wieder zu sich selbst findet und sich zur Einheit und leuchtenden Kraft des Staats erhebt. Mit dem Wunsch, daß der Sieg den Urhebern von Aufruhr und Gewaltanwendung zufällt, verbinden wir jenen, daß nach der Eroberung der Macht, nach den wenigen Tagen notwendiger und schmerzlicher Anwendung schärfster Maßnahmen zur Entwaffnung der verwilderten und verwirrten Menschen kein gewalttätiges Militärregime installiert wird; wir wünschen vielmehr, daß als Frucht nationalspanischer Eigenart und der sozialen und politischen Erfahrungen anderer Länder ein auf diesen beiden Gebieten überlegt reformierendes und revolutionierendes System an die Macht kommt. Wenn ein Land außer in jener notwendigen, aber kurzen Übergangsphase keine Gewaltherrschaft braucht, sondern eine wahrhaftige und allumfassende Herrschaft des Geistes und der politischen Vernunft, so ist es Spanien. Wehe, wenn die Irrtümer erneut begangen würden und wenn sich der Teufelskreis von Zerstörung und Unordnung in Spanien unendlich wiederholte! Niemand begrüßte 1923 mehr als Italien die Machtübernahme de Riveras, aber die öffentliche Meinung des faschistischen Italien nahm auch dessen Sturz ungerührt zur Kenntnis, wohl wissend, daß dieser unvermeidlich und welches die Gründe dafür waren. Wir wünschen, daß jene von der Diktatur Primo de Riveras nicht verwirklichten politischen und sozialen Maßnahmen die vornehmste Sorge der gegenwärtigen Aufständischen ist, wenn sie nicht nur siegen, sondern den Sieg auch ausnützen und verewigen wollen.« Man wurde nicht müde, es als einen »großen Fehler, wenn nicht eine Dummheit« zu geißeln, wenn versucht wurde, »unter dem Begriff Faschismus jenen wahren, authentischen, revolutionären italienischen Faschismus Mussolinis mit jenem weißen und reaktionären Faschismus anderer Gruppen gleichzusetzen«[26].

Diese Vorstellungen erhielten wenig später ihre höchste und unumstößliche Formulierung in einer am 1. November in Mailand gehaltenen Rede Mussolinis. Diese Rede ist berühmt geworden durch die Anspielung auf die »Vertikale Berlin–Rom ..., nicht eine Schnittlinie, sondern vielmehr eine Achse, um die alle europäischen Staaten, die von dem Willen der Zusammenarbeit und des Friedens beseelt sind, zusammenarbeiten können«[27]. »Wenn wir heute das antibolschewistische Banner erheben, so ist das nichts Erstaunliches. Das ist ja unsere eigene alte Fahne, unter der wir geboren sind, unter der wir gegen diesen Feind gekämpft, unter der wir ihn mit dem Opfer unseres eigenen Bluts besiegt haben. Was man heute Bolschewismus oder Kommunismus heißt, ist – hört wohl darauf! – nichts anderes als staatlicher Überkapitalismus der schlimmsten Form, ist also nicht eine Verneinung, sondern eine Übersteigerung dieses Systems. – Es ist daher an der Zeit, endlich damit aufzuhören, Faschismus und Demokratie in Gegensatz zu stellen. Man kann wirklich sagen, daß dieses unser großes Italien auch die große Unbekannte ist. Wenn die vielen Minister, Abgeordneten und anderen Leute dieser Art statt ihres ewigen ›ich habe sagen hören‹ sich einmal entschließen könnten, über unsere Grenze zu kommen, so müßten sie sich überzeugen, daß, wenn es ein Land gibt, wo wahre Demokratie herrscht, dieses Land das faschistische Italien ist. Denn wir, o ihr Reaktionäre aller Länder, ihr waschechten Reaktionäre aller Länder, wir konservieren nicht die Vergangenheit, sondern wir nehmen die Zukunft vorweg. – Wir treiben den Kapitalismus nicht auf seine letzte, technische und unmenschliche Spitze, wir schaffen eine neue Synthese, und mit Hilfe des Faschismus öffnen wir einer neuen, echten Kultur der Arbeit das Tor.«[28]

Gerade von Vertretern dieser Auffassung wurde besonderer Wert darauf gelegt, daß angesichts des Zusammenspiels der kämpfenden Gruppierungen in Spanien und der großen europäischen Mächte im internationalen Rahmen, wie er sich als Folge des Spanischen Bürgerkriegs herausgebildet hatte, nicht die Gleichung Faschismus – Reaktion als dauernder Eindruck zurückbleibe. Man glaubte auch, daß wohlgegründete Versuche zur Analyse der unmittelbaren und ferneren Ursachen des jenes Land aufwühlenden Dramas mehr Licht in diese internationale kommunistische und freimaurerische Verschwörung und eine klare und einfache Erklärung aller Vorgänge bringe. Man machte dabei im Gegensatz zur Mehrheit durchaus den Versuch, ausgefahrene Gleise zu verlassen, die von einer ernsthaften Analyse Spaniens mindestens seit Beginn des 19. Jahrhunderts absahen. Vereinzelte

Anklänge in dieser Richtung sind bereits aufgezeigt worden, und man hat auch gesehen, wie unmittelbar nach Beginn des militärischen Aufstands einige Kommentatoren in der sozialen Frage ganz allgemein und in der agrarischen im besonderen den eigentlichen Kern des spanischen Problems erblickten und wie sie die wirtschaftlichen und ethisch-kulturellen Unzulänglichkeiten und die Verantwortung dafür der herrschenden aristokratischen und bürgerlichen Klasse anlasteten. Es handelte sich dabei allerdings nur um flüchtige Feststellungen, die in unzusammenhängenden Gelegenheitsartikeln erschienen. Von tiefergehenden und organischeren Interpretationsbemühungen ist jedoch eine Artikelserie von Nello Quilici im »Corriere Padano«, dessen Direktor er war, gekennzeichnet und die später in einem Bändchen unter dem Titel »Spagna« gesammelt wurde, das eine große Verbreitung und erhebliche Beachtung erfuhr.[29]

Quilici beschrieb die politischen, wirtschaftlichen und sozialen Bedingungen Spaniens im 19. Jahrhundert zusammenfassend, aber durchdacht und ausgewogen und insgesamt zutreffend. Natürlich war das erste und wichtigste Problem das des Bodens, und zwar hinsichtlich seiner Verteilung und Bewässerung oder, allgemein gesprochen, hinsichtlich des technischen Fortschritts: »Das Problem der Bewässerung vermengt sich mit demjenigen des Großgrundbesitzes ... Man kann sich unmöglich vorstellen, daß sich die Zustände ohne eine wirkliche und tiefgehende Agrarreform grundlegend ändern. Wird das Regime Francos hierin erfolgreich sein? Oder werden die Großgrundbesitzer wieder einmal die gutwilligen Absichten der Zentralregierung beeinflussen? In einem vorwiegend agrarischen Land, mit einem zu zwei Dritteln armen und seit Jahrhunderten sich selbst überlassenen Boden besteht das Hauptproblem in der Reform des Landbesitzes. Alle Hoffnung richtet sich auf eine nicht nur politische, sondern wirtschaftliche Revolution, die die enormen Unterschiede zwischen Klein- und Großbesitz einander angleicht, indem sie ersteren aus seiner unglaublichen Armut befreit und letzterem die Privilegien und Mißbräuche entzieht.«[30]

[...]

Da nicht einmal die republikanischen, von der Linken beherrschten Regierungen ein wirksames Reformprogramm durchsetzen konnten, das die Ursachen des Übels durch Zerstörung des Großgrundbesitzes und seine Aufteilung an die Landbevölkerung beseitigt hätte, blieb als einzige Hoffnung das Eingreifen eines entschlossenen Mannes, der mit allen Vollmachten ausgestattet und daher in der Lage war, ohne irgendeine Bindung an die traditionell herrschende Schicht zu handeln. »Nur eine wirkliche Revolution, die die Macht einem entschlossenen und von allen Kasten und Klüngeln unabhängigen Manne anvertraut, kann in Spanien das Landproblem eigenständig und von Grund auf lösen. Wo einzelne und das Parlament gescheitert sind, kann Franco mit Entschlossenheit und Mut vorgehen. Es scheint, als wolle er sich auf die Gemeinden stützen, die vielfach noch Allmende besitzen und noch mehr dazuerwerben können, um dann daraus gleichmäßig und vernünftig das Land an die Bauern auszuteilen. Wehe, wenn der Idealismus der ›Falange‹ und der *requetès*, wenn der antikommunistische und antidemagogische Ursprung der Revolution verkannt wird und wenn sich die Großgrundbesitzer, die reaktionären Geizhälse, die Hüter der eigenen und nicht der staatlichen Vorrechte an die Seite des Generalissimus stellen, um ihm ihre Gruppenziele aufzunötigen; gestern waren sie noch durch und durch verängstigt, heute jubeln sie übermütig über die Erfolge der Nationalen! Das Blut einer halben Million unschuldiger Opfer kann nicht zur abermaligen Bekräftigung von Sklaverei und Not auf der Halbinsel vergossen werden. Im übrigen hat sich Franco bereits klar und deutlich erklärt, und nicht nur Spanien, sondern die ganze Welt erwartet nun seine Taten.«[31]

[...]

Die Trägheit und unternehmerische Unfähigkeit des Bürgertums sind zweifellos seit jeher einer der hauptsächlichen Faktoren der schlechten wirtschaftlich-sozialen Lage Spaniens. Die reichen Naturschätze blieben größtenteils unausgebeutet, und meist fehlte der Anreiz zur Produktion.[32] Angesichts dieser Apathie des spanischen Kapitalismus erschien der Eingriff des ausländischen trotz allem wie ein Geschenk der Vorsehung. Dennoch war dessen Einfluß auf sozialem Gebiet nicht weniger verhängnisvoll, da die Ausländer, anders als die spanischen Unternehmer, weder dieselbe Pflicht noch dasselbe Interesse an einer industriellen Modernisierung Spaniens oder zur Besserung der trostlosen Lebensumstände der Arbeiterklasse hatten. »Als dann die spanischen Unternehmer – von spanischem Blut, spanischer Sprache, spanischer Nationalität – sich endlich selbst in die soziale Frage einschalteten, wurde es noch schlimmer. Es gibt ein spanisches Sprichwort: ›Keine Wiege ist schlechter als die aus demselben Holz.‹ Gewalt vergalten sie mit Gewalt, Feuer mit Feuer, Tod mit Tod.«[33] Die Folge alles dessen konnte nur die absolute Abwesenheit der spanischen Volksmassen im Hinblick auf den Staat und die verfassungsmäßige Ordnung sein. »Lediglich die Katholiken merkten seit 1910 den Widersinn, daß in einer einheitlichen Nation jener tiefe Graben zur Masse der Arbeiter existiert, ein Staat im Staate. Damals wurde der ›Consejo nacional de las Corporaciones catolicas obreras‹ auf Betreiben vor allem des Jesuitenpaters Vincent und unter dem Vorsitz des Erzbischofs von Toledo gegründet. Die Zahl der Arbeitervereine nahm sprunghaft von 160 im Jahre 1906 auf 376 im Jahre 1913 zu. Aber man weiß, wie rasch die sogenannten katholischen Organisationen von der Wirtschaft zur Politik, von der Hilfestellung zur Demagogie, von christlichen Grundsätzen zu Partei- und Wählerabsichten abgleiten, wie sie zu Werkzeugen von allen anderen als religiösen Idealen werden und wie sie sich von den Niederungen des Parteilebens anstecken lassen. Die Absichten der Gründer dieser Bewegung, diese frommen Seelen, wurden von der Wirklichkeit verraten. Die katholischen Gewerkschaften traten in den Wettbewerb mit den sozialistischen, und anstatt zu helfen, blockierten sie am Vorabend der kommunistischen Revolution endgültig das geordnete Funktionieren des Staats.«[34]

Einzig Primo de Rivera erahnte (natürlich mit dem faschistischen Korporativismus) die richtige Lösung der sozialen Frage. Aber sein Reformversuch wurde bereits im Keim erstickt. »Wenn die Monarchie ihn unterstützt hätte, so hätte dieser großartige Realisator dem Spanien der Produzenten und der Arbeiter sicher ein anderes Gesicht gegeben. Aber manche glauben wohl nicht zu Unrecht, daß an der königlichen Ungnade die alles andere als selbstlosen Vertreter des Boden- und Industriekapitals schuld waren … Jedenfalls konnte er seine Absicht nicht vollenden, und Spanien geriet auch hier in den Mahlstrom.«[35]

In mancher Hinsicht knüpfte Quilicis Spanienbuch an sein vorhergehendes an, in dem er mit großer Ausführlichkeit und entschiedenem kritischem Einsatz das italienische Bürgertum beleuchtet hatte[36]. Wie in Italien, lastete er auch in Spanien die Hauptverantwortung für die Krise von Staat und Gesellschaft dem Fehlen eines Bürgertums mit dessen politischem und moralischem Eigengewicht an. In Italien war der Entzweiungsprozeß schließlich vom Faschismus zum Stehen gebracht worden, der mit Hilfe des Korporativismus die Grundlagen zu einem Neubau der Gesellschaft nach gänzlich neuartigen und in der Substanz revolutionären Mustern gelegt hatte, in dem die herkömmlichen Klassengegensätze gemildert wurden und so allmählich ganz verschwanden. Spanien schien jetzt einen ähnlichen Weg eingeschlagen zu haben, nur war dieses Land bei seiner Erhebung auf politischem, wirtschaftlichem und sozialem Gebiet wesentlich rückständiger, und trotz vieler Hoffnungen blieb die Prognose insgesamt skeptisch.

Ein anderes Produkt der faschistischen Publizistik Italiens zum Spanischen Bürgerkrieg, das sich damals über den Durchschnitt erhob, war die Monographie Ruggero Zangrandis mit dem Titel »Il comunismo nel conflitto spagnolo«[37].

[…]

Seine Analyse wandte sich den Besonderheiten der Lage Spaniens zu: der großen sozialen Ungleichheit, der tragischen Rolle des Landproblems, der Konzentration allen Reichtums in wenigen Händen, der unterlassenen Erschließung der Naturschätze dieses Landes und der kulturellen Isoliertheit des Bürgertums und mehr noch der Massen.[38]

Die erhebliche Mitschuld der katholischen Kirche an der augenblicklichen Krise Spaniens wurde deutlich herausgestellt: »Die Errungenschaften der Proletarier anderer Länder wurden trotz allem bekannt ... Vergebens haben sich die konservativen Schichten jahrelang bemüht, das Volk in Unwissenheit zu halten und jeden Aufstandsversuch im Blut zu ersticken. Eine wichtige Rolle mit entsprechend schwerer Verantwortung spielt dabei die Kirche Spaniens, die stets das Erziehungswesen in der Hand hatte, wobei sie der für den römischen Katholizismus säkularen Tradition der sozialen Anpassung nicht nachkam. Gegenüber neuen philosophischen, politischen und sozialen Ideen nahm sie eine obskurantistische Haltung ein und verlegte sich aufs Negieren statt aufs Widerlegen. Sie hielt sich an die Rechtsregierungen und die von diesen errichtete Polizeiherrschaft, so daß sie zur Hauptnutznießerin sozialer Ungerechtigkeit wurde, die das Volk bedrückte. Sie bemühte sich nicht, die revolutionären Theorien zu erklären, zu kritisieren und zu widerlegen, sondern beschränkte sich auf die Unterdrückung der Texte, Dokumente und sogar der Resonanz.«[39]

Die besondere historische Situation Spaniens im 19. und in den ersten 35 Jahren des 20. Jahrhunderts machte die Bekehrung der Massen oder besser einiger Teile von ihnen zum Kommunismus erklärlich und geradezu logisch. Die Ursachen und Gründe der im Bürgerkrieg zum Ausbruch gekommenen Krise waren im wesentlichen dieselben wie beim Beginn der bolschewistischen Revolution in Rußland. »Wenn dank historischer Bedingungen der Geist des Egoismus und des Konservativismus einer oder mehrerer Klassen jahre- oder jahrhundertelang ein ganzes Volk unterdrückt und es in Knechtschaft und geistigem und materiellem Elend gehalten wird, dann entladen sich eines Tages die aufgestauten Bedürfnisse und die atavistischen Haßgefühle explosionsartig als Ergebnis eines natürlichen Gleichgewichtsstrebens.«[40]

[...]

Zangrandi schloß mit der Behauptung, der Kommunismus sei zwar das große Schreckensbild der Gegenwart, sei aber für sich allein keine wirkliche Gefahr. Er werde nur durch die historische Situation gefährlich. In der Auseinandersetzung mit ihm müsse man weniger mit repressiven als mit vorbeugenden Mitteln arbeiten. »Es gibt kein Schicksal, das den Menschen zur Armut verdammt, sondern es sind

Gesetze, die sich nicht umgehen lassen. Aber innerhalb ihrer Grenzen kann man handeln und den Weg der Besserung beschreiten, kann man eine gleichmäßigere, menschlichere und dem jeweiligen Beitrag zur Gesellschaft besser entsprechende Verteilung der Güter bewirken.«[41]

Der Versuch einiger Vertreter des faschistischen Kulturlebens zur Freilegung der tiefen historischen Wurzeln der spanischen Krise, der die oberflächliche und einseitige Behauptung einer internationalen Verschwörung des atheistischen Kommunismus im Bündnis mit der Freimaurerei zurückwies und die spannungsgeladenen wirtschaftlichen und sozialen Widersprüche des Landes und seiner traditionalen herrschenden Klasse hervorkehrte, fügte sich mindestens streckenweise in das Bemühen um eine Aufwertung des sozialen Gehalts der faschistischen ›Revolution‹ und eine wenngleich verschleierte Anklage gegen die konservative Versteinerung des Regimes ein.[42] Die Äußerungen zum Spanischen Bürgerkrieg und seinen Ursprüngen hatten in Wirklichkeit oft einen anderen Adressaten und ließen mehr oder weniger entschieden und deutlich Themen und Diskussionen anklingen, die den sogenannten ›linken‹ Vertretern des Faschismus am Herzen lagen.[43] Selbst der Sieg der Nationalen im Jahre 1939 wurde mit Vorbehalt und nicht als eigenständiger Wert, als bloße Zurückweisung der kommunistischen Bedrohung begrüßt, sondern als Anfang eines Umbaus der spanischen Gesellschaft. »Damit der Sieg wirkungsvoll und dauerhaft ist«, hieß es am 15. Februar 1939 im Leitartikel der »Critica fascista«, »darf es sich wie in Italien nicht um den Sieg der herkömmlichen Rechten, sondern muß es sich um den der sozialen Gerechtigkeit im Rahmen der Nation handeln. Diese Bedingung, die der Faschismus erfüllt hat, wird von jetzt an das Problem der Innenpolitik des neuen Spanien sein. Wir halten es für richtig, an jene für die nationalen Kräfte unumgängliche Notwendigkeit zu erinnern, daß die unabweisbaren Bedürfnisse nach einer besseren sozialen Gerechtigkeit gestillt werden. Diese Notwendigkeit zu respektieren heißt, die erste Bedingung zu erfüllen, damit die nationalen Revolutionen unserer Zeit den Liberalkonservativismus und den Kommunismus wirklich überwinden.«[44]

Trotz dieser Aussagen verfolgte man die innenpolitische Entwicklung Franco-Spaniens nur oberflächlich. Einesteils war dies eine Folge der schwierigen Nachrichtenbeschaffung und des Problems, sich eine zutreffende Vorstellung der Situation zu machen, andernteils hing dies aber mit einem nicht zu übersehenden Desinteresse zusammen. Man nahm es als mehr oder weniger gegeben an, daß sich das nationale Spanien eine dem italienischen Korporativismus ähnliche Ordnung geben und daß die ›Falange‹ hinsichtlich ihrer Organisation, Ziele und

Methoden die faschistische Partei nachahmen werde.[45] In Wirklichkeit war der Einfluß des italienischen Faschismus auf Franco-Spanien und auf die ›Falange‹ ausgesprochen gering und zeigte sich eher in einer allgemeinen Anregung, als in einer Übernahme konkreter italienischer Erfahrungen auf politisch-sozialem Gebiet durch Spanien[46]. Die italienische Regierung unternahm selbst nie irgendeinen entschlossenen und wohlüberlegten Einmischungsversuch in innerspanische Fragen oder zur Durchsetzung irgendwelcher politischer Lösungen. Die Mission Farinaccis, der von Mussolini im März 1937 als dessen persönlicher Vertreter bei Franco nach Salamanca geschickt wurde, endete – wie vorauszusehen – in einer totalen Konfusion und hatte kein anderes Ergebnis als jenes, daß sie die Spanier verärgerte und mißtrauisch machte; dies gilt besonders für den unglaublichen Versuchsballon hinsichtlich einer eventuellen spanischen Thronkandidatur des Herzogs von Aosta.[47] Die Kontakte des altfaschistischen Führers mit den Anführern der falangistischen Linken führten zu nichts und ebensowenig die Initiative des Vertreters der faschistischen Partei in Salamanca, Guglielmo Danzi, der unmittelbar vor dem Zusammenschluß der ›Falange‹ mit den carlistischen *requetès*, aus dem die neue frankistische Einheitspartei hervorging (die ›Falange espanola tradicionalista y de las juntas de ofensiva nacional-sindacalista‹), Franco ein Exemplar der Satzung des P.N.F. als Vorbild für die neue politische Formation Spaniens überreichte. Dieses Muster wurde weitgehend ignoriert, und die ›Falange‹ wies am Ende nur jene Ähnlichkeiten mit dem P.N.F. auf, die dem Generalissimus ins Konzept paßten.[48]

In Italien blickte man mit einem gewissen Interesse auf die sich entwickelnde Syndikatsorganisation im Franco-Regime; dabei verfolgte man vor allem das falangistische Gegenstück zur ›Carta del lavoro‹, dem am 10. März 1938 per Dekret eingeführten ›Fuero del Trabajo‹. Insgesamt wurde dieses Arbeitsgesetzbuch und die ›National-Syndikalistische Konföderation‹ skeptisch beurteilt und in einigen entscheidenden Punkten sogar offen kritisiert. Allgemein negativ betrachtete man in diesem System die vertikale Struktur der falangistischen Syndikate, die auf berufsständischen Vereinigungen ruhte, in denen Arbeitgeber und -nehmer zusammengefaßt waren, und das Fehlen eines kollektiven Tarifvertrags. Wie sollte man in dieser Lage, bemerkte beispielsweise Concetto Pettinato, vermeiden, »daß die Arbeiterschaft die ihr abverlangte Passivität in der sie am meisten interessierenden Frage, dem Lohn, mit Mißtrauen betrachtet?« Die Gefahr, daß in einem auf vertikalen Syndikaten bestehenden System, das ja die Arbeiter ihrer eigenständigen gewerkschaftlichen Vertretung beraubt, deren legitime Interessen in der

Regel geopfert werden, erschien dem Verfasser alles andere als imaginär. Er fragte sich, wer denn »in einem System ausschließlicher Einheitssyndikate, wo schon von der Orts- und Betriebsgruppe an Arbeiter und Unternehmer in derselben ungegliederten und bereits erstarrten Korporation zusammensitzen, für einen allseits befriedigenden Lohnabschluß«[49] sorgen könne?

[...]

Natürlich war die Publizistik kein treues Abbild der italienischen öffentlichen Meinung über die Ereignisse in Spanien. Trotz des draufgängerischen Tons und der Verdrehungen der faschistischen und der katholischen Propaganda stieß die Sache Francos selbst in nicht unbedingt antifaschistischen Kreisen auf Gleichmut oder Unschlüssigkeit, während die dem sich voll und ganz hinter die Generale stellenden Regime feindlich gesinnten Kreise sich automatisch mit den spanischen Republikanern solidarisierten. Bei den liberalen und gemäßigten Gegnern konnte diese Solidarität zurückhaltend und alles andere als enthusiastisch sein und schließlich in dem Maße verschwinden, wie der antifaschistische Kampf in Spanien selbst die Züge des politischen und sozialen Extremismus annahm. Dafür war die Parteinahme in einigen Teilen des Volks, besonders in den großen Industriezentren, weitgehend und dauerhaft, auch wenn sie sich verständlicherweise nicht offen zeigen konnte. Für viele Arbeiter, die auch unter der immer mehr sich festigenden Diktatur ihre antifaschistische Einstellung und ihre Treue zu sozialistischen Grundsätzen bewahrt hatten, bedeutete der Spanische Bürgerkrieg ein Mittel zur Überwindung der Stagnation und zum Wiederaufleben des Bewußtseins jener Grundsätze und jenes Kampfes.

Eine wichtige Quelle für eine zuverlässige Diagnose der Stimmung in den verschiedenen Bereichen der öffentlichen Meinung Italiens, besonders in den großen Städten, sind im Hinblick auf den Spanischen Bürgerkrieg die regelmäßigen Berichte von Vertrauensleuten der Partei an das Nationalsekretariat des P.N.F., die sich im Zentralen Staatsarchiv in Rom befinden. Aus diesen Berichten ergibt sich eindeutig, wie sehr die Ereignisse in Spanien für viele eine Gelegenheit waren, ihre Abneigung gegen den Faschismus sich selbst bewußter zu machen und zu verstärken.

[...]

Diese Stimmungsberichte machen Guadalajara verständlicher. Mussolini sagte einmal im Ministerrat über die italienischen Freiwilligen in Spanien: »Es gibt nur ein Mittel, um ein Volk zu Kriegern zu erziehen: über immer größere Massen mit Kampferfahrung zu verfügen und über immer größere Massen, die den Kampf wünschen.«[50] In Wirklichkeit akzeptierten jedoch sehr wenige Italiener mit Begeisterung den Spanischen Bürgerkrieg als Übungsstätte zur Erziehung einer nationalen Kriegsgesinnung.[51]

Nicht einmal auf höchster Ebene fehlte es an mehr oder minder deutlichen Vorbehalten gegenüber der massiven Teilnahme Italiens am Spanischen Bürgerkrieg. Galeazzo Ciano notierte z.B. am 24. August 1937 in seinem Tagebuch: »Starace hat mich angerufen, wütend auf Badoglio wegen kritischer Äußerungen, die dieser gegenüber dem Federale (Parteisekretär) von Asti über das Spanienunternehmen gemacht hat. Persönliche Angriffe gegen mich und Russo.«[52] Zwei Tage später registrierte der Schwiegersohn Mussolinis die Euphorie angesichts der Einnahme von Santander und schrieb: »Der Duce hat mir gesagt, daß er es den Defaitisten heimzahlen werde. Er meinte damit Balbo. Aber er wird ihm verzeihen oder, wie gewöhnlich, die Dinge laufen lassen.«[53] Auf der anderen Seite stellten die Spitzen der mit der Wirtschaft befaßten Ministerien betroffen die von Mussolini betriebene Politik massiver Unterstützung für Franco fest – praktisch ohne Gegenleistung – und das Anschwellen uneinlösbarer Kredite für Nationalspanien. So war es selbst für die Gutwilligsten nicht leicht, »nach Möglichkeit die wirtschaftlichen Folgen des Abenteuers zu verringern, das sie abzuwenden versucht hatten«[54]. Nicht zufällig informierte am 26. Mai 1938 ein Vertrauensmann der Partei aus Mailand über das wachsende Unbehagen in Bankkreisen und dessen Niederschlag an der Börse: »Außerdem möchte ich hinzufügen, daß unsere Spanienpolitik keineswegs populär ist, jedenfalls was die Finanzfachleute und den Handel betrifft.«[55]

Die lange Dauer des Bürgerkriegs, die am Anfang nicht vorausgesehen worden war, hat schließlich auch viel von der anfänglichen echten Zustimmung ausgelöscht oder abgeschwächt. Als er dann zu Ende ging, waren die Gefühle des Überdrusses und der vollständigen Enttäuschung so groß, daß sein Ausgang fast gleichgültig zur Kenntnis genommen wurde, wie es die Schwester des Duce in ihren Memoiren festhielt: »Unnötig und zur falschen Zeit kam jener Sieg Anfang 1939 (und selbst sein Echo in Italien, für das er ein echter Erfolg unserer Politik war, blieb aus und war so fast ein böses Omen).«[56]

Die Aussage von Edvige Mussolini wird von dem Bericht eines römischen Informanten der Partei vom 29. Januar 1939 vollkommen bestätigt, der es wert ist, vollständig wiedergegeben zu werden: »Der großartige Sieg der Nationalen in Spanien, der durch den Fall Barcelonas gekrönt wurde und dem der alsbaldige Zusammenbruch des letzten roten Widerstands folgen wird, hat in der Öffentlichkeit nicht jene Zufriedenheit und jene Jubelstimmung hervorgerufen, mit dem in der Vergangenheit die Erfolge der Truppen des Generals Franco begrüßt wurden. – Es hat sich im Gegenteil jene willkürliche Überzeugung immer mehr verbreitet, daß Italien keinen einzigen ernsthaften Vorteil aus dem Sieg der Nationalen beziehen wird. Man bemerkt vor allem, daß Italien im Gegensatz zu Deutschland, das sich seine Lieferungen an Kriegsmaterial stets sofort bar oder in Rohstoffen hat bezahlen lassen, Nationalspanien einen großen Kredit zwischen sechs und zehn Milliarden Lire eingeräumt hat und daß man nun nicht weiß, wie das vom langen Krieg erschöpfte und ausgeblutete Spanien uns eine so beträchtliche Summe zurückzahlen soll. – Auf der anderen Seite glaubt man nicht, daß Italien erhebliche wirtschaftliche Kompensationen in Spanien erhalten kann, sei es, weil man davon ausgeht, Deutschland sei uns auf diesem Wege vorangeschritten und habe uns weit geschlagen, oder sei es, weil die vorwiegend agrarisch ausgerichtete Wirtschaftsstruktur beider Länder zu ähnlich für einen dauerhaften und umfangreichen Güteraustausch zwischen Spanien und Italien sei. Natürlich erkennt man an, daß uns Spanien wichtige Rohstoffe liefern kann, aber man hält es für unmöglich, daß die italienischen Industrieerzeugnisse sich auf dem spanischen Markt gegen die Konkurrenz Deutschlands und der anderen Industrienationen durchsetzen können. – Zum Beweis alles dessen sagt man, daß die ›Banca Nazionale del Lavoro‹, die einzige italienische Bank, die in Spanien Filialen errichten darf, bisher nur eine äußerst beschränkte Tätigkeit hat entfalten können. – Man hat auch die vielfach durch Berichte von Spanienheimkehrern bestätigte Überzeugung geäußert, daß die Spanier keinerlei Sympathie für die Italiener empfänden und daß sie sich deshalb nach dem Krieg in keiner Weise für unsere Hilfe erkenntlich zeigen werden. – Zu diesen ganzen Gründen kommt noch hinzu, daß man bis vor wenigen Monaten meinte, der Spanische Bürgerkrieg sei die einzige ernsthafte Bedrohung des Friedens in Europa, so daß man ein rascheres Ende des Kampfs wünschte; jedes Ereignis, das dieses Ende beschleunigte, wurde daher mit größter Freude begrüßt. Heute hingegen herrscht die Überzeugung vor, daß das Ende des Spanischen Bürgerkriegs den Anfang eines noch schwerer wiegenden Konfliktes bedeutet, und diesem Problem wendet sich heute die besorgte Aufmerksamkeit der Italiener zu. – Unsere heftige antifranzösische Pressekampagne, die Rede des Duce vor den Bauern am vergangenen Sonntag und die Rückberufung zahlreicher Spezialisten aus dem Urlaub haben ernsteste Sorgen hervorgerufen. Von der gestrigen Ankündigung, einen Teil des Jahrgangs 1901 einzuberufen, war es natürlich nur noch ein kurzer Schritt zu der allgemeinen Vermutung, Deutschland und Italien hätten einen Angriff auf Frankreich im nächsten Frühjahr beschlossen. – Leider muß man feststellen, daß diese Perspektiven keineswegs günstig aufgenommen wurden, vor allem, weil sich bei den meisten die Überzeugung gebildet hat, nach dem Abessinien- und Spanien-Konflikt könne kein neuer Krieg dem Land irgendeinen Vorteil bringen, weil dieser nichts als neues Unglück und Zerstörung hervorrufe.«[57]

Das aus dem spanischen Abenteuer hervorgehende Gefühl der Ermattung und Enttäuschung verband sich so in der öffentlichen Meinung Italiens Ende 1938/Anfang 1939 mit der Abneigung gegen die immer bedrohlicher werdende Aussicht auf einen Krieg mit Frankreich und England an der Seite Hitler-Deutschlands.[58] Die anfangs im Zusammenhang mit dem Eingreifen in Spanien von verschiedenen Faschisten gehegten Großmachtträume waren bald verschwunden. Das Spanien Francos dachte weniger denn je daran, zum Satelliten jenes faschistischen Italiens zu werden, das sich eingebildet hatte, die Balearen und das Monopol zur Ausbeutung der asturischen Bergwerke zu erhalten und das sich zu seiner Bestürzung bald klar wurde, daß es einer Fata Morgana erlegen war.[59] Gleichfalls enttäuscht waren jene, die geglaubt hatten, das falangistische Spanien werde zum Prüfstein ›wirklicher‹ korporativer Reformversuche, die in dem trotz aller demagogischen Behauptungen durch und durch konservativen Sozialklima Italiens notwendigerweise mißlangen.[60] Der offiziellen faschistischen Propaganda blieb nur die Wiederholung der alten Gemeinplätze über die Eindämmung des Bolschewismus und über das nunmehr vorteilhaftere politische und strategische Gleichgewicht im Mittelmeer, das sich somit weiter zum *Mare Nostrum* entwickelt hatte.[61] Aber die tatsächlichen und konkreten Entschädigungen für das italienische Eingreifen in Spanien, für das vergossene Blut und für die Militär- und Wirtschaftshilfe erschienen jedem gering, der eine objektive Bilanz des Unternehmens ziehen wollte. Es sei denn, man betrachtete es als große Errungenschaft, daß sich – weitgehend als Folge der im Lauf des Spanischen Bürgerkriegs aufgetretenen internationalen und ideologischen Umgruppierung – in Europa eine neue Achse konstituiert hatte: »Zum ersten Male seit dem Ende des römischen Reichs feiert die Geschichte die Grundlegung einer *Entente* zwischen italienischem und germanischem Geist.«[62]

1 Alle augenblicklich zugänglichen Quellen lassen eine Zusammenarbeit zwischen der italienischen Regierung mit Franco oder überhaupt den Aufständischen vor dem 17. Juli 1936 als ausgeschlossen erscheinen. Siehe dazu die präzise und materialreiche Studie von Thomas, Hugh: *Der Spanische Bürgerkrieg*. Berlin, Frankfurt, 2. Aufl. 1964, und Payne, Stanley G.: *Falange. A History of Spanish Fascism*. Stanford/Calif. 1961. Beide Werke wurden ausführlich besprochen von Garosci, Aldo: »Storia della guerra civile spagnola (1936–1939).« In: *Rivista storica italiana*. Bd. 74. (1962). S. 572 ff. Zur angeblichen geheimen italienisch-spanischen Zusammenarbeit siehe auch besonders Cantalupo, Roberto: *Fu la Spagna. Ambasciata presso Franco. Febbraio-aprile 1937*. Milano 1948, S. 63; Franzetti, Marco: »I secreti e i retroscena della guerra di Spagna.« Teil 1: »Balbo telegrafa: rivoluzione.« In: *La Settimana Incom illustrata*. Jg. 10, Nr. 6 (9. Feb. 1957). S. 23; Toscano, Mario: »L'Asse Roma – Berlino. Il patto anticomintern. La guerra civile in Spagna. L'Anschluß. Monaco.« In: *La politica italiana dal 1914 al 1943*. Roma 1963, S. 202. – Die vorliegende Studie beabsichtigt keineswegs, eine, und sei es auch nur begrenzte, Darstellung der Ereignisse des Spanischen Bürgerkriegs zu liefern. Eine umfangreiche Bibliographie hat dazu Giorgio Rovida erarbeitet: »La guerra civile spagnola. Problemi storici e orientamenti bibliografici.« In: *Rivista storica del socialismo*. Bd. 6. (1959). S. 265–294. Siehe dazu auch die bibliographischen Angaben bei Thomas, Hugh: S. 525–547.

2 Zum militärischen Beitrag Italiens im Spanischen Bürgerkrieg siehe Bollati, Ambrogio, Del Bono, Giulio: *La guerra di Spagna. Sintesi politico-militare*. 2 Bde., Torino 1937–39; Belforte, Francesco: *La guerra civile in Spagna*. 4 Bde. (bes. Bd. 3 und 4), Milano 1938–39; Faldella, Emilio: *20 mesi di guerra in Spagna*. Firenze 1939; »Italiani in Spagna. Da Malaga a Madrid.« In: *Prospettive*. Jg. 6 (1939); Thomas, Hugh: *Der Spanische Bürgerkrieg*. A. a. O. S. 516 f. Zum Beitrag der italienischen Luftwaffe siehe Mattioli, Guido: *L'aviazione legionaria in Spagna*. Roma 1940.

3 Der *Messaggero* beispielsweise sprach allerdings noch Ende 1936 von »Aufständischen« und »Regierungsanhängern«.

4 23. Juli 1936.

5 26. Juli 1936.

6 27./28. Juli 1936.

7 17./18. Juli 1936. Der Artikel mit der Überschrift »Die Doktrin der ›Nichtintervention‹« war mit G. G. gezeichnet, sein Verfasser war Guido Gonella.

8 Im Hinblick auf die Nichtintervention oder in diesem besonderen Falle besser: auf die Intervention zugunsten der Nationalen ist der Standpunkt kennzeichnend, den E. Rosa mit seinem Artikel »Il martirio della Spagna e la lettera collettiva dei suoi vescovi« in der *Civiltà cattolica*. Jg. 88, Heft 2094 (18. 9. 1937), S. 486 eingenommen hat. Ausgehend von der *Carta colectiva de los Obispos españoles a los de todo el mundo con motivo de la guerra en España*. Pamplona 1937 (deren italienische Übersetzung in der *Civiltà cattolica*. A. a. O. S. 550–559, und ebenda, Heft 2095 vom 2. 10. 1937, S. 72–82 erschien), schrieb der Jesuitenpater: »Alles dieses erklärt das auch bewaffnete Eingreifen zahlreicher Einheiten von Freiwilligen, die glaubten, recht- und teilweise pflichtgemäß aus der Notwendigkeit heraus zu intervenieren, um die Gesellschaft aus der Bedrohung durch eine solche Barbarei zu erretten, die

unsere gemeinsame Kultur untergräbt. Die spanischen Bischöfe übergehen dies zu Recht, aber wir können hier der allgemeinen Freude Ausdruck verleihen, denn es handelt sich um mehr als um einen Kreuzzug nach Art des Mittelalters; es handelt sich um einen Feldzug gegen die ausländischen Unterminierer und gemeinen Übeltäter unter den Invasoren von heute, Menschen, die erheblich schlimmer sind als die Muselmanen oder Mauren und in denen die Entartung des Abtrünnigen und der Geist des modernen Menschen ›sich mit der bösen Absicht der Macht verbindet‹.« [...]

Es muß hier festgehalten werden, daß es das Organ der Jesuiten auch auf dem Höhepunkt seiner heftigen Polemik gegen den internationalen Kommunismus und sein Werk in Spanien nicht versäumt hat, in – allerdings gemäßigterem – Ton gegen die antiklerikale Propaganda des Nationalsozialismus Stellung zu beziehen und dessen Angriffe gegen den deutschen Episkopat zu verurteilen. Vgl. beispielsweise Rosa, E.: »La voce e l'opera della Chiesa contro la nuova barbarie comunista.« In: *Civiltà cattolica.* Jg. 87, Heft 2075 (5.12.1936), S. 353–362. Trotz des Titels richtet sich hier die Polemik gegen zwei Fronten.

 9 Rosa, E.: »›Ricorsi‹ di barbarie nella civiltà contemporanea.« Ebenda, Jg. 87, Heft 2069 (5.9.1936), S. 353–362.

10 Ders.: »L'›Internazionale‹ della barbarie nella sua lotta contro la civiltà.« Ebenda, Heft 2070 (19.9.1936), S. 441–450.

11 13. November 1936.

12 10. Dezember 1936. Bericht aus Salamanca mit dem Titel: »Menschen und Erscheinungen im Sowjetsystem der von den Roten eroberten Gebiete.«

13 Lilli, Virgilio: *Racconti di una guerra.* Milano 1941, S. 12. [...]

14 *Archivio Centrale dello Stato,* Roma (im folgenden *ACS*), *Segreteria particolare del Duce,* Carteggio riservato, 1922–1943, fasc. 241/R: Luigi Barzini, sottofasc. 2.

15 Ebenda, fasc. 242/R: Farinacci, sottofasc. 39, inserto C; Brief vom 5. März 1937.

16 Cantalupo, Roberto: *Fu la Spagna.* A.a.O. S. 131. [...]

17 Ebenda, S. 132 ff. Siehe auch Garosci, Aldo: *Gli intelletuali e la guerra di Spagna.* Torino 1959, S. 430. Zu dem Gemetzel in Malaga vgl. auch Thomas, Hugh: *Der Spanische Bürgerkrieg.* A.a.O. S. 288 ff.

18 Bottai, Guiseppe: »Sul piano imperiale.« In: *Critica fascista.* Jg. 14, Heft 21 (1.9.1936), S. 321–323.

19 Piccoli, Valentino: »Le origini storiche degli avvenimenti spagnoli.« In: *Gerarchia.* Jg. 16, Heft 9 (Sept. 1936), S. 626.

20 Belforte, Francesco: *La guerra civile in Spagna.* A.a.O. Bd. 1: *La disintegrazione dello Stato,* S. 105. Die Verbindung von Freimaurerei und Kommunismus wurde besonders während des Bürgerkriegs zu einer stereotypen Formel der faschistischen Propaganda, die in viele Köpfe eindrang. So schrieb zum Beispiel am 3. Juli 1938 ein Legionär im Hinblick auf das als kurz bevorstehend angenommene Kriegsende: »Mit ihm wird die Größe, die Freiheit, die Einheit dieses Landes und dieses Volkes wiederkommen und es wird dies der Sieg des befreienden und kulturtragenden Faschismus über die Barbarei des Freimaurertums und des Kommunismus sein.« (Bruno, Giuseppe: *Il legionario Bruno Salvatore. Raccolta di lettere del ten. Bruno Salvatore alla famiglia durante due anni di guerra vissuta in terra di Spagna e dove colpito di mitraglia nemica trovò morte eroica.* Messina 1939, S. 35.)

21 Für die Position der Kirche sind natürlich der *Osservatore romano* und die *Civiltà cattolica* von besonderem Interesse. In letzterer vgl., abgesehen von den schon zitierten Artikeln, noch besonders: »Rassegna infernale. La propaganda comunista mondiale.« Jg. 87, Heft 2072 (17.10.1936), S. 89–98; »La efficace resistenza al pericolo sociale del comunismo.« Ebenda, Heft 2073 (7.11.1936), S. 177–185; Eguia, C.: »Dall' intellettualismo al comunismo nella Spagna.« Jg. 88, Heft 2090 (17.7.1937), S. 97–111; Heft 2092 (21.8.1937), S. 323–334; Heft 2093 (4.9.1937), S. 414–428. Vgl. dazu auch Rossi, Ernesto: *Il manganello e l'aspersorio*. Firenze 1958. Einen Versuch, die katholische von der faschistischen Propaganda gänzlich zu trennen, hat Giulio Castelli unternommen: *Il Vaticano nei tentacoli del fascismo: la storia ignorata di una lotta sotteranea*. O.O., 1946. Mit Recht hebt der Verfasser hervor, daß in Spanien die Politik des Vatikan nicht voll mit derjenigen des Faschismus übereinstimmte und dies auch nicht konnte; aber er übertreibt, wenn er dann behauptet, daß der vom Vatikan geführte Kampf nichts mit demjenigen der Diktaturen gemeinsam gehabt habe und daß »der Kampf, den der Faschismus in Spanien unternommen hat, nicht von politischen und ideologischen Interessen motiviert war, denen der Vatikan weder beitreten noch beipflichten konnte« (S. 164). Im übrigen muß zwischen den politischen Zielen und der dazu in Gang gesetzten Propaganda unterschieden werden. Unter diesem letzteren Gesichtspunkt ist zwar eine vollständige Identität sicherlich nicht, dafür aber eine starke Gemeinsamkeit in den Methoden, Themen und Tonlagen zwischen katholischer und faschistischer Propaganda unbestreitbar.

22 Giusso, Lorenzo: »Caratteri dell'intelligenza spagnola.« In: *Critica fascista*. Jg. 14, Heft 19 (1.8.1936), S. 301–303. [...]

23 Engely, Giovanni: »Gli avvenimenti di Spagna.« Ebenda, Heft 20 (15.8.1936), S. 314–317.

24 Hispanicus: »Origini e cause della rivoluzione spagnola.« In: *Civiltà fascista*. Jg. 3, Heft 9 (Sept. 1936), S. 576.

25 De Zuani, Ettore: »Panorama della rivoluzione spagnola.« In: *Nuova Antologia*. Jg. 71, Heft 1547 (1.9.1936), S. 23 f.

26 Panunzio, Sergio: »La Spagna verso il Fascismo.« In: *Critica fascista*. Jg. 14, Heft 23 (1.10.1936), S. 356, und ders.: *Spagna nazionalsindacalista*. Milano 1942, S. 26 ff.

27 Man muß wohl kaum betonen, wie sehr gerade der Spanische Bürgerkrieg mit seinen Folgen auf dem Gebiet der internationalen Politik Mussolini immer mehr zu einer Politik der engen Freundschaft und Zusammenarbeit mit dem nationalsozialistischen Deutschland geführt hat.

28 *Opera omnia di Benito Mussolini*. Hrsg. von Edoardo und Duilio Susmel, Bd. 28: *Dalla proclamazione dell'Impero al viaggio in Germania (10. Mai 1936 bis 30. Sept. 1937)*. Firenze 1959, S. 70 [eine deutsche Übersetzung dieser Rede findet sich in Schultheß' *Europäischem Geschichtskalender 1936*, S. 402 ff. A.d.Ü.]. [...]

29 Quilici, Nello: *Spagna*. Roma 1938.

30 Ebenda, S. 28.

31 Ebenda, S. 32.

32 Als Folge des wirtschaftlichen und sozialen Drucks, dem die Massen ausgesetzt waren, und ihrer geringen Kaufkraft konnte selbst die geringe spanische Industrieproduktion im Inland nur unter Schwierigkeiten abgesetzt werden,

während sie im Ausland meist nicht konkurrenzfähig war. Pietro Nenni schrieb dazu: »Trotz ihrer Rückständigkeit befand sich die Industrie in einer Überproduktionskrise wegen der geringen Aufnahmefähigkeit des Binnenmarkts und der Unmöglichkeit zu exportieren. Geringe Produktion, hohe Preise, niedrige Löhne, in Europa fast einmalig hohe Zollmauern – dies waren die Kennzeichen der spanischen Wirtschaft« (*Spagna*. Hrsg. von Gioietta Dallò. Milano/Roma 1958, S. 13).

33 Quilici, Nello: *Spagna*. A. a. O. S. 40.

34 Ebenda, S. 41.

35 Ebenda, S. 42 f.

36 Quilici, Nello: *Origine, sviluppo e insufficienza della borghesia italiana*. Ferrara 1932. Eine postume Neuauflage erschien 1942 unter dem leicht veränderten Titel *La borghesia italiana. Origini, sviluppo e insufficienza*. Milano. Zu Quilici, der am 28. Juni 1940 zusammen mit seinem Freund und Redaktionskollegen Italo Balbo (er war, wie gesagt, unter anderem Chefredakteur des *Corriere padano*, jener von diesem Quadrumvir kontrollierten Zeitung) über der Cyrenaika abgestürzt ist, siehe auch den Band *Nello Quilici. L'uomo – Il giornalista – Lo studioso – Il maestro*. Ferrara 1941. Er enthält Beiträge von Michelangelo Antonioni, Antonio Baldini, Carlo Belli, Giuseppe Bottai, Mario Calura, Vincenzo Cardarelli, Giulio Colamarino, Paolo Fortunati, Massimo Fovel, Giuseppe Galassi, Pio Gardenghi, Giuseppe Marchiori, Adone Nosari, Corrado Padovani, Pasquale Pennisi, Alessandro Visconti, Francesco Viviani und Carlo Zaghi.

37 Zangrandi, Ruggero: *Il comunismo nel conflitto spagnolo*. Firenze 1939.

38 Ebenda, S. 17 ff.

39 Ebenda, S. 21 f. [...] Vgl. [auch] Alessi, Marco: *La Spagna dalla monarchia al governo di Franco*. Milano 1937, S. 31 f.

40 Zangrandi, Ruggero: *Il comunismo nel conflitto spagnolo*. A. a. O. S. 119 ff.

41 Ebenda, S. 124. [...]

42 Die in engerem Kontakt zu katholischen Kreisen stehende Propaganda bemühte sich dagegen vor allem, das Gewicht der besonderen sozialen und wirtschaftlichen Bedingungen Spaniens als Ursache des Bürgerkriegs zu verringern. In einem in diesem Punkt besonders polemischen Artikel wetterte die *Civiltà cattolica* gegen diejenigen, die auf den wirtschaftlichen und sozialen Ursachen des Kriegs beharrten und die, »sei es auch in bester Absicht, einige Werturteile, ohne zu überlegen, als wahr und bewiesen« abgaben, »die dennoch jeder Grundlage entbehren«. Um die »historische Wirklichkeit der Fakten« wieder auf die Grundlage von »Wahrheit und Gerechtigkeit« zu stellen, war es auch nötig, die Behauptungen jener »Presse der Ordnung« zu bekämpfen, die sich bei der Erklärung der grausamen Vorgänge in Spanien auf drei Motive stützten: »Soziale Unordnung und Egoismus der Reichen; Vernachlässigung der Armen durch den Klerus; Verschwinden oder Oberflächlichkeit des Glaubens bei den spanischen Katholiken«. Die *Civiltà cattolica* erklärte hingegen mit Bestimmtheit, daß sich die Dinge ganz anders verhielten. [...] G. P. M.: »Cause remote del comunismo spagnolo.« In: *Civiltà cattolica*. Jg. 88, Heft 2084 (17. 4. 1937), S. 126 ff.

43 Hier kann jedoch das schwierige und umstrittene Problem des ›linken Faschismus‹ nicht weiter erörtert werden, sei es unter dem Blickwinkel seines Gehalts, seines Durchsetzungsvermögens und seines Einflusses oder unter demjenigen der Einsatzbereitschaft und Aufrichtigkeit seiner Anhänger.

44 »Il yinti di Catalogna.« In: *Critica fascista*. Jg. 17, Heft 8 (15.2.1939), S. 114f.

45 Unmittelbar nach dem Beginn des Aufstands der Militärs vom 18. Juli war auf die innere Widersprüchlichkeit der Bewegung und die Unklarheit ihrer Zielsetzung allerdings deutlich hingewiesen worden. Siehe dazu Piccoli, Valentino: »Le origini storiche degli avvenimenti spagnoli.« In: *Gerarchia*. Jg. 16, Heft 9 (Sept. 1936) [...] Die verschiedenen Programme innerhalb der nationalen Front untersuchte in der *Critica fascista* Giovanni Engely. Hinsichtlich desjenigen Francos bedauerte er die dort ausgesprochene »Abschaffung der Landreform im Rahmen der Beseitigung jener Gesetze, die den Massen ›gesetzeswidrige Rechte‹ zugestanden hatten«; »L'Europa e la Spagna.« In: *Critica fascista*. Jg. 14, Heft 21 (1.9.1936), S. 346. Die gemeinsame Grundlage von Faschismus und Falange wurde von Costamagna so definiert: »Die zentrale Idee von Faschismus und ›Falange‹ ist die der ›Volksgemeinschaft‹, d.h. das Volk schafft sich mit Hilfe der Einheitspartei den Staat (Art. 1 des Dekrets Nr. 255 der ›Falange‹). Die Idee der Volksgemeinschaft oder Volkseinheit ist die oberste Norm dieser Organisation, und ihr entspringen alle Vorschriften hinsichtlich der politischen Lenkung und der Einheitlichkeit der politischen Machtausübung. Ihr entspringen alle Strukturen des neuen Staats, des totalitären Staats«; Costamagna, Carlo: »Dottrina spagnola dello Stato totalitario.« In: *Lo Stato*. Jg. 10, Heft 3 (März 1939), S. 169.

46 Siehe dazu Payne, Stanley G.: *Falange*. A.a.O., bes. S. 194ff., und Suñer, Ramón Serrano: *Zwischen Hendaye und Gibraltar*. Zürich 1948. Die Schweizer Ausgaben der Memoiren des Ex-Außenministers und Schwagers von Franco sind umfangreicher als die spanische Originalversion.

47 Schon am 6. August 1936 hatte Farinacci in einem Brief aus Cremona an Mussolini seine Bereitschaft zu einer evtl. Sondermission in Spanien erklärt:
»Lieber Präsident!
Ich wünsche brennend, daß es die Ereignisse in Spanien uns so rasch als möglich erlauben, dort zu intervenieren. Wenn es so weit sein wird und Du einen Mann brauchst, der zu allem bereit ist, so vergiß mich nicht. Ich befinde mich in einer Stellung, in der ich handeln kann, ohne die Regierung allzu sehr zu kompromittieren, da ich auch Herausgeber einer Zeitung bin. Und wenn Du einen brauchst, den Du im geeigneten Augenblick auch verleugnen kannst, so kannst Du ebenfalls auf mich zählen. Mehr füge ich nicht hinzu, denn Du wirst mein Angebot zu schätzen wissen. Mit herzlichen und ergebenen Grüßen
Dein Farinacci.«
ACS, *Segretaria particolare del Duce*, Carteggio riservato, 1922–1943, fasc. 242/R: Farinacci, sottofasc. 39, inserto B. Zur Mission Farinaccis siehe Cantalupo, Roberto: *Fu la Spagna*. A.a.O. S. 146ff., und Payne, Stanley G.: *Falange*. A.a.O. S. 197.

48 Siehe dazu Payne, Stanley G.: *Falange*. A.a.O. S. 198, und Thomas, Hugh: *Der Spanische Bürgerkrieg*. A.a.O. S. 322ff. Ferner *Akten zur deutschen auswärtigen Politik 1918–1945*, Serie D, Bd. 3: *Deutschland und der Spanische Bürgerkrieg*. Baden-Baden 1951, Nr. 243, 248 und 152. [Der deutsche Text des Programms der Falange ist abgedruckt bei: *José Antonio Primo de Rivera, der Troubadour der spanischen Falange*. Auswahl und Kommentar seiner Reden und Schriften von Bernd Nellessen, Stuttgart 1965, S. 113ff. (A.d.Ü.)]

49 Pettinato, Concetto: *La Spagna di Franco*. Milano 1939, S. 121ff. Der Autor war von Mai bis September 1938 in Spanien gewesen.

50 Tagebucheintrag Bottais vom 26.10.1937. Bottai, Giuseppe: *Vent'anni e un giorno. 24 luglio 1943*. Milano 1949, S. 113.

51 Zur Herkunft und Mentalität der italienischen Legionäre in Spanien siehe Leto, Guido: *Ovra. Fascismo – Antifascismo*. Bologna 1951, S. 167. Nach Leto waren die meisten der nach Spanien geschickten Italiener tatsächlich Freiwillige, »was jedoch nicht ausschloß, daß ein Teil der Schwarzhemden die Kriegsrisiken aus ökonomischen Gründen auf sich nahm. Ohne den brutalen Begriff des Söldners zu gebrauchen, läßt sich diese Erscheinung doch mit der allgemeinen – wenngleich würdevoll verdeckten – Armut erklären, die niemals, auch nicht in den wirtschaftlich günstigeren Augenblicken, aufgehört hat, die Mehrheit des italienischen Volks zu begleiten. Man darf nicht vergessen, daß die Miliz sich großenteils aus Arbeitern und Bauern zusammensetzte und daß die Arbeitslosigkeit zwar sehr zurückgedrängt worden, aber nie ganz verschwunden war. [...] Unter der Masse der Kämpfer befanden sich auch Abenteurer, die keine moralischen Skrupel kannten und die dem guten Namen Italiens so viel Schlechtes aufluden.«

52 Ciano, Galeazzo: *Tagebücher 1937/38*. Hamburg 1949, S. 2.

53 Ebenda, S. 3. Am 28. August notierte Ciano: »Conde protestierte gegen die Verschleppungsmanöver unserer Marinebehörden bei der Überlassung von zwei Torpedobootsjägern und zwei U-Booten an Nationalspanien. Ich habe diese passive Resistenz durch einen Cavagnari fernmündlich erteilten Rüffel beseitigt. Der Duce hat mein Vorgehen gebilligt. Das Spanienunternehmen stößt auf den ständigen Widerstand unserer Marine, die passive Resistenz übt. Die Luftwaffe ist ganz bei der Sache. Das Heer tut seine Pflicht. Die schwarze Miliz zeigt Begeisterung. Im Grunde genommen sind der Duce und ich die einzigen Verantwortlichen: ja, die einzigen, die das Verdienst dafür in Anspruch nehmen können. Eines Tages wird man die Größe dieses Verdienstes anerkennen« (ebenda, S. 5).

54 Guarneri, Felice: *Battaglie economiche tra le due grandi guerre*. Bd. 2, Milano 1953, S. 130 ff. Der ehemalige Staatssekretär und spätere Außenhandelsminister schließt: »So kam es, daß Spanien von einem Land mit geringem Interesse für unseren Außenhandel mit einem Schlage zu einer schweren Bürde für uns wurde. Spanien war damals einer der größten Faktoren auf binnen- und außenwirtschaftlichem Gebiet, die den mühevollen Aufbau unserer Volkswirtschaft behinderten.« Serrano Suñer hat betont, wie sehr das Hauptmerkmal der wirtschaftlichen und militärischen Hilfeleistungen Italiens, die wesentlich umfangreicher waren als die deutschen, in den außerordentlich edelmütigen, uneigennützigen und verständnisvollen Umständen gelegen habe, unter denen sie gewährt worden seien. Von italienischer Seite gab es niemals Pressionen noch Nötigungen hinsichtlich ihrer Bezahlung. Ebensowenig gab es jemals eine auch nur entfernte Anspielung auf die Einschränkung der Rechte Spaniens und seiner politischen Selbstbestimmung. Von deutscher Seite wurden hingegen die militärischen Lieferungen nur gegen Barzahlung und zu überhöhten Preisen abgewickelt. Suñer, Ramón Serrano: *Zwischen Hendaye und Gibraltar*. A. a. O.

55 ACS, *Partito Nazionale Fascista*. Situazione politica delle provincie, busta Milano.

56 Mussolini, Edvige: *Mio fratello Benito*. Memorie raccolte e trascritte da Rosetta Ricci Crisolini, Firenze 1957, S. 153. [...]

57 ACS, *Partito Nazionale Fascista*. Situazione politica delle provincie, busta Roma.

58 Vgl. dazu Aquarone, Alberto: »Lo spirito pubblico in Italia alla vigilia della seconda guerra mondiale.« In: *Nord e Sud*. Bd. 11. N.S., Nr. 49 (Januar 1964), S. 117–125.

59 Ein aufmerksamer Beobachter des Regimes schrieb: »Die Vertreter des Faschismus dachten an die Balearen und an die baskischen Minen, so als hätte England die Absicht, mit einem Schlag die gute alte Zeit und den bestens verlaufenen Feldzug Wellingtons gegen Napoleon zu vergessen. Mussolini und Ciano machten der Ideologie jede mögliche Konzession. Aber Mussolini und Ciano wollten nur den Sieg Francos und die Befriedigung Spaniens; dies war ihr ganzes Programm. Sie wünschten nicht einmal dort die Installierung eines totalitären Regimes« (Begnac, Yvon de: *Palazzo Venezia. Storia di un regime*. Roma 1950, S. 587). Auf dem begrenzten Charakter der Ziele der faschistischen Regierung hat besonders Roberto Cantalupo beharrt: *Fu la Spagna*. A.a.O., bes. S. 63 und S. 74 ff. Vgl. auch Toscano, Mario: *L'Asse Roma–Berlino*. A.a.O. S. 204 ff. Auf S. 205–207 ist der Text des italienisch-spanischen Abkommens vom 28. November 1936 abgedruckt, das von Toscano folgendermaßen beurteilt wird: »Wie man sieht, geht es nicht um transzendentale Dinge; dies ist sicherlich ein Ereignis, das in keinem Verhältnis zu den vollbrachten militärischen Anstrengungen, zu den ungeheuren Ausgaben, zu den überstandenen Risiken und zu dem Schaden steht, der der eigenen internationalen diplomatischen Position zugefügt worden war.« Zu den verärgerten Reaktionen der Deutschen auf diesen Vertrag, dessen Text am 1. Dezember von Botschafter v. Hassell aus Rom nach Berlin übermittelt wurde, siehe *Akten*. A.a.O. Nr. 133. Zwei Monate zuvor, am 23. September, hatte Mussolini in einem Gespräch mit Reichs-minister Frank im Palazzo Venezia in Gegenwart Cianos gesagt: »Italien hat den Spaniern geholfen, und auch jetzt sind zahlreiche Hilfslieferungen ohne Gegenleistungen im Gange; viel italienisches Blut wurde vergossen, und die Balearen wurden nur durch italienische Soldaten und italienisches Material gerettet. Jetzt kommt es auf den Sieg an. Danach werden wir nichts von Spanien fordern, was die geographische Lage im Mittelmeer verändern könnte, sondern wir werden Spanien nur bitten, daß es eine Politik verfolgt, die nicht unseren Interessen zuwider läuft. Unsere Aktion in Spanien ist ein starker Beweis für unsere Teilnahme am antibolschewistischen Kampf« (*L'Europa verso la catastrofe. 184 colloqui con Mussolini, Hitler, Franco, Chamberlain, Sumner Welles, Rustu Aras, Stoiadinovic, Göring, Zog, François-Poncet ecc., verbalizzati da Galeazzo Ciano con 40 documenti diplomatici inediti*. Milano 1948, S. 77). [...]

60 Siehe dazu Pellizzi, Camillo: »Considerazioni sulla guerra di Spagna.« In: *Critica fascista*. Jg. 16, Heft 6 (15. 1. 1938), S. 90. [...]

61 Siehe hierzu beispielsweise Maffei, Marco: »La Spagna e l'equilibrio medi-terraneo.« In: *Gerarchia*. Jg. 19, Heft 8 (August 1939), S. 530–543.

62 Sulis, Edgardo: »Il nuovo asse.« In: *Il Popolo d'Italia*. 22. 11. 1936.

II.
UdSSR

DAVID T. CATTELL

The Soviet Union Intervenes

The evidence indicates that the Soviet Union during the last week of August or the first week of September decided to intervene actively in Spain on the side of the Popular Front.[1] What caused the Soviet Union to act alone when the Socialists of France and Great Britain together with their governments resolved against aid to the Loyalist government? Why did she break the Non-Intervention Agreement as soon as she signed it in order to support almost singlehandedly the Spanish government's fight against the rebel generals aided by Portugal, Italy, and Germany? The Fascists and many conservative circles claimed that the Communists were intervening to set up a Soviet satellite. The Communists in contrast asserted that they were merely aiding bourgeois democracy in Spain. Neither of these explanations, as discussed in the first volume of this study, "Communism and the Spanish Civil War", seems to approach the truth. A thorough investigation of the internal activities of the Communists in Spain does not substantiate the charge that the Soviet leaders intended setting up a Communist government in Spain. Even when the opportunity for power presented itself time and again, the Soviet agents prevented the Communists from taking over the reins of government. That the Soviet Union intervened purely to save bourgeois democracy was equally unlikely and was believed by only a few, even at the time.[2] The Soviet Union before and afterward never showed such altruism toward the democratic movements of the West, and her acts of terror and violence in Spain are sufficient evidence that her goals were not humanitarian. The whole purpose of the Comintern was to prepare for the overthrow of bourgeois society, and the doctrines of the Popular Front as laid down in the 1935 Congress of the Comintern did not

Aus: *Soviet Diplomacy and the Spanish Civil War*. Berkeley, Los Angeles 1957 (= University of California Publications in International Relations, vol. 5), S. 32–37 (Reprint New York 1971). Mit freundlicher Genehmigung der University of California Press.

abandon this objective.[3] The explanation of the Soviet move, therefore, must lie somewhere between the two extremes.

The immediate stimulus for the Soviet action was, of course, the continued support of the rebels by Italy and Germany; the Soviet Union intervened to counteract this aid.[4] But why Stalin was willing to engage in a semiwar with Hitler and Mussolini in Western Europe is difficult to answer.

From the statements in "Mein Kampf" down through nearly all the pronouncements of the National Socialist party, Hitler had made known his explicit hate for the Communists and his desire to overthrow the Soviet regime. He also made no secret of his wish to develop a German empire out of Soviet territory. After Hitler's victory in 1933 and 1934 and the complete subordination of the German nation to his will, including the annihilation of the Communist and Socialist parties, the Soviet leaders could not fail to realize the danger of Nazi aggression toward themselves. The desire to overthrow the Communist regime in Russia was not unusual though rather academic in the West, but behind it in Germany there lurked the driving force of a fanatical movement and leader backed by rapid rearmament.

Hitler's anti-Comintern crusade appeared all the more menacing considering the state of military unpreparedness in the Soviet Union. The Soviet Union was in the midst of a second social, political, and economic revolution, and all her energy and resources were needed to untangle it. The Communist party and government also were in the initial stages of a purge and reign of terror that was already beginning to rock the foundations of political power, including the entire military command. Forced collectivization among the peasants and the uncertainty and ruthlessness of the purge were creating a social discontent which made doubtful the loyalty of large segments of the Soviet population to the regime. Amid such internal conflicts the Soviet leaders were in no position to build a military force to compete with a rapidly arming, economically strong Germany. Already by 1936, and perhaps much earlier, the German military machine was superior to Russia's and the disparity was likely to increase unless the Nazi menace could be stopped.[5]

In this distinctly unequal armaments race with Germany, the Soviet Union had three alternatives: 1. to develop a system of collective security with the Western democracies for the joint suppression of German aggression, 2. to engage Hitler in war early in his career before he was ready for aggression to the East and wear down his forces by attrition, or 3. to try to appease Hitler. Probably Stalin put his hopes in these alternatives in the order given above, the first representing the most positive and sure means of extricating Russia from her predicament and the last representing the highest cost with the least insurance. It may also be argued that in the period from 1936 to 1939, as a good strategist, Stalin never excluded any of these alternatives absolutely, though this is impossible to prove. The first expressions of a Soviet policy of collective security began in 1934–5 with the signing of the Franco-Soviet Pact, the entrance of the Soviet Union into the League of Nations, and the launching of the Popular Front program in France. Until 1939 the statements of Commissar of Foreign Affairs Maxim Litvinov reiterated the paramountcy of the Soviet desire for collective security and never failed to stress the need to stop 'Fascist' aggression in Ethiopia, the Rhineland, Spain, China, Austria, Czechoslovakia, and elsewhere.[6]

The Spanish Civil War was the first engagement of Hitler's arms and troops in combat for the expansion of German hegemony and the Soviet leaders considered it, therefore, the best opportunity to employ the doctrine of collective security. The theory of collective security is based on the idea that a threat to the peace and security of any nation anywhere is a threat to the security of every other peaceful nation; in other words peace is indivisible. It would thus follow that even though Spain was remote from Russia, the loss of its independence would be a threat to the Soviet Union. However, to make this system work against Germany with her rapidly expanding military force would require the support not only of the Soviet Union but also of France and England. Stalin, consequently, felt the coöperation of France and England was essential for the containment of Germany. It is not unlikely that he considered the Iberian Peninsula a particularly fortunate area in which to inaugurate a working system of collective security. Although Spain under German and Italian control was only a minor threat to Russia, it was a direct threat to France and even Great Britain. Thus Stalin probably felt especially confident that he could influence France to take an active interest in her own security by his intervention in Spain. During the 1920's France had been the leading proponent of collective security. Stalin also knew the sympathies of the Blum government were with the Madrid government, and the vast majority of the Socialists and workers were not in favor of Blum's policy of nonintervention. By his action Stalin may have hoped to throw the balance against Blum and force him to abandon his belief in neutrality, if only to insure that the Loyalist government would not be dominated by the Communists through exclusive Soviet aid. No doubt by this time Blum himself had serious doubts about the feasibility of his policy. Stalin may also by his action have hoped to influence the British Socialists in the same way. Stalin probably planned that his initial intervention would prevent the immediate victory of Franco and his German and Italian allies and save Madrid, thereby giving the slower-acting democracies an opportunity to see the seriousness of the threat. But that Blum, backed by the British government, would stubbornly stick to his support of nonintervention, in spite of increasing evidence of its violation, could not have been foreseen.

Another possibility is that Stalin may not have expected help from France and England and, therefore, the second alternative of engaging Hitler in a war of attrition, no matter how small, to delay his aggression to the east was the main motive.[7] It is well known that Stalin had a very low opinion of the capabilities and revolutionary instincts of the laboring masses of Western Europe. From the beginning he may have counted on going it alone and saw the Spanish affair merely as a delaying tactic for Nazi aggression against himself. Even before the Spanish Civil War the Communists had predicted Hitler's next move would be against Czechoslovakia. For example, "Pravda" reported on July 19, 1936, on the basis of a Tass communiqué from Paris that Germany, in an agreement with Poland, had formulated a plan of aggression against Czechoslovakia.[8] By keeping Germany involved in Western Europe, Moscow may have hoped to restrain Germany from advancing to the east and threatening the very borders of the Soviet Union. Intervention would also show Hitler that Russia could not be bluffed by a show of force and was not willing to appease him as were England and France. Stalin, as a dictator himself, must also have recognized the importance of success and an aura of invincibility to Mussolini and Hitler for keeping a hold on their followers. Litvinov in a speech in June, 1938, alluded to this factor: "Because of their internal weakness and insufficient resources, the present aggressors require rapid military successes."[9] If Stalin could undermine them by defeats in Spain, the task of destroying them would be much easier. Therefore, it is not unreasonable to assume that the Soviet leaders saw a good opportunity in the Spanish crisis to initiate a battle of attrition or at least delay. Spain was a long way from Russia and, by using Spanish workers, the Soviet Union did not have to commit herself to an open war with Germany. Soviet troops thus remained out of the fighting while the Spanish Loyalists served as mercenaries. When the Spanish partisans were not sufficient, the Communists recruited young liberals in the democracies and unwanted foreign Communists to fight for the Loyalist cause in the International Brigades. Thus all the Soviet Union needed to supply was a minimum of equipment and technical assistance, just enough to keep Loyalist resistance from collapsing.[10] As a secondary interest, the Soviet Union also was able to observe and test the technical aspects of modern war, particularly the new techniques being developed by the Germans.[11]

Although Stalin may have wanted to wear down Germany's military strength, it is impossible on the evidence to go so far as some commentators and conclude that Stalin was trying to involve Germany in the West and thereby entirely turn away Hitler's ambitions from the Soviet Union.[12] If the Russians had wanted to direct Hitler westward, they would more likely have given him a free hand in Spain. This in turn would have opened up North Africa for German colonization and would have made an attack on France much easier. Furthermore, it is difficult to see how in any general war that might develop Stalin could have easily withdrawn, since, by giving aid and instruction to the Loyalist troops, he was already in part committed. If he wanted to escape the risk of being a part of the big war, his neutrality from the beginning was essential.

Some commentators have gone even further to claim that Stalin's primary interest was to form a pact with Hitler dividing the world into spheres of influence, bribing Hitler with a free hand in the West. For example, Walter Krivitsky, the former Soviet Chief of Military Intelligence in Western Europe, wrote: "To Stalin the fusion of these two dictatorships is the climax of all he has striven toward for years." And in respect to Spain: "His idea was – and this was common knowledge among us who served him – to include Spain in the sphere of the Kremlin's influence. Such domination would secure his ties with Paris and London, and thus strengthen, on the other hand, his bargaining position with Berlin. Once he was master of the Spanish Government – of vital strategic importance to France and Great Britain – he would find what he was seeking. He would be a force to be reckoned with, an ally to be coveted."[13] The rationale of this thesis is that Stalin, weak militarily, intensely adverse to and distrustful of the capitalist powers, had only the one alternative of negotiating a pact with Hitler. Stalin's problem was to show Hitler that Russia had something to offer and was a power of enough consequence to negotiate with Hitler as an equal. However, it is very unlikely that Stalin this early seriously considered an alliance with Hitler. The evidence to support this view is very meager, all indirect, and based mostly upon a process of reading double meanings into Communist statements. Against this thesis are the explicit statements and actions of the Soviet leaders, seeking collective security with the democracies and heaping venom on the Nazis and Fascists, as will be seen in their role on the Non-Intervention Committee. Even the tactic of the Popular Front was basically directed toward attracting the bourgeois governments into closer relations with the Soviet Union. The difficulty and reason for the failure of the Popular Front program came from the fact that it could not be reconciled with the long-range Communist aim of undermining and destroying the bourgeois states. It does not logically follow from this inconsistency, however, that Stalin refused to drop his basic hostility toward the Socialists and democrats for the purpose of making a pact with Hitler. His continued support of the overthrow of the bourgeois state can be more simply and obviously explained by his desire to retain his leadership over the revolutionary and leftist elements of the world and his faith in the eventual Communist world revolution or conquest led by Soviet Russia.

In contemplating the three-cornered struggle developing among Nazism-fascism, communism, and democracy, and the need to side with one or the other for fear of a Nazi-democratic pact against himself, it is logical that Stalin should have first looked to the democracies for support and alliance. Stalin had little or nothing to fear from the bourgeois democracies, which after 1921 had never attempted to renew their intervention in Soviet Russia even though the Soviet government had been weak and almost totally unarmed during the 1920's and early 1930's. On the other hand, Hitler was arming and calling for a crusade against communism. Certainly Stalin had less chance to achieve and no grounds to trust an alliance with Hitler. As Litvinov pointed out, "history teaches us that aggression and expansion are insatiable"[14]. Nevertheless, it is not inconceivable that Stalin, in preparing for all contingencies, left open a possible alliance with Hitler as an alternative, though a distinctly less attractive one, in case an entente with England and France did not materialize and Hitler did not become bogged down in Spain.

Thus the Soviet Union aided Loyalist Spain not from a sense of altruism, but from a need for security. She used Spain as the focal point, the pawn, to bring about a coalition between Russia and the democratic and leftist governments to collectively thwart German aggression, and to delay and deplete Hitler's armament on the battlefield before he became too powerful. These two purposes, mutually beneficial to Russia, could be pursued simultaneously.

1 For further discussion see Cattell, David T.: *Communism and the Spanish Civil War*. Berkeley and Los Angeles 1955, p. 73. See also *Soviet Shipping in the Spanish Civil War*. Mimeograph ser. no. 59. New York, Research Program on the USSR, 1954, for a description of the methods by which material was shipped to Spain.

2 For an analysis of Soviet activities and intervention in Spain sympathetic to the Soviet position, see Fischer, Louis: *Men and Politics: an Autobiography*. New York 1941, and Strong, Anna Louise: *Spain in Arms*. New York 1937. For the Spanish Loyalist view see Araquistáin, Luis: *La verdad sobre la intervención y la no intervención en España*. Madrid 1938, pp. 30–32, and Baraibar, Carlos de: *La guerra de España en el plano internacional*. Barcelona 1938, pp. 187–190, 197–199.

3 Cattell: op. cit., pp. 25–29.

4 The Soviet press was reporting evidence of stepped-up German and Italian intervention even after the Non-Intervention Agreement went into effect on August 28. See *Pravda* (Aug. 26, 29, 31, Sept. 1, 1936), and Nicoletti: "Mussolini Continues Arming the Spanish Rebels." In: *Inprecorr*. Vol. 16, no. 42 (Sept. 12, 1936), 1146.

5 Such statements as that made by the Soviet ambassador in London on March 13, 1937, can be dismissed as wishful thinking or deception: "We have only two frontiers – in the west and in the far east – to defend, and I betray no military secret when I say that *these two frontiers during the last few years have been made wellnigh impregnable by the great fortifications, by the large armies well equipped with all modern appliances, and by the huge air force*." (Jane Degras: *Soviet Documents on Foreign Policy*. London 1953, III, 237.)

6 See Litvinov, Maxim: *Against Aggression*. London 1939.

7 This tactic of the Soviet leaders has become very familiar in the post-Second World War period in which the Soviet Union has made good use of Koreans, Chinese, Vietnamese, and others for her purposes in Asia, supplying them with munitions in their fight against the "imperialist powers."

8 See also the editorial by Nikiforov, A.: "Aggressive Plans of German Fascism against Czechoslovakia." *Pravda* (Sept. 13, 1936).

9 Extracts from a speech by Litvinov on the international situation at an election meeting in Leningrad on June 23, 1938, in Degras: op. cit., p. 293.

10 Cattell: op. cit., chap. viii.

11 Several books were published in the Soviet Union on military strategy and organization in the Spanish Civil War. It is very interesting that the editors in the preface criticized Helmut Klotz's book: *Uroki grazhdanskoi voiny v Ispanii* [*Lessons from the Civil War in Spain*]. Moscow 1938, for minimizing the role of the air force. See also Samarin, A.: *Bor'ba za Madrid* [*Struggle for Madrid*]. Moscow n. d. This book reported on both the military and non-military aspects of the siege of Madrid. The author ended (p. 106) by ridiculing the Italian forces: "The whole war role of the Italian corps shows their completely inferior war efficiency, absence of will, and subjectiveness to panic. It is characteristic that for the period of operations the Republicans took prisoner about 900 Italians and at the same time only 11 Moroccan war prisoners were taken."

An analysis of the Loyalist military organization by the Russians appears in *Upravlenie voiskami i rabota shtabov v Ispanskoi republikanskoi armii* [*The Administration of the Troops and Work of the Staff in the Spanish Republican Army*]. Moscow 1939. Its general conclusion was: "During the length of the whole war in Spain the problem of organizing the high command and administering the armed forces was very acute. At the outset of the war the organization underwent a series of substantial changes, but until the end of the war they had not been completely resolved." (P. 5.)

12 For example, the ambassador in France (Bullitt) reported to the acting secretary of state on November 25, 1936: "The French Government is convinced that the Soviet Government desires to push the conflict to the bitter end on the theory that even though in the first instance the Soviet Government would suffer a defeat through the overthrowing of the Madrid and Barcelona Governments by Italian and German troops enlisted in Franco's army, the final result would be an attempt by the Germans to establish a new status in Spanish Morocco and an attempt by the Italians to maintain possession of the Balearic Islands which would result in war between Germany and Italy on one side and France and England on the other. This the Soviet Government anticipates would lead to eventual Bolshevization of the whole of Europe." (*Foreign Relations of the United States, 1936*, II, 575.)

13 Krivitsky, Walter: *In Stalin's Secret Service*. New York 1939, pp. 73 and 76. See also Gorkin, Julian: *Canibales politicos; Hitler and Stalin en España*. Mexico City 1941, p. 54, and Borkenau, Franz: *European Communism*. New York 1953, pp. 117, 135, and 169.

14 Extracts from a speech by Litvinov at the Central Executive Committee, November 10, 1936, in Degras: op. cit., p. 216.

PIERRE BROUÉ/EMILE TÉMIME

Ausländische Freiwillige und Internationale Brigaden

Freiwillige aus dem Ausland

Neben den Sowjetmilitärs war eine andere Kategorie ausländischer Helfer der spanischen Republik von nicht geringer Bedeutung: in der Sowjetunion geschulte ausländische Kommunisten. Gerade ihnen fiel bei der Organisation der Internationalen Brigaden eine gewaltige Bedeutung zu. (Russen gab es in den Internationalen Brigaden praktisch überhaupt nicht, wenn man nicht ›weiße‹ Emigranten hinzurechnet, die paradoxerweise auf republikanischer Seite[1] in den Kampf gezogen waren.)

Zu einem erheblichen Teil war die militärische Mitwirkung ausländischer Soldaten auf seiten der spanischen Republikaner, ja überhaupt die Hilfe, die der Republik von außen zuteil wurde, die Summe vieler im eigentlichen Sinne individueller Beiträge. Das nationalistische Lager konnte auf bewaffnete Kontingente zurückgreifen, die von der deutschen und der italienischen Regierung aufgestellt und nach Spanien abkommandiert worden waren. Auf republikanischer Seite griff außer der Sowjetunion – von ihrem begrenzten Beistand war bereits die Rede – kein einziger Staat mit wirksamer Hilfe ein. Indes war die äußerlich freiwillige Teilnahme vieler Einzelner aus zahlreichen Ländern gewiß nicht ohne die organisierte Initiative der Kommunistischen Internationale zustande gekommen.

Ganz aus freien Stücken waren allerdings manche Ausländer in den ersten Kriegsmonaten, in der Ära der revolutionären Milizen, zu den Republikanern gestoßen: Ausländer, die – wie etwa der italienische Sozialist Fernando De Rosa – in Spanien lebten oder vom Aufstand der Militärs in Spanien überrascht wurden (z.B. Teilnehmer an der Arbeiterolympiade von Barcelona, die mit den katalonischen Arbeitern gemeinsame Sache machten). So entstanden die ersten Gruppen ausländischer Freiwilliger; zu ihnen schlugen sich kleine Gruppen italienischer, deut-

Aus: *Revolution und Krieg in Spanien. Geschichte des Spanischen Bürgerkrieges.* Frankfurt/M. 1968. S. 475–492. Mit freundlicher Genehmigung des Suhrkamp-Verlags, Frankfurt/M.

scher, französischer oder belgischer Antifaschisten, die nach und nach aus Frankreich einsickerten. Solche kleineren Einheiten kämpften an der Nord-Front, nahmen an der Verteidigung Irúns teil: Deutsche in der Hundertschaft Thälmann, Italiener in der Kolonne Rosselli, Franzosen in der Hundertschaft Commune de Paris; dann auch Italiener in der Hundertschaft Gastone Sozzi, die Madrid in der Sierra verteidigten, schließlich einige ausländische Anarchisten und Syndikalisten in der Kolonne Durruti.[2]

Das erste Beispiel einer Organisation größeren Maßstabs war, von André Malraux ins Leben gerufen, ein internationales Luftgeschwader. Diese Staffel ›España‹ leistete den Republikanern enorme Dienste – jedenfalls in den ersten Kriegsmonaten, als es eine staatliche strategische Luftwaffe überhaupt nicht gab. Obgleich es nur über wenige Bomber – etwa zwanzig – verfügte, konnte das Geschwader halbwegs wirksam eingreifen, so beim Bombenabwurf auf die nationalistische Kolonne von Medellín; das sei, meinte Malraux, die einzige größere Luftoperation der Republikaner in der ersten Phase des Kriegs gewesen. Nicht ohne Erfolg lösten die etwa vierzig Jagdflugzeuge des Geschwaders Malraux die republikanische Luftwaffe ab (sie hatte nur alte Bréguet-Maschinen). Natürlich konnten solche zufällig zusammengewürfelten Staffeln gegen die moderneren und vor allem schnelleren deutschen und italienischen Flugzeuge nicht ankommen. Ihre letzte wichtige Aufgabe vollbrachten die España-Flieger in Málaga: Sie versuchten, den Rückzug der republikanischen Truppen im Maschinengewehrfeuer der feindlichen Jagdflugzeuge zu decken. Malraux selbst hat die Schwierigkeiten seiner Staffel beschrieben: einmal schlechte Qualität der zum Teil bereits ausrangierten Flugzeuge, die für den regulären Dienst nicht mehr taugten und nur darum hatten erstanden werden können, zum andern Eigenart der Mannschaft, Reibereien zwischen »Freiwilligen«, die in der Mehrzahl waren, und »Söldnern«.[3]

Erst im November 1936 tauchten die ersten Sowjetflugzeuge auf, die es mit der gegnerischen Luftwaffe aufnehmen konnten. Ebenfalls im November machten sich zum erstenmal die Internationalen Brigaden bemerkbar. Der Eingriff dieser außerspanischen Formationen trug entscheidend zur Versteifung des republikanischen Widerstands bei; zahlreiche Journalisten und Schriftsteller – von welcher Couleur auch immer – haben es geschildert. Aus den ausländischen Einheiten entstand ein Elitekorps, das fast bis Ende 1938 an allen wichtigen Schlachten teilnahm. Am 7. November 1936 verstärkten sie die Reihen der Verteidiger Madrids; am 13. November nahmen sie an den Gefechten um Cerro de Los Ángeles teil; im Dezember griffen sie bei Teruel und Lopera an der

Córdoba-Front ein; im Februar und März 1937 kämpften sie am Jarama, in Málaga, in Guadalajara. Später waren sie bei allen großen Offensivaktionen dabei: Brunete, Belchite, Teruel; sie fehlten auch nicht in der Ebro-Schlacht, der letzten Offensive der republikanischen Truppen.

Da ihnen auf allen Kriegsschauplätzen eine fast entscheidende Rolle zufiel, verbreitete sich die Vorstellung, es seien ihrer unendlich viele gewesen. Heute noch wird in Spanien davon gesprochen, daß Hunderttausende von Ausländern als Freiwillige in den Internationalen Brigaden gekämpft hätten. Nachträglich lassen sich genaue Zahlen ebensowenig ermitteln wie die konkrete Kampfsituation in jedem einzelnen Fall; dennoch zeigt sich bei näherem Zusehen, daß der Truppenbestand der Brigaden viel kleiner war, als er sich der zeitgenössischen Phantasie darstellte.

Wer waren diese Kämpfer? Woher kamen sie? Wie wurden sie ausgebildet und ins Feld geführt? Am Anfang gab es für Ausländer wohl nur die Möglichkeit individueller Dienstverpflichtung in den republikanischen Milizen. Später wurde schrittweise umgruppiert, ausländische Kampfteilnehmer fanden sich in besonderen Einheiten zusammen. Diese Freiwilligen waren Antifaschisten: einmal aus der Heimat verjagte Deutsche und Italiener, die hier von neuem versuchten, den Kampf gegen die heimische Tyrannei aufzunehmen, zum andern viele Franzosen: Spanien war nah, der Grenzübertritt einfach, das politische Motiv – Verteidigung der Volksfront – überzeugend. Das militärische Kräfteverhältnis ließ sich allerdings durch solche Freiwilligenmeldungen auf individueller Grundlage nicht zugunsten der Republikaner verschieben. Die schlecht organisierte, buntscheckige Armee wurde häufig durch den unorganisierten Zustrom der Freiwilligen nur noch mehr durcheinandergebracht.

Ab Ende September wurde – vor allem hinsichtlich der Anwerbung und Beförderung – in die Sache des Zugangs von Kampfwilligen etwas mehr Organisation hineingetragen. Die Führungsschicht der Ausländerformationen wurde nunmehr planmäßig mit höheren Funktionären der Kommunistischen Partei Frankreichs und der italienischen kommunistischen Emigrantengruppen aufgefüllt. An der Spitze des Rekrutierungskomitees stand unter dem Namen Allard der Italiener Giulio Cerreti.[4] Den Transport der Freiwilligen, die aus Mittel- und Südosteuropa kamen, leitete ebenfalls ein Kommunist, der Jugoslawe Josip Broz, später weltberühmt als Marschall Tito. (An den Kämpfen in Spanien hat Tito trotz mancher gegenteiligen Behauptung – auch aus den Reihen der Brigadekämpfer – nicht teilgenommen.) In die Gesamtverantwortung für Rekrutierung und Transporte teilte sich der Spitzenapparat der französischen Kommunisten mit der italienischen Emigrantenorganisation; ihr Chef war Gallo, später als Luigi Longo einer der führenden Männer des italienischen Kommunismus.

Zahlreiche Freiwillige waren bereits durch diese Kanäle geschleust worden, als die Internationalen Brigaden am 22. Oktober 1936 offiziell ins Leben gerufen wurden. Anfang Oktober hatten Präsident Azaña und dann auch Largo Caballero eine dreiköpfige kommunistische Freiwilligendelegation – Longo, Stefan Wiszniewski (Pole) und Pierre Rebière (Franzose) – empfangen.[5] (Der Empfang bei Largo Caballero soll nicht übermäßig freundlich gewesen sein.) Die Besucher wurden an Martínez Barrio weitergeleitet: In seinen Händen lag die Organisation der ersten Brigaden für die reguläre Armee. Man einigte sich ohne große Schwierigkeiten; im Rahmen der getroffenen Vereinbarung traten die ersten Internationalen Brigaden schon im November in Aktion.

Internationale Brigaden: Herkunft, Aufbau

Natürlich wurde auch weiter auf Grund individueller Meldungen angeworben. Aber nun wurden die aus den verschiedenen Ländern kommenden Freiwilligen schon in Frankreich zusammengefaßt. Über die Pyrenäengrenze gelangten sie dann in kleinen Gruppen nach Spanien. Freiwilligenmeldungen wurden in den Geschäftsstellen der gewerkschaftlichen Organisationen und der Linksparteien entgegengenommen, aber obgleich Organisationen verschiedener politischer Orientierung beteiligt waren, wurde das Rekrutierungsverfahren als Ganzes von der Kommunistischen Partei dirigiert. Sie sorgte dafür, daß die Angeworbenen nach Spanien gelangten. Obwohl der Grenzübertritt verboten war, ging er fast reibungslos vonstatten. Zwar berichteten die französischen Zeitungen immer wieder über Verhaftungen an der Grenze, aber in Wirklichkeit hatte die Festnahme von Freiwilligen fast nur symbolischen Charakter. In Perpignan hatte man eine kasernenartige Unterkunft für die internationalen Freiwilligen eingerichtet, und sie promenierten ungeniert in der Stadt. Allein im Februar 1937 passierten 35 Lastwagen mit Freiwilligen die französisch-spanische Grenze; sie stießen auf keinerlei Schwierigkeiten.

Außer dem Transport über die Pyrenäengrenze hatten die französischen Kommunisten die Beförderung der Freiwilligen auf dem Seeweg organisiert; die Boote stellte die Schiffahrtsgesellschaft France-Navigation. Von den ersten Transporten heißt es, 500 Mann seien über die Grenze von Figueras gekommen, weitere 500 Mann auf dem

Transportschiff ›Ciudad de Barcelona‹ von Marseille nach Alicante gebracht worden.[6] Empfangspunkte funktionierten in allen größeren spanischen Städten; sie registrierten und verpflegten die Neuankömmlinge. Schwieriger war es, aus den Scharen von Freiwilligen verschiedener Sprache und Herkunft eine aktionsfähige Truppe zu machen.

Die zahlenmäßige Stärke der Brigaden ist schwer zu ermitteln: schriftliche Unterlagen sind zum größten Teil verschwunden, und die damals für die Organisation Verantwortlichen können sich über die Zahlen nicht einigen. In den Kampfjahren war das Bestreben allgemein, die Zahl der Freiwilligen zu übertreiben: Die faschistischen Länder bemühten sich eifrig, die Mär von unendlich vielen »roten Kriegsfreiwilligen« zu verbreiten, und den antifaschistischen Parteien und Gruppierungen lag daran, ihren Beitrag viel gewichtiger darzustellen, als er in Wirklichkeit war. Eine antifaschistische Quelle zählt für Juni 1937 unter den Kämpfern der Internationalen Brigaden 25 000 Franzosen, 5000 Polen, 5000 Engländer und Amerikaner, 3000 Belgier, 1000 Lateinamerikaner, 2000 »Balkanesen« und etwa 5000 Deutsche und Italiener, d. h. rund 46 000 ausländische Freiwillige auf.[7] Es gab ständige Abgänge und Zugänge; Freiwillige trafen – wenn auch in geringer Zahl – auch noch bis Anfang 1938 ein; so käme man auf einen Gesamtbestand von mindestens 50 000, was aber wahrscheinlich zu hoch gegriffen ist.

Da die Brigaden nie vollzählig waren, wäre eine Durchschnittsziffer von 3500 Mann je Brigade reichlich hoch bemessen; legt man diese Zahl zugrunde, so errechnet man einen Gesamtbestand von 30 000. Es ist aber fraglich, ob auch nur dieser bescheidene Stand je erreicht worden ist. Nach Malraux hatten die Brigaden nie mehr als 25 000 Mann.[8] Französische kommunistische Quellen[9] schätzten die Höchstzahl der Brigadekämpfer an der Front auf 15 000, davon nur etwa 10 000 bei der kämpfenden Truppe, und dies im Frühjahr und Sommer 1937, als die Brigaden ihren Höchststand erreichten! Später war die Bewegung rückläufig. Die Verluste waren erheblich: man muß mit etwa 2000 Todesfällen rechnen. Verwundet, abgekämpft, entmutigt, schieden viele aus den Brigaden aus; Ablösung fehlte.

Von der geschätzten Gesamtzahl von 25 000 Brigadekämpfern stellten die Franzosen das größte Kontingent; sein Kampfwert blieb allerdings häufig hinter dem der deutschen oder italienischen Einheiten zurück: Emigranten hatten sich ihre Überzeugungen bereits einiges kosten lassen, sie waren zäher, ihnen konnte mehr zugemutet werden. In Frankreich waren die Nachwirkungen der Wirtschaftskrise, die ganz Europa schwer erschüttert hatte, trotz besserer Konjunktur durchaus noch spürbar; da gab es noch so etwas wie ein Lumpenproletariat, und Spanien mochte aus anderen als selbstlosen Motiven verlockend scheinen. Daher so manche ›Enthüllung‹ von Spanien-Heimkehrern in der nationalistenfreundlichen Presse; man war, ohne recht zu wissen, warum und wofür, in den Krieg gezogen und kam entrüstet zurück: Das Frontleben war viel zu beschwerlich, und mit Spanien war sowieso nicht viel los.

Die Zahl der französischen Freiwilligen zeigte die größten Schwankungen; die Urteile über das Verhalten der Franzosen gingen weit auseinander. Hauptsächlich aus Franzosen bestanden die 14. Brigade und die Brigade 14-b. Außerdem gab es französische Freiwillige in einigen anderen Brigaden: in der 11. das Bataillon Commune de Paris, in der 12. das französisch-belgische Bataillon und in der 13. das Bataillon Henri Vuillemin. Verläßlich ist auch diese Einteilung nicht: die Bataillone wurden oft umgruppiert und im Hinblick auf schwere Verluste oder taktische Augenblicksnotwendigkeiten in andere Einheiten eingereiht. Die Amicale Association des Volontaires en Espagne Républicaine hat viel getan, um nachträglich die Zusammensetzung der Brigaden zu ermitteln: sie ist etwa einem Drittel der französischen Freiwilligen, weniger als 10000 Menschen, auf die Spur gekommen; dabei stellte sich heraus, daß oft auch Belgier für Franzosen gehalten wurden. Diesem französisch-belgischen Kontingent läßt sich auch noch das polnische hinzurechnen: Die meisten polnischen Brigadekämpfer stammten aus französischen oder belgischen Bergbaurevieren.[10] Wenn man die Polen aus Frankreich und Belgien als Polen zählt, kommt man auf insgesamt vielleicht 4000 polnische Spanien-Kämpfer.

Ein weiteres wichtiges Kontingent waren deutsche und italienische Emigranten. Aus ihren Reihen kamen besonders viele Offiziere und Unteroffiziere der Brigaden. Unter Deutschen und Italienern überwogen die politisch Aktiven, größtenteils Kommunisten. Deutsche und Italiener hatten in großer Zahl politisch führende Personen nach Spanien abgeordnet: Da traf man den Sozialisten Pietro Nenni, die Kommunisten Luigi Longo (Gallo) und Giuseppe di Vittorio (Nicoletti), den Republikaner Pacciardi aus Italien; den österreichischen Sozialdemokraten und Schutzbündler Julius Deutsch; die deutschen Kommunisten Hans Beimler und Franz Dahlem. Aus anderen Ländern waren, wenn man von André Marty absieht, weniger Prominente gekommen, dafür mehr ›mittlere‹ Funktionäre, aus Frankreich z. B. etliche kommunistische Jugendführer.

Je einige Hundert Freiwillige, hauptsächlich im Bataillon Lincoln, stammten aus Großbritannien, den Vereinigten Staaten und Kanada. Für die Sache der spanischen Republik kämpften nicht wenige Mittel- und Südosteuropäer, darunter vor allem Jugoslawen, aber auch Ungarn,

Tschechen, Bulgaren, Albanier; sie waren auf verschiedenen Wegen nach Spanien gekommen, manche zu Fuß. Aber auch aus asiatischen und afrikanischen Ländern waren Freiwillige zu den spanischen Republikanern gestoßen. Alles in allem waren in den Brigaden 53 Länder vertreten.

Brigaden: politische Kontrolle

Manche Veteranen der Internationalen Brigaden sind nach den Spanien-Kämpfen im Parteiapparat oder auch, nachdem ihre Partei die Macht erobert hatte, im Staatsapparat zu hohen Ämtern aufgestiegen; einige sind dann wieder gestürzt. Unter den deutschen Brigadeteilnehmern waren die DDR-Prominenten Heinrich Rau und Polizeigeneral Staimer (in Spanien Richard); unter den Ungarn der Brigadeleutnant und politische Kommissar Firtos, der als László Rajk die Position des Innenministers erreichte, bevor er in einem Schauprozeß zum Tode verurteilt und gehenkt wurde, der spätere General Szalvai (in Spanien Major Čapaev) und der nach der Erhebung von 1956 zum Ministerpräsidenten beförderte Ferenc Münnich; unter den Polen Bataillonkommandeur Vacek, später General Komar, Befehlshaber der polnischen Sicherheitstruppe, 1956 eine entscheidende Gestalt bei den Ereignissen, die Gomułka zur Macht verhalfen. Unter den militärischen und politischen Leitern der jugoslawischen Widerstandsbewegung im Weltkrieg waren namhafte Brigadeveteranen: Gošnjak, Ranković, Bebler, Vlahović. Aus den Reihen der französischen Brigadeteilnehmer kamen nach 1940 Führer der Résistance-Organisationen: Rebière, 1942 erschossen; Pierre Georges, Leutnant in Spanien, später ›Oberst Fabien‹; Tanguy, politischer Kommissar in Spanien, später ›Oberst Rol‹; François Vittori, 1944 Organisator des korsischen Aufstands im Rahmen der ›Nationalen Front‹; Auguste Lecoeur, später Sekretär der Kommunistischen Partei, noch später aus ihr ausgeschlossen; Jean Chaintron (Barthel), nach dem Weltkrieg Senator.

Das höhere Offizierskorps der Brigaden bestand – nicht anders als die Mannschaft – aus Angehörigen aller Nationen: Da gab es Franzosen und Italiener ebenso wie Deutsche, Ungarn und Polen. Die allerwichtigsten Posten waren weit über Erwarten Mittel- oder Südosteuropäern anvertraut. Höhere Offiziere waren zumeist Kommunisten; um so mehr fiel unter ihnen ein Nenni, ein Pacciardi auf. Als Randolfo Pacciardi, der »republikanische Grandseigneur«[11], abgesetzt wurde und Spanien verließ, galt das vielen Brigadekämpfern als unumstößlicher Beweis dafür, daß sich die Kommunisten endgültig der Brigaden bemächtigt hatten. Ebenfalls aus Kreisen der Brigadekämpfer kam die Version, Hans Beimler sei nicht von einer Feindeskugel getroffen, sondern auf Betreiben des NKVD ermordet worden.[12]

Unter den Kommandeuren der Brigaden waren Kommunisten weithin sichtbar. Manche von ihnen hatten den Ersten Weltkrieg mitgemacht; einige waren Berufsoffiziere; etliche hatten ihre militärische Ausbildung in Moskau erfahren; in einigen Fällen traf beides zu. Das galt von den Deutschen Hans Kahle (Oberst Hans) und Wilhelm Zaisser (General Gómez), dem Ungarn Maté Zálka (General Lukácz), dem Polen Karol Swierczewski (General Walter), alles Veteranen des Ersten Weltkriegs, dann kommunistische Funktionäre und irgendwann Sowjetoffiziere oder Studierende an Militärakademien in der Sowjetunion.[13] Ehemalige Kriegsteilnehmer waren auch manche Brigadeoffiziere, die nicht unmittelbar zur politischen Leitung gehörten, wie der Franzose Dumont[14], die deutschen Schriftsteller Ludwig Renn und Gustav Regler und der Ungar Gál, einstiger Kampfgefährte von Béla Kun. Ehemaliger Weltkriegsoffizier war der geheimnisvollste und berühmteste aller Brigadebefehlshaber, General Emilio Kléber, von vielen Zeitgenossen als der wahre Held der Verteidigung Madrids gefeiert. Viele, die ihn früher gekannt hatten, haben im Träger des Kriegsheldennamens aus der Großen Französischen Revolution den einstigen österreichischen Leutnant Lazarus Stern erkannt. Als Kriegsgefangener in Rußland im Ersten Weltkrieg war er zum Bolschewismus bekehrt worden. Stationen seiner Laufbahn nach Aussagen von Augenzeugen: nach 1918 im kommunistischen Militärapparat in Deutschland, danach im militärischen Nachrichtendienst der Sowjetunion, 1927 militärischer Berater in China, 1935 Truppenbefehlshaber im Fernen Osten im Kampf gegen die Japaner.[15] Nach Informationen von Fischer, Krivickij u. a. ist er vor Ausbruch des Zweiten Weltkriegs den Säuberungen in der Sowjetunion zum Opfer gefallen.[16]

Als erstes drängte sich den Organisatoren der Internationalen Brigaden in Spanien die Aufgabe auf, ihre buntzusammengewürfelten Mannschaften nach Möglichkeit einheitlich zusammenzufassen und zu organisieren, so daß man sie später geschlossen in die spanische Armee eingliedern könnte. Es verstand sich von selbst, daß die Freiwilligen bei ihrer Ankunft in Spanien in Sammel- und Ausbildungsstellen registriert und je nach Herkunft und Leistungsfähigkeit einzelnen Einheiten zugeteilt werden mußten. Diesem Zweck diente vor allem das Sammellager der Brigaden in Albacete.

Albacete war nicht zufällig ausgesucht worden: Dort hatte das 5. Regiment eins seiner organisatorischen Zentren aufgebaut. Die Unterbringung der ersten Brigadefreiwilligen in Albacete war von Longo unter Mitwirkung von Vidali (Major Carlos) organisiert worden. In Eile wurde ein Lagerstab improvisiert; mit Hilfe der Spanier sollte er die materiellen Voraussetzungen für die Unterkunft und Verpflegung von immer zahlreicher eintreffenden Kriegsfreiwilligen schaffen. Im Anfang klappte sehr vieles nicht; es gab nicht einmal genug Wasser zum Waschen. Die vordringlichsten Probleme wurden erst nach und nach gelöst.

Der Lagerstab von Albacete, hauptsächlich mit Franzosen besetzt, arbeitete in ständiger Verbindung mit den spanischen Militärbehörden: auf Anforderung und Befehl des spanischen Oberkommandos wurden die internationalen Freiwilligen dorthin kommandiert, wo die Gefahr am größten war. Natürlich gab es auch in Albacete die für die Volksarmee typische Zweiteilung der Befehlsautorität: militärisches Kommando auf der einen, politisches Kommissariat auf der anderen Seite. Die militärischen Fragen gehörten mehr zur Kompetenz der französischen Offiziere, namentlich des Pariser kommunistischen Funktionärs Vital Gayman (›Major Vidal‹); die politische Leitung lag bei André Marty, di Vittorio, Longo. Die hohe Position in der Lagerleitung verdankte Marty zweifellos seiner langjährigen Tätigkeit in der Kommunistischen Partei Frankreichs, dann aber auch seinem Ruf als Militärspezialist: Schon 1919 hatte er sich als Führer der Matrosenmeuterei in der französischen Schwarzmeerflotte hervorgetan; im Lauf der Jahre wurde der Held der Flottenerhebung zum Gefangenen der um ihn gesponnenen Legende. Für viele aber, die durch das Sammellager der Brigaden hindurch mußten, war er nur noch der ›Schlächter von Albacete‹. Vielleicht hat er die Verbrechen, die ihm vorgeworfen wurden[17], nicht begangen; ein streitsüchtiger, aggressiver alter Nörgler war aber jedenfalls nicht der ideale Chef für eine sehr gemischte und wenig disziplinierte Truppe. Sein damaliger Parteifreund Gayman hat ihm gleichwohl bestätigt, daß er seine politischen Befugnisse nicht mißbraucht und sich weder in die Ernennung von Offizieren noch in den Gang der militärischen Operationen hineingemischt habe.[18]

Sehr bald hörte das Lager von Albacete auf, ein bloßes Empfangszentrum für die ›Freiheitskämpfer‹ zu sein. Es wurde einerseits zur Mobilmachungsstelle für die Einheiten, die bereits für den Fronteinsatz zusammengestellt oder noch im Aufbau begriffen waren, anderseits aber auch zur Ausbildungsinspektion und zur Zentrale für die allgemeine Organisation der Brigaden und ihrer Hilfsdienste. In unmittelbarer Nachbarschaft wurden einige Ausbildungslager und eine Militärschule für Offiziere und politische Kommissare eingerichtet. Für das Lager arbeiteten verschiedene Hilfsbetriebe, darunter eine Reparaturwerkstatt für Kriegsgerät, später auch eine Granatenfabrik. Eine Zeitlang gehörte zum Lagerkomplex von Albacete sogar ein Viehhof für Haustiere, die zu Beginn des Bürgerkriegs herrenlos geworden und seitdem in Extremadura umhergestreunt waren. Wichtiger war die Post- und Verkehrsorganisation. Komplizierte Probleme stellte die Zensur der Brigadepost – in fast vierzig Sprachen. Der Fuhrpark, im Anfang »drei Motorräder und einige alte Personenautos«, wurde ausgebaut; das Kraftfahrzeugdepot erhielt einen Auftrieb in den Händen von Brigadeangehörigen, die früher bei Renault oder Citroën gearbeitet hatten.

Der wichtigste Organisationssektor war der Gesundheitsdienst. Die republikanische Armee verfügte zwar über spanische Krankenhäuser, aber die meisten und besten waren in Madrid, infolge der ständigen Bombardements schwer überlastet. Daß man verwundete Brigadekämpfer in spanische Krankenhäuser legen mußte, in denen sie sich mit Personal und Mitpatienten nicht verständigen konnten, hatte unerfreuliche psychische Folgen. Zunächst wurden »die Internationalen« in besonderen Abteilungen der Madrider Krankenhäuser gepflegt; dann versuchte man wieder, sie an einer Stelle zusammenzuführen. Vom Oktober an wurde unter der Leitung von Dr. Pierre Rouquès, dann unter der Leitung von Dr. Neumann ein Sanitätsdienst für die Brigadeangehörigen organisiert: mit sechs Ärzten, mit Feldlazaretten, Ambulanzwagen und Evakuationstrupps. In Murcia baute die polnische Ärztin Strużelska ein internationales Hospital auf, mit vier Nebenstellen in der weiteren Umgebung. Mit der Zeit wurden Erholungsstätten geschaffen. Aus Paris kamen Ambulanzen und Material. Um den Gesundheitsdienst zu verbessern, verzichteten die Brigadekämpfer eine Zeitlang auf zwei Drittel ihres Soldes.[19]

Brigaden: militärische Organisation

Neben ihren besonderen Problemen hatten die Internationalen Brigaden dieselben Schwierigkeiten zu bewältigen wie alle anderen republikanischen Truppen: die Organisation taugte nicht viel, der Mangel an Waffen und Munition war beängstigend. Außer Infanteriebrigaden gab es internationale Artillerieformationen, so die Batterien Gramsci, Ana Pauker und Škoda.

In Kommandofragen war die Scheidung zwischen politischen Kommissaren und militärischen Befehlshabern nie sehr klar; auch in dieser Beziehung war die Lage in den Brigaden nicht viel anders als in anderen Truppenteilen. Anfänglich war die Rolle des Kommissars die eines Aufsichtsoffiziers; dafür trug er sogar eine besondere Uniform. Wie bedeutend die Aufsichtsfunktion war, hing primär von der Person ab. Eigentlich sollte sich der Kommissar in erster Linie den Problemen der Menschenführung, der psychologischen Lenkung widmen; gerade diese Probleme waren in den Internationalen Brigaden besonders komplex. Mit der Zeit aber wurde der Kommissar zu einem bloßen Stellvertreter des kommandierenden Offiziers in einem Sonderbereich: worum er sich zu kümmern hatte, waren Fragen der materiellen Organisation, Evakuierung der Verwundeten, Sanitätsdienst, Postbetrieb, Verpflegung und Versorgung. In der letzten Phase des Kriegs kam es dazu, daß das politische Kommissariat und der Truppenbefehl beinah verschmolzen: die einheitliche Befehlsgewalt der klassischen Armee wurde wiederhergestellt; in den Internationalen Brigaden kam das noch schroffer zur Geltung als in anderen Teilen der republikanischen Streitkräfte.

Die erfahrenen Offiziere, die die Kommandokader der Brigaden stellten, trugen nicht unwesentlich zur Ausbildung und militärischen Erziehung auch der spanischen Soldaten bei; in den späteren Phasen des Kriegs leisteten viele Spanier in den Internationalen Brigaden Dienst. Das hatte seinen Grund im organisatorischen Wandel, den die Brigaden durchmachten; ihre Zusammensetzung hing von den Gegebenheiten der Situation ab, im Anfang also vom wachsenden Zustrom der ausländischen Freiwilligen, später von ihrem Rückstrom: die Brigadeformationen mußten mit Nichtausländern aufgefüllt werden.

Um Ausbildung und Befehlsübermittlung zu vereinfachen, hatte man von Anfang an versucht, die Brigadeangehörigen nach ihrer Herkunft in militärische Einheiten einzuteilen. So wurden die Bataillone Thälmann und Edgar André aus Deutschen und einigen Österreichern gebildet. Das Bataillon Garibaldi, eine der frühesten Kampfformationen – sie entschied den Ausgang der Schlacht von Guadalajara –, bestand ausschließlich aus Italienern. Das Prinzip der nationalen Gliederung konnte jedoch nicht immer eingehalten werden: Einige nationale Gruppen waren für den Aufbau eigener Einheiten nicht stark genug vertreten. Außerdem mußten die Freiwilligen gleich bei ihrer Ankunft bestimmten Einheiten zugeteilt werden; dabei gaben Ausbildungsgesichtspunkte den Ausschlag. So entstand z. B. die Hundertschaft Gastone Sozzi, die Italiener und Polen zusammenfaßte. Das 9. Bataillon der 14. Brigade galt als das »Bataillon der neun Nationalitäten«. Es gab ein Bataillon Dimitrov mit dem Bulgaren Grebenarev als Kommandeur und dem Deutschen Fuhrmann als politischem Kommissar; Kommandeur und Kommissar konnten sich miteinander nur auf Russisch verständigen.

Größer noch waren die Schwierigkeiten auf höherer Ebene, bei den größeren Einheiten: die Brigaden wurden oft in großer Eile zusammengestellt, um möglichst bald an die Front gebracht werden zu können. Als die 12. Brigade entstand, gehörten zu ihr ein deutsches Bataillon (Thälmann), ein italienisches (Garibaldi) und ein französisch-belgisches. Später versuchte man's mit einer Reorganisation: Die Bataillone Thälmann und Edgar André kamen zur 11. Brigade, alle französischen Einheiten zur 14. Beschleunigt wurde die Umschmelzung der Brigaden durch die schweren Verluste der ersten Kampfaktionen; der Lagerstab von Albacete war zu einem radikalen Umbau der Einheiten gezwungen. Schon im November 1936 hatte das Bataillon Commune de Paris den Bestand von zwei Kompanien verloren. In Teruel büßte die 12. Brigade vom 28. bis zum 31. Dezember 1937 die Hälfte ihrer Soldaten ein. Auf diese Weise verschwanden ganze Einheiten. Nach den ersten Kampfaktionen blieb vom Bataillon Louise Michel so wenig übrig, daß es ins Bataillon Henri Vuillemin eingegliedert wurde. Geht man von der Brigadeübersicht der Amicale Association des Volontaires en Espagne Républicaine aus, so kommt man unter Berücksichtigung des Umbaus der Einheiten zu dem Ergebnis, daß 1936/37 mehr oder minder ständig nur die folgenden fünf Brigaden vorhanden waren: die 11. (Kommandeur Kléber, Kommissar Beimler), die 12. (Kommandeur Lukácz, Kommissar Longo), die 13. (Kommandeur Zaisser), die 14. (Kommandeur Walter) und die 15. (Kommandeur Gál). Einige Teile der Internationalen Brigaden wurden in reguläre Einheiten der spanischen Armee eingegliedert, umgekehrt spanische Rekruten in die Brigaden eingereiht. Das soll sich im besonderen ab März 1937 als nötig erwiesen haben.[20]

Darin zeigt sich aber auch die zweifache Bedeutung der Brigaden in der republikanischen Armee. Tapferkeit und Enthusiasmus machten sie zu einer Elitetruppe auch für die schwierigsten Kampfanforderungen. Mit ihrer Widerstandsfähigkeit und ihrem Kampfgeist konnten sie ein Vorbild sein; in mancher Hinsicht waren sie eine Schule. Da die Brigaden aber nicht zahlreich waren, ließen sie sich nur an wenigen Frontabschnitten verwenden. Was sie geleistet hatten, schien später vertan, vor allem nach dem Zusammenbruch der Nord-Front. Der große internationale Elan, den 1936/37 der Wille zur Verteidigung der spanischen Republik hervorgebracht hatte, wiederholte sich nicht; schon im Laufe des Jahres 1937 verzichteten die kommunistischen Parteien auf die Mobilmachung ihrer Anhänger unter den Fahnen des ›Antifaschismus‹.

Unauslöschlich bleibt jedoch die historische Tatsache: Nicht nur waren die Internationalen Brigaden in einer kritischen Zeit vorhanden, sondern sie entschieden auch in der Tat über den Ausgang mehrerer schicksalsreicher Schlachten. Unter diesem Aspekt kann ein Schriftsteller wie Regler, nachdem er viele Illusionen begraben und mit der Kommunistischen Partei gebrochen hat, mit gutem Gewissen davon sprechen, daß in den Brigaden »zum erstenmal seit Byron wieder ein Korps geformt wurde, das weiter dachte, als die Kirchtürme der Nationen schauten«; er darf sich ohne Zynismus und ohne Vorbehalt an die »echte Brüderlichkeit« erinnern, die dem Alltag der Brigadekämpfer einen Sinn gab.[21]

Anmerkungen

1 Dazu gehörte ein ehemaliger General der ›weißen‹ Wrangel-Armee, der als Emigrant Stallknecht geworden war. Er hatte sich zu den Internationalen Brigaden in der Hoffnung gemeldet, sich damit die Rückkehr nach Rußland erdienen zu können. In Spanien war sein Kommandeur ›General Walter‹ (der spätere polnische Kriegsminister Swierczewski), gegen den er im russischen Bürgerkrieg gekämpft hatte. Der weiße General ist als Zugführer in Spanien gefallen.

2 Unter den ausländischen Freiwilligen der Kolonne Durruti befand sich eine Zeitlang Simone Weil. Ein schwerer Unfall beendete frühzeitig ihre Milizlaufbahn.

3 Malraux, André: L'Espoir. Sammlung Le Livre de Poche. Bd. 162–163. Paris o. J. (1962, zuerst 1937), S. 55 ff., 72–81, 214 ff., 281–294.

4 Longo (Gallo), Luigi: Die internationalen Brigaden in Spanien. Berlin/DDR 1958, S. 40.

5 Ebenda, S. 48.

6 Ebenda, S. 43–46.

7 Alba, Víctor: Histoire des Républiques espagnoles. Vincennes 1948, S. 334. Das ist, vor allem was die Zahl der französischen Freiwilligen betrifft, eine offensichtliche Übertreibung. Sogar die Amicale des Anciens Volontaires Français en Espagne Républicaine gibt in ihrer L'Épopée de l'Espagne. Brigades Internationales 1936–38. Paris 1956, die Zahl der französischen Freiwilligen mit nur 8500 an. Mit einer entsprechenden Korrektur kommt man zu einer realistischeren Schätzung des Gesamtbestandes der Brigaden.

8 Die sehr gründliche Untersuchung von Vincent Brome: The International Brigades. Spain 1936–1939. London 1965, S. 1, rechnet mit insgesamt 40000 Freiwilligen, die während der gesamten Dauer des Bürgerkriegs nach Spanien gekommen seien; im Durchschnitt billigt Brome, passim, den einzelnen Brigaden nicht mehr als jeweils 2000 Mann zu, was einen jeweiligen Gesamtbestand von höchstens 15000 ergäbe. Als die Brigaden aufgelöst wurden, zählten sie – ebda., S. 266 – 12673 Mann. Auch Thomas, Hugh: The Spanish Civil War. London 1961, S. 637, schätzte die Gesamtanwerbung Freiwilliger für die Brigaden auf 40000 Mann, von denen nie mehr als 18000 zur selben Zeit Dienst getan hätten.

9 Angaben vor allem des Parteifunktionars Vital Gayman (Major Vidal), einstigen Militärinstrukteurs der Lagerschule von Albacete. Daß Gayman von den französischen Kommunisten, nachdem er sich von ihnen getrennt hatte,

als Verräter, Deserteur und Polizeihelfer beschimpft wurde, beeinträchtigt nicht die Glaubwürdigkeit seiner Angaben; vgl. Rossi, A.: *Les Communistes pendant la Drôle de Guerre*. Paris 1951, S. 36 f., 252 ff., 263, Anm. 92. Gayman, einst geschäftsführender Redakteur des kommunistischen Parteiorgans »L'Humanité«, war im Oktober 1939, nach dem Einmarsch der Sowjettruppen in Polen, aus der kommunistischen Fraktion im Generalrat des Seine-Departements mit der Begründung ausgeschieden, daß er die Vertretung der Volksinteressen einem Lager nicht mehr zutrauen könne, »zu dem die Henker des deutschen Volkes, die Mörder des spanischen Volkes gehören«; er verriete »das Andenken meiner Kampfgefährten, die auf spanischem Boden im Kampf gegen den Faschismus Francos, Mussolinis und Hitlers gefallen sind«, wenn er nicht von einer Politik abrückte, die das Gegenteil von dem erstrebe, »wofür sie selbstlos und heroisch ihr Leben geopfert haben«. (Aus einer hektographierten Erklärung vom 9. Oktober 1939, verbreitet vom Generalrat des Seine-Departements, Büro des Präsidenten.) Später hat Gayman, der als Offizier der französischen Armee angehörte, aktiv an der französischen Widerstandsbewegung teilgenommen.

10 Zumeist waren es Einwanderer, denen die neue Heimat fremd geblieben war. Sie hatten sich nur in der Partei oder der Gewerkschaft eingelebt.

11 Regler, Gustav: *Das Ohr des Malchus. Eine Lebensgeschichte*. Köln, Berlin 1958, S. 389.

12 Aus dokumentarischen Unterlagen, die Antonia Stern in ihrer noch nicht veröffentlichten Arbeit *Das Leben eines revolutionären Kämpfers unserer Zeit: Hans Beimler, Dachau–Madrid*, zusammengetragen hat, geht hervor, daß Beimler enge Beziehungen zu Oppositionellen unter den deutschen Brigadekämpfern unterhielt; sie übten heftige Kritik an der Brigadeführung und waren scharfe Gegner der polizeilichen »Sonderdienste«. War das für den Parteiapparat zu gefährlich geworden? Unumstößliche Beweise dafür, daß Beimler ermordet worden sei, liegen begreiflicherweise nicht vor.

13 Hans Kahle war aktiver Kommunist seit 1919; Wilhelm Zaisser hatte sich während der deutschen Besetzung der Ukraine im Ersten Weltkrieg an der Spitze seiner Einheit auf die Seite der russischen Revolution geschlagen. Beide hatten Jahre in der Sowjetunion verbracht, dann im illegalen kommunistischen Apparat in Deutschland hohe Funktionen bekleidet. Zálka, österreichischer Offizier von 1914 bis 1918, hatte mit Béla Kun an der ungarischen Räterepublik teilgenommen und später als militärischer Berater die Sowjetbeauftragten Borodin und Blücher nach China begleitet.

14 Jules Dumont, Hauptmann in der französischen Armee, hatte sich in vorgerücktem Alter zum Kommunismus bekehrt und in Abessinien gegen die Truppen des italienischen Faschismus gekämpft.

15 Krivickij, V.G.: *Ich war in Stalins Dienst*. Amsterdam 1940, S. 120 ff. Ypsilon (gemeinsames Pseudonym von Johann Rindl [Robert Volk] und Julian Gumperz): *Pattern for World Revolution*. Chicago/New York, o.J. (Copyright 1947), S. 422–428. Daß Kléber auf dem 18. Parteitag der Kommunistischen Partei der Sowjetunion ins Zentralkomitee der Partei gewählt worden sei, stimmt nicht; der Gewählte war, damals von Stalin protegiert, der russische General Grigorij M. Štern (der in Spanien unter dem Namen Grigorovič auftrat). Ähnliche Angaben wie bei Krivickij und Ypsilon finden sich bei dem Madrider »News Chronicle«-Korrespondenten Geoffrey Cox: *Defence of Madrid*. London 1937, S. 184 ff. Cox hat allerdings die von Kléber

verbreitete Legende geglaubt, wonach er als Kind nach Kanada gebracht worden und erst 1919 als Kanadier mit dem alliierten Expeditionskorps nach
Rußland gekommen sei. Der italienische Brigadekämpfer Randolfo Pacciardi:
Il battaglione Garibaldi. Rom 1945, S. 45, meinte später, Kléber habe sich als
Kanadier ausgegeben, scheine aber Deutscher gewesen zu sein. Aus nicht ganz
durchsichtigen Gründen sollte man in Spanien nicht wissen, daß der ruhm-
reiche General Kléber im Ersten Weltkrieg als k. und k. Leutnant Dienst getan
hatte. Über die Identität Klébers waren übrigens in der englischen Ausgabe der
offiziellen Komintern-Korrespondenz schon ziemlich früh recht durchsichtige
Mitteilungen gemacht worden: s. Slater, Hugh: »The International Column.«
In: *Inprecorr.* Jg. 16, S. 1498f. (Nr. 57, 10. Dezember 1936).

16 Krivickij: a. a. O., Fischer, Louis: *Men and Politics. An Autobiography.* New
York 1941, S. 404f., Colodny, Robert G.: *The Struggle for Madrid. The
Central Epic of the Spanish Conflict.* New York 1958, S. 180, Anm. 101 und
217, Anm. 69, meint, Kléber habe 1940 die Sowjettruppen beim Durchbruch
des Mannerheim-Walls in Finnland befehligt und im Zweiten Weltkrieg hohe
Kommandoposten innegehabt. Das war aber wiederum nicht Lazarus Stern
(Kléber), sondern G. M. Štern (Grigorovič), der die Säuberungswelle überlebt
hat. Hernández, Jesús: *La Grande Trahison.* Paris 1953, S. 133, meint, wenn
er den Finnland-Krieg erwähnt, Grigorovič (den er – Druckfehler? – Stein
nennt), nimmt aber irrigerweise an, er sei später erschossen worden.

17 Der belgische Brigadeteilnehmer Nick Gillain: *Le Mercenaire.* Paris 1938,
S. 31 ff., beschuldigte Marty, ein Standgericht beeinflußt zu haben, das einen
französischen Offizier, Major de Lasalle, ohne Grund – vielleicht weil er mit
den CNT-Milizkolonnen Fühlung genommen hatte – als Spion hatte
hinrichten lassen; vgl. Brome: *The International* ... (s. o. Anm. 8). S. 162–167.
Bei Penchienati, Carlo: *Brigate internazionali in Spagna.* Mailand 1950, hieß
es, Marty habe in Cambrils vier Soldaten eigenhändig umgebracht, weil sie
sich gegen eine Beschimpfungen zur Wehr gesetzt hatten. Ernest Hemingway
hat in seinem Roman *Wem die Stunde schlägt* Marty unter dem durchsichtigen Decknamen Massart als brutal, mißtrauisch, unfähig und herrsch-
süchtig abkonterfeit. Bei Ypsilon: *Pattern* ... (s. o. Anm. 15), S. 222, heißt
Marty »der Scharfrichter von Albacete«. Fischer: *Men* ... (s. o. Anm. 10),
S. 386–401, zeigt ihn in ähnlichem Licht; als Quartiermeister in Albacete hatte
Fischer Gelegenheit genug, den Chef der Lagerverwaltung kennenzulernen.
Regler: *Das Ohr* ... (s. o. Anm. 11), S. 371 ff., 432 ff., 524, der von Martys Er-
schießungen, seiner »korrupten Verwaltung« und seinen »parteilichen
Gerichtsverfahren« spricht, nennt ihn einen »überdrehten Parteimann«, eine
»Feldwebelseele«, einen »Henker«, und meint, er habe »seine verzeihliche
Unfähigkeit mit einer unverzeihlichen, passionierten Spionensucht« gedeckt.

18 Zu einem subjektiv nicht gefärbten Urteil über Marty wird man schwerlich
gelangen können; seit er zwei Jahrzehnte nach dem Spanischen Bürgerkrieg
aus der Kommunistischen Partei Frankreichs hinausgeworfen worden war,
hatten auch die Kommunisten nur Schlechtes über ihn zu sagen.

19 Der sachliche Gehalt des hier Berichteten ist den Angaben in Longo: *Die inter-
nationalen* ... (s. o. Anm. 4), S. 49–57, entnommen. Übrigens war Dr.
Strużelska Mitglied der polnischen kommunistischen Parteileitung; nach
Spanien wurde sie zusehends kritischer gegenüber der offiziellen Parteilinie.
Als sie kurz darauf in Paris starb, wurde ihr in der polnischen Parteizeitung
noch nicht einmal ein Nachruf zuteil.

20 Die allmähliche Verwandlung der Brigaden in Einheiten der spanischen republikanischen Armee hat Brome: *The International* ... (s. o. Anm. 8), aus der Sicht der einzelnen Brigaden und Bataillone beschrieben; vgl. auch Longo: *Die internationalen* ... (s. o. Anm. 4), S. 182–195.

21 Regler: *Das Ohr* ... (s. o. Anm. 11), S. 524 ff.

DONALD C. WATT

Soviet Military Aid to the Spanish Republic
in the Civil War 1936–1938[1]

One of the minor mysteries of the 1930s is the degree and extent of Soviet
military aid to the forces of the Spanish popular front government in the
Spanish civil war. Official spokesmen for the Soviet Union remained
always very silent on the extent to which Soviet arms were being
delivered to help the Spanish government forces. Much was made by
contrast of the financial aid collected in Russia, and of the food and
clothing sent to the Spanish people. But the existence of the non-intervention committee, and the hope of using the civil war to convince the
British and French governments of the essential hopelessness of any
attempts to reach a modus vivendi with Germany and Italy made the
Soviet leaders and propagandists very little anxious that their
contribution to the war should be widely advertised, so as to give no
handle to their professional opposite numbers, the propagandists of
Germany and Italy.

The organisation of the export of arms was therefore entrusted to the
Russian secret police under Captain Ulansky, acting mainly through
Odessa. And strongest precautions were taken to keep the docks and
loading places there, and the other ports in the Black sea, as free from
foreign observation as possible. The organisation was unable to prevent
some arms shipments becoming known, since the first arrangements do
not seem to have been immediately adequate in preventing the local
German representative from finding out what was going on. But they
were soon tightened up; and thereafter the only sources of information
came from observers in the ports where the arms were unloaded,
inaccurate and amateurish sources. The only other reports on Soviet
arms shipments came from the German and Italian propaganda agencies,
either directly or through their diplomatic representatives on the non-
intervention committee. They were under so great a need to paint as lurid

Aus: *The Slavonic and East European Review*. Bd. 38. (1959/60). S. 536–541.
Mit freundlicher Genehmigung der Cambridge University Press, London.

a picture of Soviet deliveries as possible, to cover up or to condone their own support of the Spanish nationalist forces, that their public utterances have to be regarded with the deepest suspicion.

The Soviet arms shipments were however observable at one point between their ports of origin and their destinations, that is in passage through the Dardanelles. It is not clear how great was the control of such ships by the Turkish authorities who had recovered full sovereignty over the Straits by the treaty of Montreux in the month before the outbreak of the Spanish civil war. But in view of Russian anxieties over this control, it seems possible that the Turkish authorities may have had fairly good information on the nature of cargoes carried in any ships traversing the Straits. While working recently through the files of the German embassy in Ankara, in the 1936–40 period, the author of this paper encountered two reports by the German military attaché in Ankara, which purport to give a complete picture of Soviet arms shipments to Spain between September 1936 and March 1938. The information which is extremely detailed and gives figures for each month, can by its nature only have come from some German agent with access to Turkish records. The report gives no indication of the agent's identity. But it is clear that the information was given clandestinely and that the agent had access to the records for a brief period only – or was active only on two occasions, in early February and early April 1938.

These reports give so excellent a picture of the fluctuations in Soviet arms deliveries that the details are worth tabulating.

The figures in the chart throw an extremely interesting light on the Soviet attitude to the Spanish problem. Any deductions from them have of course to be modified by two other considerations. There is a certain amount of evidence to suggest that Soviet material reached Spanish republican ports having been transhipped into foreign bottoms at various neutral, French or Dutch ports, having come originally from Soviet Baltic ports. And it is known that the comintern embarked on a widescale buying of arms throughout Europe, to be delivered by any means possible. Arms were bought from Škoda, and French and Scandinavian arms firms, even according to Krivitsky, under a cover agency, from a German arms firm.

But bearing this in mind, three points emerge very strongly. The first is the extreme reluctance of the Soviets to involve Soviet ships after the setting up of the non-intervention committee, so as to stay as much as possible within the letter of the law. The second is the extraordinary impact of the Italian 'piracy' of August 1937 and the complete baselessness of the reports which panicked Franco into calling for such action. Considering the rôle which this Italian action played in halting the incipient *rapprochement* between Britain and Italy, which the Italians for once had appeared to desire both eagerly and sincerely, the whole affair seems the more extraordinary. Thirdly, there is the cessation or marked decrease in deliveries of war material of any kind, after August 1937, except for a handful of airplanes and trucks. Deliveries of general war material fall off very noticeably. In part this can be accounted for by the bringing into full-scale production of war industries in the territories held by the Spanish republican forces. But it is tempting to see in it also, an attack of pessimism as to their chances of success after the nationalist victories in September 1937 around Salamanca. After March 1938, republican morale rose appreciably and so did arms deliveries, not only from Soviet sources, as the German minister accredited to Franco reported on 22 April 1938.

One final point is worth making on the source of the reports. The file also includes two other reports on the transport of Soviet war material to the Far East via the Dardanelles. The first report is dated 6 February 1938, the second 4 April. The deduction is inescapable that the German agent only had access to the statistics on two occasions for sufficiently long to copy them out. What happened thereafter, whether his nerve failed him, his Turkish superiors discovered him, or he was shifted to a less sensitive position, will never be known. Whatever it was, from the historical point of view, his disappearance from the scene is to be regretted.

MONTH[2]	SHIPS	NATIONALITY[3]	CARGO							MEDICAL STORES, ETC.	MEN
			Air-planes	Guns	A. A. Guns	Tanks[4]	Trucks	War material in tons	Ammuni-tion[5]		
1936 Sept.[6]	3	Soviet	–	–	–	–	–	500	1,000	–	–
Oct.	17	16 Soviet 1 Spanish	25	66	–	58	240	2,150	4,850	3,414 petrol 450 clothing 100 med. stores	–
Nov.[7]	7	2 Soviet 4 Spanish 1 British	24	40	–	147	–	5,700	6,850	–	100 officers[8]
Dec.	6	2 Soviet 3 Spanish 1 Mexican	–	57	–	34	35	5,500	–	75 med. stores[9]	–
1937 Jan.	8	3 Soviet 5 Spanish	6	35	–	12	–	3,150	3,250	–	–
Feb.[10]	10	Spanish	12	210	–	135	100	10,750	1,800	100 rifles and machine guns	750 men
March	8	Spanish	48	180	–	165	75	10,200	725	500 Howitzer & machine gun material 50 med. stores	–

Month		Nationality								Supplies	
April	5[11]	Spanish	26	40	–	75	55	5,000	1,000	100 med. stores	–
May	14	Spanish	27	–	–	–	120	11,300	2,950	–	–
June	11	Spanish	30	40	12[12]	37	150	5,650	4,550	–	–
July	6	Spanish	14	15	15	42	20	2,450	1,250	–	70 Air Force officers
Aug.	5	4 Spanish 1 French	16	20	–	26	–	2,300	900	–	–
Sept.[13]	Nil	–	–	–	–	–	–	–	–	–	–
Oct.	1	Soviet	6	–	–	–	–	1,700	–	–	–
Nov.	2	British	–	–	–	–	–	1,000	–	–	–
Dec.	2	British	–	–	–	–	27	–	–	–	–
Jan.[14]	23	3 Soviet 12 British 7 Greek 1 American	4	–	–	–	92	1,850	–	15,400 petrol 7,200 crude oil 4,650 lubricants Great quantities[15] of raw material	–
Feb.	19	2 Soviet 9 British 8 Greek	4	–	–	–	427	–	–	6,120 crude oil Raw materials 187 tractors	–
March	17	2 Soviet 13 British 2 Greek	–	–	–	–	45	–	–	9,235 petrol 18,958 crude oil Raw materials	–

1 This note is based on the following sources:
  Annex to report no. 4/38 of the German military attaché in Ankara, of 7 February 1938. Serial 2789/Frames 547425–28.
  Annex 2 to report no. 7/38 of the German military attaché in Ankara of 4 April 1938. 2789/547429–31.
  Documents on German Foreign Policy, 1918–1945, Series D, vol. III, esp. nos. 81, 87, 88, 89, 100, 107, 112, 115, 118, 120, 230, 407, 408, 573.
  Cattell, David: *Communism and the Spanish Civil War*. Berkeley 1955.
  Martín Blázquez, José: *I Helped to Build an Army*. London 1939.
  Krivitsky, W. G.: *In Stalin's Secret Service*. New York 1939.
  Colodny, R. G.: *The Struggle for Madrid*. New York 1958.

2 That is, month of passage of the Dardanelles.

3 That is, of registration presumably.

4 The German word "Panzerwagen" can mean either armoured car or tank. Reports on the fighting in Spain speak of both a Soviet light tank and a Soviet armoured car armed with an anti-tank gun.

5 The classification includes ammunition for both artillery and infantry weapons.

6 According to the former Soviet agent, Krivitsky, the Soviet decision to intervene was taken at a meeting of the politburo at the end of August or the beginning of September 1936. The Spanish staff officer, Martín Blázquez, says in his memoirs that the first Soviet deliveries arrived in October 1936.

7 It is very striking how, after the setting-up of the non-intervention committee at the end of October 1936, and the startling attacks on Soviet arms deliveries by the Italian representative, Grandi, the number of Soviet ships involved falls off until from February 1937 until September only Spanish registered ships are involved.

8 According to a recent study by R. G. Colodny, the first Russian officers arrived on the Talavera front in September 1936, and more senior Soviet commanders in October. Among them the future Soviet marshals Koniyev and Zhukov and the tank general, Rodimtsev may have figured.

9 The report also lists delivery of 3,500 tons of 'ammonia', presumably ammonium chloride.

10 The very considerable increase in tank deliveries and war materials may be the result of the successful defence of Madrid and the losses suffered there.

11 The falling off this month may be connected with the uncertainty caused by the proclamation of the Spanish nationalist blockade, until the British decision not to recognise it.

12 Conceivably a belated reaction to the extreme demonstration of German air superiority at the bombing of Guernica on 26 April 1937.

13 In mid-August, prompted by the Spanish nationalist leaders, the Italian government secretly instituted a submarine blockade in scale on the Mediterranean high seas, in the course of which submarine attacks were made on a number of merchant ships, and the British destroyer, H.M.S. *Havoc*. An international conference to discuss measures to deal with this 'piracy' was called at Nyon and under stringent patrolling, the Italian authorities thought it advisable to interrupt the activities of their submarines; their decision may have been prompted by German information that the British could read their

submarines' wireless code. But the total cessation of deliveries in September, the abandonment of the practice of using Spanish registered ships, and the use first of a Soviet ship, and then of British ships, as soon as they could be chartered, is very striking in the figures given.

14 At this stage, the statistics are based on the second report. Unlike the first it gives considerable details of raw materials and foodstuffs shipped to Spain. This may mark a change in Soviet policy, or it may simply mean that the agent from whom the information was obtained had access to a different set of Turkish statistics. The sudden inclusion of petrol, crude oil and lubricants in such large quantities is very striking compared with a single appearance (in October 1936) in the earlier report. It may also be that the Spanish purchasers, having deposited their gold balances in the Soviet Union in 1936, had exhausted the possibility of buying oil, petrol and lubricants elsewhere (even in friendly Mexico), and felt obliged to buy from the Soviet Union. The report also lists deliveries from the Rumanian oil fields as follows:

January 1938:   4 ships – 2 British, 1 Greek, 1 Panama;
                 13,030 tons petrol, 7,000 tons light oil.
February 1938: 7 ships – 2 British, 2 French, 2 Greek, 1 Panama;
                 11,249 tons petrol, 8,000 tons crude oil.

15 Raw material deliveries included manganese, ammonia, pitch, asbestos, asphalt, coal, cotton, corn and foodstuffs. There was also a shipload of coal from Turkey in January 1938.

DAVID T. CATTELL

The Forgotten Crisis

The Disintegration of the Withdrawal Plan

After the unanimous approval of the program for withdrawal of foreign volunteers by the London committee, the next step was securing the acceptance of the two parties in Spain. The Soviet Union from the beginning had called the negotiations a farce and a delusion, and this they were rapidly proved to be. Even though the negotiations on withdrawal had lasted eight months in the committee, Franco still had not ensured complete victory. Because success depended upon German and Italian troops, the Nationalists refused to consider implementing the withdrawal plan.

Even though the Loyalists replied favorably on July 26 to the proposed withdrawal plan[1], Franco delayed answering and only after frequent and urgent representations by the British agent to Nationalist Spain did he on August 15 send his views. His reply was drafted by three foreign offices – Nationalist Spain, Germany, and Italy.[2] It consented in principle but made specific acceptance of the plan conditional on several major changes. First, belligerent rights must be granted before any withdrawal could start. Second, withdrawals must be equal on both sides. It also objected to the fact that 50 per cent of the volunteers on the Loyalist side would not be affected as they came from countries not party to the Non-Intervention Agreement. Finally, it declared the presence of observers on Spanish soil "would usurp in a humiliating manner the sovereign rights of Spain". Since the Nationalist demands hit at the very fundamentals of the committee's plan, any likelihood of eventual agreement was terminated. Thus by one stroke the Nationalists and their allies wiped out almost a year of negotiations.

Aus: *Soviet Diplomacy and the Spanish Civil War*. Berkeley, Los Angeles 1957 (= University of California Publications in International Relations, vol. 5), S. 123–132 (Reprint New York 1971). Mit freundlicher Genehmigung der University of California Press.

The Republican government in a note on August 27 met one of Franco's complaints by declaring that it was willing to remove all foreign volunteers without regard to "whether or not they were nationals of states members of the Committee of Non-Intervention"[3].

Faced with the opposition of Franco, the Non-Intervention Committee could do little. Neither Russia nor England and France were willing to grant Franco belligerent rights as a prerequisite to inauguration of the withdrawal plan. In view of the drama unfolding in central Europe, the British Foreign Office had little time to spend on trying to revive a moribund plan. The British proposed, as the only solution, to send Francis Hemming, the secretary of the committee, to Nationalist Spain to try to persuade Franco to change his views. At the beginning of September Lord Plymouth in this connection consulted with the various representatives on the committee. The Soviet answer to this plan was as follows:

"... the response of General Franco constituted no less than a rejection of the plan of the committee although agreeing 'in principle' to the evacuation of 'volunteers'.

... any attempt to continue to make this plan work would mean the granting of new and important concessions to the rebels. The Soviet government will raise categorical objections against all these concessions. Consequently the Soviet government cannot give its assent to the proposition of sending the Secretary of the Committee, Mr. Hemming, to Spain in order to examine the withdrawal plan with the Spanish government and with General Franco by establishing 'personal contact' with them."[4]

In spite of Soviet objections, Hemming set out for Nationalist Spain on October 5. But Russia's prediction concerning the mission was correct; it proved a complete failure.[5] The withdrawal plan now was certainly dead and no one made any attempt to revive it. And not only the withdrawal plan but also the entire Non-Intervention Committee was defunct. There were no more meetings of the full committee, the last having been held on July 4, nor of the chairman's subcommittee.[6] On November 29, the Belgian government withdrew from the committee and Sweden from the subcommittee. Also, Admiral M. H. van Dulm, head of the Non-Intervention Board, resigned and a successor was never appointed. But the final disbandment of the observation staff did not come until March, 1939. By November of 1938 the Non-Intervention Committee had to all intents and purposes ended its unfortunate career. Nothing marked its passing; it was simply forgotten in the rush of events just prior to the Second World War.

With the nonintervention scheme a complete failure, the Loyalists found themselves in an increasingly serious plight. Except for the Communists[7], few doubted the outcome of the war als long as Germany and Italy supported the rebels, and the Loyalists received only a trickle of supplies from Russia and elsewhere. The Loyalists' appeals to the League had also failed to bring about more favorable conditions. Consequently, as a last desperate attempt to stir world public opinion, they decided on a new artifice. They proposed unilaterally to withdraw all foreign volunteers fighting on their side to convince England and France of their sincerity.[8] The evidence circumstantially indicates the Soviet Union concurred in or perhaps initiated this move. The Soviet Union was already in the process of removing her personnel and equipment from Spain. Removal of the International Brigades was essential for disassociating as much as possible the USSR and Communism from a lost cause. Although the non-Communists and Communists in the International Brigades were considered by Stalin expendable – in fact better expended as his subsequent liquidation of most survivors testify – he did not want them in the hands of the Nationalists who might use their testimony against him. From the point of view of diplomacy Russia also may have supported the move in order to impress England and France that she was not interested in a permanent sphere in Spain which, therefore, gave her intervention an entirely different character from that of the Fascists and Nazis.

The Loyalists knew that if they carried out the removal by themselves Germany and Italy would claim it was all a hoax and contend that thousands of foreign volunteers were still fighting on the Loyalist side. As a result, they decided to request the League of Nations to supervise the withdrawal. On September 21, 1938, Negrín himself presented the request to the League Assembly at its regular session:

"The Spanish Government has decided to ask the League of Nations to set up immediately an international commission to carry out such verifications and inquiries as it may deem necessary in order to be able to satisfy the League of Nations, and through it its member States and world public opinion, that the decision for withdrawal adopted by the Spanish Government has been applied absolutely and completely."[9]

There was a move by some of the powers to transfer the task of supervision to the London committee, but both Spain and the Soviet Union strongly resisted this attempt. In fact, the Spanish representative let it be known that his government would not accept the supervision of the London committee. When the British delegate finally came out in support of the Spanish proposal, the main obstacle was overcome.[10] On September 30 the Council passed a resolution setting up an international commission "to note the measure of withdrawal taken by ... [the Spanish] Government", but declared that the Council would assume no responsibility for "either the method of withdrawal or of the evacuation of the persons withdrawn"[11].

The international commission of the League was able to report to the Council at its next meeting on January 16, 1939, that the total number of foreign combatants counted in the two Republican zones had come to 12 673, of which 6490 had already left Spain and the remainder were awaiting evacuation.[12]

The action of the Spanish government aroused Italy to make some gesture of withdrawal. The war was going badly for the Loyalists, and victory at last seemed assured for Franco. This, plus the growing tension elsewhere in Europe, made Mussolini willing and even eager to lessen his commitments in Spain. Thus with a great deal of fanfare, 10 000 Italian troops were withdrawn at the end of October.[13] This spontaneous gesture to effect the withdrawal of Italian troops in turn gave Franco further opportunity to demand belligerent rights.[14] Italy, however, had not really abandoned her intervention in Spain. There still remained in Spain 1. the Littoria Division of 12,000 men; 2. aviators, tank corps, artillery, and special troops; and 3. cadres (officers and noncommissioned officers) for four mixed divisions.[15]

The Abandonment of Spain

The fall of 1938 marked the height of the appeasement attitude of England and France. The open intervention of Germany and Italy in Spain had come to be acknowledged and accepted officially, even by the British government.[16] In September the Munich accord had been achieved and the concessions to Hitler were declared to have secured "peace for our time".[17] The disillusionment of later months was still unknown. Caught in the myopia of the time, Great Britain sought to use Spain to round out her policy of appeasement.[18] The Communists analyzed the situation as follows:

"The method of the British imperialists to fatten German fascism at the expense of other peoples still offers many possibilities. ... And why should British imperialism stop at forcing France to make territorial concessions in order to 'save peace'. France must already foot a great part of the bill. Her system of alliances in Europe has been destroyed, the confidence of the nations in her mission has been shaken, the Daladier Government has reduced France to the role of a vassal of British imperialism. *The French people are one of the chief losers by the Munich conspiracy.*

The next victim singled out by the four men of Munich is the Spanish Republic. The 'saviors of peace' have already begun to discuss the best way of throttling the Spanish people. Daladier is obviously eager to put the noose around the neck of France as quickly as possible and to see to it that after the betrayal of the Czechoslovak ally Hitler and Mussolini may build up their military positions against France on the Pyrenean frontier as well.

However, there is one hitch in the matter: the Spanish people and its heroic army have been successfully resisting the fascist aggressors for the past two years and have no intention of surrendering to any dictate of Chamberlain. They know that Chamberlain is their enemy, they harbor no illusions about Daladier and it is not news to them that the so-called democratic governments of France and Britain betray the cause of the peoples and that the Spanish people can count only on the assistance of the broad masses."[19]

More and more Chamberlain had come to be considered by the Communists as the real defiler of Europe.

Chamberlain fulfilled the Communist prophecy. As discussed previously, he was willing from the beginning to accept a Nationalist victory in Spain and was only concerned about the long-run removal of Italian troops from the strategically important Iberian Peninsula and Balearic Isles. At the same time he wanted to break up the Rome-Berlin axis and bring about a *rapprochement* at least with Italy. After the important concessions to Hitler at Munich, the need was all the more pressing to secure the Anglo-Italian alliance. Consequently, Chamberlain felt it necessary to accept the partial withdrawal of Italian troops as evidence that Mussolini would withdraw his remaining forces after the final defeat of the Loyalists[20] and ratify the Anglo-Italian agreement[21]. At the time of the signing of the agreement in April, 1938, Lord Perth, the English ambassador in Rome, had written to Count Ciano: "In this connection I hardly need to remind Your Excellency that His Majesty's Government regard a settlement of the Spanish question as a prerequisite of the entry into force of the Agreement between our two Governments." When the agreement came before the House of Commons eight months later on November 2 for ratification, Anthony Eden then in opposition asked "the House for a moment to consider how far that very reasonable condition has been satisfied"[22]. Eden and the Communists were in complete agreement in calling it "an Anglo-Italian deal at the expense of Spain"[23]. This was not denied by the Chamberlain government which, in forcing through ratification of the agreement, in no way attempted to conceal that it meant sacrificing Loyalist Spain. Lord Halifax on November 3 spoke quite frankly to the House of Lords: "Signor Mussolini has always made it plain from the time of the first conversations of His Majesty's Government and the Italian Government that for reasons known to us, whether we approve of them or not, he is not prepared to see Franco defeated."[24]

The Soviet reaction was to try to appeal again to the democracies' self-interest. Molotov in an important speech on November 6, 1938, discussing the *History of the Communist Party of the Soviet Union (Bolshevik)* declared:

"There it is pointed out how the Fascist countries, Germany and Italy, in 1936 began an armed intervention against the Spanish Republic. Under the pretense of fighting the 'reds' in Spain the German and Italian Fascists sent their fighting units to Spain, stationing themselves at the border of France as well as intercepting the sea routes of England and France to their important colonies in Africa and Asia."[25]

But from the tone of the editorials in the Soviet press, obviously the Soviets held out little hope. The British policy of appeasement was accepted as a solid fact upon which Chamberlain's policy was based.[26] The Soviet leaders were particularly disturbed by the reports of a plan for the four powers, England, France, Germany, and Italy, to settle the Spanish question without consulting other countries.[27] "Out of Munich there has developed an alternative 'peace making' plan by international reaction for the solution of the Spanish question in the manner of Czechoslovakia."[28]

From the attitude expressed in the Soviet press, it is clear that by this time the Soviet Union considered the foreign policies of Nazi Germany, Fascist Italy, and the British Conservative government to be equally the enemies of peace. Furthermore, the idea of a popular front with the democratic *bourgeoisie* was rapidly disappearing from Communist publications; more and more there was a retreat back to the class struggle between the workers and *bourgeoisie*, and events were interpreted in terms of this struggle.[29] At the same time there was no evidence as expressed in the press that the Soviet Union had yet publicly abandoned all hope of "democratic resistance to fascism". For example, the Communists still hoped that France would not, in face of the defeat at Munich, allow Spain to be sacrificed to the Fascists. They argued:

"The French government is trying to excuse the Munich capitulation by declaring repeatedly that through freeing itself from all cares in central Europe, it can consider concentrating all its forces in defense of the naval and colonial positions of the country. This means first of all the defense of the Mediterranean sea lanes and the independence of Spain. Of course after the Czech events this assurance must not be taken too quickly at face value. But, be that as it may, it is not considered possible in Paris yet to arrange a second 'Munich' – for Spain."[30]

The Communist press also still talked of the struggle of the Spanish masses for victory and their confidence in its achievement.[31] Within Spain the Communists demanded further resistance even after the collapse of Catalonia in January, 1939. They also led unsuccessfully the fight to prevent the coup on March 5 of Colonel Casado who overthrew Negrín to negotiate a peace with the Nationalists. The Communists were clearly under orders to continue the war at all cost.[32] Finally as late as September of 1938 the Soviet press pointed out: "The predominant united forces of England and France on the sea, the presence of their strong air fleet and land forces, which are based on a highly developed industry and reserves of raw materials, is a force capable of beating off victoriously the Fascist aggressors."[33] Thus the Communists were still unwilling at least publicly to admit the defeat of collective security, although disillusionment in fact was probably complete by this time.[34] Until the Soviet Union could lay the basis for an alternative policy, she did not dare renounce the old one. She kept the Spanish Civil War going as long as possible to prevent Hitler from turning his entire focus on central Europe, before the USSR could come to an agreement with him. Furthermore, Stalin may have wanted to keep the war going for use as a bargaining point in negotiations with Hitler. In this he was unsuccessful because the war ended before any real bargaining had begun between the two countries.[35]

The Conclusion

When the Council of the League at its meeting in January, 1939, discussed the progress report on the evacuation of volunteers from Loyalist Spain, French Foreign Minister Bonnet declared: "If that work is to be completed, the total evacuation of non-Spanish combatants from the Government zone must be followed by the total evacuation of foreign combatants from the Burgos zone." Bonnet concluded by promising the full support of his government in carrying out the task. The promise was no more than an empty phrase. The French government would not act without England. It is significant that when British Foreign Minister Lord

Halifax's turn came to speak, he made no mention of the need to evacuate foreign combatants from the Nationalist zone, which again confirmed that the British government officially and without reservation accepted Italian intervention in Spain until Franco's victory over the Loyalists had been secured.[36] Thus during these last days of the Civil War, in spite of stirrings in French quarters, clearly Great Britain would make no last-minute move to prevent the final victory of the alliance of Franco, Mussolini, and Hitler over the Loyalists.[37] England and France had in fact much earlier abandoned any idea of supporting legitimacy or democracy in Spain, but merely hoped to keep Fascist and Nazi influence at a minimum. The Non-Intervention Committee had been developed into an involved machinery and its "complication and slowness served to cool the heat of the passion which reigned behind the red and white fronts in Spain. The bureaucratic machine was to act as a brake until a decision had been reached on the battlefield."[38]

When in January, 1939, France lost her last chance to stop the conquest of Catalonia and Spain by refusing to open her borders to arms shipments to the Loyalists and was seriously considering the question of recognizing the Franco regime, the Soviet press finally gave up all hope for collective action to save Spain. "The developing events in Spain reveal very plainly in all their depravity the falsity of the capitalist policies of capitulation before the aggressor. The governing circles in England and France have done and are doing everything possible in order to aid Italian-German intervention in strangling Spain."[39]

The superiority of the Nationalist forces gradually narrowed Republican control to an area in central Spain. On February 27, 1939, the French and British governments recognized the Franco regime as the *de jure* government of Spain[40], and on March 29 the final battle was over. The Soviet Union, from its precarious position of spectator and possibly the next victim in the policy of appeasement, concluded: "The betrayal of Spain means not simply the handing over of important strategic positions to the aggressors, but threatens to undermine the moral stability of democracy itself."[41]

The end of the Civil War in Spain and the complete victory of Franco came at the same time that Soviet foreign policy made its complete about-face. From preferring a policy of collective security and alliance with England and France, the Soviet leaders decided on appeasement and agreement with Hitler. It is no accident that this reversal came with the end of the Spanish Civil War. The signal for the change appears to have been the speech on March 10 by Stalin to the Eighteenth Congress of the Communist Party of the Soviet Union, although some signs of *rapproche-*

ment appeared earlier.[42] In his report Stalin reviewed the events in Europe and Asia during the previous years and concluded that the growing crisis was caused by the failure of France and particularly England to support collective security. Stalin then declared:

"Formally the policy of nonintervention might be characterized in this way, 'let each country defend itself from aggression as it wishes and as it is able'. For our part we shall trade with both aggressors and their victims."[43]

It is significant that Stalin made no mention of any intent to further follow the policy of collective security. Stalin defined the task of the party in foreign affairs:

"1. To continue the policy of peace and of strengthening business relations with all countries.

2. To be cautious and not to allow our country to be drawn into conflicts by war-mongers who are accustomed to have others pull the chestnuts out of the fire for them.

3. To strengthen the might of our Red Army and Red Navy to the utmost.

4. To strengthen the international bonds of friendship with the working people of all countries who are interested in peace and friendship among nations."[44]

The Soviet Union's experience in the Non-Intervention Committee and in the diplomatic proceedings arising from the Spanish Civil War was undoubtedly a major factor in convincing her of the bankruptcy of her collective security policy. All her attempts at joint efforts to stop Italian and German aggression in Spain had completely failed and for her trouble she had merely aroused the enmity of England and France. It is fair to say that the events surrounding the Spanish Civil War, which generally dominated the international scene in Europe from August, 1936, to July, 1938, and the Munich accord were the two most important factors that influenced the change in Soviet foreign policy in the spring of 1939 and opened the way to the Russo-German pact of August, 1939.

Great Britain, as this study has shown, until 1939 did not want and did not feel the need of an alliance with Communism against Hitler and Mussolini. France, inclined toward closer relations with the USSR but strategically bound to Great Britain, was forced to follow along. The Chamberlain government was confident that by appeasement and diplomacy it could handle the dictators and keep Spain from their hands. Actually the Spanish episode from the point of view of the Iberian Peninsula was not a British defeat. The two and a half years of struggle engaging the forces of Mussolini and Hitler at the cost of the Loyalists and the Soviet Union helped England and France to gain time. Nor did the collapse of the Loyalist government turn out as badly for England and France as many, including the Communists, had predicted. Actually the forecast of Winston Churchill came much closer to the truth:

"It does not, however, follow that if General Franco wins he will be grateful to his Nazi and fascist allies. On the contrary, the probability is that the first thought of all patriotic Spaniards, once delivered from the awful plight, will be to escort their rescuers to the nearest seaport. . . ."[45]

The end of the Civil War did, in fact, conclude the occupation of Spain by German and Italian troops. The allied powers, however, had to continuously cajole and appease Franco to keep him out of the Axis camp, and with the collapse of France in 1940 Franco would have abandoned his neutrality for the Nazi new order except Hitler rejected his offer.[46]

The long-range effect of the British Spanish policy, however, was unfortunate. Chamberlain's assumption that England and France could appease, outwit, and eventually outfight the Axis without Soviet support proved to be almost fatal for both democracy and communism. After almost three years of seeking collective action in Spain, the Soviet Union felt she could not wait for Great Britain to recognize the danger of this assumption. In a situation in which three hostile ideologies and forces – democracy, communism, and fascism – were vying for survival or supremacy, the Soviet Union, the least powerful of the three, feared isolation above all. Consequently, when she was unable to ally with the movement she considered less dangerous to herself and her survival, she turned to the other.

Anmerkungen

1 The Loyalist answer was actually received on August 2, although the note was dated July 26. The Loyalists accepted the plan but asked several questions and requested some changes such as empowering the two commissions, which were to be sent to Spain, to investigate for themselves the veracity of the figures and estimates given them by the Loyalist and Nationalist authorities.

2 See *Documents on German Foreign Policy, 1918–1945*, D, III, Document nos. 638, 641, 644–646, 649–650.

3 *Documents of the International Committee for the Application of the Agreement Regarding Non-Intervention in Spain* (= N.I.S. [36]). Unpublished. Document no. 778.

4 Statement cited in *Journal de Moscou* (Sept. 13, 1938).

5 *See* Hemming's report dated November 17, 1938: *Documents of the Non-Intervention Committee*, N.I.S. (36), Document no. 789. The Communist press reports on Hemming's visit were critical and fearful that it was being used to make new concessions to Franco.

6 "In the summer of 1938 the deliberations of the committee slowed down imperceptibly towards a complete stop." Dirksen, Herbert von: *Moscow, Tokyo, London*. London 1951, p. 212.

7 The Communists still publicly refused to admit the inevitable victory of the Nationalists in Spain. *Izvestiia*, in an editorial on August 8, 1938, stressed the difficulties Italy was encountering in Spain – 1850 Italians killed or wounded in the ten days from July 14 through 23, 1938 – and pronounced that the Loyalist cause was not lost. Even in January, 1939, the *Communist International* declared "the [Spanish] republic has gained time in which to shift the balance of forces to its own advantage. The republican government has succeeded in creating a strong, unified republican people's army, which is capable of repulsing the attacks of the enemy and even of carrying out brilliant offensive operations such as that on the Ebro. . . ." The Communists, however, did not overlook the growing forces of appeasement. "It would nevertheless be a great mistake to shut one's eyes to the fact that since the shameful Munich agreement the danger that threatens the independence of the Spanish republic has very greatly increased." Jimenez, Antonio R.: "Two and One-Half Years of War for the Independence of Spain." In *Communist International*. Jan. 1939, pp. 71–72.

8 This was probably not the only factor motivating the Loyalists to take this action. *See* Cattell, David T.: *Communism and the Spanish Civil War*. Berkeley and Los Angeles 1955, pp. 203–204, for further discussion.

9 League of Nations *Official Journal*. Feb. 1939, p. 139.

10 *See* resolution adopted by the Assembly, September 30, 1938, cited in Padelford, Norman J.: *International Law and Diplomacy in the Spanish Civil Strife*. New York 1939, p. 633.

11 League of Nations *Official Journal*. Feb. 1939, p. 126.

12 *Ibid.*, p. 61.

13 *See* Kol'tsov: "The Farcical 'Evacuation' of Italians from Spain." In: *Pravda*. Nov. 12, 1938. The author reviews reports of the previous few months concerning new Italian forces being sent to Spain. *See also* "The Umbrella Policy." In: *Izvestiia*. Dec. 22, 1938.

14 *See* Secretary Hemming's report, in: *Documents of the Non-Intervention Committee*, N.I.S. (36), Document no. 789.

15 Foreign ministry to the German embassies in Europe, October 12, 1938, *Documents on German Foreign Policy, 1918–1945*, D, III, Document no. 678. In January, 1939, there still remained 20000–25000 troops. Woodward, E.L., and Butler, Rohan (eds.): *Documents on British Foreign Policy 1919–1939*, 3d series, vol. III. London 1950, p. 523.

16 Ehrenburg in an editorial in *Izvestiia* on September 29, 1938, reviewed the mass of evidence, most of it freely admitted by the Germans and Italians.

17 The Russians looked upon the events in Spain and Czechoslovakia as "part of the general Fascist plan for aggression". *See* for example "The Forces of War and the Force of Peace." In: *Communist International*. Nov. 1937, pp. 783–784; *Izvestiia*. Juli 3, 1938; *and* Duval, Albert: "In Unity Lies the Strength of the Spanish People." In: *Communist International*. Aug. 1938, p. 767.

18 "Mr. Chamberlain immediately let it be known that there would speedily be a 'settlement' in Spain – in the spirit of the settlement of Munich." Bowers, Claude: *My Mission to Spain*. New York 1954, p. 393.

The chargé in France (Wilson) reported to the secretary of state, November

2, 1938: "As for Spain, Delbos fears that the French Government will agree to grant Franco belligerent rights after the Anglo-Italian agreement enters into force and on the basis of the withdrawal of only 10000 Italian troops who have already left Spain. This will mean complete victory for Franco leaving a large number of Italians still in Spain, particularly Italian aviators in Majorca. France will be hurried into negotiations with Italy for the settlement of all questions in dispute between them while Mussolini continues to hold the trumps in the form of positions in Spain threatening French communications with North Africa." (*Foreign Relations of the United States, 1938*, I, 251.)

19 "The Conspiracy of Munich." In: *Communist International*. Oct. 1938, pp. 881–882. *See also* "The Far Reaching Effects of the Ebro Offensive." *Ibid.*, Sept. 1938, pp. 813–814. When diplomatic conversations were reopened between England and Italy, the Soviet press cynically reported: "It is supposed that they will undertake new measures to strangle the Spanish Republic." (*Pravda*, Dec. 28, 1938.) "Having offered Germany a free hand for expansion to Central Europe, the British Conservative government and Daladier's government seek to come to an agreement with Italy. Mussolini must receive compensation for his loyalty to the 'Rome-Berlin Axis' for which Italy without a struggle yielded her position in Central Europe in favor of her alliance to the Axis. This compensation was promised Mussolini by Hitler already in March, 1938, at the time of the German seizure of Austria. Where else could this compensation be expected than in the western basin of the Mediterranean, in Spain?" (Dashevskii, G.: "Fashistskaia agressiia v Ispanii" ["Fascist Aggression in Spain"]. In: *Mirovoe Khoziaistvo i Mirovaia Politika*. Nov. 1938, p. 33.)

20 Viscount Halifax reported to Sir R. Lindsay (Washington) on October 27, 1938:

" (II) The entry into force of the Agreement may be expected to restore to Signor Mussolini some of the liberty of action he now lacks in deciding his foreign policy; the longer the Agreement remains inoperative the more closely Rome becomes bound to Berlin, as recent events have shown.

(III) It is particularly important that Signor Mussolini should be encouraged to regain his liberty of manoeuvre and decision if the contact established at Munich between the Four Western Powers is to be maintained and the hope of establishing smoother relations in Europe developed.

[. . .]

(VI) If we fail to take what is probably our last chance of bringing the Agreement into force and resuming our former relations with Italy, Signor Mussolini will be likely finally to conclude that we are not in fact at all anxious to resume normal Anglo-Italian friendship; and [the] Berlin-Rome Axis will be proportionately strengthened." (Woodward and Butler: *op. cit.*, pp. 343–344.)

21 The Communists had predicted British ratification several months earlier even without a token withdrawal of Italian troops. *See* "Summary of Events." In: *Communist International*. Aug. 1938, p. 788. For the diplomatic documents leading to the final negotiations *see* Woodward and Butler: *op. cit.*, pp. 312–362.

22 Debate in the House of Commons on ratification of the Anglo-Italian Agreement, November 2, 1938, Anthony Eden. *Foreign Affairs*. London 1939, p. 306. Eden continued: "We have been told – it has been published to the world – that 10000 Italian infantrymen have been withdrawn and every one

has welcomed that. But the main contribution of Italy to the cause of Salamanca authorities has never been in infantry, but in technicians and armaments, and particularly aeroplanes. There has never, so far as I am aware, been any withdrawal of these."

23 "Ratification of the Anglo-Italian Agreement which is a clearly expressed policy of openly encouraging intervention in Spain is fraught with very grave consequences for England and France." (*Pravda*. Nov. 19, 1938.)

24 Cited in Bowers, Claude: *op. cit.*, p. 396.

25 *Izvestiia*. Nov. 10, 1938. In the same vein: "It is sufficient to glance at the geographical position of Spain and her possessions to realize the far-flung implications of the Fascist intervention. The seizure of Austria and to a still greater degree Czechoslovakia were the keys which opened a path for the continental expansion of German fascism through the Balkans to the shores of the Middle East, Mesopotamia, and India. Spain holds in its hands the keys to the joint expansion of German and Italian fascism on to the important sea communications of England and France with their colonial holdings." (Dashevskii, G.: "Fashistskaia agressiia v Ispanii" ["Fascist Aggression in Spain"]. In: *Mirovoe Khoziaistvo i Mirovaia Politika*. Nov. 1938, p. 34.)

26 *See* for example the editorial by E. Aleksandrov in *Pravda*. Nov. 27, 1938: "The English government is prepared to assist Fascist Italy in the organization of a starvation blockade of Republican Spain and the French diplomats want to be worthy of Mussolini's favor, after the failure of François-Poncet in Rome. It is highly probable that behind closed doors the British and French ministers have arranged a means by which it is more convenient to realize Franco's belligerency and to aid intervention by completing the ring of blockade around Spain."

27 See *Pravda*. Dec. 2, 1938.

28 *Pravda*. Dec. 3, 1938.

29 Georgi Dimitrov, in his article "United Front against Fascism after Munich" (*Pravda*. Nov. 7, 1938), declared: "However, the bourgeois governments did not put a system of collective security in operation. They did not do so because they did not want to; they did not do so because their policy was determined by the reactionary imperialist circles, who, out of fear of the growth of the working-class movement in Europe, of the movement of national liberation in Asia, out of hatred for the land of Socialism, sacrificed to fascism the interest of their own peoples."

The shift in the Soviet line was also reflected in the renewed and frequent reference to the dangers of capitalist encirclement and the superior Soviet strength. "The seizure of Abyssinia, Fascist intervention in Spain, rearmament, the brigand-predatory invasion of Japanese imperialism against the Chinese people, the armed seizure by Germany of Austria, the threats hanging over Czechoslovakia with the consent and agreement of the English and French governing circles, the insolent provocation by Polish fascism on the Lithuanian and Czech border – all this is linked to one aim, the development of a second imperialist military force and the preparation of a military attack on the USSR." (Kossoi, A.: *SSSR i kapitalisticheskoe okruzhenie [The USSR and Capitalist Encirclement]*. Moscow [Nov.] 1938, p. 86.) *See also* Lisovskii, Petr Aleksevich: *SSSR i kapitalisticheskoe okruzhenie [The USSR and Capitalist Encirclement]*. Moscow [Feb.] 1939.

30 *Izvestiia*. Dec. 3, 1938.

31 For example Dashevskii, G.: "Fashistskaia agressiia v Ispanii" ["Fascist Aggression in Spain"]. In: *Mirovoe Khoziaistvo i Mirovaia Politika*. Nov. 1938, pp. 45–50. *See also* p. 171 n. 7.

32 For more details *see* Cattell, David T.: *Communism and the Spanish Civil War*. Berkeley and Los Angeles 1955, pp. 204–207.

33 Gelbras, P.: "Vneshniaia politika pravitel'stva Dalad'e ["The Foreign Policy of the Daladier Government"]. In: *Mirovoe Khoziaistvo i Mirovaia Politika*. Sept. 1938, p. 68.

34 It is unknown at exactly what point the Soviet leaders did actually decide on the reversal of the policy of collective security. It is not unreasonable to assume, as many have done, that it came very shortly after the Munich agreement. Interestingly, Angelo Rossi has cited evidence that Russian leaders were first considering an alliance with Germany in October, 1938, in: *The Russo-German Alliance*. London 1950, pp. 3 and 5. Gustav Hilger in his memoir-history of German-Soviet relations, 1918–1941, reported: "The first weak signs that the tensions [between the Soviet Union and Germany] were easing could be noticed in the summer of 1938. At that time the atmosphere created by the mutual recriminations had become intolerable, and both sides expressed the desire for a let-up. The German Embassy was the first to suggest that measures should be taken, as a token of mutual good will, to end the mud-slinging aimed at the two heads of state. The idea was Schulenburg's; but he discussed it with the first counselor of the embassy and myself before taking it up with Litvinov. The suggestion fell on fertile soil; it was discussed in various meetings, both in Moscow and in Berlin, and an agreement was finally reached. A further step in the same direction was taken in October, 1938, when Litvinov and Schulenburg came to an oral understanding that the press and radio of both states should henceforth restrain themselves and ease attacking the other country. The consequences of the agreement were the first visible indication that a change in the relations between the Soviet Union and Germany was in the offing.

Stalin's willingness to enter into agreements of this sort was primarily a consequence of the Munich conference. From the course the conference had taken, and from the fact that the Soviet Union was kept out of it, Stalin drew the conclusions that the Western powers had no intention of showing Hitler serious resistance, and that they would even support him if he turned upon the Soviet Union. But Hitler, too, was pushed, by the events of Munich, in the direction of the settlement with the Soviet Union. Particularly, the remarks which Neville Chamberlain had made on his return to London confirmed Hitler in the opinion that he had to create additional safeguards if he wanted to gain further successes with his old methods.

Once again the world took notice when, in late December, 1938, news came from Berlin that a German-Soviet trade agreement had been signed in the German capital. True, it was a routine affair, since the continuation of German-Soviet trade depended on the annual renewal of such business transactions; but the fact that on this occasion the agreement had been signed in time, and not with the great delay of the previous year, was regarded as symptomatic. The conclusion of the agreement served as the prologue to further German Soviet talks that had been suggested by the trade representative of the U.S.S.R...." (Hilger, Gustav and Meyer, Alfred G.: *The Incompatible Allies*. New York 1953, pp. 288–289.)

See also Carr, E.H.: *German-Soviet Relations between the Two World Wars 1919–1939*. Baltimore 1951, pp. 124–125; and United States, Department of State: *Nazi-Soviet Relations, 1939–1941*. Washington, D.C. 1948.

35 It is impossible to assume as some writers have done that the Communists purposely sacrificed Catalonia in order to appease Hitler. For a more thorough treatment *see* Cattell; *op. cit.*, pp. 206–207.

36 This is confirmed by the Italian and British documents. *See* conversations between the Duce and Chamberlain, January 11 and 12, 1939, in: *Ciano's Diplomatic Papers*. London 1948, pp. 259–266, *and* conversations between British and Italian ministers, Rome, January 11–14, 1939. Woodward and Butler: *op. cit.*, pp. 518, 520–523.

Such a deal was also implied in Lord Halifax's speech in Hull on February 3, 1939: "... Speaking of the Mediterranean in particular, Signor Mussolini assured us that he was well satisfied with the Anglo-Italian Agreement, by which both parties undertook to respect the existing *status quo* in the Mediterranean. He also emphatically declared that, once the Spanish conflict was over, all Italian military support would be withdrawn, and he would have nothing to ask from Spain by way of territorial concessions." (Halifax, Viscount K.G.: *Speeches on Foreign Policy*. London 1940, p. 218.)

Izvestiia summarized Chamberlain's visit to Rome in January, 1939, as the completion of England's appeasement to Italy: "At Stresa, Simon betrayed Abyssinia. At Rome, Chamberlain betrayed Spain." (*Izvestiia*. Feb. 3, 1939.) *See also* "Against Munich – Working Class Unity." In: *Communist International*. Feb. 1939, p. 101.

For the Soviet Union the only bright star on the horizon was the united opposition of the British Labour Party to the government's foreign policy. The National Council of Labour in January, 1939, sent a letter and a deputation to the prime minister urging the removal of the embargo against the Spanish government. Clement Attlee, as leader of the opposition, also requested a special session of the House of Commons but was refused.

37 The Soviet press was somewhat heartened in December, 1938, when Italy denounced her 1935 pact with France and relations between the two countries rapidly worsened. Further hope was expressed at the end of January when Catalonia and Minorca were being overrun by Italian troops, and France displayed a strong fear of a Franco victory in Spain. *See* editorials in *Pravda*. Jan. 26 and 28, 1939.

38 Dirksen, Herbert von: *Moscow, Tokyo, London*. London 1951, pp. 211–212.

39 *Pravda*. Feb. 25, 1939. See also *Pravda*. Feb. 15, 1939.

40 *See* "Daladier and Chamberlain Surrender Spain to the Aggressors." In: *Communist International*. March 1939, pp. 284–285, *and* Blum, Leon: *L'histoire jugera*. Paris 1945, pp. 206–207.

41 "Daladier and Chamberlain Surrender Spain to the Aggressors." In: *Communist International*. March 1939, p. 285.

42 *See* p. 173 n. 34.

43 *Izvestiia*. March 11, 1939.

44 *Ibid*. On the following day D. Z. Manuilsky, the delegate of the Communist party of the Soviet Union to the Comintern, in his report to the congress paid strong tribute to the Loyalists of Spain and condemned the Western democracies: "For nearly three years the poorly armed Spanish nation, betrayed by the so-called bourgeois democratic states, carried on the unequal

heroic struggle for its independence, for the cause of all forward-looking and progressive mankind. (Applause) It carried on this struggle against the military intervention of two large imperialistic states, Fascist Italy and Germany, and against the hidden intervention of universal reaction which adopted a blockade of the Spanish Republic under the hypocritical slogan of 'policy of nonintervention' in Europe and the policy of 'isolationism' in America." (*Ibid*. March 12, 1939.)

Subsequent Communist interpretation and analysis of the Spanish Civil War has continued in much the same vein. For example I. F. Ivashin in a lecture on international relations, 1935–1939, the text of which was published in 1955, placed primary responsibility for the "Fascist rebel victory" on Italy and Germany, with England, France, and the United States playing an important secondary role. The isolationism of the United States has assumed ever greater proportions in the postwar period. Although Soviet participation on the Non-Intervention Committee was mentioned, Ivashin emphasized the ultimatums that the USSR sent to the committee and falsified the events by stating, "When the Non-Intervention Committee conclusively became an organ for coöperating with intervention and rebellion, the Soviet government withdrew its representatives." Unlike the earlier analyses that denied direct Soviet intervention, Ivashin admitted the USSR sent arms. "The Soviet Union rendered to Republican Spain not only moral and diplomatic aid but also material and military support." (Ivashin, I. F.: *Mezhdunarodnye otnosheniia i vneshniaia politika Sovetskogo Soiuza v 1935–1939 gg. [International Relations and Foreign Policy of the Soviet Union in the Years 1935–1939].* Moscow 1955, pp. 19–25.)

45 Churchill, Winston: "Non-Intervention in Spain." January 8, 1937. In: *Step by Step*. London 1939, p. 76.

46 *See* for example Churchill, Winston S.: *The Second World War*. Boston 1948, 6 vols.; Hull, Cordell: *Memoirs*. New York 1948, 2 vols.; Hoare, Sir Samuel: *Ambassador on Special Mission*. London 1946; Feis, Herbert: *The Spanish Story*. New York 1948; United States, Department of State: *The Spanish Government and the Axis*. Washington, D.C. 1946; *and* Hayes Carlton J.: *Wartime Mission in Spain*. New York 1945.

III.

England und Frankreich

GOTTFRIED NIEDHART

Britisch-sowjetische Gegensätze 1936/37

Der unterschiedliche Approach in der Außenpolitik verdichtete sich seit dem Sommer 1936 zum britisch-sowjetischen Gegensatz, der die nach der Bereinigung der Metropolitan-Vickers-Affäre und dem sowjetischen Beitritt zum Völkerbund einsetzende Phase der britischen Rußland-politik beendete und schließlich zur stärkeren Isolierung der UdSSR führte. Mochte Maiski über die zögernde britische Rußlandpolitik und über »alte Vorurteile« und »abgestandene Traditionen« klagen[1], so leistete das Kominternprogramm gewiß keinen Beitrag zu ihrem Abbau. Den oft wiederholten sowjetischen Hinweis, die Komintern sei eine eigenständige und von der sowjetischen Regierung vollständig getrennte Organisation, ließ man in London nicht gelten. Ein Leitartikel der »Times«, der im übrigen von der wieder erworbenen internationalen Geltung der UdSSR sprach, betonte nachdrücklich die negative und die diplomatische Erfolge immer wieder aufhebende Wirkung der Komin-ternpropaganda.[2] Die »Times« zeichnete damit ein Rußlandbild, das die vorherrschende Meinung der britischen Öffentlichkeit über das bolsche-wistische Rußland zweifellos zutreffender widerspiegelte als etwa die Artikel von A. J. Cummings im linksliberalen »News Chronicle«, der für die uneingeschränkte Unterstützung der sowjetischen Außenpolitik eintrat.[3]

Das nach dem Urteil der »Times« vergrößerte internationale Gewicht der UdSSR kam im Juli 1936 während der Konferenz von Montreux zum Ausdruck[4], die auf Antrag der Türkei den Status der Meerengen revidieren sollte. Die Türkei strebte nach der vollen Souveränität über die Meerengen und wollte das Recht erhalten, diese zu befestigen. Groß-britannien unterstützte den türkischen Wunsch nach einer Revision der Lausanner Meerengenkonvention aus dem Jahr 1923, deren Signatar-

Aus: *Großbritannien und die Sowjetunion, 1934–1939. Studien zur britischen Politik der Friedenssicherung zwischen den beiden Weltkriegen.* München 1972, S. 343–356. Mit freundlicher Genehmigung des Wilhelm Fink-Verlags, München.

mächte in Montreux über eine vertragliche Neuregelung verhandelten. Während dieser Konferenz trat zum ersten Mal seit dem Weltkrieg wieder ein britisch-sowjetischer Interessenkonflikt zutage, der nicht ideologischer, sondern politisch-strategischer Art war und den die britische Delegation in seinem wirklichen Ausmaß nicht vorhergesehen hatte[5]. Die sowjetische Delegation forderte die Schließung der Meerengen für Kriegsschiffe aller Staaten mit Ausnahme der Anrainer des Schwarzen Meers. Großbritannien dagegen vertrat den Standpunkt, das Schwarze Meer könne nicht als Binnenmeer betrachtet werden, weshalb die freie Durchfahrt auch für Nichtanrainer gewährleistet sein müsse, wenn nicht das Gleichgewicht im Mittelmeerraum gestört werden soll.[6] Die britisch-sowjetische Differenz brachte die Konferenz an den Rand des Zusammenbruchs.[7] Für die schließlich gefundene Einigung machten zwar beide Seiten Zugeständnisse, jedoch kam sie der Sowjetunion mehr entgegen als Großbritannien, da die Meerengen für sowjetische Kriegsschiffe nach Voranmeldung in jedem Fall passierbar sein sollten, Marineeinheiten von Nichtanrainerstaaten aber nur bis zu einer bestimmten Größe der Schiffe die freie Durchfahrt beanspruchen durften.[8]

Zwei Motive vor allem bestimmten die britische Politik. Einmal wollte man den sowjetischen Einfluß in der Türkei zurückdrängen und die sowjetischen Operationen an diesem strategisch wichtigen Punkt unter Kontrolle halten.[9] Zum anderen hätte die Erfüllung der ursprünglichen Forderung Moskaus der sowjetischen Schwarzmeerflotte einen einseitigen Vorteil eingeräumt, da sie das Schwarze Meer als Binnenmeer zur Verfügung gehabt hätte und im Kriegsfall wohl ins Mittelmeer auslaufen, bei einem Rückzug aber nicht über die Meerengen hinaus verfolgt werden konnte. Zu weitreichende Zugeständnisse an die Sowjetunion hätten das internationale Flottengleichgewicht gestört und möglicherweise Rückwirkungen auf bereits abgeschlossene Flottenabkommen, darunter die deutsch-britische Vereinbarung, gehabt. Großbritannien wurde von deutscher Seite auf diesen Zusammenhang ausdrücklich hingewiesen.[10] Vor allem im Hinblick auf den britisch-französisch-amerikanischen Flottenvertrag vom 25.3.1936, der den Austausch von Informationen über Flottenrüstungen und eine Begrenzung der Größe einzelner Schiffstypen vorsah, aber erst durch den Beitritt der übrigen Flottenmächte die intendierte globale Wirksamkeit erreichen konnte, war es angesichts der Verzahnung der Politik aller Großmächte untereinander erforderlich, jeden Schritt zu vermeiden, der einer einzelnen Macht einen Vorwand zur Selbstisolierung und unbegrenzten Flottenrüstung gegeben und damit das internationale Flottengleichgewicht zerstört hätte.

London fiel die Aufgabe zu, in Einzelverhandlungen Deutschland und die Sowjetunion – Japan distanzierte sich von der Londoner Flottenvereinbarung – auf die bereits getroffenen Bestimmungen festzulegen.

Die zu diesem Zweck schon vor der Konferenz von Montreux begonnenen britisch-sowjetischen Verhandlungen gelangten Ende Juli 1936 zu einem positiven Ergebnis, das zusammen mit der Gewährung des Handelskredits die eben aufgetretenen britisch-sowjetischen Spannungen zumindest formal entschärfte, wegen deutscher Vorbehalte aber erst am 17.7.1937 nach weiteren Verhandlungen unterzeichnet werden konnte.[11]

Ebenfalls auf militärischem Gebiet kam es im Herbst 1936 zu einer freundlichen Geste im britisch-sowjetischen Verhältnis, als eine englische Delegation unter der Leitung von General Wavell die Herbstmanöver der Roten Armee besuchte und mit den sowjetischen Gastgebern nicht nur freundschaftliche Botschaften austauschte[12], sondern auch mit einem im ganzen positiven, allerdings bald modifizierten Urteil über die Rote Armee nach Hause zurückkehrte[13]. Bezeichnenderweise ist auch hier zu beobachten, daß Deutschland im voraus über den Rußlandbesuch informiert wurde, um »irgendwelche Mißverständnisse« zu vermeiden.[14]

Zuvor war aber mit dem Ausbruch des Spanischen Bürgerkriegs im Juli 1936 ein weiterer Konflikt im Mittelmeerraum entstanden, in dessen Verlauf die gegensätzlichen Ziele Londons und Moskaus erneut deutlich hervortraten.[15] Während die UdSSR sich auf die Seite der spanischen Regierung stellte und sich mit ihrem Kampf gegen die von Italien und Deutschland unterstützten Aufständischen solidarisch erklärte, propagierte die britische Regierung den Grundsatz der Nichtintervention. Zahlreiche offizielle britische Verlautbarungen distanzierten sich von dem Krieg der Ideologien, der das Gesicht des Spanischen Bürgerkriegs als einer Vorstufe zum denkbaren europäischen Bürgerkrieg prägte. »We will join no anti-Communist and no anti-Fascist bloc«, rief Eden aus, der die Kritik an der liberalen Demokratie als Regierungsform zurückwies und die These bestritt, daß Europa vor der Alternative einer Diktatur der Rechten oder Linken stünde.[16]

Die britische Nichtinterventionspolitik verfolgte das Ziel, den über den Rahmen eines Bürgerkriegs weit hinausgehenden Konflikt in Spanien zu lokalisieren und damit dem obersten britischen Interesse, der Aufrechterhaltung des Friedens in Europa, zu dienen.[17] Diese Politik fand anfangs die Billigung fast aller politischen Kräfte in Großbritannien. Churchill beispielsweise stimmte ihr ebenso zu[18] wie die Labour Party, deren Parteitag im Oktober 1936 nach anfänglichem Zögern und gegen die wirklichen Gefühle der Delegierten die Nichtinterventionspolitik billige. Arthur Greenwood berief sich in seiner Verteidigung dieser Politik, die eine materielle Hilfe für die spanische Regierung ausschloß, auf den französischen Ministerpräsidenten, den Sozialisten Léon Blum, und auf die Haltung der Sowjetunion[19]. In der Tat hatte Moskau seine Zustimmung zu einem multilateralen Abkommen gegeben, mit dem sich die unterzeichnenden Mächte zur Nichteinmischung verpflichteten.

Die Einmütigkeit in der Beurteilung der Nichtinterventionspolitik zerbrach jedoch, als sich herausstellte, daß dabei die legale Regierung in Spanien benachteiligt wurde, weil einige Mächte das getroffene Abkommen mißachteten und die sowjetische Unterstützung für die Regierung nicht das Ausmaß der deutschen und italienischen Maßnahmen zugunsten Francos erreichte. Während dem konservativen Großbritannien nicht zuletzt wegen seiner Wirtschaftsinteressen in Spanien[20] an der Aufrechterhaltung der dort bestehenden sozialen Ordnung gelegen war und Franco als das kleinere Übel erschien[21], nahm die britische Arbeiterbewegung für das republikanische Spanien Partei und warf der Regierung Begünstigung Francos vor, was objektiv durch die eigene Zurückhaltung bei stillschweigender Tolerierung der stattfindenden Intervention zutraf[22], wenn die Regierung auch weder gegen das Nichteinmischungsabkommen verstieß, noch in der Sprache des militanten Antikommunismus die spanische Regierung als »Rote Mörder«[23] bezeichnete. Die Linke fühlte sich angesichts dieser Situation zur Solidarisierung mit dem antifaschistischen Kampf in Spanien aufgerufen. Das britische Bataillon in Spanien, dessen 1. Kompanie den Namen Attlees trug, und die humanitären Hilfsaktionen für die Republik zeugten vom Einsatz der Linken, der »Farce der Nichteinmischung« ein Ende zu bereiten.[24] Britische Intellektuelle und Schriftsteller – teilweise selbst in den Internationalen Brigaden im Einsatz[25] – überschütteten das Publikum mit einer Flut literarischer und publizistischer Beiträge, die ihr Engagement gegen den Faschismus in Europa und seine Handlanger in England selbst kennzeichneten.[26] Kein ausländisches Ereignis seit der Französischen Revolution bewirkte eine solche Polarisierung der Standpunkte in England wie der Spanische Bürgerkrieg.[27]

Die Debatten des Unterhauses nahmen bisweilen eine ungewohnte Schärfe an, die sich in gegenseitigen Bezichtigungen des Krypto-Faschismus beziehungsweise des Krypto-Kommunismus verdichtete.[28] Letztlich aber war in Großbritannien eine wesentlich größere Integrationsfähigkeit der gesellschaftlichen und politischen Gruppierungen zu beobachten, so daß eine bürgerkriegsähnliche Spaltung des Landes wie in Frankreich ausblieb. Die Führer der Arbeiterbewegung in den Spitzenpositionen der Gewerkschaftsorganisationen und der Labour Party riefen auch nicht zur militärischen Unterstützung der spanischen Regierung und Entsendung regulärer britischer Truppen nach Spanien auf. Die offene Intervention als klare Alternative zur Nichteinmischungspolitik schied auch für sie aus, so daß sie sich von der strikten Neutralitätspolitik der Regierung nur graduell, nicht aber prinzipiell unterschieden.[29]

Auf internationaler Ebene wandte sich die Aufmerksamkeit der Arbeit des Nichtinterventionskomitees zu, das seit dem 9.9.1936 in London tagte und dem alle europäischen Staaten angehörten, die sich zum Waffenembargo gegenüber Spanien verpflichtet hatten.[30] Die Aufgabe der ständig tagenden Londoner Konferenz bestand darin, die Einhaltung der Embargoverpflichtung zu überwachen und Beschwerden über etwaige Vertragsbrüche zu prüfen. Den Völkerbund wollte Eden im Zusammenhang mit dem spanischen Problem nicht einschalten[31], weil schon die bloße Existenz des Nichtinterventionskomitees ein wesentlicher Beitrag zu sein schien, die Einmischung fremder Mächte und die damit verbundene Gefahr der Ausweitung des Konflikts zu verhindern. Diese Erwartung, die die britische Regierung in einem dem Nichtinterventionskomitee unterbreiteten Memorandum aussprach, konnte freilich kaum Wirklichkeit werden, wenn die teilnehmenden Mächte nicht, wie es das Memorandum forderte, in offener Weise zusammenarbeiteten[32]. Dies aber war von vornherein ausgeschlossen, da Deutschland, Italien und die Sowjetunion das Nichtinterventionsabkommen ständig verletzten, indem sie Waffen und Truppen nach Spanien schickten. Dennoch schied keine Macht aus dem Londoner Komitee aus, weil niemand eine Eskalation des Kriegs über Spanien hinaus wünschte. Die intervenierenden Mächte beschuldigten sich gegenseitig ihrer Parteinahme und beteiligten sich an der Untersuchung über ihren eigenen Vertragsbruch.

Die UdSSR, obwohl selbst Interventionsmacht, wollte sich als einziger Staat mit den Scheingefechten im Nichtinterventionskomitee nicht zufrieden geben. Zur Überraschung der Delegierten drohte der sowjetische Vertreter am 7.10.1936 in einem Brief an Lord Plymouth, der der Konferenz präsidierte, ultimativ einen Kurswechsel der sowjetischen Politik an, falls das Nichtinterventionskomitee keine wirksamen Maßnahmen gegen die Intervention Deutschlands, Italiens und Portugals ergreifen sollte.[33] Zwei Tage später gab der sowjetische Geschäftsträger Kagan eine Erklärung im Nichtinterventionskomitee ab, die noch einmal unterstrich, daß sich die Sowjetunion nicht mehr an das Abkommen gebunden fühle, wenn die fortgesetzten Vertragsbrüche zugunsten Francos nicht aufhörten. Kagan wollte in dem Komitee nicht nur einen »Debattierklub« sehen, sondern von ihm konkrete Maßnahmen eingeleitet wissen. So schlug er vor, eine Delegation nach Portugal zu schicken, um die Situation an Ort und Stelle zu prüfen. Damit hatte er die Verfahrensordnung der Konferenz gesprengt, der vor allem die Prüfung geäußerter Vorwürfe oblag, die aber keine konkreten Maßnahmen treffen konnte. Nach heftiger Diskussion, in der vor allem der italienische Delegierte, Botschafter Grandi, seinem sowjetischen Kollegen an Schärfe nicht nachstand, einigte man sich darauf, zunächst eine Antwort Portugals auf die vorgetragenen Beschuldigungen abzuwarten.[34]

Hatte Lord Plymouth als britischer Vertreter das sowjetische Vorgehen bereits zurückgewiesen und damit die ablehnende Reaktion seiner Regierung zu erkennen gegeben[35], so nannte die »Times«, ohne dabei vor der deutschen und italienischen Intervention in Spanien die Augen zu verschließen, den sowjetischen Schritt eine Provokation, die die Gegensätze versteife, statt sie auszugleichen[36]. Auch auf dem gleichzeitig stattfindenden Parteitag der Labour Party, wo Greenwood sich eben noch auf das sowjetische Beispiel berufen hatte, überwogen jetzt die Stimmen der Kritik.[37] Im Foreign Office kam Vansittart zu dem Ergebnis, daß die sowjetische Politik trotz ihrer »Torheiten und Provokationen« erduldet werden müsse, um eine deutsch-sowjetische Annäherung – auch in dieser heißen Phase des ideologischen Kriegs zwischen Kommunismus und Faschismus ein Alptraum Vansittarts – zu verhindern.[38] Gleichzeitig wirkte er an der Entscheidung des *Committee of Imperial Defence* mit, jeden Anschein einer britisch-sowjetischen Entente zu vermeiden und deutsche Befürchtungen in dieser Hinsicht zu zerstreuen.[39]

Trotz der vorläufigen Einigung vom 9. 10. 1936, die portugiesische Antwort abzuwarten, forderte Kagan in Fortführung seiner einmal eingeschlagenen Taktik am 12. Oktober eine sofortige Sondersitzung des Nichtinterventionskomitees, um Maßnahmen zu beraten, wie die portugiesischen Häfen überwacht werden könnten[40]. In seiner Antwort verwies Lord Plymouth auf die Bestimmungen der Verfahrensordnung des Komitees. In Übereinstimmung mit ihnen habe man völlig korrekt gehandelt, wenn man Portugal aufgefordert habe, die Konferenz mit Unterlagen zu versorgen, und jetzt auf die portugiesische Erklärung warte. Eine Sondersitzung des Nichtinterventionskomitees sei darum abzulehnen.[41] Plymouth machte in genauer Entgegensetzung zu Kagan Formalkriterien geltend, die dem Nichteinmischungsausschuß keine Exekutivgewalt gaben, sondern von ihm eine genaue Untersuchung und die zweifelsfreie Darstellung der Fakten[42] verlangten.

Diese Verhandlungsführung brachte Plymouth nicht nur die Kritik der sowjetischen Presse ein[43], sie konnte auch Maiski nicht davon abhalten, nur drei Stunden vor Beginn der Sitzung vom 23. Oktober bekanntzugeben, die UdSSR könne sich an das Nichtinterventionsabkommen »nicht in größerem Maß als die übrigen Teilnehmer« gebunden fühlen[44]. Diese und die folgende Sitzung des Komitees[45] brachten harte Auseinandersetzungen über die Politik der Franco unterstützenden Länder. Nur Maiski erklärte, er sei von den Erklärungen der betreffenden Delegationen unbefriedigt. Einen Wortwechsel zwischen Maiski und Lord Plymouth beendete dieser brüsk: »Really I am not here to be cross-examined by members of the committee.«[46]

Die UdSSR ließ zwar keine Gelegenheit aus, auf die mangelnde Autorität des Nichtinterventionskomitees hinzuweisen, blieb aber Mitglied dieses Gremiums. Eden, der in diplomatischen Gesprächen aus seiner Aversion gegen die »verschlagene Haltung« Moskaus kein Hehl machte[47], stellte dies ausdrücklich fest. Alle Unterzeichner des Nichteinmischungsabkommens seien noch Mitglieder des Komitees – »sogar die Sowjetunion«. Dem sowjetischen Vorschlag, die portugiesischen Häfen kontrollieren zu lassen, entzog er die Basis, indem er in aller Form die Teilnahme britischer Marineeinheiten ablehnte. Im übrigen seien die sowjetischen Vorwürfe unbewiesen.[48]

Der britisch-sowjetische Gegensatz spitzte sich zu, als die UdSSR in der Sitzung vom 4. November selbst zum Beschuldigten wurde. Maiski versuchte die Frage ins Grundsätzliche auszuweiten, indem er der genuin kriegerischen Politik Deutschlands und Italiens die sowjetische Friedenspolitik im Rahmen des Völkerbunds entgegenstellte, konnte die übrigen Delegierten jedoch nicht davon überzeugen, daß die Sowjetunion keine Interventionspolitik betrieb.[49] In einem außenpolitischen Überblick am nächsten Tag verzichtete Eden zwar darauf, die sowjetische Haltung direkt anzugreifen, überging die Sowjetunion aber mit Schweigen.[50] Was dies zu bedeuten hatte, ergab sich nicht so sehr aus Edens formaler Bestätigung des britisch-sowjetischen Kommuniqués vom 31.3.1935[51], sondern aus seiner nun doch alsbald einsetzenden offenen Kritik an der sowjetischen Spanienpolitik.[52] In der Fragestunde des Unterhauses am 19. November verurteilte er in kategorischer Form die gegen das Nichteinmischungsabkommen gerichtete sowjetische Politik.[53] Als Litwinow wenig später die westlichen Demokratien und das Nichtinterventionskomitee der Begünstigung der faschistischen Aggression anklagte[54], unterstrich Eden mit einer allgemeinen Ablehnung jeder Intervention in Spanien seinen Standpunkt von neuem[55].

Umsonst appellierte die britische Regierung an die Vertragstreue der Mitglieder des Nichtinterventionskomitees.[56] Längst war die von den faschistischen Staaten angestoßene und von der UdSSR beantwortete Interventionswelle über den britischen Gedanken der Nichteinmischung hinweggegangen.[57] In einem Memorandum machte Vansittart die sowjetische Regierung, die ihm bar jedes staatsmännischen Verhaltens zu sein schien, hauptsächlich dafür verantwortlich, daß der Bürgerkrieg zu dem blutigen Konflikt der Ideologien wurde, den Großbritannien gerade zu vermeiden suche. Vansittart sah in der UdSSR »still a merchant of dangerous thoughts«[58].

Die Vielschichtigkeit der sowjetischen Politik rief bei westlichen Beobachtern die Vorstellung eines Rätsels hervor, dessen Lösung man nicht kennen könne. Mit Vansittarts Urteil, die Sowjetunion gehe einer gänzlich unsicheren Zukunft entgegen, stimmte Churchill überein, der von der Undurchdringlichkeit, der Zweigesichtigkeit und dem Übergangscharakter des Sowjetregimes sprach[59].

Die sowjetische Außenpolitik sah sich Anfang 1937 gänzlich isoliert. Ihr zweigleisiges Vorgehen, das den Westmächten durch ihr Verbleiben im Nichtinterventionskomitee ein Minimum an Kooperation anbot, zugleich aber die Weltrevolution nicht verraten wollte, schien 1936/37 den Akzent auf die Revolution zu setzen, zumal sich auch im Innern der Sowjetunion mit den stalinistischen Säuberungen ein Vorgang abspielte, der mit den Kategorien der westlichen Welt kaum erklärbar war[60]. Die sowjetischen Vertreter blieben unter diesen Umständen bei ihren Bemühungen, die Westmächte zu Sanktionen gegen Deutschland und Italien zu bewegen, notwendigerweise erfolglos. Irgendwelche Schritte gegen die faschistische Intervention mußten die britische Politik gefährden, die eine Beendigung des Konflikts anstrebte, um jeden Preis aber seine Lokalisierung wünschte. Das Verhalten der sowjetischen Delegierten im Nichtinterventionskomitee ließ nur den einen Schluß zu, Moskau verfolge im Spanischen Bürgerkrieg genau entgegengesetzte Ziele, nämlich die Ausweitung des Konflikts, während die Hilfe Deutschlands und Italiens für Franco solche Gefahren nicht mit sich brachte. Daß diese Politik die faschistische Intervention weitgehend risikolos machte[61] und der legalen spanischen Regierung jede Überlebenschance nahm, vermochte die Überlegungen Whitehalls nicht zu beeinflussen, das sich mit einem ganzen Kranz von Problemen im Weltmaßstab konfrontiert sah.

Die britisch-italienische Vereinbarung vom 2.1.1937[62] verdeutlichte die Politik Großbritanniens, mit Italien im Mittelmeerraum zu einem Kompromiß zu gelangen, statt unter sowjetischem Applaus einen Krieg zu riskieren. Litwinow zeigte sich besorgt über eine Entwicklung, die ihm eine diplomatische Niederlage nach der anderen brachte.[63] Andererseits verzichtete die Sowjetunion auf die Teilnahme an einer internationalen Kontrollaktion an den spanischen Küsten und Grenzen. Freilich konnte sie mit der ihr übertragenen Aufgabe, die nordspanische Küste zu über-

wachen, kaum einverstanden sein, wenn Italien und Deutschland gleichzeitig die Ostküste unter ihrer Aufsicht haben sollten.[64] Maiski ging noch
einen Schritt weiter, als er während des zweiten Kongresses für Frieden
und Freundschaft mit der Sowjetunion am 13. 3. 1937 in London von der
erhöhten Verteidigungsbereitschaft der Sowjetunion sprach, die nicht
mehr – wie 1934 beim Eintritt in den Völkerbund – auf fremde Hilfe
angewiesen sei. Kollektive Sicherheit habe aufgehört, ein sowjetisches
Lebensinteresse darzustellen. Wenn die UdSSR den Völkerbund dennoch
weiterhin für notwendig erachte, so nicht aus nationalen Sicherheits-
gründen, sondern um des Weltfriedens willen.[65]

In Übereinstimmung mit den in solchen Äußerungen enthaltenen isola-
tionistischen Tendenzen der sowjetischen Außenpolitik spielte die
UdSSR im Nichtinterventionskomitee nur noch eine Nebenrolle, die
Lord Plymouth zudem als bloßen Störungsfaktor disqualifizierte: »The
Soviet Representative likes to make the most of the difficulties; I like to
make as little as possible of them.«[66] Die formale Korrektheit der
britisch-sowjetischen Beziehungen[67] konnte nicht darüber hinwegtäu-
schen, daß materiell keine Berührungspunkte vorhanden waren. Der
sowjetischen Stellungnahme zugunsten der »Rechte und Machtbefug-
nisse, die der legalen spanischen Regierung dem Völkerrecht entsprechend zustehen«[68], stand die britische »Rolle des unabhängigen
Vermittlers«[69] gegenüber.

Einen weiteren Machtverlust mußte die UdSSR nach der Konferenz
von Nyon hinnehmen, zu der sie nach Edens Willen ursprünglich gar
nicht zugelassen werden sollte. Erst ein französischer Einspruch
revidierte diese Absicht.[70] Schließlich wurden im September 1937 alle
Mittelmeer- und Schwarzmeerstaaten außer Spanien sowie Deutschland
eingeladen, um Maßnahmen gegen Operationen unbekannt gebliebener,
wahrscheinlich aber italienischer U-Boote zu treffen.[71] Während London
und Paris Italien zur Konferenz einluden, klagte Moskau Italien der
Piraterie an und gab Mussolini so einen Vorwand, der Konferenz fernzu-
bleiben. Zur allgemeinen Überraschung fand sie trotzdem statt und
nahm in Abwesenheit von Deutschland und Italien einen raschen
Verlauf. Zunächst wurde unter der Leitung der britischen und
französischen Flotten ein Patrouillensystem vorgesehen, an dem sich die
übrigen Mächte beteiligen sollten. Der sowjetischen Flotte wurde zusammen mit der Türkei die Kontrolle der nördlichen Ägäis übertragen. Jedes
verdächtige U-Boot sollte sofort beschossen werden.

Gegen diesen Plan erhoben die kleineren Mächte jedoch wegen der
damit verbundenen Kriegsgefahr Einspruch. Zudem erklärten die
Staaten des östlichen Mittelmeers ihr Veto gegen eine Zusammenarbeit

mit der Sowjetunion. Zur Verwunderung Edens erklärte sich Litwinow zum Ausscheiden aus dem Kontrollsystem bereit.[72] Litwinow äußerte lediglich Vorbehalte, weil die getroffenen Schutzbestimmungen wegen des Prinzips der Nichtintervention keine Anwendung auf Schiffe der spanischen Regierung finden sollten. Nach Beendigung der Konferenz zeigte auch Italien Interesse an dem beschlossenen Kontrollsystem. An den Verhandlungen über die praktische Durchführung der Patrouillen hatte die Sowjetunion keinen Anteil mehr. Daß schließlich Italien selbst daran beteiligt, der Pirat also zum Polizisten gemacht wurde[73], gehörte zu den grotesken Erscheinungen der Politik der Nichteinmischung und des Nichtinterventionskomitees, dessen Aufgabe mehr denn je darin bestand, die tatsächlich stattfindende Intervention um der Ruhe des übrigen Europa willen zu ignorieren.

Eden wiederholte seine ungezählte Male vorgetragene These, der Frieden in Europa sei nur der Politik der Nichteinmischung zu verdanken, am 18.9.1937 vor dem Völkerbund und entgegnete damit dem spanischen Delegierten Negrín, der die Aufhebung der Nichteinmischung verlangte, indes nur die Unterstützung der UdSSR und Mexikos erhielt. Immerhin aber konnte Großbritannien eine Entschließung des Völkerbunds nicht verhindern, die vom »Versagen der Nichteinmischung« sprach.[74] Aus britischer Sicht jedoch war nicht entscheidend, daß in Spanien tatsächlich keine Intervention stattfand, sondern daß das Feuer nicht auf Nachbarländer übergriff. So verstanden konnte London in der Tat von einem Erfolg seiner Politik sprechen, und es kümmerte Eden wenig, wenn Maiski sich abermals von der Politik der Nichteinmischung distanzierte, die er als ungerecht und nutzlos bezeichnete und der er vorwarf, sie begünstige die Aggressoren[75]. Der britische Außenminister beabsichtigte keineswegs, Moskau doch noch zur Mitarbeit zu bewegen, sondern meinte, »man solle Rußland ruhig hinausgehen lassen«[76]. Er nannte die Sowjetunion nicht, als er während einer Unterhausrede im Dezember 1937 die Freunde Großbritanniens aufzählte.[77]

Die Sowjetunion erreichte genau das Gegenteil dessen, was sie eigentlich intendierte. Statt die Westmächte von der Aussichtslosigkeit zu überzeugen, mit Deutschland und Italien zu einem Ausgleich kommen zu können, hatte sie ihren eigenen außenpolitischen Kredit verspielt. Statt die Westmächte zu einer Intervention gegen die Intervention zu bewegen, geriet die UdSSR in die außenpolitische Isolierung. Es gelang ihr nicht, das Nichtinterventionskomitee zu einem antifaschistischen Bündnis umzuformen. Wie schon vorher der Völkerbund, sollte auch der Nichteinmischungsausschuß als Basis für den Versuch dienen, die Westmächte zum Widerstand gegen die revisionistischen Großmächte zu verpflichten.[78] Der Mißerfolg dieser Politik, der sich gleichzeitig in der Machtlosigkeit des Nichtinterventionskomitees und der ungestraften japanischen Aggression gegen China dokumentierte, versetzte dem Gedanken der kollektiven Sicherheit in Europa und im Fernen Osten den Todesstoß und machte alle sowjetischen Hoffnungen zunichte, bei einem Angriff auf die UdSSR die Hilfe des kollektiven Systems und vor allem Großbritanniens in Anspruch nehmen zu können.[79]

Im Gegensatz zur Sowjetunion betrachteten die Westmächte das Nichtinterventionskomitee nicht als Beschlußgremium, sondern eher als Untersuchungsausschuß und Vermittlungsinstanz, die kein Ort für die Austragung politischer Gegensätze sein sollte.[80] Maiski dagegen verstand seine Aufgabe als Bestandteil des Kampfs gegen Deutschland und Italien. Ganz bewußt sprengte er den engen Rahmen und die Vertraulichkeit der Sitzungen, indem er beispielsweise die Presse über das ausgegebene Kommuniqué hinaus unterrichtete und so gegen das verabredete Prinzip der Geheimhaltung verstieß.[81] Seine Kontroversen vor allem mit Lord Plymouth und Grandi isolierten ihn im Nichtinterventionskomitee und sein Land in der internationalen Politik.

Die Verhandlungen im Nichteinmischungsausschuß und die sowjetische Politik gegenüber dem Spanischen Bürgerkrieg wirkten sich belastend und mit fortschreitender Zeit ausschließlich negativ auf die Gestaltung der britisch-sowjetischen Beziehungen aus. Die Erfahrungen des Spanischen Bürgerkriegs hatten entscheidenden Anteil daran, daß die nach britischem Verständnis außenpolitisch diskreditierte und so wenig kooperative Sowjetunion, die obendrein infolge der pausenlosen Liquidierungen von Führungskräften in allen Bereichen innenpolitisch zerrüttet schien, als Faktor aus der internationalen Politik weitgehend ausschied.

Anmerkungen

1 Maiski in: *The Challenge to Democracy. A Popular Front for Britain.* Hrsg. v. *News Chronicle.* London o.J. (1936), S.72. Vgl. *Manchester Guardian.* 3.8.1936.

2 *Times.* 9.7.1936. Vgl. Lammers, D.N.: »Britain, Russia, and the Revival of Entente Diplomacy: 1934.« In: *Journal of British Studies.* Bd.6. (1967). S.123.

3 Vgl. etwa den Artikel im *News Chronicle* vom 17.7.1936, der anläßlich Litwinows 60. Geburtstag erschien.

4 So auch Coudray, H. du: »Britain and the Russian Bogey.« In: *The Fortnightly* 142. (1937). S.231.

5 Abschließendes Memorandum von Rendel vom 19.7.1936, Public Record Office (künftig PRO), FO 371/20080.

6 Eden zu Litwinow, Genf 27.6.1936, PRO, FO 371/20076.

7 Siehe im einzelnen: *Actes de la Conférence de Montreux.* Paris 1936, S.43 ff.

8 Vgl. zur Konferenz von Montreux Earl of Avon [The Eden Memoirs]: *Facing the Dictators.* London 1962, S.420, und die Memoiren des Mitglieds der britischen Delegation G.Rendel: *The Sword and the Olive. Recollections of Diplomacy and the Foreign Service 1913–1954.* London 1957, S.91 ff. Ferner *Survey of International Affairs for the Year 1936.* London 1937, S.584 ff.; Beloff, M.: *The Foreign Policy of Soviet Russia 1929–1941.* London 1949, Bd.2, S.42 ff.; Tillett, L.R.: *The Soviet Union and the Policy of Collective Security in the League of Nations 1934–1938.* Diss. Chapel Hill (masch.), S.195 ff.; Zechlin, E.: *Die türkischen Meerengen – ein Brennpunkt der Weltgeschichte.* Geschichte in Wissenschaft und Unterricht Bd.17. (1966). S.23.

9 Vgl. *Survey 1936.* S.608, 621; Avon, Earl of: *Facing the Dictators.* S.420.

10 Neurath zum britischen Botschafter 1.7.1936, Deutsches Zentralarchiv Merseburg 60969: Handakten Neurath. In der Kabinettssitzung vom 15.7.1936 wurde dieser Punkt ausdrücklich in seiner Bedeutung hervorgehoben (PRO, CAB 23/85).

11 Vgl. Beloff: a.a.O., Bd.2, S.83 f.; *Survey 1936.* S.113 ff.

12 Deutsche Botschaft in Moskau an AA, 14.9.1936, Polit. Archiv des Ausw. Amtes (künftig PA), Pol. II, Pol. Bez. zwischen England und Rußland 1936–1939.

13 Liddell Hart, B.H.: *Memoirs.* London 1965, Bd. 1. S. 389 f., und oben, 1. Kapitel, Abschn. I, 5.

14 Oberst Paget (Kriegsministerium) an den deutschen Militärattaché in London, 6.7.1936: »General Dill wishes you to have this information early, so that you may be able to explain the position to your military authorities and thus avoid the risk of any misunderstanding.« Bundesarchiv, Abt. Militärarchiv, Freiburg [künftig BA (Mil.)]. W 02-42/29: Militärattaché London.

15 Im folgenden konzentriert sich die Darstellung auf die Grundlinien der britischen Politik gegenüber dem Spanischen Bürgerkrieg, um sich dann den Rückwirkungen auf die britisch-sowjetischen Beziehungen zuwenden zu können. Für Einzelheiten vgl. Kleine-Ahlbrandt, Wm.L.: *The Policy of Simmering. A Study of British Policy during the Spanish Civil War 1936–1939.* The Hague 1962; Cattell, D.T.: *Soviet Diplomacy and the Spanish Civil War.* Berkeley und Los Angeles 1957; und die beste Gesamtdarstellung Thomas, H.: *Der Spanische Bürgerkrieg.* Berlin–Frankfurt–Wien 1962. Siehe auch Wohlfeil, R.: »Zum Stand der Forschung über Hauptprobleme des Spani-

schen Bürgerkriegs.« In: *Militärgeschichtliche Mitteilungen*. Heft 2. (1969). S. 189 ff.

16 Eden 19. 1. 1937, House of Commons, Parliamentary Debates (künftig HC) 319, Sp. 95, 106 f. und 1. 11. 1937, HC 328, Sp. 595.

17 Eden 1. 12. 1936, HC 318, Sp. 1105; Chamberlain und Eden 25. 6. 1937, HC 325, Sp. 1546, 1608 ff. und 21. 12. 1937, HC 330, Sp. 1812, 1889.

18 Churchill, W. S.: *Step by Step*. London 1939, S. 52, 57. Churchill revidierte sein Urteil verschiedentlich. Entsprechend der Verschärfung der internationalen Situationen nahm er im Dezember 1938 für das republikanische Spanien Stellung (ebenda, S. 314), nachdem er zeitweilig Sympathien für Franco gezeigt hatte (ebenda, S. 120 f.).

19 *Annual Conference of the Labour Party. Reports 1936*, S. 169. Vgl. *Survey of International Affairs for the Year 1937*. Bd. 2: *The International Repercussions of the War in Spain (1936–37)*. London 1938, S. 157; Dalton, H.: *The Fateful Years. Memoirs 1931–1945*. London 1957, S. 253.

20 Vgl. dazu *Survey 1937*. Bd. 2, S. 170 ff.; Puzzo, D. A.: *Spain and the Great Powers 1936–1941*. New York und London 1962, S. 18 f.; Kleine-Ahlbrandt, Wm. L.: a. a. O., S. 87 ff.; Graves, R., und Hodge, A.: *The Long Week-End. A Social History of Great Britain 1918–1939*. New York 1941, S. 324.

21 So sagte der Konservative Abgeordnete C. Emmott am 29. 10. 1936, HC 316, Sp. 118: »I say that the balance of Imperial advantage is on the side of the establishment of a Fascist state in preference to the establishment of a Communist state.« Vgl. Nicolson, H.: *Diaries and Letters 1930–1939*. London 1966, S. 307; Esch, P. v. d.: *Prelude to War. The International Repercussions of the Spanish Civil War*. The Hague 1951, S. 163 f. Kleine-Ahlbrandt: a. a. O., S. 10, 141.

22 Vgl. Friedlander, R. A.: »Great Power Politics and Spain's Civil War: The First Phase.« In: *The Historian*. 28. (1965/66). S. 79.

23 *Daily Mail*. 19. 7. 1937.

24 Vgl. Thomas, H.: a. a. O., S. 292 ff., 390.

25 Vgl. u. a. Orwell, G.: *Mein Katalonien*. München 1964; Spender, S.: *Welt zwischen Welten*. Frankfurt o. J., S. 245 ff.; Toynbee, P.: *Friends Apart. A Memoir of Esmond Romilly and Jasper Ridley in the Thirties*. London 1954; Payne, R. (Hrsg.): *The Civil War in Spain 1936–1939*. London 1963, S. 156 ff.

26 Dazu Ford, H. D.: *A Poet's War. British Poets and the Spanish Civil War*. Philadelphia 1965; Wohlfeil, R.: »Der Spanische Bürgerkrieg 1936–1939. Zur Deutung und Nachwirkung.« In: *VfZ*. Bd. 16. (1968). S. 101 ff. [in diesem Band S. 53–75].

27 R. Graves und A. Hodge: a. a. O., S. 325 f. Dazu Watkins, K. W.: *Britain Divided. The Effect of the Spanish Civil War on British Public Opinion*. London 1963.

28 Vgl. etwa die Debatten HC 316, Sp. 39 ff. (29. 10. 1936); HC 318, Sp. 1059 ff. (1. 12. 1936); HC 319, Sp. 124 ff. (19. 1. 1937); HC 321, Sp. 217 ff. (2. 3. 1937); ebd. Sp. 3109 ff. (25. 3. 1937).

29 Vgl. Brand, C. F.: *The British Labour Party*. Stanford 1965, S. 201; Kleine-Ahlbrandt: a. a. O., S. 14 ff., 77; Cattell: a. a. O., S. 13, 25 ff.

30 Dazu gehörten alle europäischen Staaten mit Ausnahme der Neutralen. Die Verhandlungen des Komitees interessieren hier nur unter dem Aspekt der britisch-sowjetischen Beziehungen. Eine knappe und übersichtliche Darstellung der Geschichte des Nichtinterventionskomitees gibt Merkes, M.: *Die*

deutsche Politik gegenüber dem Spanischen Bürgerkrieg 1936–1939. Bonn 1961, S. 106 ff. und 159 ff.

31 Eden an Cecil, 17.9.1936, (British Museum:) Cecil Papers, Bd. 51083.

32 Memorandum der britischen Regierung vom 23.10.1936, Foreign Office Library: Internat. Committee for the Application of the Agreement Regarding Non-Intervention in Spain [künftig FOL, NIS (36)] 105.

33 FOL, NIS (36) 81. Vgl. Thomas, H.: a.a.O., S. 230f.

34 FOL, NIS (36) 6th meeting, S. 5 ff.

35 Vgl. Avon, Earl of: *Facing the Dictators.* A.a.O. S. 409.

36 *Times.* 9.10.1936.

37 Ein Korrespondentenbericht führte darüber aus: »No one knows precisely what the Russian Government's aims are, and there is a considerable distrust of its motives.« (*Manchester Guardian.* 9.10.1936.)

38 Aufzeichnung Vansittarts vom 26.10.1936, PRO, FO 800/394.

39 Sitzung vom 29.10.1936, PRO, CAB 2/6.

40 FOL, NIS (36) 92, Annex A.

41 Ebenda. Annex B.

42 »to establish the facts.« Ebenda.

43 Vgl. Cattell: a.a.O., S. 147f. (Anm. 30 und 33).

44 FOL, NIS (36) 109. Vgl. Maisky, I.: *Spanish Notebooks.* London 1968, S. 48f.

45 FOL, NIS (36) 7th meeting (23.10.1936), S. 3 ff.; 8th meeting (28.10.1936), S. 7 ff.

46 FOL, NIS (36) 7th meeting, S. 12.

47 Eden zum belgischen Botschafter de Cartier, 24.10.1936, *Documents Diplomatiques Belges 1920–1940.* Bd. 4, No. 156, S. 394.

48 HC 316, Sp. 46, 49 (29.10.1936).

49 FOL, NIS (36) 10th meeting (4.11.1936), S. 7 ff.

50 HC 317, Sp. 275 ff. (5.11.1936).

51 Ebenda. Sp. 843 (11.11.1936).

52 Vgl. auch die Bewertung der Rede Edens vom 5.11.1936 durch François-Poncet und Corbin, *Documents Diplomatiques Français 1932–1939. 2e Série: 1936–1939.* Bd. 3, No. 462, S. 722 und No. 471, S. 746f.

53 HC 317, Sp. 1923 (19.11.1936).

54 Litvinov, M.: *Against Aggression.* London 1939, S. 62 ff.

55 HC 318, Sp. 1098 (1.12.1936): »It is no more excusable for Soviet Russia – although I admit it may arouse more sympathy in some quarters – to send arms to Spain than it is for any other Government to do so.«

56 Plymouth am 2.12.1936, FOL, NIS (36) 12th meeting, S. 8.

57 Darüber beklagt sich Eden gegenüber Maiski am 11.1.1937, PRO, FO 371/21351.

58 Memorandum vom 31.12.1936, PRO, FO 371/20354.

59 HC 371, Sp. 319 (5.11.1936).

60 So sinngemäß Eden zu Litwinow am 11.5.1937, PRO, FO 371/21102.

61 Vgl. Merkes: a.a.O., S. 176.

62 Vgl. oben 3. Kapitel, Abschnitt III. 2.

63 Siehe Schulenburg an AA, 11.1.1937, PA, Pol. II, Pol. Bez. zwischen England und Italien, Bd. 1; Davies an Hull, 4.2.1937, *Foreign Relations of the United States. Diplomatic Papers* (künftig FRUS) 1937, Bd. 1, S. 39 und 15.2.1937, FRUS, *The Soviet Union 1933–39.* Washington 1952, S. 373.

64 FOL, NIS (36) 362. Vgl. Kleine-Ahlbrandt: a.a.O., S. 48. Die endgültige Aus-

arbeitung des Kontrollplans geschah im Technical Advisory Sub-Committee des Nichtinterventionskomitees und wurde dort nach langwierigen Debatten abgeschlossen. Der sich daran anschließende Dialog zwischen dem sowjetischen Delegierten Kagan und Francis Hemming, dem Sekretär des Komitees, wirft ein bezeichnendes Licht auf die gesamte Situation und die britisch-sowjetischen Differenzen in der Frage des Spanischen Bürgerkriegs. Kagan: »I do not agree with you and you do not agree with me, but we remain friends.« Hemming: »We remain friends, but I have a much greater responsibility than you.« NIS (36) 379.

65 *Manchester Guardian.* 15.3.1937. Vgl. *For Peace and Friendship. Proceedings of the Second International Congress of Peace and Friendship with the USSR.* London 1937.

66 FOL, NIS (36) 21st meeting (26.5.1937), S. 13.

67 Dies wurde von Eden am 21.7.1937 bestätigt. HC 326, Sp. 2185.

68 Maiski am 16.7.1937 im Nichtinterventionskomitee, FOL, NIS (36) 27th meeting, S. 4.

69 Eden an Halifax, 1.8.1937, (City Library, York:) Hickleton Papers A4-410-21/1.

70 Kabinettssitzung vom 8.9.1937, PRO, CAB 23/89.

71 Zur Konferenz von Nyon vgl. Kleine-Ahlbrandt: a.a.O., S. 66ff.

72 Avon, Earl of: *Facing the Dictators.* A.a.O., S. 467.

73 So Cianos eigener Kommentar dazu, vgl. Thomas: a.a.O., S. 368.

74 Ebenda S. 367f.

75 FOL, NIS (36) 682 (19.10.1937) und NIS (36) 694 (29.10.1937).

76 Eden zu Woermann, 26.10.1937, *Akten zur Deutsch. Ausw. Politik 1918–1945,* Serie D, Bd. 3: *Deutschland und der Span. Bürgerkrieg,* Nr. 457, S. 411. Dem lag ein Beschluß des Kabinetts zugrunde, PRO, CAB 23/89 (20.10.1937).

77 HC 330, Sp. 1890 (21.12.1937). Kritisch dazu *Daily Herald.* 23.12.1937.

78 Vgl. Cattell: a.a.O., S.V, 16, 38, 50f.

79 Dies war zweifellos die Hauptantriebsfeder der sowjetischen Politik, wie Maiski gegenüber Cecil am 22.12.1937 auch zugab. Cecil notierte nach dem Gespräch, die Sowjetunion sei bestrebt »to maintain the principle of collective security on general grounds and also so that they might have the benefit of it if they were attacked in Europe« (*Cecil Papers.* Bd. 51 178.)

80 Dies brachte schon in der ersten Sitzung der französische Delegierte, Botschafter Corbin, zum Ausdruck: »The Committee should ..., in our view, do everything to avoid any debates of a political nature.« FOL, NIS (36) 1st meeting (9.9.1936), S. 4.

81 Maisky: a.a.O., S. 35f.

DAVID CARLTON

Eden, Blum and the Origins of Non-Intervention

Most supporters of the Republican side in the Spanish Civil War were and are convinced that the agreement of the European Powers to operate a policy of non-intervention, which was to be substantially observed in practice only by the Western democracies, was of vital significance in determining the outcome of the struggle. Yet this allegedly fatal step was first officially proposed by the French Popular Front Government led by Léon Blum. The result has been that the European Left as a whole has been content to argue that the French acted as they did only under pressure from the right-wing British Government. According to this interpretation, the French capitulated to the British in several stages. First, on 25 July, the French Cabinet, supposedly overawed by British representations made at an international conference in London, decided not to adhere to their original intention of aiding the Madrid Government. Instead, they suspended the export of arms to Spain, though they refrained from taking the further logical step of banning the export of civil aircraft, which could of course easily be converted for military use. The next supposed British success came on 1 August when the French Government decided to promote an international non-intervention agreement. In the first instance this proposal was put only to the Mediterranean Powers but it was subsequently felt desirable to attempt to bring in Germany and the Soviet Union as well. But in the meantime evidence had accumulated that the Italians were supplying military aircraft to the insurgents in Spanish Morocco. The result was that on 2 August the French Foreign Ministry issued the following statement: "The fact that munitions of war are now being sent from abroad to the insurgents compels the French Government to reserve their liberty of judgment in application of their decision [not to supply arms]." By

Aus: *Journal of Contemporary History*. Bd. 6. (1971). Heft 3, S. 40–55. Mit freundlicher Genehmigung des Institute of Contemporary History, London.

7 August the implications of this statement were becoming apparent: the French had let it be known that they had authorized the despatch to the Republicans of five military aircraft ordered before the outbreak of the conflict.[1] At this juncture, according to the traditional left-wing account, the British once again intervened – and as a result on 7/8 August, without having received any definite response to their non-intervention proposal from either Italy or Germany, the French Cabinet approved an immediate unilateral ban on the export to Spain not only of all war material but also of all civil aircraft.

It may be appropriate at this point to cite several examples of left-wing interpretations of what lay behind these developments. First, a characteristic account of the significance of the London Conference is the following passage written by an American scholar under the by-line "Mr. Eden Restrains M. Blum from Rendering Assistance to the Spanish Republicans":

"On 21 July 1936, Air Minister Cot decided to agree to a request from the Spanish Republicans and to send arms and ammunition to the Madrid Government. On July 22, M. Corbin, the French Ambassador in London, called Blum and emphasized that the British were extremely agitated over Cot's decision. Corbin asked Blum to come to London. Upon Blum's arrival in London Eden informed him that the Baldwin Government considered that any assistance lent by the French Government to the Spanish Government might conceivably develop a most critical international situation, especially in view of the Italian and German attitudes. What is more, there were reports of German troop movements on the French frontier. What could the pliable Blum do? He chose to assume that he could not offend his recently acquired ally. Upon Blum's return to Paris on the 25th he immediately called his Cabinet together and the issue was debated. Blum sided with the more moderate members Daladier, Minister of National Defence, and Delbos, Minister of Foreign Affairs, to override Cot's objections. Finally, a policy of strict neutrality was decided upon and the Spanish Republican Government was 'officially' cut off from its most important source of arms."[2]

Second, a left-wing interpretation of the origin of the French appeal for a multilateral non-intervention agreement by Claude Bowers, the American Ambassador in Madrid, who after retiring wrote that "it is now fairly established" that non-intervention "was hatched in London and that Blum was practically blackmailed into acceptance"[3]. Finally, for an illustration of the left-wing view concerning British responsibility for the French Cabinet's acceptance on 7/8 August of a total and unilateral arms embargo we may refer to two authorities, namely José Giral and

Hugh Thomas. Giral, the Spanish Prime Minister, was reported as having said:

"Nothing is more mistaken than the view, so firmly held in Spain, that the British Foreign Office never makes mistakes and always acts with wisdom. By forcing the hand of Paris they have committed more than a crime, they have committed an enormous ineptitude for which sooner or later they will have to pay. It was sufficient for the City of London to fear a Republican victory – they are blind enough to suppose that the Republican emblem is the hammer and sickle – to go scuttling to the Foreign Office like a lot of frightened old maids. The latter promptly made common cause with them, and accepted the responsibility before history of more or less threatening the French Popular Front Government with a cancellation of the Locarno Pact if they allowed the export of arms to Spain."[4]

Even more specific about an alleged British threat regarding Locarno is Hugh Thomas, the distinguished historian of the Spanish Civil War:

"... on August 8 the French Cabinet changed their policy. A *communiqué* announced that from August 9 all export of war material to Spain would be suspended. This was explained as being due to the 'almost unanimously favourable' reply the Government had received to its ideas for non-intervention. In fact the previous day Sir George Clerk, the British Ambassador, had almost presented Delbos with an ultimatum. If France did not immediately ban the export of war material to Spain, and war with Germany were to follow, Britain would hold herself absolved from her obligation to aid France under the Treaty of Locarno. Furthermore by this time Admiral Darlan had returned with bad news from London. He had seen an old friend, Admiral Lord Chatfield, who had told him that there was no point in making any official approach to the Government through Sir Maurice Hankey, and that Franco was a good Spanish patriot. The Admiralty, also, were 'unfavourably impressed' by what they had heard of the murder of the Spanish naval officers. Darlan therefore reported that there was no possibility at all of Britain looking favourably on French aid to the Republic. And fear of offending England was the reason why the Cabinet was brought, on August 8, to reverse its decision of August 2."[5]

None of the foregoing accounts gives the slightest credence to the statements made at the time by several British and French spokesmen expressly affirming that the French took sole responsibility for the various steps taken.[6] That these spokesmen may have been telling the truth cannot be so easily ruled out. It may, for example, be significant that no authoritative British spokesman has ever subsequently deviated from the line adopted at the time. In particular, Eden wrote in his memoirs *Facing the Dictators* (p. 405):

"Mr Arthur Greenwood and Sir Walter Citrine, with other Labour supporters, came to see me on August 19th [1936], when I explained confidentially to them the action we had taken, remarking that the initiative for non-intervention had come from the French Government. At this point, a member of the deputation interjected that I was perhaps aware of the rumour that the initiative had been taken by the French, but under pressure from the British Government. I replied that there was no truth whatever in this suggestion and my statement was at once accepted. A week later, the same deputation came to the Foreign Office again and, after discussion of other aspects of the war in Spain, asked once more about the origins of the proposed Non-Intervention Agreement, which, according to information they had received from Paris had emanated from London, probably at the time of the three-power discussions between France, Belgium and ourselves. I denied this statement, adding that I should have been glad to be able to say that non-intervention was my proposal, as I considered it the best which could have been devised in the circumstances."

By contrast, however, some leading French figures, while continuing to deny the more extreme versions, have referred to *indirect* pressure from Britain. Cot came nearest to substantiating the left-wing case when he wrote:

"It was quite obvious that the British Cabinet disapproved of the shipment of French arms to the Spanish Republic. The British wanted France to adopt a policy of neutrality towards the conflict which was tearing Spain apart; failing that, they suggested helping General Franco, a policy which would have compromised collective security and the League of Nations forever. That was what Blum had been given to understand when he had gone to London on July 22 [sic] and it had been repeated still more frankly in naval and military circles; nor did the despatches of M. Corbin ... leave any doubt as to British feeling. ... If Blum and the majority of the cabinet accepted on August 8 what they had refused on August 2, it was because an almost unconscious reflection had magnified the information received from London on the state of British opinion; rightly or wrongly, it looked as if the non-intervention policy would be the only way of preventing England from aiding Franco."[7]

Yet this testimony does not on close scrutiny amount to much. First, his reference to the London Conference carries little conviction. It conflicts with Blum's own account and, since Cot was not present, it could not have been based on first-hand knowledge. More important is his reference to the Cabinet meeting of 7/8 August which he attended in person. Here the crucial point is his admission that "an almost unconscious reflection had magnified the information received from London on the state of British opinion". It will be noted, moreover, that he made no reference to Sir George Clerk or to the alleged British ultimatum concerning Locarno.[8] Blum also modified his position with the passage of time, but not to such an extent as would justify the prevailing left-wing interpretation of his conduct. In 1947 he admitted that at the London Conference Eden had said to him of Spain: "That is your affair; I ask only one thing of you, I beg of you, be cautious (*soyez prudent*)." Three years later he said of his talks on Spain with British statesmen in London: "It would be exaggerated to speak of opposition. But counsels of prudence were dispensed and sharp fears expressed."[9] Like Cot, he at no time made reference to any British threat regarding Locarno.

Whom, then, are we to believe: Eden, Blum, Cot, or Giral? In attempting to provide an answer the present writer has consulted two important sources recently made available, the official archives of the British Government and a published collection of French Foreign Ministry documents relating to 1936.

Considerations must first be given to the London Conference of 23 July. This had originally been arranged to enable Britain, France, and Belgium to consider the future of the Locarno Treaties following Germany's remilitarization of the Rhineland; and that according to the British record of the proceedings was in fact all that was discussed.[10] One scholar's implied claim that the meeting was called to discuss the Spanish Civil War is thus plainly disproved.[11] Another claim also seems implausible, though it cannot be so briefly dismissed. This emanated from Straus, the American Ambassador in Paris, who alleged that because of the Spanish situation Blum was asked to attend the Conference at the last minute, Corbin, the French Ambassador in London, having telephoned the Quai d'Orsay on the previous day, 22 July, to press for his presence. The fact is that neither the French Foreign Ministry documents nor the material in the British Foreign Office archives provide the slightest confirmation of this account. Moreover, the Paris correspondent of "The Times", in a report written a day before Corbin's alleged action, noted that Blum had been appointed as a delegate to the London Conference. Straus's account must therefore be judged to carry little conviction.[12]

We are left, then, with the possibility that the French leaders, though in

London for other reasons, nevertheless had unofficial conversations on the Spanish question. In this connection it will be recalled that the substance of Blum's testimony more than ten years later was merely that Eden had counselled prudence. But even this claim finds no confirmation in the British archives, in the published French documents, or in Eden's memoirs. It is not however unlikely that Eden made some comment of this kind. Certainly it would be surprising if the two statesmen had not made even casual reference to Spain during informal conversations at the social functions accompanying the conference. Yet even if the accuracy of Blum's claim is accepted, what does it amount to? A casual exhortation to be careful hardly justifies the claim of Blum's latest biographer that "the conference was destined to be an important link in the chain of events that led to non-intervention", and that "the disapproval with which the British Cabinet viewed plans to aid Spain and Eden's admonitions at a time when the closest Anglo-French co-operation was desirable, played a significant part in the ultimate decision"[13].

There was, however, one really significant development from Blum's point of view during the Conference, but it had nothing to do with the British. This was the receipt from the Quai d'Orsay of a telegram containing this message:

"M. Cot has telephoned me to say that he is sending to the Department for approval a request presented by the Spanish Government for the purchase of twenty or thirty bombers. ...

The Air Minister added that, being in agreement with the President of the Council and the Minister of Foreign Affairs, and in view of the urgency, he would proceed tomorrow immediately with the delivery of the order, unless countermanded by the President of the Council, even if he had not received the approval of the Department [the Quai d'Orsay]. While I was preparing this telegram M. Henri Bérenger telephoned me to point out the strong feelings aroused in the Senate by the news of the possible delivery of any war material to the Spanish Government in the present circumstances because of the precedent which this would create. He believes that he is expressing the almost unanimous opinion of the Committee of Foreign Affairs that an official démenti be made.

In these circumstances, I shall await your instructions before drawing up a reply."[14]

This warning proved to be a decisive shot across the bows of Cot's policy, which on the return of the French ministers to Paris was quickly repudiated. It seems likely that the main reason why the Cabinet at their meeting on 25 July decided on this reversal was that a majority of ministers feared that if Cot's policy was followed the Cabinet would either break up or be defeated in the Chamber, with the further possible consequence that France, too, might be plunged into civil war. Foreign policy considerations were almost certainly secondary – and of these fear of a conflict with Germany and Italy may have been more persuasive than respect for what at this stage was a largely undefined British view.

The other occasions on which, according to many left-wing writers, British pressure was exerted on Paris concern the French decision on 1 August to propose a non-intervention agreement and their unilateral acceptance on 7/8 August of a complete arms embargo. The official British records, however, reveal that on neither occasion was any ultimatum, démarche, or even friendly suggestion to the French Government authorized by either the Cabinet or the Foreign Secretary.[15] Nor is there any reason to believe that the role of the Admiralty was as important or as sinister as is implied in accounts of the Darlan-Chatfield conversation as recollected by Blum. On the contrary, Chatfield's conduct would seem to have been beyond reproach if his own contemporary minute about his conversation with Darlan is to be believed:

"I interviewed this morning the following Officers of the French Ministry of Marine: Vice-Admiral Darlan, Chef de Cabinet Militaire, Rear Admiral Decoux, Naval Staff. They were accompanied by the French Naval Attaché and came specially over from the Ministry of Marine to give me information ... about the Spanish situation.

Admiral Darlan said they viewed the situation in Spain with great anxiety because of the possibility of action by other Powers. They did not wish either a Fascist or a Communist Government in Spain, yet one or other seemed inevitable. This meant a prolonged civil war which would exhaust Spain and whichever side won no strong Government would exist. Consequently Spain would be in a weak position and unable to resist any predatory action by Italy or Germany. What they feared was that Italy would take advantage of the situation to seize the Balearic Islands, and Germany the Canary Islands. This would be highly dangerous both for France, in her communications with Algeria and French Morocco, and for England as regards the Mediterranean and Cape routes. What did we feel about it? The French Naval staff were very anxious.

I said – Was what he was telling me conjecture or was it based on information? He said 'as regards Italy and the Balearic Islands, we have information, but we have no definite information as to Germany and the Canary Islands'. I asked him whether, if they had anxieties, they had any intention of sending ships to watch the situation in both groups of

Islands. He said if you will do so, we will, but we do not wish to send French ships there alone. We want to follow you in what you do; if you intend to leave ships on the coast of Spain we will do so, if you intend to withdraw them, we shall also withdraw ours.

I then informed him that the Admiralty had no policy in these matters but were merely acting under the instructions of the Foreign Office, whose policy had been explained very clearly in the press this morning. Our ships were only round the coast of Spain for the safety of our Nationals, but we have evacuated the great majority of these and are therefore considering reducing our forces to a minimum for the safety of those that are left. For my part, I had no information similar to that which he had conveyed to me (that is, of course, not strictly correct as we have certain information) but if the French Ministry of Marine really considered the situation so seriously, especially as regards the Balearic Islands, I thought the proper step would be for the Quai d'Orsay to so inform our Ambassador in Paris. I was, however, exceedingly obliged to him for having been so good as to come over to explain the situation as it was viewed by the French Ministry of Marir. :. I would take note of it and communicate it to the First Lord of the Admiralty, who would probably acquaint the Foreign Office. Admiral Darlan also suggested he should interview Sir Maurice Hankey [Secretary to the Cabinet and the Committee of Imperial Defence] – but I said I thought this unnecessary and he was I knew on his holidays."[16]

There is plainly nothing in this account which would justify one historian's claim that "Admiral Darlan thus returned to Paris bearing only further proof of British sympathy towards Franco"[17]. Nor is it easy to see any justification for Blum's later contention that the outcome of the Darlan mission "had a considerable influence on the final decision" to ban the export of arms to the Spanish Republicans[18], especially when it is recalled that while in London Darlan had apparently made no reference at all to arms exports. Hence if the so-called failure of the Darlan mission did in fact have a considerable influence, that would seem to imply a reflection not so much on Chatfield's conduct as on that of either Darlan or of Blum, one or both of whom must in that case be presumed to have misled the French Cabinet.

There was, however, one instance of British pressure being brought to bear at this time, namely that emanating on 7 August from Clerk. Yet even this can hardly have been of decisive significance, since he apparently made it clear that he was not speaking on behalf of his Government. The British Ambassador's own account of what took place on the occasion of his famous so-called démarche deserves to be quoted at length:

"I asked the Minister for Foreign Affairs to see me this afternoon. I told him that my visit was a personal one and made because I was profoundly disturbed about the situation in Spain ... I said that I understood that the French Government, though they were still maintaining their refusal to deliver ammunition or war material to the Madrid Government, had felt they could not refuse to allow five Dewoitine aircraft, which it was said had been ordered before the troubles began, to be delivered, and the departure of the five machines had accordingly been authorized. M. Delbos admitted that that was so. He said that, in the face of the already known provision of Italian aircraft to the insurgents and of the despatch of twenty-eight German aeroplanes ... to the same destination ... the French Government considered that it was not possible for them to maintain their embargo. But this showed the urgent need for agreement on the French proposal. I said that, while I could understand the reasoning of the French Government, there were two points that occurred to me: one was, how could he reconcile the despatch of French aircraft to Spain with the holding up in France of British aircraft destined for Portugal? The other point was, was he sure that the Government in Madrid was the real Government and not the screen behind which the most extreme anarchist elements in Spain were directing events? M. Delbos made no attempt to reply to my first question, though he made a note of it. As regards my second point, he said that it might be so in Catalonia, but law and order ruled in Madrid, and the Government was functioning unhampered by the Extremists. I asked him if he considered the forcible entry into a Foreign Legation and the dragging out and shooting of two Spanish gentlemen was an instance of law and order. He had no reply. ... I concluded the interview by expressing the hope that the French Government, even though, pending an agreement of non-intervention, they might feel themselves precluded from stopping private commercial transactions with Spain, would do what they could to limit and retard such transactions as much as possible. I asked M. Delbos to forgive me for speaking so frankly, and I repeated all that I had said was entirely personal and on my own responsibility, but I felt that in so critical a situation I must put before him the danger of any action which might definitely commit the French Government to one side of the conflict and make more difficult the close co-operation between our two countries which was called for by the crisis. M. Delbos said that, on the contrary he thanked me for speaking so openly and that he and his colleagues wish for nothing more than that the two Governments should act together as closely as possible. He viewed the situation with the gravest anxiety. He had every reason to fear that General Franco had offered the bait of the Balearic Islands to Italy and the Canaries to Germany, and if that materialized, good-bye to French independence.

I realise my responsibility in speaking to the Minister for Foreign Affairs as I did without instructions, but I had reason to believe that the Extremists in the Government were putting increasing pressure on M. Blum and I felt sure what I said might strengthen the hands of the moderate and sober elements."[19]

Clerk was no doubt aware that in thus acting without instructions he was running the risk of angering Eden; in fact Eden does not appear to have been displeased and probably approved the despatch to Clerk of the following message drafted by his officials: "Your language is approved and appears to have had good results."[20]

What, then, was the effect of Clerk's remarks on the French? Clerk himself shared the Foreign Office belief that they had been of some significance. As he telegraphed to Eden: "I did not know when I asked the Minister of Foreign Affairs to receive me that immediately after my interview he had to attend a Cabinet meeting but the interview seems to have been timely."[21] But Clerk's very natural assumption that he had influenced French policy amounted to nothing more than a *post hoc* assessment. There is certainly little evidence on the French side to support it. The principal reference to his so-called démarche in the Quai d'Orsay archives would appear to be the following Note of 8 August 1936 in which there is neither a mention of any kind of threat, nor an indication that his remarks were regarded as being of any special significance:

"1. Yesterday Sir George Clerk expressed in no uncertain manner to M. Yvon Delbos the concern of his Government about the Spanish affair. It is necessary to proceed rapidly to the completion of the non-intervention agreement and above all meanwhile there should be no supplying of arms, which would compromise everyone.

2. The British Ambassador particularly fears that, if the indecisive struggle continues, General Franco, needing to purchase assistance at any price, might be led to barter the Balearics in exchange for Italian support, and even worse, the Canary Islands for German support. He thinks that Gibraltar's position would not be strengthened by this.

3. The Belgian Ambassador greatly desires to see an agreement reached between the five Locarno Powers. Sir George Clerk, as an Englishman, thinks the same but adds that one must take French preoccupations into account.

Neither of them hides the fact that their sympathies in the Spanish affair lie with the rebels, whom they consider the only ones capable of resisting anarchy and Soviet influence."[22]

Nor have any of the key participants in the decisive French Cabinet meeting made any positive reference to Clerk.[23] We may accordingly conclude that the famous British démarche consisted of nothing more than a personal expression of view by a retiring ambassador, which was probably considered by the French Government to be of no great importance. It must also be added that even Clerk's personal views were far less extreme than attributed to him in left-wing accounts in which threats to repudiate Locarno find a place.[24]

Finally it is necessary to ask whether the exaggerated and often totally unfounded rumours about British pressure upon France were in origin solely the invention of unofficial left-wingers or whether some of them were clandestinely inspired by members of the French Cabinet. Certainly the latter possibility cannot be ruled out. It was, for example, taken very seriously by Hugh Lloyd Thomas, British Minister in Paris, who wrote to the Foreign Office on 25 August:

"... the Quai d'Orsay and the more reasonable members of the Government seem to have got the upper hand as far as Spain is concerned and since last Friday they have been much more confident of being able to keep out of trouble. I do not know how they have dealt with the 'interventionist' members within the Government and the extreme elements outside, but Citrine [Secretary of the Trades Union Congress] and Gillies [International Secretary of the Labour Party], who came to see me on Saturday told me that the representatives of the Confédération Général du Travail and other Labour leaders, whom they had met, were convinced *that HMG had told the French Government* that, if the latter intervened actively on behalf of the Madrid Government, they would no longer be able to count on the support of HMG in the event of trouble with Germany. The result was that Jouhaux [General Secretary of the CGT] and Cot had decided to put water in their wine and to slacken the pressure on M. Blum. However far from the truth it may be I would not put it past the members of the present Government to have told some such story to appease the hostility of the extreme elements within their country, which looked like getting them into international complications."

On receipt of this message in the Foreign Office, Horace Seymour of the Western Department minuted: "H.M.G. did not make any démarche of the kind suggested. I should think the explanation offered by Mr Thomas may well be correct." Deputy Under-Secretary Alexander Cadogan added "Yes".[25]

Against this explanation of French Ministerial conduct must be set the fact that British Labour Party representatives in Paris, after hearing one account from Jouhaux, received a quite different impression from French Popular Front ministers, who repeatedly assured them that the development of the non-intervention policy was from first to last a French responsibility. It is of course possible that they did not wish the leadership of the British Left, as distinct from the rank-and-file of the Left in Spain or France, to believe that they had had to bow to the blandishments of the Foreign Office. Plainly the French Ministers would have faced acute embarrassment vis-à-vis many of their own followers if the Labour Party Conference had condemned non-intervention; and possibly the best hope of preventing such a development would have appeared to lie in the Labour leaders being able to attribute the origins of non-intervention to the fraternal comrades in Paris rather than to their own political opponents in London. Thus Popular Front ministers may have told the truth to the Labour Party delegates while telling off-the-record lies to various key figures in the French and Spanish labour movements.[26]

The ironic result may have been that the lies were believed and the truth disbelieved. In the Labour Party, at all events, only Dalton among its leaders appears unequivocally to have accepted Blum's assurances.[27] Other influential figures were openly sceptical, as they made clear in interviews with Eden; and the Labour Party Conference, equally unimpressed, gave only the most tepid and qualified endorsement to non-intervention.[28] At the time, however, the untruthful versions were being widely accepted in Madrid and Paris, not least by the two American Ambassadors, Straus and Bowers. This last fact was of great importance from a historiographical point of view, since the United States was among the foremost in publishing substantial extracts from its diplomatic correspondence covering this period. The result has been that the reports from Straus, in particular, have been repeatedly cited in serious works as constituting adequate support for a false version of events. It is a version which will doubtless continue to be retailed, if for no other reason than that it was first in the field.

Anmerkungen

1 *The Times*. 8 August 1936.
2 Furnia, A.H.: *The Diplomacy of Appeasement: Anglo-French Relations and the Prelude to World War II, 1931–1938*. Washington 1960, p. 209–10. The only source cited is a telegram dated 27 July 1936 to Cordell Hull, the American Secretary of State, from Straus, the American Ambassador in Paris. *Foreign Relations of the United States: 1936*, II, 447–9. Straus's source was "a reliable press contact who obtained his information from a member of the French Supreme War Council".
3 Bowers, Claude G.: *My Mission to Spain*. New York 1954, p. 281.
4 Quoted in Martin-Blázquez, José: *I helped build an Army*. London 1939, p. 143. Blázquez was a staff officer loyal to the Madrid Government.
5 Thomas, Hugh: *The Spanish Civil War*. London 1961, p. 258. In support of his surprisingly dogmatic assertion about Sir George Clerk's démarche, Thomas cites only the testimony of left-wing Spaniards, who were in no position to know what had taken place in any confidential Anglo-French exchanges. His authority for the content of the conversation between Admiral Darlan and Admiral Chatfield, is the report of a Commission of the French National Assembly published in 1951. For his claim that fear of the British attitude was of decisive significance, he cites only the later testimony of the embittered Cot. See Cot, Pierre: *The Triumph of Treason*. New York 1944, p. 345–6.
6 For example, Anthony Eden in the House of Commons on 29 October 1936: "It is suggested that the French Government took their initiative under strong British pressure. Some even go so far as to say that we threatened the French Government with all sorts of pains and penalties if they did not do this thing. Of course there is not a word of truth in that story. It is pure fabrication. The French Government took this initiative on their own account and in doing so in our view rendered a very material service to European peace." Again, on 6 September, Blum told a left-wing meeting that he assumed "complete responsibility" for the non-intervention policy (Léon Blum: *L'Oeuvre de Léon Blum*. 7 vols., Paris 1954–65, vol. IV, p. 391. There is also the testimony of Hugh Dalton, who dined with Blum at the beginning of September 1936: "Speaking as head of the Popular Front Government, he insisted that the policy of non-intervention in Spain was *his* policy. It was he and not Eden, as some alleged, who had first proposed it. ... He asked ... Hicks [of the Labour Party National Executive] and myself 'to urge my British comrades to support *my* policy of non-intervention'." (Dalton, Hugh: *The Fateful Years: Memoirs 1931–1945*. London 1957, p. 95–96.)
7 Cot: *The Triumph of Treason*. p. 345–6.
8 In 1957 Cot told an American historian that he had no recollection of a démarche by Clerk. See Bell, J.B.: "French Reaction to the Spanish Civil War." In: Wallace, L.P. and Askew, W.C. (eds.): *Power, Public Opinion and Diplomacy*. Durham, North Carolina 1959, p. 281, n. 21.
9 Cited in Colton, Joel: *Léon Blum: Humanist in Politics*. New York 1966, p. 241.
10 Public Record Office (PRO), FO Confidential Prints 408/66.
11 Kleine-Ahlbrandt, W.L.: *The Policy of Simmering: A Study of British Policy during the Spanish Civil War*. The Hague 1962, p. 7.
12 *The Times*. 22 July 1936. The report from Paris was dated 21 July. A variation

on the Corbin theme is the claim of Alexis Léger, Secretary-General at the Quai d'Orsay, that *he* was responsible for persuading Blum to go to London to discuss the Spanish situation. This claim was made verbally to an American historian in 1951. See Cameron, E.R.: "Alexis Saint-Léger Léger." In: Craig, Gordon A. and Gilbert, Felix: *The Diplomats, 1919–1939.* Princeton 1953, p. 391. No supporting evidence for this account has so far emerged. A further variation is the claim of the American Secretary of State that Baldwin asked Blum to go to London to discuss Spain (*The Memoirs of Cordell Hull.* London 1948, vol. I, p. 476). Again, no supporting evidence has emerged. The unpublished papers of Baldwin at Cambridge contain nothing of interest on the origins of non-intervention.

13 Colton: *Léon Blum*, pp. 237, 242. In fact, at this stage the Cabinet as such had no view on the Spanish question. See PRO, Cab. 23/85. It is only fair to add that, apart from having accepted the importance of the London Conference, Colton was sceptical about all the other controversial left-wing claims referred to in the present article.

14 Coulondre to Delbos, 23 July 1936, Ministère des Affaires Etrangères, *Documents Diplomatiques Français 1932–1939*, second series, III (hereafter DDF), no. 17.

15 The Foreign Office records contain the following telegram written by Eden on 28 August immediately after having spoken with Corbin: "M. Corbin asked me whether I had any information as to the attitude of our own Labour Party in the question of Spain. He rather had the impression that they were not very much interested. I replied that I did not think that that was the case, though I had been somewhat amused at the story which one of them brought back from Paris that the suggestion on non-intervention was not originally a French but a British initiative. I had said that there was, of course, no truth in this, though I had always thought M. Blum's initiative a wise one. The Ambassador remarked that so far as he could recollect there had been no discussion of the Spanish problem during our three-Power meeting." Eden to Clerk, 28 August 1936, PRO, FO 371/20573, W9887/9549/41.

16 Chatfield minute in Sir Samuel Hoare to Foreign Office, 5 August 1936, PRO, FO 371/20527, W7781/62/41.

17 Warner, Geoffrey: "France and Non-Intervention in Spain, July-August 1936." In: *International Affairs.* 1962, p. 213. In diesem Band S. 306–326.

18 Assemblée Nationale: *Rapport de la Commission chargée d'enquêter sur les événements survenus en France de 1933 à 1945.* II vols., Paris 1951, vol. I, pp. 217–18.

19 Clerk to Eden, 7 August 1936, PRO, FO Confidential Prints 432/2.

20 FO to Clerk, 10 August 1936, PRO, FO 371/20528. W7964/62/41. This telegram was drafted following consultations between three FO officials, C. A. E. Shuckburgh, H. J. Seymour, and Sir George Mounsey. It is not clear whether it was Eden or Halifax who approved its despatch. Halifax was in charge of the Foreign Office at this time as Eden was on holiday, but it is possible that the latter was consulted by telephone. See Avon, Earl of: *The Eden Memoirs, Facing the Dictators.* pp. 401–03.

21 Clerk to Eden, 8 August 1936, PRO, FO 371/20528, W8055/62/41.

22 *DDF*, no. 108. It will be apparent, however, that this Note fails to confirm Clerk's claim to his Government that he made it clear that he was speaking to the French on his own responsibility. It must also be pointed out that in 1940

much archival material from the Quai d'Orsay was burned or lost at sea. It is not therefore absolutely certain that Clerk's role was in fact as unimportant as the extant evidence suggests.

23 The only possible exception is André Blumel, personal secretary to Blum, who has claimed that "the British Ambassador made two démarches in the name of his Government". Cited in Warner, loc. cit., p. 218. He repeated his claim in *Léon Blum: Chef de Gouvernement, 1936–1937.* Paris 1967, p. 358.

24 An extreme variant of the left-wing theme was offered by Pertinax (André Géraud), who claimed that the Spanish Ambassador in Paris, Juan de Cardenas, went to the British Embassy to get the British "to unleash the Rightist press". The latter's "howls rose to heaven". "Clerk", Pertinax continued, "did not mince his words and some of his staff terrified drawing rooms and editorial offices" (Géraud, André: *The Gravediggers of France.* New York 1944, p. 433).

25 Thomas to Orme Sargent, 25 August 1936, FO 371/19858, C6126/1/17. Sargent, Assistant Under-Secretary, minuted: "I don't know if we really did this, but it bears out what I said in a recent minute, namely that we should exercise pressure in France to prevent the pro-interventionists from getting the upper hand in the Spanish business. This shows that we are in a position to do so, without being accused of interfering in what does not concern us." While this minute indicates that at least one high-ranking Foreign Office official *wished* to exert pressure in Paris, it does not prove that such pressure was actually applied.

26 For example, an envoy of the Spanish Republican Government, Jimenez de Asua, recalled in 1965 that Blum himself had granted him a dawn interview in order to explain why arms could not be sent to Spain: "Il me l'apprit lui-même, en pyjama, les yeux pleins de larmes ... Baldwin, passant pardessus la tête de son collègue Français, avait touché directement le président de la République Lebrun et lui avait dit, de la façon la plus formelle, qu'il avait connaissance par le gouvernement espagnol de l'opération de vente d'armes et que, au cas ou celle-ci entraînerait une guerre avec l'Allemagne ou l'Italie, la Grande-Bretagne resterait neutre" (Blumel, in *Léon Blum*, p. 410). Needless to say, there is at present no evidence that Baldwin in fact got into contact with Lebrun. What is clear is the incompatibility of the testimony of de Asua and of Dalton. Either one of these figures or Blum himself must have given a less than honest account. Of the three, Blum had far the clearest motive for doing so.

27 In January 1937, for example, Dalton wrote to a left-wing critic: "You want me to 'force the hand of the Government' over Spain. To do what? To sell arms to the Spanish Government? But all arms now being made in this country are booked in advance for the British Rearmament Programme. The lifting of the embargo would not result in the Spanish Government getting a single gun from this country. Are you one of those who are in favour of 'Arms for Spain' but not of 'Arms for Britain', in spite of the vast Fascist Rearmament? Do you want to send the British Army and Air Force to Spain to fight the Fascist 'Volunteers'? That would be real intervention. But do you think that would be supported by any section of British opinion? To send the British Navy to blockade the coasts of Spain and enforce non-intervention? There is something to be said for this if France and others join us. But here too is an increased risk of 'incidents' leading to a General European War. Léon Blum has always seen this risk clearly. That is why he first proposed 'non-

intervention' and still defends it, in spite of all that has happened." Dalton to a correspondent in Bexleyheath, January 1937, unpublished papers of Hugh Dalton, British Library of Political and Economic Science. See also Dalton: *The Fateful Years*, pp. 95–96.

28 *Facing the Dictators*, pp. 405–6; Watkins, K. W.: *Britain Divided: The Effect of the Spanish Civil War on British Public Opinion*. London 1963, pp. 163–6; Naylor, John F.: *Labour's International Policy: The Labour Party in the 1930s*. London 1969, pp. 161–5; *Labour Party Annual Conference Report*, *1936*. pp. 169–81, 215, 258–62.

GEOFFREY WARNER

France and Non-Intervention in Spain, July–August 1936

The Spanish Civil War began on 17 July 1936 with a military rebellion in Spanish Morocco which was immediately followed by uprisings on the mainland. A new Spanish Government, led by José Giral, was instantly formed to meet the crisis, and one of Giral's first steps, on the night of 19–20 July, was to send an urgent request to the French Government for assistance in the form of military supplies. "Are surprised by dangerous military uprising", ran his telegram. "Request you to come to immediate agreement with us for the supply of arms and aircraft. Fraternally yours, Giral."[1] The Spaniards lost no time in adding precision to their initial request. Their specific requirements, made known during the next few days, were: twenty-five bombers, eight 75-mm-guns (each with two hundred shells), fifty machine-guns, twelve million cartridges, and 12 000 bombs.[2]

There was no reason why the French Government should not agree to the Spanish request. Giral's Government was regularly constituted and was furthermore friendly towards France. It was even ideologically similar, for both the Spanish and French Governments were products of Popular Front coalitions embracing the Communists on the extreme Left and the middle-class liberals in the Centre. The rebellious Spanish generals, on the other hand, were an unknown quantity. Their sympathies were reputed to lie with Italy and Germany and their victory might even compel France to defend the Pyrenees as well as the Alps and the Rhine. Ideological and national interests seemed to coincide in urging the French Government to view Giral's plight with the utmost sympathy.

Accordingly, between 20 and 22 July the French Premier, Léon Blum, discussed the possibilities of assistance with those members of his Government who were most concerned, namely the Foreign Minister,

Aus: *International Affairs*. Bd. 38. (1962). S. 203–220. Mit freundlicher Genehmigung des Royal Institute of International Affairs, London. Die Anmerkungen wurden – abweichend vom Original – durchnumeriert.

Yvon Delbos, the Minister of National Defence, Edouard Daladier, and the Air Minister, Pierre Cot.[3] Unfortunately, the *chargé d'affaires* at the Spanish Embassy in Paris, Cristobal de Castillo, and the military attaché, Barroso, through whom all negotiations necessarily passed, were both supporters of the Spanish rebels. Correctly judging the effect the news would have upon French public opinion, they 'leaked' the story of the Spanish Government's request and the French Government's favourable response to two right-wing newspapers, "L'Action Française" and "L'Echo de Paris", which published it on 23 July.[4]

Almost the entire French press had already taken sides in the Spanish conflict, and the division of opinion coincided almost exactly with that on French domestic politics. The similarity between the Spanish *Frente Popular* and the French *Front Populaire* has already been noted. The right-wing press turned this similarity into an identification. Already during the French electoral campaign of April 1936 some newspapers had tried to manufacture a 'scare' by reporting at great length the disorders that had followed the election of a Popular Front majority in Spain and suggesting that the same thing would happen in France.[5] In July and August, these same newspapers were to suggest that the *Front Populaire* was dragging France into war on behalf of "revolutionary solidarity"[6] and they counselled the strictest neutrality. The strikes and social legislation of May and June had provided ample ammunition for attacking the *Front Populaire* Government on the domestic front. Now its opponents had discovered an excuse for attacking its foreign policy.

Blum and Delbos were unable to judge the immediate effects of the press campaign unleashed by the Right, for they had gone to London to attend the Anglo-Franco-Belgian Conference which had been called to discuss the problems arising from Germany's remilitarization of the Rhineland in March 1936.[7] Delbos left Paris on 22 July and Blum followed on the 23rd. Although Spain was not on the Conference agenda, it was discussed, albeit informally. Blum soon discovered that the British attitude towards events in Spain was by no means as clear-cut as his own. Sir Samuel Hoare, the First Lord of the Admiralty, was supposed to have said that "he hoped for a war during the course of which fascists and bolshevists would kill each other off"[8] and Corbin, the French Ambassador in London, told his Premier "that there was strong pro-rebel feeling in the British Cabinet"[9]. On the day of his return to Paris, Blum was asked point-blank by the British Foreign Secretary, Anthony Eden, whether France intended to supply arms to the Spanish Government. When he replied in the affirmative, Eden said: "That's your affair. I simply ask you one thing – please be careful."[10] It is not known whether the British expressed any more concrete disapproval of French policy, but it is certain that Delbos, if not Blum, was considerably impressed by what he saw and heard in London.

In Paris, the revelations of "L'Action Française" and "L'Echo de Paris" had touched off a political storm. Camille Chautemps, a leading figure in the Radical Party and Vice-Premier in Blum's Government, has given an account of what happened.[11]

"While Blum and Delbos were in London [he writes] I was summoned by the President of the Senate, M. Jeanneney. ... He told me that he had received comments from many Senators who considered that our deliveries of aircraft to the Spanish Republicans were liable to upset the peace and that France, divided on this question, was not ready for a possible war with Italy and perhaps with Germany. ... I then had a conversation with my friend Edouard Herriot, the President of the Chamber of Deputies. If he showed less emotion than the President of the Senate, he was equally in favour of abstention. Finally, I was summoned to the Elysée Palace by the President of the Republic, M. Lebrun, who told me of many visits he had received from members of Parliament of all parties and who was clearly very worried. At this urgent request, I went to await the Premier at Le Bourget in order to inform him of the state of opinion."

In view of Chautemps' own hostility towards the policy of sending arms to Spain, it may be wondered to what extent he merely reported this agitation or to what extent he organized it.

However, it was real enough. Daladier was pestered in the Chamber lobbies by questions about aircraft deliveries to Spain. Angrily, he retorted: "It's nothing to do with me. Ask the Premier!"[12] Early on the evening of 24 July, he received a delegation of Senators from the Right-wing *Union Républicaine* group, led by their President, Léon Bérard. Daladier repeated his injunction to see Blum, who had not yet returned from London. Bérard told a journalist: "The unanimous opinion of the *Union Républicaine* group, an opinion that is shared by practically all my colleagues in the Senate, is that France's duty and interest coincide to compel her to maintain the strictest neutrality."[13]

The 'plane carrying Blum and Delbos touched down at Le Bourget at 7 p.m. that evening. Chautemps was there on the tarmac with his gloomy tidings and Blum soon discovered how right he was, for he saw Jeanneney almost immediately afterwards. "How can you do this?", the President of the Senate asked him. "No one here understands. ... The idea that you may at this moment be getting yourself involved in an affair whose exact consequences cannot be measured, the idea that we may perhaps be led into war over Spanish affairs ... whereas, on 7 March, we hesitated and finally gave in when it was a question of the remilitarisation of the Rhineland and the direct, immediate security of France – that is something no one here can understand."[14]

Blum, however, was quite resolved to maintain his policy. That very day, a special envoy from the Spanish Government, the Socialist ex-Minister Fernando de los Rios, had arrived in Paris to settle the legal and technical questions involved in the delivery of the supplies already ordered. At 10 o'clock that evening, Cot, Delbos, Daladier, and the Minister of Finance, Vincent Auriol, were summoned to Blum's home. They found de los Rios already there.[15] In a letter to Giral[16], he explained that they first of all examined the nature of the Spanish conflict. "[It] cannot be looked upon as being strictly national", he wrote, "owing to a series of reasons which we analysed: military frontier in the Pyrenees, Balearic Isles, Straits of Gibraltar, Canaries, and breakage of the political unity of Western Europe." He concluded, "duty, therefore, and direct interest on the part of France to help us".

The discussion then turned to the Spanish Government's requests. Cot writes that "... of the four ministers present, only Delbos, impressed by his conversations with the English, was reticent – asking that precautions be taken not to alarm international public opinion unnecessarily"[17]. At midnight, de los Rios left the meeting. After he had gone, Blum told his colleagues what he had heard in London and Delbos reemphasised the need for caution. "But", writes Cot, "both felt strongly that the arms requested had to be sent." In view of Delbos' subsequent attitude, Cot's interpretation of his views is open to question. It was agreed that a Cabinet meeting should be held on the 25th. Meanwhile, Cot was to see de los Rios again and examine further details with him. The Air Minister wasted no time and despite the late hour – it was about 1 a.m. – he telephoned to de los Rios and asked him to come to his home, where they worked well into the morning.[18]

Public opinion was further inflamed by various stories published in the press on 25 July. Cristobal de Castillo, who, as we have seen, had "leaked" the details of the Franco-Spanish negotiations to the press, resigned his post at the Spanish Embassy on the 24th. In a statement to the press, he declared: "... if I leave my post, it is solely because my conscience forbids me to be a party to a delivery of weapons destined to kill my unfortunate fellow-countrymen."[19] There was also news of the arrival off Marseilles of a Spanish cargo ship, the "Ciudad de Tarragona", and its escort, a torpedoboat, No. 17. The captain of the cargo ship admitted that he was on a secret mission from the Spanish

Government.[20] Finally, spies working for »L'Action Française« had discovered twenty Potez 25 bombers at Mondésir aerodrome, near Etampes. They were ready to take off and had been topped up with petrol and oil. Their French Air Force markings had been painted out.[21]

Not surprisingly, these stories had repercussions in political circles. Blum saw President Lebrun during the morning and found him "perturbed". Lebrun is alleged to have told him: "What is being planned, this delivery of armaments to Spain, may mean war or revolution in France."[22] At the same time, influential right-wing Radicals such as Georges Bonnet were making their views known to their colleagues in the Government, views almost certainly hostile to Blum's policy.[23]

In an attempt to convince the Radicals of the rightness of his policy, Blum had a personal talk with Edouard Herriot, the President of the Chamber of Deputies and a figure of immense prestige in the Radical party. But he found Herriot extremely reserved. "Ah! I beg of you, *mon petit*", he was told, "please don't go and get mixed up in this business."[24] According to de los Rios, Herriot added that the dispatch of arms might "justify a de facto recognition by Germany and Italy of any semblance of government set up in a Spanish city and [they might] provide it with arms and ammunition in greater quantities than those France can supply". De los Rios wrote that Blum was most upset by the difficulties he was encountering, but that he remained determined to uphold his policy. "My soul is torn", he said, "[but] I shall maintain my position at all costs and in spite of all risks. We must help Spain that is friendly to us."[25]

The pre-arranged Cabinet meeting took place at the Elysée Palace at four o'clock in the afternoon. Before the meeting, wrote Jean Zay, the Radical Minister of Education, "Chautemps ... took the young ministers on one side and harangued them energetically, pointing out to them that the military rebellion [in Spain] would be victorious within a few weeks and that the Republican Government would collapse like a house of cards"[26]. He seems to have had little success, as the dispatch of *matériel* was opposed only by a tiny minority that consisted of Chautemps, Delbos, and one other Radical.[27] Even their opposition, writes Cot, consisted of "formal reservations and counsels of prudence rather than actual dissent. Delbos dutifully reported the opinion of the British ministers [and] Chautemps told us of the effect created on the conservative circles of the Senate by the campaign of "L'Echo de Paris".[28] If we are to believe de los Rios, however, the opposition was much stronger, and an important part in the discussion was played by a secret agreement between France and Spain, signed in December 1935, which provided for the sale of munitions to Spain. In any event, it was decided to resort to the stratagem of transferring the *matériel* to Spain via private industry, presumably to preserve the fiction that the Government was not directly intervening in Spain.[29] An 'inspired' press communiqué even declared: "It is false that the French Government is resolved to practise a policy of intervention."[30]

During the next few days, however, further press disclosures made nonsense of this claim. On 26 July, "Le Figaro"'s correspondent in the arsenal town of Bourges reported that he had discovered five railway trucks, loaded with eight 75-mm-guns and twenty-six crates of ammunition. On the following day, he disclosed their destination: Bordeaux, an ideal port of embarkation for Spain.[31] On 28 July, "L'Action Française" published the news of an agreement between the Air Ministry and the Potez aircraft firm, whereby the latter were to take possession of the seventeen aircraft at Mondésir aerodrome in exchange for eight other bombers. The firm was then to hand over the seventeen aircraft to the Spanish Government. The same newspaper published the text of the Air Ministry's instructions nine days later.[32]

By this time, reports were appearing in the left-wing press that the Fascist powers were supplying arms to the Spanish rebels. According to "Le Populaire", the Socialist Party daily, rebel supporters had been given gold by a Hamburg bank with which to buy twenty-four aircraft from Italy.[33] The Communist "L'Humanité" went even further. It alleged that Hitler and Mussolini were both supplying twenty-two aircraft directly to the rebels.[34] On 30 July, even the right-wing "Le Temps" printed an Agency message which stated that a three-engined German Junkers aircraft had landed at Tetuán in rebel-held Spanish Morocco.[35] The Left claimed that these German and Italian deliveries justified French ones. The Right, on the other hand, asserted that they were the result of French deliveries.

It seems that these reports of German and Italian aid to the Spanish rebels tempted Blum openly to admit French aid to the Spanish Government. So far, the French Government had either denied the allegations of the Right or refused comment. Technically, they were justified in denying that any deliveries had taken place. This was quite true, but they were being prepared. Thus, on 30 July, both Blum and Delbos told the Foreign Affairs Committees of the Senate and the Chamber of Deputies that no *matériel* had been sent to Spain.[36] At the same time, however, they made it clear that recent events might compel the Government to reconsider its 'decision' not to intervene.[37] But although Delbos associated himself with these remarks, he told the Chamber Committee that "he was inviting the other Powers to observe the same neutrality [as France] and to refrain from supplying *matériel* either to the regular government or to the rebels", thus foreshadowing the Non-Intervention Agreement.[38] It is not clear whether Delbos had Blum's backing for this proposal (Blum was not at this meeting), but it clearly shows that fear of international complications was already uppermost in Delbos' mind.

This fear was reinforced by another incident which occurred on 30 July. Early that morning, a squadron of six Italian seaplanes was spotted flying over French North Africa in the direction of Spanish Morocco. Two of the aircraft ran out of fuel and were compelled to come down on French territory. One crashed, killing four of the six occupants and injuring the others. The second landed intact and its crew was interned by the French authorities.[39] Immediate investigations and a subsequent full inquiry by General Denain of the French Air Staff conclusively proved that the entire squadron had been sent by the Italian Government to the Spanish rebels, a fact asserted from the very beginning by the entire French press.[40]

It was in this atmosphere that the Chamber of Deputies conducted a foreign affairs debate on 31 July. Delbos spoke on behalf of the Government. He stressed the legitimacy and friendliness of the Spanish Republican Government and deprecated what he called "polemics and attacks directed against the French Government", which was accused of sending arms to Spain. "This allegation is untrue", he declared. "We could have taken such a decision without contravening international law ... [but] we have not done so for several reasons, both doctrinal and humanitarian. We have also taken care lest we should provide even an apparent pretext to those who might be tempted to lend armed support to the rebels and enlarge the conflict at the very moment when, in agreement with Britain and Belgium, we are showing our desire to open the door to a general relaxation of tension in Europe."[41]

But Delbos was clothing reality with his own hopes. Later in the debate, a right-wing deputy, René Dommange, asked him to explain the presence of the Potez aircraft at Mondésir aerodrome and concluded by demanding: "Yes or no, have aeroplanes been made ready for flight, and why? Have negotiations on this subject taken place between the Government and the Spanish Embassy? Has there or has there not been a question of returning these machines to the Potez firm in exchange for other aircraft?"[42] Delbos did not reply.

Another Cabinet meeting took place on 1 August. According to Cot, who provides our only account of this meeting, the Cabinet was still "with a few exceptions ... determined to support the rights of the Spanish Government; all were indignant at the intervention of Italy; not one wanted to sacrifice Spanish democracy and French security to the mirage of appeasement". Blum even declared: "Our duty compels us to aid our Spanish friends, whatever the consequences of this support may be." However, "Delbos again explained the position of the British Cabinet: the British Conservatives continued to prefer the rebels to the republicans, and in the name of Anglo-French amity we were advised unofficially not to take sides and to observe strict neutrality."

It was Delbos who suggested "an appeal to the wisdom of the European nations, which would lead to the adoption of 'common rules of non-intervention'". His suggestion was adopted, although "not without discussion" and then only on condition that 'if the rebels continue to receive arms, the French frontier would remain open to the Spanish Government"[43]. The discussion was probably a good deal more controversial than Cot suggests, for although the meeting finished at 1.30 p.m. informal discussions continued all day, and it was not until the evening that the text of the agreed communiqué was released.[44] Moreover, Cot himself has later admitted that Delbos' counsels of prudence were reinforced by those of President Lebrun, who took a firmer stand over Spain than over any other issue that Cot can remember in his Cabinet experience.[45]

It is also doubtful whether "consideration of the British position" was the only reason that led the Cabinet to adopt Delbos' proposal of "an appeal to the wisdom of the European nations" as Cot suggests. The British Government was opposed to Blum's policy, as we shall see, but the French Cabinet was itself divided. Evidence has already been quoted to show that influential French politicians, such as Jeanneney, Herriot, and President Lebrun, were greatly concerned lest the supply of arms to the Spanish Government by France should lead to corresponding supplies of arms to the rebels by Italy and Germany, thus increasing international tension and possibly leading to war. This view had its supporters inside the Cabinet – in particular Delbos and Chautemps – and, as evidence of Italian and German intervention built up, it attracted more.

The official communiqué of the meeting neatly balanced the two conflicting viewpoints within the French Government. On the one hand, it said: "the French Government is concerned to ensure the success of all measures capable of cutting short the troubles in Spain and avoiding the development of foreign activities, the consequences of which would be prejudicial to the maintenance of good international relations." It went on to say that the French Government was going to address "an urgent appeal to the principal Governments concerned for the speedy adoption and rigorous observation of common rules of non-intervention with regard to Spain". On the other hand, the communiqué ended on a note of warning. As *matériel* was already being supplied to the rebels from abroad, the Government was obliged "to reserve its freedom of judgment in applying the decision it had taken [i.e. not to intervene]"[46].

On the following day, 2 August, Delbos made an important speech to his constituents at Sarlat. "As we do not wish to run the risk of war", he said, "on no account must we meddle in the internal affairs of such and such a country. At no cost must a new ideological crusade materialize in Europe, a crusade which would inevitably lead to war. That is why the French Government has set an example over the supplies of war *matériel* which would have been most useful had it been followed by all nations."[47] It was Delbos' aim to ensure that France's 'example' was followed by all nations. The following week offers the interesting spectacle of Delbos, on behalf of the non-interventionists in the French Government, engaged in a frantic round of diplomatic negotiations to secure the acceptance of a non-intervention agreement by the principal European Powers, while Blum, Cot, and Daladier, on behalf of the interventionists, did all they could to help the Spanish Government before any such agreement could be reached. Rarely has any Government pursued two completely opposite policies with such tenacity at one and the same time.

For the interventionists, the position was far from easy. The aircraft at Mondésir aerodrome were under constant observation by right-wing spies, and it was thus impossible for them to take off. Instead, Cot ordered identical aircraft from the training squadron at Istres to depart on 1 August. "L'Action Française" did not get wind of this stratagem until it was too late[48], but it put the paper on its guard, and on the 5th it was able to publish the news that six Dewoitine D173 fighters had arrived at Toulouse en route for Spain. The sole reason they had not yet crossed the frontier, "L'Action Française" asserted, was because Delbos had refused to sign the necessary authorization.[49] Later, on 7 August, came the news that Daladier had given orders for the immediate dispatch to Spain of eight 75-mm-guns, 1600 75-mm-shells, 2000 rifles, 50 machine-guns, six million cartridges, and 10000 25-pounder-bombs. It was clearly a part of this consignment which had been spotted at Bourges some days previously. It had been temporarily lost sight of and "L'Action Française" suggested that the port of embarkation had been changed from Bordeaux to Marseilles. Meanwhile, more aircraft – both fighters and bombers – had arrived at Toulouse.[50]

While Cot and Daladier were taking these practical steps to assist the

Spanish Government, Blum was attempting to enlist the support of the British Government. It will be recalled that one of Delbos' arguments in favour of non-intervention was the British Government's uneasy, if not hostile, attitude towards French aid to Spain. His arguments were certainly well-founded. On 27 July, Thomas Jones, who had been for some years Deputy Secretary to the British Cabinet and who remained, after his retirement in 1930, on very close terms with Britain's leading statesmen, made the following note in his diary after a visit to the Prime Minister, Stanley Baldwin: "... S.B. was much affected by the Spanish troubles. 'I told Eden yesterday that on no account, French or other, must he bring us in to fight on the side of the Russians.'"[51] Four days later, Winston Churchill, then only a back-bench Conservative M.P. but nonetheless with a firm finger on the pulse of his party, wrote a letter to M. Corbin, the French Ambassador in London, in which he said: "I am sure if France sent airplanes, etc. to the present Madrid Government, and the Germans and Italians pushed in from the other angle, the dominant forces here would be pleased with Germany and Italy, and estranged from France."[52]

Clearly, arguments of ideological sympathy would not carry much weight with the British Government, but might it not be convinced on the grounds of allied military security? Blum explained France's apprehensions to the Labour M.P., Philip Noel-Baker, who was on a visit to Paris. If Hitler and Mussolini controlled Spain through the rebels, they might gain bases in the Balearic Isles and in the Azores. This, emphasized the French Premier, "would represent a most serious danger, not only for France, but also for England". Noel-Baker asked Blum whether the French military authorities shared his view of the dangers. Blum replied that he was not sure of the Army, but that the Chief of Naval Staff, Admiral Darlan, was of exactly the same opinion as himself. Noel-Baker accordingly suggested that Blum send Darlan to London to put the French point of view to the Admiralty. Although the Cabinet was dispersed during the Parliamentary recess, it could be convened by its Secretary, Sir Maurice Hankey, if he thought the situation warranted it. "He will do so if the Admiralty asks him", Noel-Baker concluded.[53]

Apparently, Blum consulted only a few of his colleagues before sending Darlan to London.[54] Perhaps he did not wish to alarm Delbos and Chautemps. Perhaps he hoped to spring the news of the successful outcome of Darlan's mission at the next Cabinet meeting and thus sweep aside all opposition to his policy with one dramatic gesture. If the latter interpretation is correct, he was doomed to disappointment. Darlan went to London on 5 August, where he had conversations with the First Sea

Lord, Lord Chatfield.[55] The British Admiral told Darlan that "it seemed to him completely useless to arrange a talk with Hankey ... Franco was a good Spanish patriot who would know how to defend himself against the control of Hitler and Mussolini once he was installed in power." Lord Chatfield concluded that "he could not lend himself to a negotiation of this kind"[56]. Admiral Darlan thus returned to Paris bearing only further proof of British sympathy towards Franco. The Admiralty, apparently, did not even think it worth while to keep a record of his visit.[57]

Meanwhile, Delbos' diplomatic 'offensive' on behalf of non-intervention was well under way. His appeal "for the speedy adoption and rigorous observation of common rules of non-intervention" was made to the British Government on 2 August.[58] On 3 August, the French Ambassador in Rome, the Comte de Chambrun, saw the Italian Foreign Minister, Count Ciano. According to the latter's account of the conversation, de Chambrun said that, to start with, the non-intervention agreement should be between Britain, France, and Italy, but that it should subsequently be open to all Powers. Ciano's reply was not very helpful. "I confined myself", he wrote, "to taking note of the invitation addressed to me by the French Ambassador and I declared that, as the Duce was away from the capital, it would have been difficult for me to give an immediate reply." Ciano was obviously more interested in the seaplane incident. De Chambrun told him that he intended to give him a personal *aide-mémoire*, containing all the details provided by the French Government. Ciano replied that an Italian inquiry was already in progress. "However", he wrote, "I was in a position to deny any interference, even indirect, on the part of the Fascist Government."[59]

The following day, 4 August, the French Ambassador in Berlin, François-Poncet, called on the German Foreign Minister, Baron von Neurath. By then the British Government had given "assent of a general nature" to the French proposal and, indeed, it seems to have been a British idea to approach Germany.[60] Von Neurath was asked "whether Germany was prepared to take part in a joint declaration of the interested Powers regarding non-intervention in the internal affairs of Spain". He replied that "the German Government itself did not actually need to make a declaration of neutrality, since [it] naturally did not intervene in Spanish internal political affairs and disputes". The German Government was, however, prepared to take part in a discussion aimed at preventing the spread of the Civil War to the rest of Europe and examining "the possibility of actually preventing intervention by foreign Powers". Von Neurath added that "a necessary condition was that all the interested countries, particularly the Soviet Republic, should join in such an agreement". The conversation ended on a note of mutual recrimination, as Ambassador and Foreign Minister accused each other's country of supplying arms to Spain.[61]

Nevertheless, the French immediately accepted the German Government's condition that the Soviet Union should be a party to any agreement and, on 5 August, the French *chargé d'affaires* in Moscow, Payart, saw the Soviet Commissar for Foreign Affairs, Maxim Litvinov. According to the official Russian communiqué, Payart "informed him that the French Government considers it highly desirable that the Soviet Union accept the principle of non-intervention in internal Spanish affairs and participate in an agreement with France, Great Britain, Germany, and Italy on this principle". Litvinov replied that "the Government of the U.S.S.R. subscribes to the principle of non-interference in the internal affairs of Spain and is ready to take part in the proposed agreement. It also desires that, in addition to the states mentioned in the French appeal, Portugal should also join in the agreement, and secondly, that the assistance rendered by certain states to the rebels against the legal Government of Spain should be immediately discontinued."[62]

A sign of Delbos' eagerness to secure an agreement can be seen by his readiness to accept at once every suggestion put forward by the Governments he approached to expand the number of the original signatories of the non-intervention agreement. The French had originally proposed Britain, France, and Italy. Britain had asked for Germany to be added, Germany for the Soviet Union, and the Soviet Union for Portugal.

On 5 August, de Chambrun informed Ciano of the British Government's reply to the French appeal. "England is ready to make a declaration of complete non-intervention in Spanish affairs, provided that a similar declaration is made by the French and Italian Governments", he said. De Chambrun also told Ciano of François-Poncet's *démarche* of the previous day and was forced to admit that the German Government's reply was vague. Ciano was still showing more interest in the seaplane incident and, after de Chambrun had given him the promised *aide-mémoire*, the Italian Foreign Minister reaffirmed that the aircraft had nothing to do with the Fascist Government. They were "provided by a private firm to private Spanish citizens", he said. As the aircraft had been forced to land on French territory, there was no question of their intentionally violating French air-space and he hoped that the French Government would soon see its way clear to returning the undamaged aircraft to its crew and allowing it to depart.[63]

The Italian Government's considered reply to the French appeal was communicated verbally by Ciano to de Chambrun on 6 August. It was not at all hopeful. Although Italy adhered "in principle" to the idea of non-intervention, she "wondered whether the solidarity which was expressed and is still being expressed by means of public meetings, press campaigns, financial subscriptions, enrolment of volunteers, etc. does not already constitute a noisy and dangerous form of intervention". The Italian Government also wanted to know whether non-intervention applied to governments only, or to private citizens as well, and whether the French Government envisaged any method of control.[64]

The "public meetings, press campaigns, and financial subscriptions" mentioned in the Italian reply were real enough. Within a few days of the outbreak of the Civil War, virtually all the constituent organizations of the 'Front Populaire' had sent messages of sympathy and solidarity to the Spanish Government.[65] Appeals made by the 'Confédération Générale du Travail' (C.G.T.), the French labour federation, and the 'Rassemblement Populaire', the mass movement upon which the 'Front Populaire' was based, had raised over 250000 and 500000 francs respectively by 8 August.[66] On 31 July, Blum's pious recollections of Jaurès, the founder of the French Socialist Party, at a mass meeting of militants had been drowned by cries of "Aeroplanes for Spain!"[67] and on 5 August, Léon Jouhaux, leader of the C.G.T., told a schoolteachers' conference at Lille that "there was no possible neutrality for a working-class conscience" in the Spanish War.[68] The Communist Party took a lead in the agitation and on 3 August its daily newspaper "L'Humanité" published on the front page a declaration from the Spanish Communist Party, which said that the Spanish people were not envisaging the setting-up of the dictatorship of the proletariat, and had only one aim, namely "the defence of Republican order in the respect of property". The back page bore the form of a poster which asserted that Hitler was behind the Spanish rebels and that "no Frenchman could tolerate Republican Spain being outlawed in international relations".

Thus, de Chambrun told Ciano on 7 August that "the French Government did not deny the importance of the demonstrations of moral solidarity.... However, it points out that such demonstrations take place in favour of both sides and it seems difficult to consider them in a declaration which has, and must have, an essentially practical character." The Italian Government's second and third questions (as to whether the non-intervention agreement was to apply to private citizens as well as to governments and what measures of control were envisaged) were answered, de Chambrun thought, in the draft declaration of non-intervention which he presented to Ciano.

The declaration contained three points. The first involved a ban on all exports of war *matériel* to Spain and her overseas possessions. The second extended this ban to orders that had already been placed, and the third pledged the signatory Powers to keep each other informed of the measures they were taking to implement the declaration, "which would come into force immediately". Ciano was, however, not satisfied with the French Government's reply to his point about demonstrations. He told de Chambrun that he viewed it with "the most considerable reservations . . . In fact, it evaded the scope of our request, which was to proceed to a spiritual disarmament, which we considered equally if not more necessary than the embargo on arms." Despite these reservations, however, Ciano promised that he would inform Mussolini of his conversation with de Chambrun and give a reply as soon as possible.[69]

The same day, François-Poncet presented a copy of the draft declaration to von Neurath in Berlin. The latter promised that his Government would consider it, but stressed the difficulties of enforcement. "Unless all countries joined in . . . there was danger that support of the contending parties in Spain would in future take place in roundabout ways. Thus, a blockade of Spain might be necessary, with all its attendant consequences, among other things the need for searching foreign ships. . . . Even if the Russian Government gave its assent, the Comintern, according to past experience, would not adhere to it, and . . . a unilateral support of the Reds in Spain would therefore result."

The French Ambassador agreed, "but said it would still mean considerable progress if at least the principal States of Europe decided on an arms embargo. The danger that the conflagration would spread from Spain was extremely great, unless everything was done to confine it to its starting-place." Von Neurath asked what replies the French Government had already received to its appeal and François-Poncet replied that the British, Dutch, Belgian, Polish, Czech, and Soviet Governments had agreed in principle. The Germans, he added, were of course aware of Italy's reply and her counter-questions.

François-Poncet somewhat tactlessly concluded his interview by accusing the Germans of sending war *matériel* to the Spanish rebels. Von Neurath retorted that he had proof that the Republicans had received aid from France. "This went so far that French Cabinet members admitted the fact openly and even wanted the aid stepped up." Von Neurath went on to say that, in these circumstances, he "even had certain doubts as to whether the proposal of the French Government for issuing a general ban on aid was intended seriously". François-Poncet protested, saying that it was "precisely by such a measure [that] his Government also intended to bind any Cabinet members who might be dissenting". Thus, the French

Ambassador gratuitously confirmed to the German Foreign Minister the existence of a split in the French Government.[70]

Delbos' diplomacy was not producing many results, at least as far as Germany and Italy were concerned. He himself admitted as much to the United States Ambassador on 6 August, even before he had received the Italian reply to his original appeal, with its counter-questions.[71] In fact, negotiations were to continue for another fortnight before Italy adhered to the declaration of non-intervention on 21 August and Germany on the 24th. In the meantime, however, on 8 August, the French Government had already taken the crucial decision to suspend all exports of war *matériel* to Spain and to close the frontier.

We possess only Pierre Cot's rather sketchy account of the French Cabinet meeting of 8 August, which lasted from 4 to 8.30 p. m. He writes that it was Delbos who proposed the suspension of exports, although he threw in the privilege of reconsideration. "This idea revolted Blum", writes Cot, "[he] can be said to have resigned himself to it rather than to have adopted it." If we are to believe Cot, the same may be said of the majority of the Cabinet, for there were few partisans of non-intervention. Cot himself, Vincent Auriol, and Maurice Viollette were particularly adamant in their opposition to Delbos' proposal.[72]

If the non-interventionists were a minority in the Cabinet, why was the decision to suspend exports taken at all? It was certainly not because the replies to the French Government's proposals for a declaration of non-intervention had been "almost unanimously favourable in principle", as the communiqué issued after the Cabinet meeting claimed.[73] The replies from the two countries that mattered most – Germany and Italy – were far from "favourable", and the most naïve official at the Quai d'Orsay must have realized that their reservations and counter-questions were merely a device to delay any effective decision.[74]

Was it then, as Cot maintains, "the argument of Anglo-French solidarity" that persuaded Blum and his reluctant colleagues to close the frontier?[75] This raises the whole question of British pressure upon France. Some have argued that this pressure was very strong. For example, Alvarez del Vayo, who later became Spanish Foreign Minister, has written: "[The] British warning, as we knew at the time, was conveyed to M. Yvon Delbos ... in the course of a visit by Sir George Clerk, British Ambassador to Paris. Sir George is understood to have said that if France should find herself in conflict with Germany as a result of having sold war *matériel* to the Spanish Government, England would consider herself released from her obligations under the Locarno Pact and would not come to help."[76]

Alvarez del Vayo was not Foreign Minister at the time, however, and his account may be open to question as a result. But Maître André Blumel, who was Blum's personal secretary and friend throughout this period, has written that, although no categorical threat was ever made, "the British Ambassador made two *démarches* in the name of his Government in order to warn the French Government that if, as a result of the supply of arms to Spain, it was involved in European complications, it would not have England at its side"[77]. At the time, Delbos himself hinted at British pressure in a speech he made at Bergerac on 13 September 1936: "We knew", he told his audience, "that friendly peoples would not have approved of a policy of intervention by which we supplied arms and, as a result, they would not have followed us in its possible consequences."[78]

The British Government always denied rumours of pressure. Speaking in the House of Commons on 29 October 1936, the Foreign Secretary, Anthony Eden, said: "I want to dispose of one rumour which has had a rather wide currency. It is this: it is suggested that the French Government took their initiative under British pressure. Some even go as far as to say that we threatened the French with all sorts of pains and penalties if they did not do this thing. Of course there is not a word of truth in that story. It is pure fabrication. The French Government took this initiative on their own account."[79]

There is, of course, no need to resort to threats to explain why the British attitude was decisive in making up the French Government's mind. Blum has said that the failure of Darlan's mission "had a considerable influence on the final decision" of 8 August, yet, as far as we know, no one threatened Darlan.[80] Pierre Cot is convinced that no threat was uttered and was certainly not informed of one.[81] He felt, however, that Britain was prepared to support Franco and that non-intervention was a device to prevent such a policy, "which would have compromised collective security and the League of Nations for ever"[82]. Alexis Léger, Permanent Head of the French Foreign Office, who claims credit for the idea of the declaration of non-intervention, considered it as a device to prevent a Conservative Britain from allying herself to a Nazi Germany, rather than to a France ruled by the 'Front Populaire'.[83]

In the light of this evidence, no one can question the influence of the British attitude upon France's decision to adhere to non-intervention, but one is still entitled to ask whether it was decisive. If Blum had been leading an undivided Government and an undivided country, he could have successfully defied the British. Unfortunately, neither the Government nor the country was undivided. The 'Front Populaire' had produced ugly divisions in the body politic of France which were never to be properly healed. Blum had not yet fully carried out the mandate the electors had given him in May. Could he afford to split his majority over the question of aid to Spain when his resignation might have provoked tremendous disillusionment and even greater social agitation than had occurred in June, when a wave of sit-down strikes had seemed to herald the advent of revolution? Even more to the point, could he have carried the country with him if intervention in Spain had let to war?

It was not the attitude of the British Government that first persuaded Blum and his colleagues to 'go slow' over their plans to send aid to Spain, but opposition within France, from the President of the Republic down through his own Government. Opponents of his policy certainly used the British attitude as an excuse for their own, which was rooted in a hatred of 'Communism' but also, above all, in the fear of another war. There is an interesting story which illustrates this point. At one stage in the crisis, Chautemps was upbraiding even Delbos for his 'bellicosity'. A married man, he told the life-long bachelor, Delbos, that "they should never appoint bachelors to key positions. They should appoint fathers of families, like myself. I tell you that I will not go to war under any circumstances."[84] In view of these sentiments, it is hard not to agree with Chautemps' own opinion that the Non-Intervention Agreement was "above all, a means of avoiding open conflict with the Fascist Powers"[85].

Such views were shared by many, if not the majority of Frenchmen. They go a long way towards explaining a long line of French capitulations, from the Rhineland through Spain, Austria, and Czechoslovakia, capitulations which, incidentally, were almost invariably attributed to British pressure. When the lesson was finally learnt, it was learnt too late.

Anmerkungen

Author's note. – Since completing the above article well over a year ago, my attention has been drawn to an essay by an American scholar, J. Bowyer Bell, entitled "French Reaction to the Spanish Civil War, July–September, 1936", published in *Power, Public Opinion, and Diplomacy* (Durham, N.C., 1959), pp. 267–96. As will be obvious from the title of Mr Bowyer Bell's essay, he has covered much the same ground as myself and, although we have worked entirely independently of one another, I do not think that it would be an exaggeration to say that we have both reached essentially the same conclusions. Therefore, in spite of a few differences on minor points, I have not felt it necessary to revise my article in the light of Mr Bowyer Bell's work.

1 Léon Blum's evidence in *Les événements survenus en France de 1933 à 1945 – Témoignages et documents receuillis par la Commission d'enquête parlementaire*, Vol. I Paris, n. d., p. 215. (Cited hereafter as *Blum*.)
2 *L'Echo de Paris*, 23 and 24 July 1936; *L'Action Française.* 23 July 1936.
3 *Blum*, p. 216; Cot, Pierre: *Triumph of Treason*. Chicago and New York 1944, p. 338. (Cited hereafter as *Cot*.)
4 *Blum*, p. 217; *Cot*, p. 338. In an interview with me on 20 June 1960, M. Cot confirmed that the accounts published in *L'Action Française* and other right-wing newspapers were substantially accurate. This was also true of their accounts of actual deliveries of *matériel* made during the period covered by this article.
5 Dupeux, George: *Le Front Populaire et les élections de 1936*. Paris 1959 (Cahiers de la Fondation Nationale des Sciences Politiques, No. 99), pp. 121–2.
6 The phrase was Raymond Cartier's in *L'Echo de Paris*, 23 July 1936.
7 In a dispatch dated 27 July 1936 the United States Ambassador in Paris, Straus, informed the State Department that Blum's visit to London was the result of a personal telephone call from the French Ambassador in London, which drew his (Blum's) attention to British uneasiness about the French policy of supplying arms to the Spanish Government and urged him to come and discuss the matter with the British Prime Minister, Stanley Baldwin. (*Papers Relating to the Foreign Relations of the United States, 1936, Vol. II, Europe*, Washington 1954, p. 448. Cited hereafter as *F.R.U.S.*)
   Although Straus says that his informant was "a reliable press contact who obtained his information from a member of the French Supreme War Council", his account must remain doubtful. It is not at all certain that the British Government knew of France's decision to supply arms as early as 22 July, which was when the telephone call was allegedly made. If so, why did the British Foreign Secretary, Anthony Eden, ask Blum this very question on 24 July (*Blum*, p. 216)? Blum's visit to London may have appeared sudden, but this was only because the communiqué announcing the London Conference was not published until 21 July. Before then, the date was not known, but the fact that Blum would go was openly discussed in the press (cf. *Le Journal*, 18 July, *Le Journal des Débats*, 19 July 1936).
8 Unpublished article by Maître André Blumel, who was Léon Blum's *chef de cabinet* in 1936. This article was kindly communicated to me by the author during an interview on 3 March 1960.

9 *Cot*, p. 339.
10 *Blum*, p. 216.
11 In a letter to me, dated 27 May 1960.
12 *Le Temps*. 26 July 1936.
13 *Le Journal*. 25 July 1936.
14 *Blum*, p. 216.
15 *Cot*, pp. 338–9.
16 This letter may be found in Foss, William, and Gerahty, Cecil: *The Spanish Arena*. London 1938, pp. 372–5. The letter is dated 25 July 1936 and was presumably captured by the Nationalist forces. As its contents tally with what we know from other sources, there is no reason to doubt its genuineness. (It is cited hereafter as *De los Rios to Giral*.)
17 *Cot*, p. 339.
18 *De los Rios to Giral*; *Cot*, p. 339.
19 *Le Temps*. 26 July 1936.
20 *L'Echo de Paris*. 25 July 1936.
21 *L'Action Française*. 25 July 1936.
22 *De los Rios to Giral*.
23 *Blum*, p. 216; *Le Figaro*. 26 July 1936; *Le Jour*. 26 July 1936.
24 *Blum*, pp. 216–17.
25 *De los Rios to Giral*.
26 Zay, Jean: *Souvenirs et Solitude*. Paris 1945, p. 340.
27 Interview on 22 June 1960 with the 'other Radical', who wishes to remain anonymous.
28 *Cot*, p. 340.
29 *De los Rios to Giral*. Blum (*Blum*, p. 217) mentions a decision to supply the Spanish Government through the good offices of Mexico. However, de los Rios makes no mention of this in his letter, which was written at the time, and in his interview with me, mentioned above, M. Cot said that he thought Blum's memory had failed him on this point. The Mexican Government was not used as a channel for exports to Spain until after the frontier was finally closed in August 1936.
30 *Le Temps*. 27 July 1936.
31 *Le Figaro*. 26 and 27 July 1936.
32 *L'Action Française*. 28 July and 6 August 1936.
33 *Le Populaire*. 25 July 1936.
34 *L'Humanité*. 25 July 1936.
35 *Le Temps*. 3 July 1936.
36 Ibid., 3 July and 1 August 1936.
37 *F.R.U.S.*, pp. 450–1.
38 *L'Echo de Paris*. 31 July 1936. Henri de Kérillis, the editor of *L'Echo de Paris*, was a member of the Chamber Foreign Affairs Committee.
39 *Le Temps*. 1 August 1936.
40 Ibid., 3 and 6 August 1936.
41 *Journal Officiel de la République Française, Débats Parlementaires, Chambre des Députés, Session Ordinaire de 1936, 2ème partie, Séance du 31 juillet 1936*, p. 2330.
42 Ibid., p. 2335.
43 *Cot*, pp. 342–3.
44 *Le Temps*. 2 August 1936; *F.R.U.S.*, p. 455.

45 Interview with M. Cot previously quoted.
46 *Le Temps*. 3 August 1936.
47 Ibid., 4 August 1936.
48 *L'Action Française*. 4 August 1936.
49 Ibid., 5 August 1936.
50 Ibid., 7 August 1936. The aircraft at Toulouse (fourteen of them) were sent to Spain between 8 and 11 August (*L'Action Française*. 11 August 1936).
51 Jones, Thomas: *A Diary with Letters*. London 1954, p. 231.
52 Churchill, Winston S.: *The Second World War. Vol. 1: The Gathering Storm*. London 1948, p. 168.
53 *Blum*, pp. 217–18. In a letter to me dated 7 May 1960 Mr Noel-Baker recalls the meeting with Blum, but cannot remember the exact date. However, this must have been between 31 July (when the British Parliament rose for the summer recess) and 5 August, when Admiral Darlan went to London.
54 Interview with M. Cot, previously quoted. Blum (*Blum*, p. 218) says that he consulted Daladier. M. Chautemps, in his letter to me previously quoted, denies all knowledge of the mission.
55 I am greatly indebted to the Service Historique du Ministère des Armées (Marine), who supplied me with the date of the Darlan mission in a letter dated 21 July 1960.
56 *Blum*, p. 218.
57 In a letter, dated 16 June 1960, the British Admiralty Record Office informed me that there was no reference in Admiralty records to a visit by Admiral Darlan in this period.
58 *Le Temps*, 4 August 1936.
59 Ciano, Galeazzo: *L'Europa verso la Catastrofe*. Verona 1948, p. 50. (Cited hereafter as *Ciano*.)
60 Ibid., p. 51.
61 *Documents on German Foreign Policy, Series D, Volume III, Germany and the Spanish Civil War 1936–39*. London 1951, pp. 29–30. (Cited hereafter as *D.G.F.P.*)
62 Degras, Jane (ed.): *Soviet Documents on Foreign Policy. Volume III, 1933–41*. London 1953, p. 203.
63 *Ciano*, pp. 51–2.
64 Ibid., p. 52.
65 Cf. *Le Peuple*. 23 July, *Le Populaire*. 24 July, *L'Humanité*. 25 July 1936.
66 *Le Populaire*. 30 July, *Le Peuple*. 30 July and 8 August 1936.
67 Werth, Alexander: *The Destiny of France*. London 1937, p. 382.
68 *Le Peuple*. 6 August 1936.
69 *Ciano*, pp. 54–5.
70 *D.G.F.P.*, pp. 32–3.
71 *F.R.U.S.*, pp. 467–9.
72 *Cot*, pp. 344–45; interview with M. Cot, previously quoted.
73 *Le Temps*. 10 August 1936.
74 Cf. *D.G.F.P.*, p. 39.
75 *Cot*, pp. 344–5.
76 Alvarez del Vayo, J.: *Freedom's Battle*. New York 1940, p. 68.
77 Unpublished article by Maître André Blumel, previously quoted. The two *démarches* referred to by Maître Blumel took place on 27 July (*Le Temps*. 28 July 1936) and 7 August (*Le Journal des Débats*. 9 August 1936).

78 *Le Temps.* 14 September 1936.

79 *House of Commons Debates, 5th Series, Volume 316, Column 42.*

80 *Blum*, p. 218.

81 Interview with M. Cot, previously quoted.

82 *Cot*, p. 345.

83 Cf. the study of Léger by Elizabeth Cameron in Craig, G., and Gilbert, F. (eds.): *The Diplomats.* Princeton, N. J., 1953, p. 391.

84 Interview with M. Maurice Laugier, Delbos' *directeur de cabinet* in 1936, on 11 March 1960.

85 Letter from M. Chautemps, previously quoted.

This is not the place to assess the fidelity with which the French Government observed the Non-Intervention Agreement. M. Chautemps says in his letter that the French Government closed its eyes to the transit of Russian arms across France. Blum (*Blum*, p. 219) says that, after it became obvious that only the French were keeping the Agreement, "we ... came to adopt the system of 'relaxed non-intervention', i. e. we willingly and systematically shut our eyes to arms smuggling and, at one stage, we even practically organised it". We have already noted how, after the frontier was closed, the French made shipments of arms via the Mexican Government, and M. Cot has admitted in his book and to me that he continued to send all the help he could. However, the point to remember is that French aid never came anywhere near to matching that sent by Mussolini and Hitler to the Spanish rebels, and the reason that it did not was because of the French Government's self-denying ordinance of 8 August 1936.

Bibliographie

Vorbemerkung: Zeitgenössische Titel und Memoiren wurden aus Platzgründen nicht aufgenommen.

1. Bibliographien

»Auswahlbibliographie zur Vorbereitung des 30. Jahrestages des nationalrevolutionären Krieges des spanischen Volkes 1936–1939.« In: *Zeitschrift für Militärgeschichte.* Bd. 5. (1966). S. 240–243

Bardi, Ubaldi: *La guerra civile di Spagna. Saggio per una bibliografia italiana.* Urbino 1974

Bibliografia general sobre la Guerra de Espana y su antecedentes históricos. Hrsg. von M. del Carmen Garrido. Madrid 1968

Calvo Serer, R.: »Die Literatur über den spanischen Bürgerkrieg von 1936.« In: *Politische Ordnung und menschliche Existenz.* Festgabe für Eric Voegelin. Hrsg. von Alois Dempf u. a. München 1962, S. 71–104

Cuardérnos bibliográficos de la Guerra de España, 1936–1939. 5 Bde. Madrid 1966–1968

García Durán, Juan: *Bibliography of the Spanish Civil War, 1936–1939.* Montevideo 1964

La Guerra de España y el cine. Hrsg. von Carlos Fernandez Cuenca. 2 Bde. Madrid 1972

Konetzke, Richard: »Literaturbericht über spanische Geschichte. Veröffentlichungen von 1950 bis 1966.« In: *Historische Zeitschrift.* Sonderheft 3. (1969). S. 208–284

2. Jahrbücher

The Annual Register. A Review of Public Events at Home and Abroad. Ed. by M. Epstein. Bd. 178–181 (1936–1939). London 1937–40

Annuario di politica internazionale. Per cura dell'Istituto per gli studi di politica internazionale. Bd. 3–6 (1936–1939). Milano 1937–40

Keesings Archiv der Gegenwart. Bd. 6–9 (1936–1939), Wien 1936–1939

Schultheß' Europäischer Geschichtskalender. Neue Folge. Bd. 77–80 (1936–39). München 1936–39

The Statesman's Year-Book. Statistical and Historical Annual of the States of the World. Ed. by M. Epstein. Jg. 1936–1939. London 1936–39

Survey of International Affairs. Ed. by A. J. Toynbee. Issued under the Auspices of the Royal Institute of International Affairs. Jg. 1936–1938. Oxford 1938–42

The United States in World Affairs. An Account of American Foreign Relations. Published for the Council on Foreign Relations. Jg. 1936–1939. Washington 1937–40

3. Dokumentationen

Akten zur deutschen auswärtigen Politik 1918 bis 1945. Aus dem Archiv des Deutschen Auswärtigen Amtes. Serie D (1937–1945). Bd. 3: *Deutschland und der Spanische Bürgerkrieg, 1936 bis 1939.* Baden Baden 1951

The Communist International, 1929–1943. Hrsg. von Jane Degras, Bd. 3 (1929 bis 1943). London 1965

Díaz Plaja, Fernando: *La historia de España en sus documentos. El siglo XX, 1923–1936.* Madrid 1965

I documenti diplomatici italiani. Ministero degli Affari Esteri. Serie VIII (1935–1939) [Für den hier interessierenden Zeitraum liegt noch kein Band vor.]

Documents diplomatiques français. 2. série (1936–1939). Bd. 2–8. Paris 1964–73

Documents on British Foreign Policy 1919–1939. 3rd Series (1938–1939). 10 Bde. London 1949–61

Documents on International Affairs. Ed. by A. J. Toynbee. Issued under the Auspices of the Royal Institute of International Affairs. Jg. 1936–1939. London 1937–1943

Les événements survenus en France de 1933 à 1945. Témoignages et documents. Bd. 2, Teil 1. Paris 1947

Foreign Relations of the United States. Diplomatic Papers. Jg. 1936. Bd. 2; Jg. 1937, Bd. 1; Jg. 1938, Bd. 1; Jg. 1939, Bd. 2. Washington 1954–56

Der Freiheitskampf des spanischen Volkes und die internationale Solidarität. Dokumente und Bilder zum national-revolutionären Krieg des spanischen Volkes, 1936–1939. Hrsg. vom Institut für Marxismus-Leninismus beim ZK der SED. Berlin (-Ost) 1956

Ministério dos Negócios Estrangeiros: *Dez anos de politica externa (1936–47). A naçâo portuguese e a segunda guerra mundial.* Lisboa 1961–62

Padelford, Norman J.: *International Law and Diplomacy in the Spanish Civil Strife.* New York 1939

Soviet Documents on Foreign Policy. Hrsg. von Jane Degras. Bd. 3 (1933–41). London 1953

United Nations: *Report of the Sub-Committee on the Spanish Question.* United Nations Security Council. Official Records. Jg. 1, Ser. 1. New York 1946

4. Darstellungen

Abendroth, Hans-Henning: *Hitler in der spanischen Arena. Die deutsch-spanischen Beziehungen im Spannungsfeld der europäischen Interessenpolitik vom Ausbruch des Bürgerkrieges bis zum Ausbruch des Weltkrieges, 1936–1939.* Paderborn 1973

Alba, Victor: »Spanien.« In: *Sowjetsystem und Demokratische Gesellschaft. Eine vergleichende Enzyklopädie.* Sonderband: *Die kommunistischen Parteien der Welt.* Freiburg 1969, Sp. 468–482

Alpert, Michael: »The Spanish Army, 1936–1939.« In: *Iberian Studies.* Bd. 2. (1973). S. 26–32

Anchieri, Ettore: »La guerra civile spagnola nei documenti tedeschi.« In: *Il Politico.* Bd. 17. (1952/53). S. 297–307

Aquarone, Alberto: »La guerra di Spagna e l'opinione pubblica italiana.« In: *Il Canocchiale.* N.S. Bd. 4/6. (1966). S. 3–36

Arráras, Joaquín: *Historia de la Segunda República Española*. 4 Bde. Madrid 1956–63

Askew, William C.: »Italian Intervention in Spain. The Agreement of March 31, 1934, with the Spanish Monarchist Parties.« In: *Journal of Modern History*. Bd. 24. (1952). S. 181–193

Aznar, Manuel: *Historia militár de la Guerra de España (1936–1939)*. 3 Bde., Madrid, 3. Aufl. 1958–63

Bauer, Hans Th.: *Spaniens Wirtschaft vor Franco*. Berlin 1942

Beyme, Klaus von: *Vom Faschismus zur Entwicklungsdiktatur. Machtelite und Opposition in Spanien*. München 1971

Blinkhorn, Martin: *Carlism and Crisis in Spain 1931–1939*. Cambridge 1975

Blinkhorn, Martin: »›The Basque Ulster‹. Navarre and the Basque Autonomy Question under the Spanish Second Republic.« In: *Historical Journal*. Bd. 17. (1974). S. 595–613

Bolloten, Burnett: *The Grand Camouflage. The Communist Conspiracy in the Spanish Civil War*. London, New York 1961

Bowyer Bell, John: »French Reactions to the Spanish Civil War, July–September 1936.« In: *Power, Public Opinion and Diplomacy*. Hrsg. von Lilian P. Wallace und William C. Ashew. Durham/N.C. 1959, S. 267–296

Bowyer Bell, John: *The Non-Intervention Committee and the Spanish Civil War, 1936–1939*. Phil. Diss. (masch.). Duke University 1958

Brenan, Gerald: *The Spanish Labyrinth. An Account of the Social and Political Background of the Spanish Civil War*. Cambridge, 2. Aufl. 1950. Kapitel VII und VIII sind ins Deutsche übersetzt: Brenan, Gerald: *Spanische Revolution*. Eingeleitet von Achim von Borries. Berlin 1973

Brome, Vincent: *The International Brigades. Spain 1936–1939*. London 1965, New York, 2. Aufl. 1966

Broué, Pierre und Emile Témime: *Revolution und Krieg in Spanien. Geschichte des Spanischen Bürgerkrieges*. Frankfurt 1968; Taschenbuchausgabe Frankfurt 1975

Carlton, David: »Eden, Blum and the Origins of Non-Intervention.« In: *Journal of Contemporary History*. Bd. 6. (1971). H. 3. S. 40–55

Carr, W.: *Arms, Autarchy and Aggression. A Study in German Foreign Policy. 1933–1939*. London 1972

Castells, Andreu: *Las Brigades Internacionales de la Guerra de España*. Barcelona 1974

Catalano, Franco: *L'economia italiana di guerra. La politica economico-finanziaria del fascismo dalla guerra d'Etiopia alla caduta del regime, 1935–1943*. Milano 1969

Cattell, David T.: *Communism and the Spanish Civil War*. Berkeley/Calif. 1957 (Reprint New York 1971)

Cattell, David T.: *Soviet Diplomacy and the Spanish Civil War*. Berkeley/Calif. 1957

The Civil War in Spain, 1936–1939. Hrsg. von Robert Payne. Greenwich/Conn. 1968

Colombo, Cesare: *Storia del partito comunista spagnolo*. Milano 1972

Cortada, James W.: *United States – Spanish Relations, Wolfram and World War II*. Barcelona 1971

Coverdale, John F.: »The Battle of Guadalajara, 8–22 march 1937.« In: *Journal of Contemporary History*. Bd. 9. (1974). H. 1. S. 53–76

Coverdale, John F.: »I primi volontari italiani nell'esercito di Franco.« In: *Storia contemporanea*. Bd.2. (1971). S.545–554

Crozier, Brian: *Franco. A Biographical History*. London 1967

Dahms, Hellmut G.: *Der Spanische Bürgerkrieg 1936–1939*. Tübingen 1962, Stuttgart, Hamburg, 2.Aufl. 1963

Dankelmann, Otfried: *Franco zwischen Hitler und den Westmächten*. Berlin (-Ost) 1970

de la Cierva y de Hoces, Ricardo: *Historia de la Guerra civil española. Antecedentes. Monarquia y Republica, 1898–1936*. Madrid 1969

Delperrie de Bayac, Jacques: *Les Brigades internationales*. Paris 1968

de Madariaga, Salvador: *Spanien. Wesen und Wandlung*. Stuttgart, 2.Aufl. 1955

Detwiler, Donald S.: »Spain and the Axis during World War II.« In: *Review of Politics*. Bd. 33. (1971). S. 36–53

Ehinger, Paul H.: »Die Wahlen in Spanien von 1936 und der Bürgerkrieg von 1936 bis 1939.« In: *Schweizerische Zeitschrift für Geschichte*. Bd.25. (1975.) S.284–330

Einhorn, Marion: *Die ökonomischen Hintergründe der faschistischen deutschen Intervention in Spanien, 1936–1939*. Berlin (-Ost) 1962

Ford, Hugh D.: *A Poet's War. British Poets and the Spanish Civil War*. Philadelphia 1965

Friedlander, Robert Alan: *The July 1936 Military Rebellion in Spain. Background and Beginnings*. (Diss.) North Western University 1963

Galey, John H.: »Bridegrooms of Death. A Profile Study of the Spanish Foreign Legion.« In: *Journal of Contemporary History*. Bd. 4. (1969). H. 2. S. 47–64

Gallagher, M.D.: »Léon Blum and the Spanish Civil War.« In: *Journal of Contemporary History*. Bd.6. (1971). H. 3. S. 56–64

Gallo, Max: *Histoire de l'Espagne franquiste*. Paris 1969. (Engl.: *Spain under Franco*. London 1973)

Garosci, Aldo: *Gli intellettuali e la guerra di Spagna*. Torino 1959

Georgel, Jacques: *Le franquisme. Histoire et bilan, 1939–1969*. Paris 1970

Giner, Salvador: »The Structure of Spanish Society and the Process of Modernization.« In: *Iberian Studies*. Bd. 1. (1972). S. 53–68

Guttmann, Allen: *The Wound in the Heart. America and the Spanish Civil War*. New York 1962

Halstead, C.R.: »Un ›Africain‹ méconnu. Le colonel Juan Beigbeder.« In: *Revue d'histoire de la Deuxième guerre mondiale*. Bd.21. (1971). S. 31–60

Harper, Glenn T.: *German Economic Policy in Spain during the Spanish Civil War, 1936–1939*. Den Haag 1967

Herr, Richard: *Spain*. Englewood Cliffs/N.J. 1971 (The Modern Nations in Historical Perspective)

Hubbard, John R.: »How Franco Financed His War.« In: *Journal of Modern History*. Bd.25. (1953). S. 390–406

Hubbard, John R.: *British Public Opinion and the Spanish Civil War, 1936–1939*. Phil. Diss. (masch.) University of Texas 1950

Ibárruri, Dolores: *Der national-revolutionäre Krieg des spanischen Volkes 1936 bis 1939*. Berlin (-Ost) 1955

Interbrigadisten. Der Kampf deutscher Kommunisten und anderer Antifaschisten im national-revolutionären Krieg des spanischen Volkes, 1936–1939. Hrsg. von Horst Kühne u.a. Berlin (-Ost) 1966

Iturralde, Juan de [= Padre Juan de Usabiega]: *El catolicismo y la cruzada de Franco*. 2 Bde. Vienne 1955/60

Jackson, Gabriel: *The Spanish Republic and the Civil War, 1931–1939*. Princeton/N. J., 2. Aufl. 1966

Jacobsen, Hans-Adolf: *Nationalsozialistische Außenpolitik 1933–1938*. Frankfurt, Berlin 1968

Jackson, Gabriel: »The Spanish Popular Front, 1934–1937.« In: *Journal of Contemporary History*. Bd. 5. (1970). Heft 3. S. 21–35

Jackson, Gabriel: *A Concise History of the Spanish Civil War*. London 1974

Johnston, Verle B.: *Legions of Babel. The International Brigades in the Spanish Civil War*. University Park 1968

Kirsch, Edgar: »Der Spanische Freiheitskampf (1936–1939) im Spiegel der antifaschistischen deutschen Literatur.« In: *Wissenschaftl. Zeitschrift der Martin Luther-Universität Halle-Wittenberg*. Bd. 4. (1954). S. 99–119

Kleine-Ahlbrandt, William Laird: *The Policy of Simmering. A Study of British Policy during the Spanish Civil War, 1936–1939*. Genève 1961, Den Haag 1962

Koerner, Francis: »Les répercussions de la Guerre d'Espagne en Oranie (1936 bis 1939).« In: *Revue d'histoire moderne et contemporaine*. Bd. 22. (1975.) S. 474–487

Krammer, Arnold: »Germans Against Hitler. The Thaelmann Brigade in the Spanish Civil War.« In: *Journal of Contemporary History*. Bd. 4. (1969). H. 2. S. 65–83

Kühne, Horst: »Ziele und Ausmaß der militärischen Intervention des deutschen Faschismus in Spanien (1936–1939).« In: *Zeitschrift für Militärgeschichte*. Bd. 8. (1969). S. 273–287

Landis, Arthur H.: *The Abraham Lincoln Brigade*. New York 1967

Lill, Rudolf: »Italiens Außenpolitik 1935–1939.« In: *Weltpolitik. 13 Vorträge für die Ranke-Gesellschaft*. Hrsg. von Oswald Hauser. Göttingen 1973, S. 78–109

Lorenzo, César M.: *Les anarchistes espagnols et le pouvoir, 1868–1969*. Paris 1970

Malefakis, Edward E.: *Agrarian Reform and Peasant Revolution in Spain. Origins of the Civil War*. New Haven, London 1970

Merkes, Manfred: *Die deutsche Politik im spanischen Bürgerkrieg, 1936–1939*. Bonn, 2. Aufl. 1969

Michaelis, Meir: »La prima missione del principe di Assia presso Mussolini (agosto '36).« In: *Nuova Rivista Storica*. Bd. 55. (1971). S. 367–370

Nau, Peter: »Spanischer Bürgerkrieg und Film.« In: *Filmkritik*. Bd. 18. (1974). S. 441–488

Nellessen, Bernd: *Die verbotene Revolution. Aufstieg und Niedergang der Falange*. Hamburg 1963

Pala, Lucio: *I cattolici francesi e la guerra di Spagna*. Urbino 1974 (Pubblicazioni dell'Università di Urbino. Serie di lettere. Bd. 34)

Parker, R. A. C.: *Das 20. Jahrhundert, I: 1918–1945*. Frankfurt/M. 1967 (= Fischer Weltgeschichte, Bd. 34)

Pasaremos. Deutsche Antifaschisten im national-revolutionären Krieg des spanischen Volkes. Hrsg. von Horst Kühne. Berlin (-Ost) 1966

Payne, Stanley G.: »Spanish Fascism in Comparative Perspective.« In: *Iberian Studies*. Bd. 2. (1973). S. 3–12

Payne, Stanley G.: *The Spanish Revolution*. New York, London 1970

Payne, Stanley G.: *Falange. A History of Spanish Fascism*. London, 2. Aufl. 1962

Payne, Stanley G.: *Politics and the Military in Modern Spain*. Stanford/Calif. 1967

Pike, David W.: *Conjecture, Propaganda, and Deceit and the Spanish Civil War. The International Crisis over Spain 1936–1939 as Seen by the French Press.* Stanford/Calif. 1968 (Franz.: *Les français et la guerre d'Espagne 1936–1939.* Paris 1975)

Pod znamenem Ispanskoj respubliki, 1936 do 1939. Vospominanija sovetskich dobrovol'cev-učastnikov nacional'no-revoljucionnoj vojny v Ispanii. Moskau 1965 [Unter dem Banner der spanischen Republik]

Preston, Paul: »The ›Moderate‹ Right and the Undermining of the Second Republic in Spain, 1931–1933.« In: *European Studies Review.* Bd. 3. (1973). S. 369–394

Preston, Paul: »Alfonsist Monarchism and the Spanish Civil War.« In: *Journal of Contemporary History.* Bd. 7. (1972). H. 3/4. S. 89–114

José Antonio Primo de Rivera, der Troubadour der spanischen Falange. Auswahl und Kommentar seiner Reden und Schriften von Bernd Nellessen. Stuttgart 1965

Puzzo, Dante A.: *Spain and the Great Powers, 1936–1941.* New York 1962

Rama, Carlos M.: *Ideología, regiones y clases sociales en la España contemporánea.* Montevideo, 2. Aufl. 1963

Rama, Carlos M.: *La crise espagnole au XXᵉ siècle.* Paris 1962

Ramos Oliveira, António: *Politics, Economics and Men of Modern Spain: 1808 bis 1946.* London 1946

Ranzato, Gabriele: »Le collettivizzazzioni anarchiche in Catalogna durante la guerra civile spagnola, 1936–1939.« In: *Quaderni storici.* Bd. 7. (1972). S. 317 bis 338

Renouvin, Pierre: »La politique extérieure du premier ministre Léon Blum.« In: *Léon Blum, chef de gouvernement (1936–1937). Actes du colloque.* Paris 1967, S. 329–375. Ebenso in Bonnefous, Edouard: *Histoire politique de la Troisième République.* Bd. 6. (1936–1938). Paris 1965, S. 392–409 (ohne Diskussionsbeiträge)

The Republic and the Civil War in Spain. Hrsg. von Raymond Carr. London 1971

Reventlow, Rolf: *Spanien in diesem Jahrhundert. Bürgerkrieg, Vorgeschichte und Auswirkungen.* Wien 1968

Robinson, Richard A. H.: *The Origins of Franco's Spain. The Right, the Republic, and Revolution, 1931–1936.* Newton Abbot 1970

Rosenstone, Robert A.: »The Men of the Abraham Lincoln Battalion.« In: *Journal of American History.* Bd. 54. (1967). S. 327–338

Romero Maura, Joaquín: »Spain: The Civil War and after.« In: *Journal of Contemporary History.* Bd. 2. (1967). H. 1. S. 157–168

Rovida, Giorgio: »La guerra civile spagnola. Problemi storici e orientamenti critici.« In: *Rivista storica del socialismo.* Bd. 6. (1959). S. 265–294

Rudel, Christian: *La Phalange. Histoire du fascisme en Espagne.* Paris 1972

Ruhl, Klaus-Jörg: *Spanien im Zweiten Weltkrieg. Franco, die Falange und das »Dritte Reich«.* Hamburg 1975

Ruhl, Klaus-Jörg: »Die Internationalen Brigaden im Spanischen Bürgerkrieg 1936–1939.« In: *Militärgeschichtliche Mitteilungen.* Bd. 17. (1975.) S. 212–224

Sánchez, José M.: *Reform and Reaction. The Politico-Religious Background of the Spanish Civil War.* Chapel Hill 1964

Sandoval, J.: »Das Wirken des deutschen Imperialismus in Spanien, 1936–1939.«
In: *Der deutsche Imperialismus und der Zweite Weltkrieg*. Bd. 3. Berlin (-Ost)
1962

Schieder, Wolfgang: »Spanischer Bürgerkrieg.« In: *Sowjetsystem und demokratische Gesellschaft. Eine vergleichende Enzyklopädie*. Bd. 6. Freiburg 1972,
Sp. 74–94 (jetzt auch in: *Marxismus im Systemvergleich. Geschichte*. Bd. 5.
Frankfurt, New York 1974, Sp. 1–24)

Schwartz, Fernando: *La internacionalización de la guerra civil española*.
Barcelona, 2. Aufl. 1972

Seco Serrano, Carlos: *Historia de España. Gran Historia de los pueblos hispánicos*. Bd. 4: *Epoca contemporanea* [1931 ff.]. Barcelona, 4. Aufl. 1974

Sedwick, Frank: *The Tragedy of Manuel Azaña and the Fate of the Spanish
Republic*. Ohio State University 1963

Snellgrove, Laurence E.: *Franco and the Spanish Civil War*. London, 3. Aufl.
1972

Solidarnost' narodov s Ispanskoj Respublikoj, 1936–1939. [Die Solidarität der
Völker mit der spanischen Republik] Moskau 1972

Souchy, Augustin: *Anarcho-Syndikalisten und Revolution in Spanien*. Darmstadt 1969

Der Spanische Bürgerkrieg in Augenzeugenberichten. Hrsg. und eingeleitet von
Hans-Christian Kirsch. Düsseldorf 1967, München, 2. Aufl. 1973

The Spanish Civil War. Domestic Crisis or International Conspiracy? Hrsg. von
Gabriel Jackson. Boston 1967

Tamamés, Ramón: *Estructura económica de España*. Madrid 1960

Taylor, F. Jay: *The United States and the Spanish Civil War, 1936–1939*. New
York 1956

Techniczek, Maciej: »Die deutsche antifaschistische Opposition und der
spanische Bürgerkrieg.« In: *Jahrbuch des Instituts für deutsche Geschichte*.
Bd. 3. (1974). S. 349–377

Thomas, Hugh: »The Hero in the Empty Room: José Antonio and Spanish
Fascism.« In: *Journal of Contemporary History*. Bd. 1. (1966). H. 1. S. 174–182
(Deutsch: »Der Held im leeren Raum. José Antonio und der spanische Faschismus.« In: *Internationaler Faschismus, 1920–1945*. München 1966, S. 240–252)

Thomas, Hugh: *The Spanish Civil War*. Harmondsworth, rev. ed. 1974 (Deutsch:
Der Spanische Bürgerkrieg. Frankfurt, Berlin, 2. Aufl. 1964)

Traina, Richard P.: *American Diplomacy and the Spanish Civil War*.
Bloomington, London 1968

Valaik, J. David: »Catholics, Neutrality, and the Spanish Embargo, 1937–1939.«
In: *Journal of American History*. Bd. 54. (1967). S. 73–85

Valiani, Leo: »L'intervento in Spagna.« In: *Dall 'antifascismo alla resistenza.
Trent'anni di storia italiana (1915–1945)*. A cura di F. Antonicelli. Torino,
2. Aufl. 1975, S. 213–235

Van den Berg, Hans-Joachim: *Deutschland und der spanische Bürgerkrieg, 1936
bis 1939*. Würzburg (phil. Diss. maschinenschriftlich) 1953

Van der Esch, Patricia A. M.: *Prelude to War. The International Repercussions of
the Spanish Civil War*. Den Haag 1951

Vicens Vives, Jaime: *Historia social y económica de Espana y America*. Bd. 5.
Barcelona 1959

Viñas, Angel: *La Alemania nazi y el 18 de Julio. Antecedentes de la intervención
alemana en la guerra civil espanola*. Madrid 1974

Vittorelli, Paolo: »Le relazioni diplomatiche fra Italia e Spagna.« In: *Il Fonte.* Bd. 6. (1950). S. 132–139

Warner, Geoffrey: »France and Non-Intervention in Spain, July–August 1936.« In: *International Affairs.* Bd. 38. (1962). S. 203–220

Watkins, K. W.: *Britain Divided. The Effect of the Spanish Civil War on the British Political Opinion.* London 1963

Watt, Donald C.: »Germany's Strategic Planning and Spain, 1938–1939.« In: *The Army Quarterly.* Bd. 2. (1960). S. 220–227

Watt, Donald C.: »Soviet Military Aid to the Spanish Republic in the Civil War 1936–1938.« In: *The Slavonic and East European Review.* Bd. 38. (1959/60). S. 536–541

Weinberg, Gerhard L.: *The Foreign Policy of Hitler's Germany. Diplomatic Revolution in Europe, 1933–36.* Chicago, London 1970

Windell, George C.: »Léon Blum and the Crisis over Spain.« In: *The Historian.* Bd. 24. (1962)

Wohlfeil, Rainer: »Zum Stand der Forschung über Hauptprobleme des Spanischen Bürgerkrieges.« In: *Militärgeschichtliche Mitteilungen.* Bd. 2. (1969). S. 189–198

Wohlfeil, Rainer: »Der Spanische Bürgerkrieg 1936–1939. Zur Deutung und Nachwirkung.« In: *Vierteljahrshefte für Zeitgeschichte.* Bd. 16. (1968). S. 101 bis 119

Wuchter, Georg: *Grundzüge der Wirtschaftsentwicklung Spaniens im Inland nach dem Bürgerkrieg.* Jur. Diss. Tübingen (masch.) 1949

Zens, P. A.: *Die Entwicklung der spanischen Industrie seit der Beendigung des Spanischen Bürgerkrieges im Jahre 1939.* Rer. pol. Diss. Köln 1962

Namenregister

Vorbemerkung: Aufgenommen sind alle Personennamen mit Ausnahme der Verfassernamen, die in den Anmerkungen im Zusammenhang mit einer Titelangabe aufgeführt werden. Die durchgängig vorkommenden Namen von Franco und Hitler werden nicht im einzelnen nachgewiesen.

Sachregister

 **nymphenburger texte zur wissenschaft**
Reader für den Studiengebrauch

Redaktion Hans A. Neunzig
Alle Ausgaben in Paperback

»Hier werden dem Studenten wesentliche Hilfen gegeben, sich in kontroverse Standpunkte hineinzudenken. Namentlich die Seminararbeit, die durch die schwierige Literaturbeschaffung häufig gehindert wird, kann hier profitieren.«

Prof. Dr. Gottfried Schramm, Universität Freiburg

Nymphenburger Verlagshandlung München

Nymphenburger Verlagshandlung München